MICHAEL SMITH

# Der stille Held Tom Crean



GOLDMANN

## Buch

Namen wie Scott und Shackleton sind Fans der polaren Entdeckungsgeschichte wohlbekannt. Doch wer kennt den irischen Bauernsohn Tom Crean, der gleich drei ihrer bedeutenden Antarktisexpeditionen auf heldenhafte Weise unterstützte? Mit Scott und der *Discovery* stellte Crean einen neuen Südrekord auf, Scotts legendäres Wettrennen mit Amundsen begleitete er bis kurz vor den Pol und rettete dann mit einem spektakulären Alleinmarsch durch die Eiswüste sich und seinen Kameraden das Leben. Mit Shackleton durchquerte er unter unmenschlichen Bedingungen Südgeorgien, um Hilfe für die gestrandeten Männer der *Endurance*-Expedition zu holen.

Indem Michael Smith die packende Geschichte Tom Creans erzählt, wirft er ein völlig neues Licht auf die Blütezeit der Polarerkundung und honoriert endlich die außergewöhnlichen Taten eines zu Unrecht vergessenen Helden.

## Autor

**Michael Smith**, geboren 1946 in London, begann nach einer Karriere als preisgekrönter Journalist, über die Erforschung der Antarktis und der Arktis zu schreiben. Er wurde zweimal zum Industrial Journalist of the Year ernannt. Heute ist er für verschiedene Fernseh- und Radiodokumentationskanäle tätig und hält Vorträge über die Polarforschung. Sein Buch über Tom Crean wurde in Großbritannien zum Bestseller.

Michael Smith

# Der stille Held Tom Crean

## Überlebender der Antarktis

*Aus dem Englischen*
*von Rudolf Mast*

GOLDMANN

2. Auflage
Vollständige Taschenbuchausgabe April 2023

Originalverlag: The Collins Press, Cork
Titel der englischen Originalausgabe:
*An Unsung Hero: Tom Crean – Antarctic Survivor*
Die vorliegende Übersetzung basiert auf der 2019 bei Gill Books
erschienenen Jubiläumsausgabe.

produktsicherheit@penguinrandomhouse.de
(Vorstehende Angaben sind zugleich Pflichtinformationen nach GPSR.)

Umschlag: UNO Werbeagentur, München, nach einem Entwurf von
Nadja Zobel und Petra Koßmann / mareverlag, Hamburg
Umschlagmotiv: Frank Hurley/Royal Geographical Society/Getty Images
Karten: Peter Palm
KW/JS · CB
Satz: Satzwerk Huber, Germering
Druck und Bindung: GGP Media GmbH, Pößneck
Printed in Germany

ISBN 978-3-442-14287-3

# INHALT

## Anhang

# VORWORT

Mit ihrer Mischung aus sanften Hügeln und einer schroffen Küste, die weit in den Atlantik hinausragt, gehört die Dingle-Halbinsel in der Grafschaft Kerry zu den schönsten Regionen Irlands – Natur wie aus dem Bilderbuch. Aus aller Welt reisen Gäste an, um die dramatische Szenerie zu bewundern.

Ungefähr in der Mitte der Halbinsel, in einem vergleichsweise schlichten, unspektakulären Landstrich, liegt die kleine Ortschaft Anascaul, auf Irisch Abhainn An Scáil. In den Bergen über der Stadt wurde, so heißt es, der letzte irische Wolf getötet. Besucher, die die Hauptstraße von Anascaul benutzen, geraten eher beim Anblick eines der letzten Häuser ins Staunen, die sie bei ihrer Fahrt Richtung Westen ins beliebte Dingle und zu den Wellen des Atlantiks passieren, die sich an der Küste brechen. In dem Haus ist ein Pub mit einem höchst ungewöhnlichen Namen untergebracht: South Pole Inn. Der kleine, träge dahinfließende Fluss und die charmante Brücke aus Stein in unmittelbarer Nachbarschaft lassen an vieles denken, aber mit Sicherheit nicht an den Südpol.

Und doch: Man kann weder nach Anascaul hinein- noch aus Anascaul hinausfahren, ohne einen Blick auf das kleine

Haus zu erhaschen und sich verwundert zu fragen, wie ein Wirtshaus in einem Dorf auf der irischen Dingle-Halbinsel, das von Feldern und Wiesen umgeben ist, an den Namen »South Pole Inn« geraten ist.

Wer sich die Zeit dafür nimmt, findet die Antwort auf einer kleinen grauen Schiefertafel, die über dem Eingang zum Pub hängt und folgende Inschrift trägt:

TOM CREAN
Antarktisreisender
1877–1938

Das South Pole Inn war das Zuhause von Thomas Crean, gebürtig aus Anascaul, der der ländlichen Gemeinde in der Grafschaft Kerry früh den Rücken kehrte und zu einem der bedeutendsten Akteure in der Geschichte der Polarexpeditionen am Übergang vom 19. zum 20. Jahrhundert wurde – dem Goldenen Zeitalter der Antarktisforschung.

Nur wenige Männer haben zur Erkundung der Antarktis mehr beigetragen als Tom Crean, und nur wenige wurden von ihren Kameraden, wie berühmt sie auch gewesen sein mögen, so respektiert wie der zurückhaltende Mann aus Kerry. Und doch ist Creans Beitrag zu den Errungenschaften des Goldenen Zeitalters lange unterbewertet, wenn nicht ignoriert worden.

Dieses Goldene Zeitalter der Antarktisforschung, das die ersten beiden Dekaden des 20. Jahrhunderts umfasst, hat einige der erstaunlichsten und bemerkenswertesten Geschichten und Persönlichkeiten hervorgebracht. Selbst hundert Jahre danach schlagen die Erlebnisse von Scott und Shackleton die

Menschen noch immer in den Bann, vor allem wohl wegen der Tragik und des Heldentums, der Tapferkeit und Entschlossenheit, mit denen sie gespickt sind, und wegen der Gleichzeitigkeit von Erfolg und Scheitern, einer Dramatik, an die heutiges Vorstellungsvermögen kaum heranreicht.

Und doch wäre es falsch anzunehmen, dass die Taten und Errungenschaften in der Antarktis, die wir heute mit dem Goldenen Zeitalter verbinden, allein Scott und Shackleton zuzuschreiben wären. An den Expeditionen dieser Jahre waren Männer beteiligt, die zwar nicht Offiziere oder Wissenschaftler, für den Erfolg dieser Unternehmungen aber unverzichtbar waren. Ihr Beitrag wurde später meist übergangen oder bestenfalls unter »ferner liefen« abgehandelt. Dabei waren diese Männer zwar weniger bekannt, aber nicht weniger wichtig und bestimmt nicht weniger beeindruckend. Ein Mann von diesem Schlage ist Thomas Crean.

Crean war ein weit gereister Mann, der an drei der vier wichtigsten britischen Expeditionen in die Antarktis teilgenommen und sich für seine außergewöhnlichen Leistungen allerhöchsten Respekt erworben hat. Er war ein sympathischer und beliebter Kerl und einer der wenigen, die mit derselben Disziplin und Zuverlässigkeit sowohl Scott als auch Shackleton gedient haben.

Crean war ein einfacher und unkomplizierter Mann, der sich durch außergewöhnlich großen Mut und Selbstvertrauen auszeichnete, was ihn in die Lage versetzte, in der unwirtlichsten, physisch wie psychisch extrem zehrenden Gegend der Erde mehrfach schier unglaubliche Leistungen zu vollbringen. Er war gewissermaßen ein Serienheld.

Crean ist weiter vorgedrungen als die meisten jener Entdecker, deren Namen für das Goldene Zeitalter einstehen, und wenige haben derart unauslöschliche Spuren hinterlassen wie der Mann aus Irland. Es ist nur gerecht, dass sein Name auf dem antarktischen Kontinent verewigt ist, dort also, wo er seinen Ruhm begründet hat. Mount Crean, ein Berg in Viktorialand, der bis auf eine Höhe von 2550 Metern reicht, steht auf 159° 30' W, 77° 53' S. Der sechs Kilometer lange Crean-Gletscher mündet auf 37° 1' W, 54° 10' S in die Antarctic Bay, eine Bucht auf Südgeorgien, jener Insel, auf der Crean sich so heldenhaft verhalten hat.

Tom Crean ist nicht der Einzige, dessen Abenteuer von Historikern ignoriert worden sind. Auch über Männer wie Edgar Evans, William Lashly und Frank Wild, die gemeinsam mit Crean im Süden waren, ist die Geschichte hinweggegangen. Und doch waren es Männer wie sie, die jene berühmten Expeditionen, die den Schleier vom antarktischen Kontinent gerissen haben, erst ermöglichten. Oft haben sie dafür teuer bezahlt. Das britische Klassensystem degradierte sie zu Bürgern zweiter Klasse, aber das Goldene Zeitalter wäre ohne ihren Beitrag unvollständig geblieben.

Der Gerechtigkeit halber sei zugestanden, dass es für Historiker kein leichtes Unterfangen war und ist, die Geschichte von Männern wie Tom Crean zu erzählen, einem Mann, der vergleichsweise ungebildet war und anders als viele andere Forschungsreisende der Zeit weder Tagebuch geführt noch in nennenswertem Umfang Briefe an Freunde und Familie geschickt hat. Von Crean sind nur einige Briefe überliefert, sodass wir, um uns ein Bild von seinem Leben machen zu

Tom Crean auf einem Foto von Herbert Ponting, Kap Evans 1911. Ponting, der sich selbst nicht Fotograf, sondern Bildkünstler nannte, hat in diesem Foto Crean so eingefangen, wie es dessen Naturell entspricht: fröhlich, zuversichtlich und entschlossen.

können, auf Äußerungen und Aufzeichnungen seiner Zeitgenossen angewiesen sind. Da er ein wichtiger Vertreter des Goldenen Zeitalters war, finden sich in den publizierten wie in den nicht publizierten Berichten über die drei Expeditionen, an denen er teilgenommen hat, glücklicherweise zahlreiche Belege für seine Heldentaten. Dass die bis dato nur unzureichend aufbereitet wurden, ist in Anbetracht der komplizierten Quellenlage aber verständlich.

Doch bringt man nun Creans eigene Aufzeichnungen, die seiner Zeitgenossen sowie die Erinnerungen seiner Familienangehörigen zusammen, lässt sich aus diesen Einzelteilen ein genaues und treffendes Bild vom Leben eines bemerkenswerten Mannes zeichnen.

Seine Zeitgenossen hatten wenig Anlass, an seinen Fähigkeiten zu zweifeln. Frank Debenham, der gemeinsam mit Crean an Scotts tragischer letzter Expedition teilnahm und später Gründungsdirektor des Scott Polar Research Institute in Cambridge wurde, dachte mit großer Warmherzigkeit an den Iren zurück:

> Tom Crean war auf seine Art einzigartig; er erinnerte an eine Figur von Kipling oder Masefield, typisch für das Land, aus dem er stammte, und ein großer Gewinn für die drei Expeditionen, an denen er teilnahm. Ich muss nur einen Moment lang die Augen schließen, um mir seine adrette Gestalt und das Lächeln in Erinnerung zu rufen, mit dem er mich eines Morgens verabschiedete: »Leben Sie wohl, Sörr.«

Seit jenen denkwürdigen Zeiten ist Tom Crean leider in Vergessenheit geraten, ein unbeachteter und weitgehend unbekannter Mann geworden, dessen außergewöhnliche Erlebnisse und Leistungen späteren Generationen verborgen blieben. Doch mehr als die meisten verdient er es, dass seine Geschichte erzählt wird.

Jede Generation giert nach Helden, und Tom Crean hat das Zeug, für jede Generation ein Held zu sein.

# EIN BAUERNSOHN

Thomas Crean erblickte am 20. Juli 1877 in Gurtachrane das Licht der Welt, einem abgelegenen Landstrich westlich von Anascaul auf der Dingle-Halbinsel in der Grafschaft Kerry, Irland. Das genaue Datum ist neuerdings mit Zweifeln behaftet, weil Nachforschungen den 25. Februar 1877 zutage förderten. In allen offiziellen Dokumenten, die sich in Creans Marineakte finden und die meist von ihm selbst ausgefüllt wurden, wird aber der 20. Juli 1877 als Geburtstag genannt. Die Gegend, in die er hineingeboren wurde, ist bis heute eine unspektakuläre Ansammlung von Wohnhäusern und Bauernhöfen inmitten sanfter grüner Hügel.

Der Kontrast zum feindseligen, eisigen antarktischen Kontinent, wo Crean seine beeindruckende Karriere erlebte, könnte kaum größer sein. Der Zufall wollte es, dass Edmund Hillary, der Erstbesteiger des Mount Everest, der ebenfalls die Antarktis bereist hat und zu den großen Abenteurern des 20. Jahrhunderts gehört, zwar deutlich später, aber doch zum selben Datum wie Crean geboren wurde.

Die Dingle-Halbinsel ist reich an Traditionen, deren Ursprünge bis zu den ersten Siedlern in Europa zurückreichen. Sie war ein Zentrum der Christianisierung, und obwohl Anglonormannen wie auch Engländer die Halbinsel zeitweise besetzt hielten, hat die Region über Jahrhunderte politischer und religiöser Unterdrückung und Verfolgung getrotzt. Die Menschen waren hart im Nehmen und nicht gewillt, sich unterkriegen zu lassen. So nimmt es nicht wunder, dass in Kerry besonders erbittert um den Erhalt der irischen Sprache gekämpft wurde. Bis heute zählt die Dingle-Halbinsel zu den *Gaeltacht*, jenen Gebieten, in denen noch Irisch gesprochen wird.

Am Ende des 19. Jahrhunderts war es auf der ganzen Halbinsel Umgangs- und Verkehrssprache, und Creans Eltern gehörten zu der letzten Generation, die mit Irisch als Muttersprache aufwuchs. Tom Crean wuchs bereits zweisprachig auf und lernte neben Irisch auch Englisch.

Er wurde in eine typische irische Großfamilie hineingeboren, die wie so viele Landbewohner in jener Zeit mit großer Armut und der ständigen Angst vor Missernten und Hungersnöten zurechtkommen musste. Der Name Crean ist in Kerry recht verbreitet und wahrscheinlich von Curran abgeleitet. Aber auch Creen und Curreen mögen Pate gestanden haben, denn auf Irisch wird der Name *O Cuirin* geschrieben.

Toms Eltern, Patrick Crean und Catherine Courtney, waren Bauern in Gurtachrane und setzten in den 1860er- und 1870er-Jahren zehn Kinder in die Welt. Ihr Leben war entbehrungsreich, ohne Luxus und mit geringen Aussichten, dem permanenten Kampf ums tägliche Brot zu entkommen.

Zum Zeitpunkt von Creans Geburt litt Irland noch unter den Folgen der großen Hungersnot drei Jahrzehnte zuvor, der – infolge einer Missernte beim Hauptnahrungsmittel Kartoffel – zwischen 800 000 und einer Million Menschen zum

Das Bauernhaus in Gurtachrane (Gort an Corráin) unweit von Anascaul, in dem Crean geboren wurde.

Opfer gefallen waren – ein Achtel der gesamten Bevölkerung. Diese Katastrophe lastete schwer auf der irischen Seele und veranlasste etwa zwei Millionen Menschen, das Land zu verlassen und ihr Glück in der Neuen Welt zu suchen. Wer blieb, fühlte sich in der Überzeugung bestärkt, dass Irland endlich Herr im eigenen Haus sein sollte.

Doch schon Ende der 1870er-Jahre drohte eine neue Hungersnot und schürte die Angst, der Schrecken könnte sich wiederholen. 1877, Creans Geburtsjahr, war extrem niederschlagsreich, was mit nur wenig Verzögerung katastrophale Folgen hatte, weil in den Jahren darauf die Kartoffelernte massiv litt. Weil gleichzeitig die Getreidepreise in den Keller fielen, steckten viele Farmer in der Armutsfalle, da sie sich die exorbitante Pacht, die ihnen die verhassten englischen Großgrundbesitzer auferlegten, nicht mehr leisten konnten. In vielen Bauernfamilien, insbesondere im Westen Irlands, ging der Hunger einher mit der Angst, von ihrem Grund und Boden vertrieben zu werden. Diese Menschen hätten sehr genau gewusst, was dreißig Jahre später ein Landsmann namens George Bernard Shaw meinte, als er die Armut das größte Übel und das schlimmste Verbrechen nannte.

In diesem Klima aus drohender Hungersnot, schwindendem Einkommen und einer stetig wachsenden Familie mühten sich Patrick und Catherine Crean redlich, Tom sowie seine fünf Brüder und vier Schwestern großzuziehen. Fraglos hat diese Erfahrung dabei geholfen, den Jungen auf die Entbehrungen und Entsagungen vorzubereiten, die er bei seinen Aufenthalten in der Antarktis durchleiden musste.

Tom besuchte eine Zeit lang die Brackluin School, die katholische Schule in Anascaul, um sie, wie wohl die meisten Kinder seines Alters, so bald wie möglich wieder zu verlassen. Es war nichts Ungewöhnliches, wenn die Kinder bereits mit zwölf Jahren von der Schule abgingen, auch wenn die meisten blieben, bis sie vierzehn waren. So oder so ließ die Ausbildung, die sie erhielten, zu wünschen übrig und vermittelte ihnen kaum mehr als die Fähigkeit, zu lesen und zu schreiben. Wichtiger war es, dass die Kinder ihren Eltern bei der täglichen Arbeit halfen und nach Möglichkeit ihr Scherflein zum Lebensunterhalt beitrugen.

Wenn er in Anascaul war, wird Tom auch manches von dem mitbekommen haben, was sich in dem Ort abspielte, und diese Erlebnisse werden die Lust auf Reisen und Abenteuer geweckt haben.

Anascaul liegt genau dort, wo die Hauptstraße, die sich durch Dingle zieht, den Anascaul River kreuzt, jenen Fluss, der von den umliegenden Hügeln herabkommt. Seit jeher ist es ein Ort, an dem Reisende auf Reisende treffen.

Jahrhundertelang fanden in Anascaul Märkte statt. In seinem Buch über die Dingle-Halbinsel beschreibt Steve MacDonogh, wie wichtig diese Märkte lange Zeit für die Gegend waren. Und er erinnert daran, dass die Anglonormannen, auf die an vielen Orten in Irland derartige Handelsplätze zurückgehen, sich in erheblicher Anzahl in Anascaul und Umgebung niedergelassen haben. Tralee, eine der größeren Städte in Kerry, wurde im 13. Jahrhundert von Anglonormannen gegründet, Ballynahunt und Flemingstown, Dörfer in der Nähe, sollen ihre Existenz ebenfalls ihrer Anwesenheit verdanken.

Anascaul beherbergte jedes Jahr vierzehn solcher Märkte und Messen, die unterschiedlichste Menschen aus nah und fern anlockten. Das galt vor allem für die Pferdemärkte, die zweimal jährlich, im Mai und im Oktober, stattfanden. Sie gehörten zu den ältesten Veranstaltungen in der langen irischen Tradition des Pferdehandels und waren ein Magnet für Interessierte aus allen Landesteilen.

Für Anascaul am bedeutendsten aber waren die monatlich stattfindenden Markttage, die sich zu einer eigentümlichen Mischung aus Handel und Unterhaltung entwickelt hatten. Wobei, wie MacDonogh hervorhebt, die Unterhaltung nicht bloß eine Zugabe zu einem dem Kommerz gewidmeten Ereignis war, sondern, typisch irisch, dessen wesentlicher Bestandteil. MacDonogh beschreibt eine charakteristische Szene:

> Glücksräder, Stände, an denen Plunder und Tand verkauft wurden, Frauen im Sonntagsstaat, Männer, deren Kleidung die Anzahl der Jahre wiedergab, die sie in der Fremde zugebracht hatten, Hütchenspieler, Bänkelsänger, Musikanten, Kuppler, Krämer und Bettler – in der Summe eine bunte Mischung von Menschen aus allen sozialen Schichten ebenso wie Gelegenheit für ein gutes Geschäft.[1]

In den Kneipen und an den Straßenecken machten Geschichten die Runde, und wie unter Iren üblich, wurden alte Anekdoten ausgegraben und in neuer Form erzählt – für die Fantasie eines jungen Bauernsohnes eine wahre Fundgrube. Und vor dem Hintergrund des entbehrungsreichen Lebens müssen die Geschichten aus fernen Ländern auf einen lebenshungrigen jungen Mann eine so große Anziehungskraft ausgeübt haben, dass der Wunsch, die Welt zu sehen, schließlich überhandnahm.

Zu dieser Zeit entschlossen sich mehrere von Tom Creans Brüdern, Kerry zu verlassen, und MacDonogh zufolge war es unter den Söhnen der Stadt guter Brauch, sich der britischen Navy anzuschließen.

Toms älterer Bruder Martin fand jenseits des Atlantiks bei der aufblühenden kanadischen Eisenbahn Arbeit. Michael ging zur See und mitsamt seinem Schiff unter. Cornelius, sechs Jahre älter als Tom, brachte es zum Polizisten in der Royal Irish Constabulary und wurde im Zuge der Auseinandersetzungen im Nordirlandkonflikt ermordet. Toms Schwester Catherine war ihrerseits mit einem Polizisten verheiratet. Zwei weitere Brüder, Hugh und Daniel, blieben in Kerry und setzten die bäuerliche Familientradition fort. Als ihr Vater Patrick starb, teilten Hugh und Daniel den Hof unter sich auf und verbrachten den Rest ihres Lebens in Gurtachrane.

Die Kindheit in den 1880er- und 1890er-Jahren auf dem elterlichen Bauernhof war kein Zuckerschlecken. Einige Durchsetzungskraft war nötig, um als eines von zehn Kindern zu bestehen, die miteinander und um die Aufmerksamkeit ihrer Eltern kämpften. Patrick Crean hatte alle Hände voll zu tun, um die Familie zu ernähren, und so blieb ihm keine Zeit, seinen Kindern das Maß an Aufmerksamkeit zu geben, das heute von einem Vater erwartet wird.

Es war eine harte Schule, die die Kinder durchliefen. Tom Crean gab sie eine gehörige Portion Unabhängigkeit mit auf den Weg, und diese Unabhängigkeit war es, die ihn bei der ersten Gelegenheit das heimische Nest verlassen ließ.

Seinerzeit war es üblich, dass Musterungsoffiziere durchs Land reisten, um in den Dörfern geeignete junge Männer aufzuspüren und für den Dienst in der Navy zu verpflichten. Die britische Marine benötigte frisches Blut, und die Aussicht, das entbehrungsreiche Leben auf dem Land gegen eine Laufbahn als Seemann eintauschen zu können, schien vielen jungen Iren nur allzu verlockend. So brauchte es nicht viel, um sie zu einer Unterschrift zu bewegen. Zu jener Zeit unterhielt die britische Navy die größte und mächtigste Flotte der Welt, und das Ansehen, das sie genoss, war kaum zu steigern.

Für einen jungen Mann wie Tom Crean muss die Verlockung, mit ihrer Hilfe den Unbilden des Landlebens zu entkommen, unwiderstehlich gewesen sein. Die Alternative, den erbarmungslosen Kampf ums tägliche Brot fortzusetzen, war schnell verworfen, und so nimmt es nicht wunder, dass Tom Crean das Elternhaus schon in jungen Jahren verließ.

Wie genau sich sein Abschied von zu Hause zugetragen hat, wissen wir nicht. Manches spricht aber dafür, dass er eine heftige Auseinandersetzung mit seinem Vater gehabt haben muss, weil durch seine Unachtsamkeit Vieh auf das Kartoffelfeld gelangt war und die wertvollen Jungpflanzen niedergetrampelt hatte. In der Erregung soll Tom geschworen haben, den Hof zu verlassen und zur See zu fahren.

Und so machte sich der junge Mann von gerade mal fünfzehn Jahren auf den Weg in die Bucht von Minard, wenige Meilen südwestlich von Anascaul, wo die Royal Navy einen Stützpunkt unterhielt. Begleitet von einem weiteren Jungen aus Anascaul namens Kennedy, trat Tom vor den Werbeoffizier und ließ sich von dessen Sonntagsreden so sehr beeindrucken, dass er sich ohne Umschweife dazu verpflichtete, in Königin Viktorias ruhmreiche Marine einzutreten.

Crean war zwar ein ungestümer, auf seine Unabhängigkeit bedachter junger Mann, aber da er nicht einschätzen konnte, wie der Schritt von seiner Familie aufgenommen werden würde, verzichtete er zunächst darauf, seinen Eltern davon zu erzählen. Das holte er erst nach, als die erforderlichen Unterschriften geleistet waren, weil damit jeder Versuch, ihn zum Bleiben zu bewegen, vergebliche Liebesmüh gewesen wäre.

Doch mit der Entscheidung, zur Marine zu gehen, tat sich ein neues Problem für ihn auf. Er besaß nicht nur kein Geld, sondern auch keine Kleidung, mit der er den Schritt in ein neues Leben hätte angehen können. Also borgte er sich hier eine kleinere Summe – von wem, wissen wir nicht – und dort einen Anzug. Im Juli 1893 trennte er sich von seiner abgetragenen Kleidung, schlüpfte in den geliehenen Anzug und verließ den elterlichen Hof.

Viel war es nicht, was er in sein neues Leben mitnahm. Zu den wenigen Dingen gehörte ein Skapulier, das an seinem Hals baumelte und sowohl für seinen christlichen Glauben als auch für seine Herkunft stand. Ein Skapulier besteht aus zwei viereckigen Stücken Stoff von circa fünf mal sechs Zentimetern Größe, die an einem Lederband befestigt sind. Es enthält ein Gebet, das dem Träger Trost und die Zuversicht schenken soll, dass er dereinst nicht in der Hölle schmoren wird. Dieser Gedanke wird Crean ermutigt haben, als er in sein neues Leben aufbrach. Das Skapulier sollte er jedenfalls bis zu seinem Tod nicht mehr ablegen.

Sein Weg führte ihn nach Queenstown (dem heutigen Cobh) unweit von Cork an der irischen Südküste. Begleitet wurde er von James Ashe, einem irischen Matrosen der Handelsmarine. James Ashe war ein enger Verwandter von Thomas Ashe aus Kinard, der zu einem der Anführer der Irisch-Republikanischen Bruderschaft wurde und Märtyrerstatus erlangte, als er sich 1917, auf dem Höhepunkt des Kampfes gegen die Briten, im Mountjoy Prison zu Tode hungerte.

Am 10. Juli 1893 wurde Tom Crean offiziell in die Royal Navy aufgenommen.[2] Das war zehn Tage vor seinem sechzehnten Geburtstag, und so hatte er das erforderliche Mindestalter noch nicht erreicht. Es steht zu vermuten, dass er, um unterschreiben zu dürfen, entweder geschwindelt oder sogar seine Papiere gefälscht hat.

Noch war Tom Crean in der Entwicklung und bei Weitem nicht so groß und kräftig, wie er uns auf späteren Fotos von seinen Reisen in die Antarktis begegnet. Wie aus Akten des Marineministeriums ersichtlich wird, maß der Bauernjunge mit dem braunen Wuschelkopf einen Meter und 72 Zentimeter, als er im Juli 1893 seine Unterschrift in die dafür vorgesehene Zeile setzte und sich als Schiffsjunge mit der Dienstnummer 174699 verpflichtete.[3]

Er wurde zur Marinebasis Devonport in Plymouth geschickt, wo er auf der *HMS Impregnable* seine Grundausbildung als Seemann erhielt.[4]

Für einen Jungen, der zum ersten Mal in seinem Leben fern von zu Hause war, war das Leben in der Marine nicht einfach. Es herrschten strenge Regeln, auf deren strikte Einhaltung unerbittlich geachtet wurde. Der Einstieg in ein Leben als Seemann geriet so zur ersten wirklichen Nagelprobe seiner Willens- und Charakterstärke – Eigenschaften also, die später zum Markenzeichen seines abenteuerlichen Lebens werden sollten.

Er überlebte die Grundausbildung nicht nur, er beendete sie offenbar erfolgreich, denn er wurde vergleichsweise früh befördert. Schon nach einem Jahr erklomm er die erste Sprosse auf der Karriereleiter und wurde zum Schiffsjungen 1. Klasse ernannt. Kurz darauf, am 28. November 1894, wurde er auf die *HMS Devastation* verlegt, ein Schiff der Küs-

Die *HMS Impregnable*, das hölzerne Ausbildungsschiff, auf dem Tom Crean ab 1893 seine militärische Grundausbildung durchlief.

tenwache, das ebenfalls in Devonport stationiert war.[5] Mit diesem Schiff fuhr Crean zum ersten Mal hinaus auf See.

Über die ersten Jahre seiner Laufbahn ist wenig bekannt. Wir wissen aber von Beförderungen wie von Degradierungen, was vermuten lässt, dass der junge Mann sich mit dem ungewohnten neuen Leben an Bord gelegentlich schwertat. In den Quellen finden sich Belege dafür, dass Crean vom Leben als Seemann irgendwann derart ernüchtert war, dass er seinen Abschied einreichen wollte. Ein Autor behauptet gar, dass Crean unter dem schlechten Essen und der spartanischen Unterbringung so sehr litt, dass er mit dem Gedanken spielte, zu desertieren.[6]

Zweifelsohne richtig ist, dass die Navy in der Spätphase der Regentschaft Königin Viktorias ein Hort von Strenge und Unerbittlichkeit war. Traditionell eine der Säulen, auf die sich das britische Empire stützte, war die Royal Navy gegen Ende des 19. Jahrhunderts nur mehr selbstgenügsam, ineffizient und veraltet. Die Entwicklung war bei Admiral Nelson stehen geblieben, und man setzte noch immer allein auf bedingungslose Disziplin und strikten Gehorsam. Es bedurfte weitreichender Reformen durch den gefürchteten Admiral Sir John »Jackie« Fisher, um die Navy rechtzeitig vor dem Beginn des Ersten Weltkrieges im Jahr 1914 zu reformieren.

Andererseits klingt es wenig glaubhaft, dass sich ein junger Mann, der soeben seiner armen ländlichen Heimat in den Bergen Kerrys entflohen war, die ihre Bewohner kaum ernähren konnte, über schlechte Nahrung und unbequeme Betten mokiert haben soll. Möglicherweise waren ganz andere Dinge für Creans Unzufriedenheit verantwortlich, Dinge, die eher seinem Alter geschuldet waren. Vielleicht litt er aber auch bloß unter Heimweh. Verbrieft jedoch ist, dass Crean einigen Trost daraus zog, dass weitere junge Iren an Bord waren, und so irgendwann beschloss, sich nicht unterkriegen zu lassen.

An seinem 18. Geburtstag, nach exakt zwei Jahren in der Navy, wurde Crean zum Gefreiten befördert. Seinen Dienst verrichtete er zu dieser Zeit auf der *HMS Royal Arthur*, einem Flaggschiff der Pazifikflotte. Ein knappes Jahr später, 1896, stand die nächste Beförderung an, und er wurde als Obergefreiter auf die *HMS Wild Swan* abkommandiert, ein mit fünfzig Metern Länge vergleichsweise kleines Versorgungsschiff, das vorwiegend im Pazifik operierte.

1898 entwickelte Crean offenbar den Ehrgeiz, etwas Neues zu erleben, und wechselte nach Devonport auf das Ausbildungsschiff *HMS Cambridge*, wo er den Umgang mit allerlei

Geschützen lernte. Sechs Monate später, kurz vor Weihnachten 1898, wechselte er auf die *HMS Defiance*, die ebenfalls in Devonport lag und der Ausbildung von Torpedoschützen vorbehalten war. In Chatham, der größten Marinebasis der Navy, vervollständigte er schließlich die Ausbildung durch Schulung an weiteren Waffensystemen.[7]

In dieser Zeit erwarb sich Crean den Ruf, besonders zuverlässig zu sein, und die Beurteilung, die sich in seinen Akten findet, ist durchaus beeindruckend. Obwohl es in den Anfangsjahren einzelne Verstöße gegen die Disziplinarordnung gab, bewerten Creans Vorgesetzte sein Verhalten im Dienst als »ausgezeichnet«.

Etwa zu dieser Zeit – in den Jahren 1899 und 1900 – geriet Creans bis dahin nahtloser Aufstieg jedoch kurz ins Stocken, und in den Unterlagen findet sich der einzige verbriefte Makel, der seiner Laufbahn anhaftet. Ob sich darin eine allgemeine Unzufriedenheit ausdrückt oder ob Crean nach sechs Jahren Dienst in der Navy Sinn und Zweck seines Tuns aus den Augen verloren hatte, wissen wir nicht. Möglicherweise war es aber auch so, dass Crean, wie zahllose Seeleute vor und nach ihm, Opfer seines Alkoholkonsums geworden war, der Geißel der Seefahrt. Alkohol war ein fester Bestandteil des Alltags, und jeder Landgang mündete früher oder später in Gelagen, die oft aus dem Ruder liefen – mit entsprechenden Folgen für die Beteiligten. Auch Crean war kein Kostverächter, und der gesellige und kontaktfreudige junge Mann fühlte sich in Gesellschaft seiner trinkenden Kameraden wohl.

Ende September 1899 – Crean diente auf der *HMS Vivid* in Devonport – wurde er gleichwohl zum Obermaat ernannt.

Es folgte eine kurze Zeit an Bord des Ausbildungsschiffes *HMS Northampton*, ehe Crean jenen Schritt vollzog, der sein Leben für immer verändern sollte.

Dieser erfolgte am 15. Februar 1900, als Obermaat Crean nach Australien und auf einen Torpedokreuzer mit einem ungewöhnlichen Namen abkommandiert wurde: *HMS Ringarooma*.[8] Dieser Schritt war der Beginn einer neuen und gänzlich anderen Herausforderung, als der virile Zweiundzwanzigjährige sie kannte: die Begegnung mit den Härten einer Polarexpedition und Männern wie Scott, Shackleton, Wild, Evans und Lashly.

# EINE ZUFALLSBEGEGNUNG

Im Jahr 1901 endete eine Ära, die das britische Reich lange geprägt hatte. Königin Viktoria, die dem Zeitalter, in dem England zu einem Weltreich wurde, den Namen gegeben hatte, starb am 22. Januar nach gut dreiundsechzig Jahren auf dem Thron. Aber es war auch das Jahr, in dem Großbritannien unter der Führung von Robert Falcon Scott den ersten Versuch startete, den letzten unerforschten Kontinent der Erde zu erobern: Antarktika.

Mit einem Durchmesser von 4500 Kilometern und einer Fläche von vierzehn Millionen Quadratkilometern ist Antarktika, noch vor Australien und Europa, der fünftgrößte Kontinent der Erde, der zehn Prozent der gesamten Landmasse einnimmt. Doch zu Beginn des 20. Jahrhunderts hatte nur eine Handvoll Menschen ihn betreten.

Antarktika ist eine riesige Insel ohne Verbindung zur übrigen Welt und von jeder Zivilisation durch den stürmischen Südlichen Ozean getrennt. Südamerika ist tausend Kilometer entfernt, Australien gar 2500. Gut 99 Prozent der Landmasse sind durchgehend von Eis bedeckt, in dem etwa 70 Prozent des gesamten Süßwasservorkommens der Erde gespeichert sind. Hier wurden Windgeschwindigkeiten von bis zu

320 Stundenkilometern gemessen. Mit –89,6 °C hält Antarktika den Kälterekord der Erde.

Hier gibt es keine Inuit, von denen sich lernen ließe, wie man unter solchen Bedingungen überlebt, und auch sonst sind hier so gut wie nie Menschen anzutreffen. Heimisch sind hier lediglich Pinguine, Robben und Wale sowie Organismen wie Algen, Flechten und Moose. Wer Antarktika erobern will, muss folglich Nahrung und Ausrüstung mitbringen. Doch es gibt noch weitere Ungewöhnlichkeiten: Auch wenn alles von Eis bedeckt ist, schneit es hier nur selten, und an den weitaus meisten Tagen des Jahres ist der Kontinent rund um die Uhr entweder in tiefste Dunkelheit getaucht oder von grellem Sonnenlicht überflutet.

Dass Antarktika kein Hirngespinst ist, sondern tatsächlich existiert, davon waren die Menschen schon in der Antike überzeugt. Gut zweitausend Jahre vor der Entdeckung geisterte die *Terra Australis Incognita* bereits durch die Mythologie. Griechische Philosophen pochten darauf, dass als Gegengewicht zu den Landmassen des Nordens ein Südkontinent erforderlich sei. Und weil die nördliche Hemisphäre unter dem Sternbild des Großen Bären, griechisch *arktos*, lag, wurde die dem Norden gegenüberliegende südliche Landmasse kurzerhand *antarktikos* genannt. So war der Name Antarktika geboren.

Berühmte Seefahrer wie Magellan oder Drake hatten schon im 16. Jahrhundert mit einer Fahrt Richtung unbekannter Südkontinent geliebäugelt, und zwei kühne französische Entdecker – Jean-Baptiste Bouvet de Lozier und Yves Joseph de Kerguelen-Trémarec – drangen im 18. Jahrhundert bis zu einigen subantarktischen Inseln vor. Doch es war James Cook, dem wohl bedeutendsten aller Entdecker, vorbehalten, als Erster den südlichen Polarkreis zu überqueren. Am 17. Januar 1773 näherte er sich Antarktika mit seinen beiden Schiffen *Resolute* und *Adventure* bis auf 120 Kilometer, allerdings ohne den Kontinent selbst zu Gesicht zu bekommen. Was er mit zurücknahm, war der Zweifel daran, dass die kalte und menschenfeindliche Umgebung weitere Erkundungen wert war.

Die erste überlieferte Sichtung der Antarktis wird einer Expedition unter Leitung von Edward Bransfield aus Cork, Irland, zugeschrieben. Zugetragen haben soll sie sich am 30. Januar 1820. Nahezu zeitgleich berichteten Fabian von Bellingshausen, seines Zeichens Offizier der Kaiserlich Russischen Marine, und der US-Amerikaner Nathaniel Palmer von ähnlichen Ereignissen. Wirklich sicher war sich jedoch keiner von ihnen, und so wird in den Annalen der Robbenfänger John Biscoe genannt, der im Januar 1831 den antarktischen Kontinent als Erster umrundete.

1841 gelangte Sir James Clark Ross erstmals an das Schelfeis, das den Kontinent umgibt, und segelte mit den Schiffen *Erebus* und *Terror* an der Eiskante entlang. Den beiden markanten Bergen, die über die Einfahrt in jenen Teil des Südpolarmeeres wachen, der später nach Ross benannt werden sollte, verlieh er die Namen, die auch seine beide Schiffe trugen. Die Insel, auf der sie stehen, wurde zum Anlaufpunkt zahlreicher britischer Expeditionen. Auch sie trägt heute den Namen ihres Entdeckers.

Eine internationale Expedition unter der Führung des Belgiers Adrien de Gerlache stieß zwischen 1897 und 1899 mit der *Belgica* tief Richtung Südpol vor, bis sie in der Bellingshausensee unweit der Antarktischen Halbinsel, die hier wie ein ausgestreckter Finger Richtung Südamerika zeigt, vom Eis gestoppt und eingeschlossen wurde.

Nur ausgesprochen widerwillig und mit bangem Herzen fügten sich de Gerlache und seine Männer in das Unausweichliche und verbrachten als erste Menschen überhaupt den Winter in Antarktika, wo die Sonne sich vier Monate lang nicht zeigt. Die Strapazen, die bittere Kälte und die nicht enden wollende Dunkelheit forderten ihren Tribut. Ein Besatzungsmitglied starb während des Winters, zwei weitere büßten den Verstand ein.

Zu denen, die mit heiler Haut davonkamen, gehörten ein fünfundzwanzigjähriger Norweger namens Roald Amundsen sowie ein dreiunddreißigjähriger Amerikaner namens Frederick Cook. Amundsen, der wohl bedeutendste Polarreisende der Geschichte, durchfuhr später als erster Mensch die Nordwestpassage und erreichte den Südpol einen Monat vor seinem britischen Rivalen Captain Scott, der dabei sein Leben ließ. Cook, ein ebenso launischer wie talentierter Mann, bestand wider besseres Wissen bis zu seinem Tode darauf, eher am Nordpol gewesen zu sein als Robert Peary, dem das Verdienst, der Erste gewesen zu sein, tatsächlich zukommt.

Die ersten Menschen, die nicht nur die Antarktische Halbinsel, sondern den eigentlichen Kontinent betreten haben, waren vermutlich acht Besatzungsmitglieder des Walfängers *Antarctic*, der am 24. Januar 1895 Kap Adare erreichte. Wer von ihnen zuerst antarktisches Festland betrat, ist nicht überliefert und umstritten, aber der norwegische Naturforscher

Carsten Borchgrevink behauptete, er sei vor seinen Kameraden aus dem Beiboot an Land gesprungen, weshalb die Ehre, der Erste gewesen zu sein, ihm zufalle. Später ließ Borchgrevink von der Behauptung ab und beschrieb seine Leistung nun damit, dass er der Leiter der ersten Expedition gewesen sei, die freiwillig und vorsätzlich auf Antarktika überwintert habe.

Borchgrevink landete 1899 unweit der Einfahrt in die Robertson Bay, die zwischen der Adare-Halbinsel und der Festlandküste Antarktikas liegt. Aus Material, das er aus Europa mitgebracht hatte, errichtete er dort zwei Hütten, in denen die zehnköpfige Gruppe den Winter verbrachte. Jene Hütte, die den Männern als »Wohnzimmer« diente, steht heute noch. Die Erträge von Borchgrevinks Aufenthalt waren bescheiden und beschränkten sich im Grunde auf einen Ausflug auf das Ross-Schelfeis.

Den ersten planmäßig angelegten Versuch, Antarktika zu erobern, hatte einige Jahre zuvor der Engländer Sir Clements Markham unternommen, der Jahrzehnte zuvor bereits die Arktis bereist hatte. Damals befand sich Markham, der im zarten Alter von dreizehn Jahren die Schule verlassen hatte und in die Navy eingetreten war, an Bord der *Assistance*, die sich in den Jahren 1850 und 1851 an der vergeblichen Suche nach Sir John Franklin beteiligt hatte. Der war 1845 mit zwei Schiffen und insgesamt 129 Mann Besatzung aufgebrochen, um die Nordwestpassage zu durchfahren, und seither verschollen.

Dieses Ereignis hatte Markham geprägt, hatte durch ihn aber auch gravierende Folgen für die Expeditionen, die das britische Königreich in der Folge Richtung Nordpol, später auch Richtung Südpol unternahm. Die Rolle, die Britannien im Goldenen Zeitalter spielte, wäre eine andere gewesen ohne Clements Markham, einen nicht nur wegen seines stattlichen Backenbartes charakteristischen Vertreter der Regierungszeit Königin Viktorias.

Markham, ein sturköpfiger und aufbrausender Mann, der an Winston Churchill denken lässt, machte die Erkundung der Polargebiete zu seiner persönlichen Angelegenheit, die ihm fast zur Obsession wurde. Mit an Fanatismus grenzender Leidenschaft setzte er seine Überzeugungs- und Überredungskünste ein, um sicherzustellen, dass Großbritannien neue und größere Expeditionen Richtung Südpol auf die Beine stellte, und zwar zu einer Zeit, in der sich andernorts niemand dafür interessierte. Zugleich drängte er darauf, dass solche Expeditionen künftig unter dem Kommando der Navy standen, um so einer ungläubig dreinblickenden Welt die Unerschrockenheit und Überlegenheit des britischen Königreichs zu demonstrieren.

Besonders am Herzen lag ihm, dass sich künftige Expeditionen typisch britischer Methoden bedienten, die sich auf früheren Reisen bewährt hatten, allen voran von Menschen gezogene Schlitten. Von modernen Errungenschaften wie Schlittenhunden und Skiern hielt er nichts, auch wenn Hunde deutlich schneller und ausdauernder waren und im Fall der Fälle einander oder sogar den Menschen als Nahrung dienen und so noch nach dem Ableben zum Erfolg der Mission beitragen konnten.

Doch Markham war ein Hundenarr, und obwohl andere Nationen, insbesondere die Norweger, gute Erfahrungen mit dem Einsatz von Hunden gemacht hatten, lehnte er es ab, sie als Nutz- und Lasttiere zu verwenden. Es kann kein vernünftiger Zweifel daran bestehen, dass auch Scott, der auf seinen beiden Reisen zum Südpol nur sehr halbherzig auf die Hilfe von Hunden setzte, massiv von Markham beeinflusst war. Und so blieb es dabei, dass die Teilnehmer britischer Expeditionen ihren Proviant und ihre Ausrüstung selbst durch Eis und Schnee schleppen mussten – eine entsetzliche und qualvolle Plackerei, die die Männer zu Lasttieren degradierte.

Obwohl er kein offizielles Amt bekleidete, gerierte sich Markham, der auch vor Intrigen nicht zurückschreckte, als Sachverwalter der britischen Interessen an beiden Polen. Doch bis die erste Expedition Richtung Antarktis aufbrechen konnte, sollten fast zwei Jahrzehnte vergehen. In seinen Erinnerungen an die Ereignisse im Vorfeld der *Discovery*-Expedition schrieb Markham:

> 1885 begann ich, mein Augenmerk auf die Erforschung der Antarktis zu lenken, aber es dauerte sechzehn Jahre, bis meine Bemühungen zum Erfolg führten.[1]

Der Erfolg, auf den Markham anspielte, ist die britische Antarktisexpedition der Jahre 1901 bis 1904, mit der zugleich das erste Kapitel von Großbritanniens Beitrag zum Goldenen Zeitalter der Polarexpeditionen geschrieben wurde. 1885, als Markham dieses Kapitel in Angriff nahm, war Tom Crean acht Jahre alt, Scott, Markhams Protegé, sechzehn.

Markham bereitete die Eroberung der Antarktis mit großer Entschlossenheit und Bestimmtheit vor, insbesondere als es an der Zeit war, den Anführer und Leiter der ersten Expedition zu bestimmen. Auch wenn der vermutlich nicht seine erste Wahl war, entschied er sich für einen jungen Navy-Offizier, der die britische Flagge zum Südpol tragen sollte. Sein Name: Robert Falcon Scott.

Markham hatte einige Jahre lang in der Navy nach geeigneten Kandidaten Ausschau gehalten und sich kurz vor der Jahrhundertwende für Scott entschieden. Dabei geholfen hatte ihm eine Zufallsbegegnung unweit des Buckingham Palace im Juni 1899. In seinem berühmten Buch *Die Reise der Discovery* erinnerte sich Scott wie folgt:

> Anfang Juni verbrachte ich ein paar dienstfreie Tage in London, wo ich die Buckingham Road entlangschlenderte, als ich auf der anderen Straßenseite plötzlich Sir Clements entdeckte. Ich begleitete ihn bis nach Hause. An diesem Nachmittag habe ich zum ersten Mal davon gehört, dass eine Expedition in die Antarktis geplant war.[2]

Zwei Tage später bewarb er sich offiziell als Kommandeur der Expedition. Markham wird ihm auf diese oder jene Weise vermittelt haben, dass er für diesen Posten zumindest infrage kam. Offiziell ernannt wurde Scott allerdings erst ein Jahr später, am 30. Juni 1900. Da war er zweiunddreißig Jahre alt und stand am Beginn einer Karriere, die ihn zur Legende werden ließ.

Markham versuchte derweil, die Summe von 90 000 Pfund zusammenzubringen, die er für die Expedition benötigte – auf heutige Kaufkraft umgerechnet 4,7 Millionen Pfund und der größte Betrag, der im Vereinigten Königreich je für eine Polarexpedition veranschlagt wurde. Entsprechend schwer fiel es Markham, das Geld aufzutreiben, und es erforderte viel Geduld, lange Gespräche und großes politisches Geschick, bis das Ziel erreicht war. Nun konnte Markhams Traum in Erfüllung gehen.

Die Nationale Britische Antarktisexpedition, so der Name, war startklar, einschließlich eines neuen, eigens für den Zweck erbauten Schiffes, der 52 Meter langen *Discovery*. Deren Bug war mit Eisen beschlagen, der Rumpf an den Seiten mit besonders dicken Holzplanken belegt, um gegen das Eis bestehen zu können. Die Reise war als Mischung aus Expedition und wissenschaftlicher Forschungsreise angelegt, ein Umstand, der zu erheblichen Spannungen unter den Geldgebern führte, hier der Königlichen Geografischen Gesellschaft, dort der Königlichen Gesellschaft. Den Streit um die vordringlichsten Aufgaben der Reise legte Markham bei, indem er ihn eigenmächtig entschied. Unmissverständlich beharrte er darauf, dass der Sinn und Zweck der Expedition vor allem »die Erkundung des Landesinneren von Antarktika« war.

Ebenso eigenmächtig ordnete er an, dass Scott vornehmlich den Bereich des Rossmeeres erkunden sollte, den sechzig Jahre zuvor der Namensgeber Sir James Ross befahren hatte und der bis heute aufs Engste mit den Leistungen der britischen Polarforschung während des Goldenen Zeitalters verbunden ist.

Markham plante und projektierte nicht nur das große Ganze, sondern nahm Einfluss auf jedes noch so kleine Detail.

So entwarf er höchstpersönlich eine Meter lange, dreieckige Flagge, die die Männer sich vor die Schlitten spannen, auf ihrem Marsch übers Eis bei sich tragen und in unentdeckte Gebiete mitnehmen sollten.

Am 31. Juli 1901 – die Streitigkeiten waren weitgehend beigelegt – trat die *Discovery* die kurze Fahrt von London zur Isle of Wight an, wo sie im Rahmen der Cowes Week vorgestellt werden sollte. Dort erwartete sie ein königlicher Empfang. Noch stand das Land unter dem Schock, den der Tod Königin Viktorias nach ihrer so langen Amtszeit ausgelöst hatte. Ihr designierter Nachfolger Edward VII. und dessen Frau Königin Alexandra kamen am 5. August an Bord der *Discovery*, um die an der Expedition beteiligten Männer zu verabschieden. Scott zeigte sich tief beeindruckt.

> Der Besuch war vergleichsweise zwanglos, wird allen, die dabei waren, aber unvergesslich bleiben, weil sich die königlichen Hoheiten selbst an Kleinigkeiten überaus interessiert zeigten und uns für die Umsetzung unserer Pläne von Herzen alles Gute wünschten. Und obwohl wir unser Land eigentlich ohne viel Aufhebens verlassen wollten, fühlten wir uns durch den Besuch Seiner Majestät und die aufrichtige Anteilnahme an unserem Vorhaben überaus geehrt.[3]

Die *Discovery*, in der Markhams Ehrgeiz seine Erfüllung fand, die aber auch den Grundstein für Englands führende Rolle im Goldenen Zeitalter und den Heldenstatus von Scott legte, verließ am Mittag des 6. August 1901 die Isle of Wight.

Es sollte gut drei Jahre dauern, bis sie wieder heimische Gewässer erreichte.

Auf der anderen Seite der Erde hatte Tom Crean zu dieser Zeit die Hälfte einer zweijährigen Dienstzeit an Bord der *HMS Ringarooma* absolviert, eines Torpedokreuzers der P-Klasse, der zur britischen Flotte gehörte, die das Seegebiet zwischen Neuseeland und Australien kontrollierte. Und diese *Ringarooma* sollte zum Sprungbrett für Creans bemerkenswerte Laufbahn als Polarfahrer werden.

Der für ein Schiff der Royal Navy eigentümliche Name verdankt sich einer Vereinbarung zwischen Großbritannien und Australien in der Spätphase der Amtszeit Königin Viktorias, in der sich Australien dazu verpflichtete, den Bau von fünf Kriegsschiffen für die Royal Navy zu finanzieren – unter der Voraussetzung allerdings, dass sie im genannten Seegebiet eingesetzt wurden. Eines dieser Schiffe war die *Ringarooma*, die 1890 vom Stapel lief und wie die vier anderen von der Royal Navy betrieben wurde, aber einen Namen bekam, den sich die Australier ausgesucht hatten.

Obermaat Crean war am 15. Februar 1900 auf die *Ringarooma* gekommen, hatte sich aber schon bald Ärger mit seinen Vorgesetzten eingehandelt. Am 18. Dezember wurde er wegen nicht näher beschriebenen Fehlverhaltens zum Obergefreiten degradiert, ein Dienstgrad, den er in den kommenden zwölf Monaten behalten sollte.[4]

Im November 1901 steuerte Scotts Expedition Neuseeland an, den letzten Außenposten der Zivilisation vor den unerforschten Regionen des Südens. Und ohne es zu wissen, sehnte Tom Crean die Ankunft der *Discovery* förmlich herbei.

Die genauen Umstände, die dazu führten, dass Crean sich der Expedition anschloss und so zu einem Hauptdarsteller auf der Bühne der Polarforschung wurde, sind umstritten. Fast alle Berichte, die über die Jahre in Büchern, Illustrierten und Zeitungen erschienen, machen einen tragischen und viel beachteten Unfall dafür verantwortlich, bei dem ein anderer Seemann sein Leben verlor. Der Vollmatrose Charles Bonner kam kurz vor Weihnachten 1901 in der neuseeländischen Stadt Lyttelton zu Tode, wo die *Discovery* für die Fahrt gen Süden ausgerüstet wurde. Und doch kann Creans Aufstieg aus der Anonymität des Mannschaftsdecks zu einem illustren Mitglied der *Discovery*-Expedition mit diesem Unglück nichts zu tun haben. Crean war bereits an Bord, als Bonner starb, und schon knapp zwei Wochen zuvor hatte er sich durch seine Unterschrift verpflichtet. Dass aus dem Seemann ein Entdecker und Polarreisender wurde, ist einer gänzlich anderen Fügung des Schicksals geschuldet, die allerdings bisher wenig Aufmerksamkeit erfahren hat.

Dass Crean mit der Expedition überhaupt in Berührung kam, ist damit erklärt, dass die *Ringarooma* und ein Schwesterschiff, die *HMS Lizard*, von der Admiralität den Auftrag bekommen hatten, Scott und seinen Männern bei ihrem Aufenthalt in Neuseeland jede erdenkliche Unterstützung zukommen zu lassen. Das Logbuch der *Ringarooma* nennt als Zeitpunkt der ersten Sichtung der *Discovery* vor der neuseeländischen Küste Freitag, den 29. November, um 4:45 Uhr.[5] Crean wird ebenso wie seine Kameraden erpicht gewesen sein, das Schiff, das vor einer der großartigsten Reisen aller Zeiten stand, mit eigenen Augen zu sehen.

Die *Discovery*-Expedition zu einem der letzten blinden Flecke auf der Weltkarte hatte in der englischsprachigen Welt für Furore gesorgt. Nicht wenige sahen darin ein Symbol für die Kraft und Leistungsfähigkeit des britischen Königreiches, das mit dem Ende des Viktorianischen Zeitalters und sich abzeichnenden Umbrüchen in Ländern wie Südafrika und Irland an Glanz verloren hatte.

Später an diesem 29. November erreichte die *Discovery* die Bucht von Lyttelton südlich von Christchurch, und Kapitän Rich von der *Ringarooma* machte sich umgehend daran, den Befehl der Admiralität in die Tat umzusetzen. Er teilte einige Männer ein, die Scott bei seinen Vorbereitungen für die Weiterreise unterstützen sollten. Dazu gehörten Arbeiten am Rumpf und am Rigg ebenso wie ein Kurzaufenthalt im Trockendock, den ein hartnäckiges Leck erforderlich machte, durch das ein Teil des Proviants ungenießbar geworden war.

Aus dem Logbuch der *Ringarooma* geht hervor, dass die erste Gruppe von Männern am 3. Dezember 1901 auf die *Discovery* delegiert wurde.[6] Möglicherweise gehörte Crean schon zu dieser Gruppe, vielleicht wurde er aber auch später auf die andere Seite der Bucht geschickt, wo die *Discovery* im Dock lag, denn laut Logbuch herrschte vom 3. bis zum 20. Dezember ein reger Verkehr von Seeleuten, die morgens die *Ringarooma* verließen, um sich auf der *Discovery* nützlich zu machen, und am späten Abend nach getaner Arbeit zurückkehrten.

Als einer dieser Helfer konnte sich Crean vergleichsweise schnell mit der *Discovery* und der Stimmung an Bord vertraut machen. Das könnte als Erklärung dafür herhalten, dass er freiwillig auf ein Schiff wechselte, das im Begriff war, für zwei oder gar drei Jahre in eine weitgehend unbekannte Weltgegend vorzustoßen.

Und doch war eine weitere Laune des Schicksals nötig, um Crean neben Männer wie Scott, Shackleton, Wilson, Evans und Wild ins Scheinwerferlicht zu rücken, einige der führenden Figuren des Goldenen Zeitalters, die sich sämtlich an Bord der *Discovery* und in Lyttelton befanden.

Creans Stunde war gekommen, als Harry J. Baker, ein Crewmitglied der *Discovery*, seinem Kapitän ein massives Problem einbrockte. Und interessanterweise kommen Baker und sein Verhalten in zeitgenössischen Berichten kaum vor.

Baker, der offenbar ein Querulant war, hatte aus Gründen, die wir nicht kennen, einen Unteroffizier geschlagen und sich anschließend aus dem Staub gemacht. So stand Scott unversehens mit einem Mann weniger da. Bis zur Abfahrt blieben nur noch wenige Tage, und in seiner Not wandte sich Scott an Captain Rich von der *Ringarooma*.

Scott verzichtete darauf, den Baker-Vorfall in seinem Reisebericht zu erwähnen, ja, sein Name wird in dem zweibändigen Werk nicht ein einziges Mal erwähnt – nicht einmal in der Crewliste. Es ist, als habe ein Mann dieses Namens nie existiert. Und doch war es die nur unzureichend dokumentierte Fahnenflucht von Harry J. Baker, die dafür sorgte, dass Tom Crean auf der Bildfläche der Polarforschung und -erkundung erschien.

Vollmatrose Baker, fünfundzwanzig Jahre alt und gebürtig aus Sandgate in Kent, scheint schon auf der Überfahrt von England mehrfach unangenehm aufgefallen zu sein und war bei seinen Kameraden nicht sonderlich beliebt. Der einzige

Beleg für sein Fehlverhalten findet sich aber in einem handschriftlichen Brief von Scott an die Königliche Geografische Gesellschaft vom 18. Dezember 1901, als die *Discovery* im Begriff war, sich von Neuseeland zu verabschieden.[7] Der Brief entstand drei Tage vor Bonners tödlichem Unfall und kurz bevor sich mit dem Matrosen Sinclair ein weiteres Besatzungsmitglied unerlaubt vom Dienst entfernte. Sinclair hatte immerhin einen ehrenhaften Grund vorzuweisen, denn mit der Fahnenflucht zog er die Konsequenzen daraus, dass er sich für Bonners Tod verantwortlich fühlte.

In seinem Brief kam Scott auch darauf zu sprechen, dass Baker schon früher für Ärger gesorgt hatte. Dort schrieb er: »Baker war ein guter Seemann, aber bei seinen Kameraden alles andere als beliebt.«[8]

Einen Vorgesetzten zu schlagen war ein Vergehen, das unter keinen Umständen geduldet werden konnte, und Scott ordnete an, Baker umgehend in Arrest zu nehmen. In seinem Brief an die Königliche Geografische Gesellschaft hieß es dazu:

> Nachdem Baker den Unteroffizier geschlagen hatte, habe ich ihn darüber informiert, dass er unmöglich an Bord bleiben könne – woraufhin er Reißaus nahm. Ich erließ umgehend einen Haftbefehl und setzte auf seine Ergreifung eine Belohnung aus, aber er war und blieb verschwunden.[9]

Sir Clements Markham hielt seine eigene, deutlich verkürzte Version der Ereignisse fest – fraglos aufgrund von Informationen, die von Scott stammten. In seinen Memoiren heißt es über Baker: »In Lyttelton als ungeeignet aussortiert. Fahnenflüchtig. Bei seinen Kameraden unbeliebt.«[10] Einige Seiten später fällt das Urteil über denselben Mann noch kürzer aus: »In Lyttelton desertiert. Ungeeignet.«[11]

Auch das Logbuch der *Ringarooma* liefert uns keine weiteren Informationen zu den Umständen, die zu Creans Wechsel auf die *Discovery* führten. Aber es belegt, dass der Wechsel vor Bonners tödlichem Unfall erfolgte. Am 9. Dezember hieß es dort schlicht: »Obergefreiten Crean auf die *SS Discovery* abkommandiert.«[12]

Aus Aufzeichnungen, die von der *Discovery*-Expedition stammen und heute von der Königlichen Geografischen Gesellschaft aufbewahrt werden, geht hervor, dass Crean am 10. Dezember 1901 zur Besatzung stieß. In dem besagten Brief Scotts an die Gesellschaft hieß es dazu:

> Mit Billigung des Admirals hat Captain Rich von der *Ringarooma* mir freundlicherweise einen Mann namens Crean überlassen, der das verlustig gegangene Besatzungsmitglied (Baker) ersetzt.[13]

Der von einem Bauernhof stammende Seemann gehörte nun zu einer Elite, deren Ziel eine noch weitgehend unbekannte Region der Welt war. Dafür wurde er mit der Heuer entlohnt, die einem Obergefreiten zustand: zwei Pfund, fünf Shilling, sieben Pence im Monat (nach heutigem Stand etwa 120,70 Pfund). Bis heute herrscht die Ansicht vor, dass sich Crean in den Tagen kurz vor Weihnachten 1901 freiwillig für den

Dienst auf der *Discovery* gemeldet hat, ein Beleg dafür findet sich in den Marineunterlagen jedoch nicht.

Überliefert ist hingegen eine Anekdote, laut der ein Besatzungsmitglied der *Ringarooma* gehört haben will, wie Crean sich für den Posten meldete, woraufhin er ihm gesagt haben soll: »Ich hätte nicht gedacht, dass du so verrückt bist, freiwillig eine Reise ans Ende der Welt mitzumachen.« Crean soll geantwortet haben: »Ich war ja auch verrückt genug, von der anderen Seite der Welt hierherzukommen.«

Weil Crean zu jenen Männern gehörte, die täglich zum Arbeitseinsatz auf der *Discovery* fuhren, wird er gewusst haben, dass seit Bakers Angriff auf den Unteroffizier ein Posten vakant war. Doch es mag auch weitere Motive gegeben haben. Ein Seemann, der sich für eine solche Reise freiwillig meldete, verdiente sich damit den Respekt und die Bewunderung der Kameraden. Und wer sich auch nur halbwegs in der Geschichte der Navy auskannte, wusste, dass seit den Tagen von Cook und anderen mit einer solchen Reise in aller Regel eine Beförderung verbunden war.

Im Entschluss, sich freiwillig zu melden, äußern sich aber auch das Crean eigene Selbstvertrauen und der Glaube an seine Fähigkeiten. Denkt man das Streben nach Unabhängigkeit hinzu, das er schon in frühester Kindheit entwickelte, hat man die Puzzleteile zusammen, aus denen sich seine Charakterstärke erklärt.

Dass Crean mit großer Wahrscheinlichkeit freiwillig auf die *Discovery* wechselte, belegt nur, wie wahllos die Schiffsbesatzungen in den Anfangsjahren der Polarexpeditionen letztlich zusammengestellt waren. Wie Crean hatten auch die meisten Kameraden keinerlei Erfahrung mit den Bedingungen, die sie erwarteten, und keinerlei Ausbildung erhalten, die sie auf die vor ihnen liegenden Entbehrungen vorbereitet hätte. Ihre »Qualifikation« bestand in erster Linie darin, dass sie etwas erleben wollten; was sie reizte, war die Aussicht, im Wortsinn Neuland zu betreten. In Creans Fall kam hinzu, dass er zufällig zur rechten Zeit am rechten Ort war.

Das Durchschnittsalter der Besatzung der *Discovery* betrug lediglich siebenundzwanzig Jahre, sodass Crean, der vierundzwanzig Lenze zählte, an Bord viele Gleichaltrige vorfand. So gesehen war die Reise ins Ungewisse, von der niemand wusste, wie lange sie dauern würde, für jemanden, der sein Geburtsdatum im Dunkeln gelassen hatte, um mit fünfzehn Jahren bei der Navy das Abenteuer zu suchen, eine willkommene Herausforderung.

In seiner fast zweijährigen Dienstzeit auf der *Ringarooma* hatte sich Crean bei seinen Kameraden beliebt gemacht. Sie dankten es ihm, indem sie Geld sammelten und ihm ein Abschiedsgeschenk mit auf den Weg gaben, ein Fotoalbum mit einer Widmung, die viel über das Ansehen verrät, das Crean genoss.

> Für Thos Crean, überreicht von seinen Kameraden der *HMS Ringarooma* als Zeichen des Respekts, der guten Wünsche für sein weiteres Wohlergehen und eine sichere Heimkehr, aus Anlass seines Aufbruchs in die Antarktis als Freiwilliger auf dem britischen Schiff *Discovery* am 20. Dezember 1901.

Bestandene Feuertaufe. Nach der Rückkehr aus der Antarktis im September 1904 nimmt die Besatzung der *Discovery* Aufstellung für ein Erinnerungsfoto. Crean sitzt in der hintersten Reihe (8. von links). Auf der *Discovery* waren einige der führenden Vertreter des Goldenen Zeitalters versammelt: Robert Scott (vorn, 8. von links), Ernest Shackleton (vorn, 5. von links, mit vor der Brust verschränkten Armen), Edward Wilson (vorn, 6. von links), Frank Wild (hinten, 3. von links), William Lashly (hinten, 7. von links) und Edgar »Taff« Evans (hinten, 10. von links).

Ein weiterer Talisman, der Crean auf seine Reise gen Süden begleitete, war das kleine Skapulier, das nach wie vor an einem Lederband um seinen Hals baumelte.

# AUFBRUCH INS UNBEKANNTE

Die Vorbereitungen für die Verabschiedung aus Neuseeland beflügelten die Männer, und Scott plante, am 21. Dezember 1901 von Lyttelton, dem Hafen von Christchurch, aus in See zu stechen und in Port Chalmers, dem Hafen von Dunedin, einen letzten Zwischenhalt einzulegen, um den Kohlevorrat für die Fahrt über den tückischen Südlichen Ozean aufzustocken. Doch der Start des gewagten Unterfangens war infolge des tödlichen Unfalls von Charles Bonner alles andere als gelungen.

Der Tag der Abfahrt hatte gut begonnen, die Stimmung war fröhlich und ausgelassen. Die Einheimischen hatten die Ankunft der *Discovery* in Neuseeland mit großem Interesse verfolgt, und nun waren Tausende von ihnen in den kleinen Hafen gekommen, um Scott und seinen Begleitern Lebewohl zu sagen. Der Wunsch, einen letzten Blick auf die Entdecker zu werfen, war so verbreitet, dass Sonderzüge eingesetzt werden mussten, um die Schaulustigen aus dem nahen Christchurch heranzukarren. Im Hafen angekommen, wurden sie von Kapellen, tutenden Schiffssirenen und einer begeisterten Menschenmenge empfangen, die den mutigen Männern zuwinkte und sie hochleben ließ.

Der Bischof von Christchurch kam an Bord, hielt eine kurze Andacht ab und segnete die Forschungsreisenden. Kurz darauf geleiteten das Kriegsschiff *Lizard* und Creans früheres Schiff, die *Ringarooma*, die schwer beladene *Discovery* aus dem Hafen von Lyttelton hinaus. Scott berichtete gar von fünf weiteren, feierlich geflaggten Dampfern, die mit Menschen vollgepackt waren und sie auf den ersten Metern ihrer langen Reise begleiteten.

> Auf Kais und Molen standen begeisterte Menschen dicht gedrängt. Es war tatsächlich eine würdige Verabschiedung.[1]

William Lashly, der Heizer, der gemeinsam mit Crean in die Annalen der Arktiserkundung eingehen sollte, sprach von »Hunderten«, die die *Discovery* hochleben ließen, und ergänzte:

> Unser Aufenthalt in Lyttelton war anstrengend, aber schön. Die Menschen hier scheinen mir sehr nett und hilfsbereit zu sein. Und sie gehen offenbar davon aus, dass uns vor der Abfahrt etwas Unterhaltung guttun könnte. Die Verabschiedung war sehr herzlich. Alle Schiffe, die im Hafen lagen, haben uns bis an den Ausgang der Bucht begleitet, uns Gottes Segen und eine wohlbehaltene Rückkehr gewünscht.[2]

Doch dann kam Bonner zu Tode. Bonner, der junge Seemann, der erst dreiundzwanzig Jahre alt war und aus Bow im Londoner East End stammte, war im Juni 1901 von der *HMS Jupiter* auf die *Discovery* gewechselt. Er gehörte zu den ersten Männern, die Scott für seine Expedition rekrutierte.

Die emotionale Verabschiedung scheint den Seemann zum Leichtsinn verführt zu haben. Er hatte bereits stark dem Alkohol zugesprochen, und während die *Discovery* langsam den Hafen von Lyttelton verließ, kletterte er von seinem Platz im Krähennest zum Topp des Großmastes, um von dort einen exklusiven Ausblick auf die Vorgänge tief unter ihm zu genießen. Was dann geschah, hielt Scott in seinem Buch fest:

> Hoch oben auf dem Flaggenkopf sitzend, hatte er wie die anderen gewinkt und gejubelt, bis er sich in einem Anflug von Übermut aufrichtete und sich nur noch an dem dünnen Flaggenstock im Topp halten konnte. Was genau dann geschah, werden wir nie erfahren; vielleicht war es eine Welle, die ihn aus dem Gleichgewicht brachte. Zu uns, die wir an Deck standen, drang ein lauter Schrei, und als wir aufblickten, sahen wir eine Gestalt, die auf uns zuraste und dabei den Flaggenstock aus dem Topp fest umklammerte. Dann landete sie kopfüber auf der Ecke eines eisernen Deckshauses. Der Tod trat unmittelbar ein.[3]

Lashly, stets ein Mann der klaren Worte, notierte in seinem Tagebuch:

> Er verlor das Gleichgewicht, als das Schiff in der ersten Welle überholte, und stürzte auf das Deck, den Flaggenstock noch in der Hand.[4]

Edward »Bill« Wilson, seines Zeichens Schiffsarzt und Zoologe auf der *Discovery*, hielt fest, dass viele der hartgesottenen Seeleute das Ereignis als Tragödie empfanden, an der sie schwer zu schlucken hatten. Seinem Tagebuch vertraute er an, dass viele Männer »weinten wie Kinder«, und der Schiffszimmermann James Duncan meinte, der Unfall habe »die Stimmung an Bord nachhaltig verschlechtert«[5]. Matrose Sinclair, der Bonner wohl eine Flasche Whisky gegeben hatte, bevor der in den Großmast aufgeentert war, klaute sich daraufhin etwas Zivilkleidung zusammen und verschwand. Scott beschrieb den Vorfall als »eine jener Tragödien, die einem die harte Wirklichkeit des Lebens in Erinnerung rufen«, und wusste zu berichten, dass auf dem ganzen Schiff »Trauer und Betroffenheit« lasteten. Bonner wurde am 23. Dezember, kurz nach der Ankunft in Port Chalmers, bestattet. Und wie zum Beweis der These von der »harten Wirklichkeit des Lebens«, in diesem Falle des entbehrungsreichen Lebens, das unter Deck der Schiffe der britischen Navy zur Zeit König Edwards herrschte, führte Scott in seinem Bericht an die Königliche Geografische Gesellschaft aus, dass »Bonners persönliche Habe und die wenigen Kleidungsstücke, die ihm gehörten«, an Bord der *Ringarooma* verkauft werden sollten. Der Erlös, so der knappe Kommentar, »dürfte sehr gering ausfallen«.

Für Bonner kam nun aber nicht Crean an Bord, sondern Jesse Handsley aus Gloucester, der gemeinsam mit Crean auf der *Ringarooma* gedient und sich ebenfalls freiwillig gemeldet hatte.

Der Abschied von Port Chalmers am Weihnachtsabend 1901 fiel ungleich verhaltener aus als der von Lyttelton drei

Tage zuvor, denn noch standen alle unter dem Eindruck des Todes von Bonner. Das Schiff, bis oben hin mit Kohle, Proviant und lebendem Vieh bepackt, verabschiedete sich um 9:30 Uhr Ortszeit von der Zivilisation und dampfte schwerfällig davon. Louis Bernacchi, der Physiker der Expedition, notierte, dass »kein Winkel und keine Nische des Schiffes ungenutzt geblieben« waren, sodass »die Freibordmarke so weit unter Wasser lag, dass sie in Vergessenheit geriet«. Die Verhältnisse an Bord beschrieb er als »ein Durcheinander, das eines Schiffes unwürdig war«.

Auch wenn dieser zweite Aufbruch still und leise verlief, ließ es sich die *Ringarooma* nicht nehmen, die *Discovery* auf den Weg zu bringen, und so konnte Crean seinen Kameraden persönlich Lebewohl sagen. Bis die *Discovery* aus dem Süden zurück sein und wieder in Lyttelton festmachen würde, sollten zweieinhalb Jahre vergehen.

Der Weihnachtstag 1901 verlief sicherlich anders, als Crean und die anderen Männer es sich je hätten erträumen lassen. Die *Discovery* bewegte sich langsam Richtung Süden – an Bord die erste britische Expedition, die wieder Richtung Antarktis fuhr, seit Sir James Clark Ross es sechzig Jahre zuvor zuletzt gewagt hatte. Nach Feiern war offenbar niemandem zumute, die Stimmung an Bord eher nachdenklich. Die Erinnerung an Bonners Tod war noch zu frisch, und einige der traditionell abergläubischen Seeleute werden den Unfall als schlechtes Omen für die gesamte Reise aufgefasst haben.

In der Gewissheit, dass er mindestens ein Jahr lang keinen Kontakt mit der Zivilisation haben würde, notierte Scott:

Den Weihnachtstag verbrachten wir in den endlosen Weiten des Südlichen Ozeans, aber der Abschied von unserem Freund lag erst so kurz zurück, dass niemandem von uns nach Feiern zumute war, und so verstrich der Tag ereignislos.[6]

In Gedanken an den Tod Bonners wurde das traditionelle Weihnachtsessen vertagt und am 5. Januar nachgeholt. Da hatte die *Discovery* den südlichen Polarkreis bereits gequert. Der Schiffszimmermann Duncan, der aus Dundee stammte, dem Heimathafen der *Discovery*, beschrieb die melancholische Stimmung, die zum Jahreswechsel an Bord herrschte, während das Schiff sich durch den Südlichen Ozean arbeitete, wie folgt:

> Der Neujahrsmorgen begann mit gutem Wetter und ließ mich an die Lieben daheim denken, die gut 25 000 Kilometer entfernt sind. Wir befinden uns so weit im Süden wie seit einem Jahrhundert kein Schiff mehr und fernab jeglicher Zivilisation. Wann wir zurückkehren, steht in den Sternen. Hoffen wir das Beste.[7]

Immerhin war der *Discovery* gutes Wetter beschieden, was in Anbetracht der überquellenden Decks und des berüchtigten Reviers, in dem sie sich befanden, ein echter Glücksfall war. Der Südliche Ozean ist das wind- und wellenreichste Gewässer der Erde, und ein starker Sturm wäre für das Schiff eine ernsthafte Bedrohung gewesen. Scott war sich der Tatsache bewusst, dass schlechtes Wetter »extrem unangenehme Folgen« gehabt hätte, und innerlich darauf eingestellt, im Falle eines Falles die Deckladung aufzugeben – ein Wirrwarr aus Proviantkisten, Kohlehalden, fünfundvierzig verängstigten Schafen sowie dreiundzwanzig heulenden Hunden.

Den ersten Eisberg sichteten die Männer der *Discovery* am 2. Januar 1902 auf 65° 30' südlicher Breite. Tags darauf querten sie den südlichen Polarkreis, der auf 66° 33' 55'' S verläuft, und hielten sich Bernacchi zufolge an die alte Sitte, die es den Matrosen erlaubt, den aus diesem Anlass fälligen Drink auf dem Tisch der Messe stehend zu sich zu nehmen. Man stelle sich den kräftig gebauten Crean vor, wie er zum ersten Mal an diesem Ritual teilnimmt. Viele weitere Male sollten folgen.

Die erste Sichtung von Antarktika fand laut Logbuch am 8. Januar 1902 um 22:30 Uhr statt. Scott notierte:

> Wer nicht an Deck war, kam angelaufen, um einen ersten Blick auf den antarktischen Kontinent zu werfen. Die Sonne stand an einem wolkenlosen Himmel über dem südlichen Horizont und beleuchtete die Szenerie taghell.[8]

Bernacchi, dessen Wurzeln in Italien lagen, äußerte sich ausführlicher und emotionaler zu dem Ereignis, obwohl er der Einzige an Bord war, der sich nicht zum ersten Mal in diesen Breiten aufhielt. Er hatte als Physiker die Expedition des Norwegers Carsten Borchgrevink mitgemacht, die 1899 an Bord der *Southern Cross* zum ersten Mal in der Geschichte einen Winter in der Antarktis verbracht hatte. Doch auch beim zweiten Mal hatte die Landschaft, die sich vor ihm auftat, nichts von ihrer Faszination verloren.

> Der Anblick, der sich uns bot, war von einer überwältigenden, nicht für möglich gehaltenen Schönheit, und so blieben wir bis zum nächsten Morgen an Deck.[9]

Ungeachtet der langen Dauer der Expedition, zeichnete Bernacchi in seinem Buch *The Saga of the Discovery* ein durchweg positives Bild vom Alltag an Bord, ein Bild, das nicht in allen Punkten mit dem übereinstimmt, was andere berichteten. Bei ihm hieß es etwa:

> Über die volle Länge der dreijährigen Reise betrachtet, kann man die *Discovery* durchaus als ein glückliches Schiff bezeichnen. Ich kann mich nicht an einen einzigen ernsthaften Streit erinnern, weder unter den Offizieren noch unter Mitgliedern der Mannschaft. Auf ihr herrschten Friede und Eintracht.[10]

Die Beschreibung widerspricht dem, was wir aus anderen Quellen wissen, und ignoriert, dass die einfachen Crewmitglieder durchaus Anlass hatten, sich zu beklagen. Denn ungeachtet der widrigen äußeren Bedingungen blieben sie den strengen Regeln der Dienstordnung und den rigiden Vorgaben des militärischen Gehorsams unterworfen. Thomas Williamson, einer von Creans Kameraden, hielt in seinem Tagebuch eine Beschreibung vom ebenso anstrengenden wie nervtötenden Alltag fest, die sich von Bernacchis Schilderung deutlich unterscheidet:

> Die Monotonie, mit der wir jeden Morgen das Deck schrubben müssen, selbst in der Antarktis und bei Temperaturen, die weit unter dem Gefrierpunkt liegen, ist nur schwer zu ertragen. Offenbar sind die Vorgesetzten nicht fähig, die Vorschriften anders auszulegen als wortwörtlich. (Du sollst das Deck schrubben, wo auch immer das Schiff sich befindet …) Sobald das Wasser aufs Deck trifft, gefriert es, und dann müssen wir mit Schaufeln das Eis aufsammeln, zu dem das Wasser erstarrt ist.[11]

Frank Wild, der sowohl mit Scott als auch mit Shackleton fahren und sich dabei stets bewähren sollte, machte keinen Hehl daraus, dass die Fahrt der *Discovery* seit dem Beginn der Reise auf der Isle of Wight von Problemen begleitet war, wie er in einem Brief in die Heimat bekannte: »Die Reise nach Neuseeland war weder interessant noch unbeschwert.«[12]

Der Chefmaschinist Reginald Skelton berichtete von einem Zwischenfall, der als weiterer Beleg für die Unzufriedenheit der Männer gelten kann. Zwei Heizern wurde die Ration Grog und Tabak gestrichen, weil sie sich, wie Skelton es nannte, in »deutlichen Worten« über ihr Essen beklagt hatten. Scotts Biograf Roland Huntford ist davon überzeugt, dass die Besatzung der *Discovery* unter der strengen Bordroutine litt, die unter den gegebenen Bedingungen gänzlich unangemessen war. Zudem seien die Männer schlecht informiert und deshalb verunsichert gewesen. Niemand, so Huntford, hatte es für nötig erachtet, sie darüber zu informieren, wohin die Reise ging und wie lange sie dauern würde.

Außerdem litt die am besten ausgerüstete Expedition, die das britische Königreich je Richtung Süden geschickt hatte, an einem eklatanten Mangel der Offiziere an Wissen um und Verständnis für die Bedingungen und Erfordernisse der Region, in der sie sich befanden. Nur drei Männer waren je zuvor im Eis gewesen. Bernacchi hatte Borchgrevink in die Antarktis begleitet, Kapitänleutnant Albert Armitage und der Schiffsarzt Reginald Koettlitz hatten vor einigen Jahren die Jackson-Harmsworth-Expedition in die Arktis mitgemacht.

Creans Kameraden an Bord der *Discovery* waren ein bunt zusammengewürfelter Haufen, der vor allem durch die tiefe Verbundenheit jedes Einzelnen mit der Navy zusammengehalten wurde, eine Verbundenheit, die sich in erster Linie dem Einfluss Markhams verdankte.

Scotts Stellvertreter war Albert Armitage, ein Offizier der Handelsmarine, der von der Peninsular & Oriental Navigation Co. Ltd. kam. Zum Offizierskorps gehörten auch zwei Leutnants, die mit Scott schon auf der *HMS Majestic* gefahren waren: Michael Barne und Reginald Skelton. Leutnant Charles Royds konnte immerhin darauf verweisen, dass sein Onkel Wyatt Rawson früher einmal in der Arktis gewesen war. Der sechste und letzte Offizier war Ernest Shackleton, ein lebensfroher und beliebter Mann, der von der Handelsmarine gekommen war. Er stammte aus der irischen Provinz Kildare, war aber in Yorkshire und London aufgewachsen.

Neben Koettlitz war ein zweiter Arzt an Bord: Edward Adrian Wilson, den jedermann »Bill« nannte und der zu einem engen Freund Scotts wurde. Hartley Ferrar aus Dublin machte die Reise als Geologe mit, Thomas Hodgson, später Direktor des Plymouth Museum, als Biologe.

Die Männer von den unteren Decks waren zum Großteil bei der Royal Navy rekrutiert worden. Zu ihnen gehörten erfahrene Seeleute wie der Bootsmann Thomas Feather, der Zweite Maschinist James Dellbridge und der Maat Jacob Cross. Hinzu kamen Männer, die zu gefeierten Veteranen der Polarforschung während des Goldenen Zeitalters werden sollten, Männer wie Edgar »Taff« Evans, Ernest Joyce, Bill Lashly, Frank Wild und Thomas Williamson.

Bei aller Unterschiedlichkeit hatten diese Männer doch eines gemein: das Fehlen jeglicher Polarerfahrung. Bevor sie sich der Expedition anschlossen, hatten sich die wenigsten von ihnen für Fragen, die mit den Polen zusammenhingen, auch nur im Geringsten interessiert. Und so gab es auch keinen einleuchtenden Grund, warum ausgerechnet Scott die Leitung der Expedition übernahm. Das Einzige, was ihn dafür qualifizierte, war der Dienstgrad, den er in der Navy bekleidete. Interesse an der Antarktis hatte er bis dahin nicht erkennen lassen, und er hatte auch nie am eigenen Leib die Entbehrungen verspürt, die Kälte und Eis selbst den entschlossensten Männern abverlangen.

Zweifellos orientierte sich Scott bei seiner Fahrt gen Süden an fragwürdigen Strategien und Vorgaben, die der inzwischen siebzigjährige Markham obsessiv vertrat, obwohl er selbst nur auf einen kurzen Aufenthalt in der Arktis zurückblicken konnte, der überdies bereits fünfzig Jahre zurücklag.

In der Frage, wie man sich in Polarregionen am besten bewegen und das Überleben sichern kann, hatte es seit den

1850er-Jahren bedeutende Fortschritte gegeben, die in der Hauptsache auf die Reisen des erfahrenen und innovativen norwegischen Forschers Fridtjof Nansen zurückzuführen waren. Auch der Amerikaner Robert Peary galt als kompetenter Experte für Reisen zum Pol. Er hatte mehrere Bücher geschrieben, in denen die spezifischen Schwierigkeiten eines Aufenthaltes in der Arktis und deren Überwindung dargelegt waren.

Die Briten aber glaubten, eine unbekannte und menschenfeindliche Region wie die Antarktis bereisen zu können, ohne die Erkenntnisse und Errungenschaften der vergangenen fünfzig Jahre groß zur Kenntnis zu nehmen, und das mit einer Crew, die in der Hauptsache aus unerfahrenen und ungeübten Seeleuten und Wissenschaftlern bestand.

Die *Discovery* wagte sich weiter unter Land und ließ am 9. Januar 1902 in der Robertson Bay, unweit des Kap Adare, den Anker fallen, dort also, wo Borchgrevink – und Bernacchi – 1899 überwintert hatten. Ein paar der Männer statteten Borchgrevinks Hütte einen Besuch ab. Lashly ließ sich gar zu einer wehmütigen Geste hinreißen:

> Ich habe einen Brief für meine Frau hinterlegt – vielleicht kommt eines Tages ein Briefträger vorbei und stellt ihn ihr zu.[13]

Für die Sicherheit der Expedition ungleich wichtiger war die Notiz, die in einem Metallzylinder deponiert wurde. Darauf vermerkt war die aktuelle Position der *Discovery*. Die Reise gen Süden hatte Scott mit nur sehr vagen Vorgaben angetreten, und so war es ihm überlassen, wo er anlanden und das Winterlager aufschlagen würde. Entsprechend schwer würde es Suchtrupps fallen, die Verschollenen aufzuspüren, sollte die *Discovery* vom Eis zerdrückt werden. In diesem Falle war die Botschaft, die im Zylinder steckte, die einzige Möglichkeit, mit der Außenwelt in Kontakt zu treten.

Nachdem sie einige Wochen lang parallel zur Küste gefahren waren, erreichten sie am 30. Januar 1902 eine bis dahin unbekannte Halbinsel, die Scott zu Ehren des frisch gekrönten Königs Edward-VII.-Halbinsel taufte. Es war die erste Entdeckung, die der Expedition in der Antarktis vergönnt war.

Am 3. Februar wurde ein Trupp losgeschickt, der auf Schlitten das Hinterland erkunden sollte. Mit dabei war auch Crean. Neben dem Iren waren Armitage, Bernacchi und drei weitere Männer ausgewählt worden, die sich auf eine kurze Exkursion nach Süden begaben, um die nähere Umgebung des Schiffes zu erkunden, insbesondere jenes Gebiet, in dem das Schelfeis auf Land traf. Die sechs Männer verbrachten eine ungemütliche Nacht in einem Zelt, das für drei Personen gedacht war, bevor sie am folgenden Nachmittag zur *Discovery* zurückkehrten. Trotz der Enge im Zelt hatten die Männer bitter frieren müssen, und so brachten sie die Erkenntnis mit zurück, dass die Temperaturen auf dem Schelfeis deutlich unter denen lagen, die auf dem Schiff herrschten. Bezahlt hatten sie diese Erkenntnis mit einer schmerzhaften Einführung in die Unbilden des antarktischen Klimas.

Neuland betraten gewissermaßen auch die, die an Bord geblieben waren. Sir Joseph Hooker, ein Veteran der Polarerkundung, hatte Scott geraten, vor Ort in einem mit Wasserstoff gefüllten Ballon aufzusteigen, um sich einen besseren Überblick über die Landschaft verschaffen zu können, in der sie sich befanden. Nun kletterte Scott persönlich in den winzig anmutenden Korb und wagte den Aufstieg. Dabei hätte er fast einen neuen »Rekord« aufgestellt – um ein Haar wäre er der erste Mensch geworden, der über der Antarktis mit einem Ballon abstürzt.

Nachdem Scott langsam bis auf 150 Meter Höhe aufgestiegen war, entschloss er sich, die Sandsäcke, die er als Ballast mitführte, abzuwerfen, woraufhin der Ballon rasant um gut hundert Meter in die Höhe schoss. Zu seinem Glück bremste das Gewicht der Kette den weiteren Aufstieg, und Scott konnte den Sinkflug einleiten. Von dem haarsträubenden Husarenstück seines Vorgesetzten unbeeindruckt, stieg der impulsive Shackleton in den Korb und hob seinerseits in die Lüfte ab. Ihm gelangen die ersten Luftaufnahmen von Antarktika, doch auch er sah nichts, was der Expedition irgend hätte weiterhelfen können. Wilson war durch das waghalsige Unterfangen derart verärgert, dass er es als »wahre Tollheit« bezeichnete, im Ballonfahren gänzlich Ungeübten zu erlauben, ihr Leben zu riskieren. Zu seiner Erleichterung wies der Ballon nach Shackletons Rückkehr ein Leck auf, und so wurde er nie wieder benutzt.

Weiterhin Sorgen bereiteten allerdings der Umstand, dass vor dem Wintereinbruch dringend ein Standort für das Lager gefunden werden musste, und vor allem die Gefahr, dass die *Discovery* vorher im Eis einfror. Am 8. Februar hatte das Schiff die Einfahrt in den McMurdo-Sund im Rossmeer erreicht, über den sich am Rande des Ross-Schelfeises der Vul-

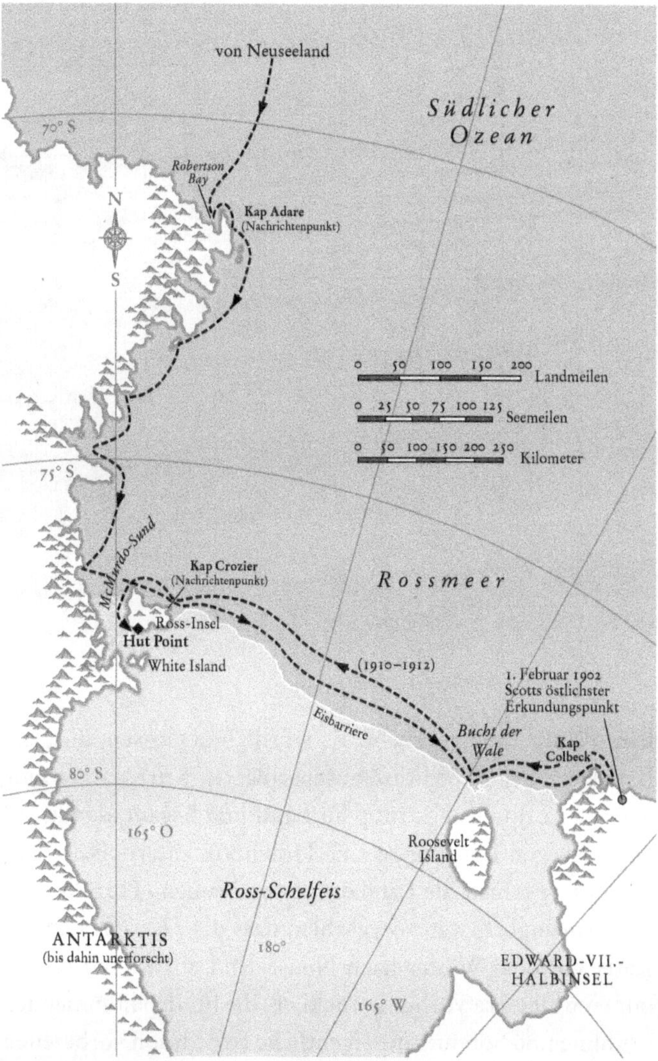


Route der *Discovery* bis zum Hut Point.

Die *Discovery* wird im McMurdo-Sund vom Eis eingeschlossen.

kan Mount Erebus erhebt. Es wurde beschlossen, dort das Basislager der Expedition aufzuschlagen. Kurz darauf ging der erste Erkundungstrupp an Land und begann damit, auf einer felsigen Landzunge eine Holzhütte zu errichten. Sinnigerweise erhielt die Landzunge den Namen »Hut Point«.

Ursprünglich war vorgesehen, dass die *Discovery* rechtzeitig vor dem Winter nach Neuseeland zurückkehrte und nur eine kleinere Vorhut zurückließ, die für den kommenden Frühling und Sommer die eigentliche Expedition vorbereiten sollte. Doch als eine geschützte Bucht gefunden war, in der das Schiff den antarktischen Winter voraussichtlich schadlos überstehen konnte, änderte Scott die Planung. Er rechnete damit, dass das Schiff, selbst wenn es während des Winters einfrieren würde, spätestens im Frühjahr wieder einsatzfähig wäre. Das war ein Irrtum, wie sich herausstellte, und es sollte zwei Jahre dauern, bis das Eis die *Discovery* aus seinem Klammergriff wieder entließ.

Die Mannschaft wurde in Gruppen aufgeteilt, die bis zur Erschöpfung arbeiteten, um die Vorräte an Land und in die neu errichtete Hütte zu bringen und das Schiff auf den Winter vorzubereiten. Es war eine langwierige und schwere Arbeit, und doch fand sich zwischendurch Zeit für Spaß und Spiel. Scott notierte:

> Wenn das Tagwerk vollbracht ist, kommen die Männer auf dem Eis zusammen und spielen Fußball. An Platz für ein Feld mangelt es nicht, und der Schnee ist hart genug, um eine passable Spielfläche abzugeben.[14]

Scott schickte die Mannschaft auch regelmäßig aufs Eis und ließ sie Übungen ausführen, mit denen sie die Fortbewegung auf ungewohntem Grund trainieren sollten. Vor der Abfahrt aus England hatte Scott zwar den Rat Nansens eingeholt, doch mit Techniken der Fortbewegung im Eis wie mit Skiern oder Schlittenhunden hatte er sich gar nicht erst beschäftigt. Entsprechend unheilvoll verlief der erste Versuch, bei dem der Steward Charles Ford ausrutschte und sich ein Bein brach.

Der Auftakt war missglückt, und Creans Kamerad Williamson brachte eine dunkle Vorahnung zu Papier: »Hier sind wir nun also, und hier werden wir mindestens zwölf Monate bleiben.«[15] Kurz darauf begannen die Männer, sich einzugraben und auf den antarktischen Winter vorzubereiten.

# AUF DEM EIS ZU HAUSE

Hut Point, jener Ort, an dem die *Discovery* ihr Winterlager bezog, ist eine kleine vulkanische Landspitze am südlichen Ende der gleichnamigen, zur Ross-Insel gehörenden Halbinsel im McMurdo-Sund. Von hier aus sieht man den Gipfel des Mount Erebus, des südlichsten Vulkans der Erde, der sich majestätisch bis auf 3794 Meter über Meereshöhe erhebt.

Die flache Halbinsel reicht fast bis ans Ross-Schelfeis heran – jene gigantische Eismasse, die auf dem Südlichen Ozean schwimmt, mehrere Hundert Meter dick und etwa so groß wie Frankreich ist. Ihr Durchmesser beträgt bis zu 800 Kilometer, die Rossbarriere genannte Front ist 650 Kilometer lang. Die Fläche, die das Schelfeis bedeckt, gleicht einem überdimensionalen Dreieck, das auf der einen Seite von einer eindrucksvollen Bergkette gesäumt ist, die Richtung Südpol weist. Das Ross-Schelfeis bildet die hoch aufragende, Furcht einflößende und abweisende Pforte zum Transantarktischen Gebirge, das auf das bis zu 3000 Meter hohe Polarplateau und zum Südpol führt.

Benannt wurde es nach Sir James Clark Ross, den der faszinierende Anblick schon sechzig Jahre zuvor in Staunen versetzt hatte, weil die Barriere aus Eis höher war als die Masten seines Schiffes. Als Ross die Barriere passierte, verglich er es mit einer Fahrt »durch die Klippen von Dover«.

Bis die Sonne ein letztes Mal untergehen und sich vier lange Monate nicht zeigen würde, gab es für Crean und seine Kameraden alle Hände voll zu tun. Selbst Offizieren und Wissenschaftlern blieb keine Zeit, um sich mit den vor ihnen liegenden Strapazen zu befassen. Vorräte für drei Jahre wurden vom Schiff gebracht, darunter 19000 Kilogramm Mehl, 1360 Kilogramm Roastbeef, 3600 Liter Rum und fünfundvierzig Schafe, die die Reise bislang schadlos überstanden hatten. Kaum weniger umfangreich war die Ausrüstung, zu der Kleidung, Zelte, Schlitten und ein Windrad gehörten, das einen Dynamo antreiben und die Männer mit Licht versorgen sollte. Sogar eine Druckerpresse wurde an Land geschafft, auf der später die *South Polar Times* entstand – die erste in Antarktika produzierte Zeitung.

Auch wenn die Hütte schon stand, wurde entschieden, den Winter an Bord der *Discovery* zu verbringen. Crean hatte sich derweil als beliebtes und anpassungsfähiges Mitglied der Besatzung erwiesen, der sich fast alle Arbeiten zutraute und dem keine Aufgabe lästig wurde. Armitage, der Navigationsoffizier und Stellvertreter Scotts, fand offenbar Gefallen an dem Mann aus Kerry, der im Begriff war, charakteristische Eigenarten zu entwickeln. In seinem Buch *Two Years in the Antarctic* schrieb Armitage: »Der Ire Crean paarte einen scharfen Verstand mit Gleichmut und ließ sich durch nichts aus der Ruhe bringen.«

Als die *Discovery* in See stach, war Crean fünfundzwanzig Jahre alt und körperlich topfit, ein kräftiger, breitschultriger

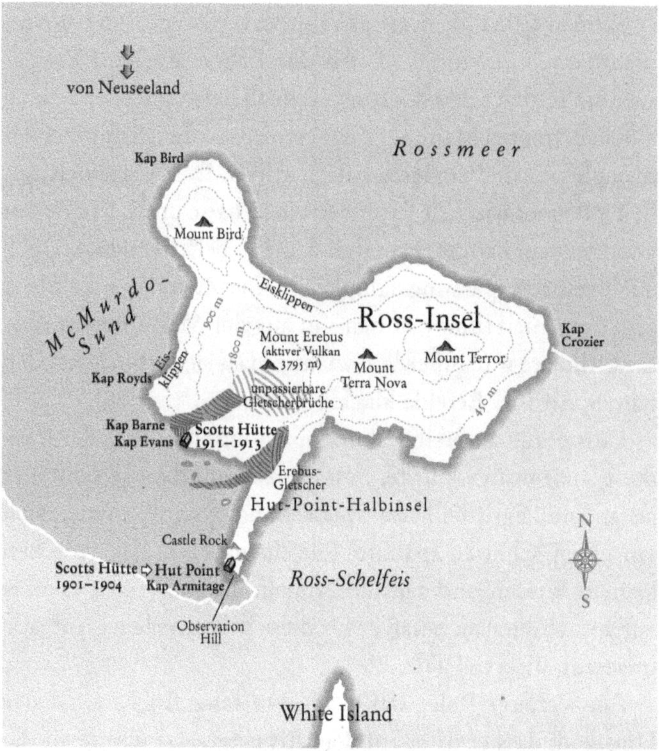


Kap Evans und Hut Point auf der Ross-Insel am Rande des Schelfeises. Hier befand sich auf zwei Expeditionen von Scott das jeweilige Basislager.

Mann, überdurchschnittlich groß, aber doch kleiner, als es auf Fotos mitunter wirkt. Seit er acht Jahre zuvor zur Navy gegangen war, war er noch einmal gewachsen und maß laut Seefahrtsbuch 1,80 Meter. Sein Markenzeichen waren ein breites, freundliches Lächeln und ein offenes, argloses Gesicht.

Schnell galt Crean als absolut zuverlässiges und unverzichtbares Crewmitglied. An das Leben auf dem Eis gewöhnte er sich schnell, ebenso schnell entwickelte er sich zu einem gefragten Mann im Zuggeschirr vor dem Schlitten, der diszipliniert und zugleich belastbar war. Dass er seine Kindheit auf einer irischen Farm verbracht hatte und harte Arbeit von klein auf kannte, kam ihm dabei sicherlich zugute. Doch auch seine Anpassungsfähigkeit, seine Zuverlässigkeit und sein Sinn für Humor hoben ihn aus der Masse hervor. Für die Offiziere war außerdem wichtig, dass sie in ihm jemanden hatten, der ihre Befehle klaglos befolgte.

Dass er für die erste Exkursion unmittelbar nach der Landung ausgewählt wurde, beweist zudem, dass er schneller als andere begriffen hatte, was verlangt war, wenn man sich vor einen Schlitten spannte. Für einen Mann, der zwischen grünen Wiesen und sanften Hügeln im Südwesten Irlands aufgewachsen war, besaß er für diese beschwerliche Aufgabe ungewöhnlich viel Talent.

Ein weiterer Beleg dafür, dass er schnell lernte, ist der Umstand, dass er öfter auf dem Eis eingesetzt wurde als die meisten anderen Crewmitglieder. Aus den Aufzeichnungen der Expedition geht hervor, dass Crean in den gut zwei Jahren, die er mit der *Discovery* in der Antarktis war, insgesamt 149 Tage vor dem Schlitten eingespannt war. Nur sieben Mitglieder der achtundvierzigköpfigen Besatzung verbrachten mehr Zeit im Zuggeschirr. Übertroffen wurde Crean lediglich von Scott mit 193 Tagen, »Taff« Evans mit 173, Skelton mit 171, Albert Quartley mit 169, Barne mit 162, Wilson mit 158 und Handsley mit 153 Tagen.[1] Um Tage, die sich schnell zu

Das erste Bild von Crean, das in der Antarktis entstand. Er sitzt rechts außen in der 1. Reihe. Zu sehen ist auch Frank Wild (1. Reihe, 1. von links), der sich mit Crean anfreundete und an insgesamt fünf Antarktisexpeditionen teilnahm.

Wochen addierten, überbot er hingegen Männer wie Lashly oder Wild, die beide selbst als vortreffliche Kräfte im Geschirr galten.

Crean begleitete Leutnant Barne auf drei bemerkenswerten Exkursionen, deren Ziel jeweils eine Mischung aus Forschung und dem Anlegen von Nahrungsmitteldepots für andere Trupps war. Diese Fahrten liefern auch ein frühes Beispiel für die Schwierigkeit der Fortbewegung im ewigen Eis und für die Gefahren, die das menschenfeindliche Klima an den Polen bereithält und denen Crean mehrfach nur mit knapper Not entkam. In den ersten Wochen auf dem Eis, in denen die Besatzung bemüht war, mit den widrigen Bedingungen zurechtzukommen, wurde er einem harten Charaktertest unterzogen. Bestanden hat er ihn mit Bravour.

In dieser Zeit entwickelte sich auch eine enge Freundschaft zu Evans und Lashly, zwei Seeleuten, die gemeinsam mit Crean bei der Polarerkundung eine gewichtige Rolle spielen sollten.

Crean war durch nichts aus der Ruhe zu bringen und behielt in fast allen Situationen den Überblick. Trotzdem haftete ihm der Ruf an, Unfälle und Missgeschicke anzuziehen. Dabei blieb der Ire in der Regel auch dann gelassen, wenn es gefährlich oder gar lebensbedrohlich wurde, und das auf allen drei Expeditionen, an denen er teilnahm. Durch seine ganze Laufbahn hindurch finden sich Stimmen seiner Kameraden, die seine Freundlichkeit und seine Fähigkeit, im richtigen Moment ein Lied anzustimmen, in den höchsten Tönen loben. Ein Kamerad brachte es auf die Formulierung, Crean habe »das Herz eines Löwen«.

Die *Discovery*-Expedition war gewissermaßen Creans Lehrzeit, und es steht außer Frage, dass er ohne die Erfahrungen, die er in jungen Jahren machte, nicht jene Rolle in der Geschichte der Polarforschung hätte spielen können, die ihm durch die Beteiligung an den späteren Reisen zukommt. Sowohl Shackleton als auch Scott erkannten frühzeitig die besonderen Fähigkeiten des Iren, und beide nahmen ihn auf späteren Reisen in die Antarktis wie selbstverständlich mit.

Auf ihrem provisorischen Liegeplatz war die *Discovery* mit Eisankern gesichert. Um das Schiff davor zu bewahren, vom Eis zerdrückt zu werden, blieben die Kessel aber ständig unter Feuer, damit es, so die Theorie, im Notfall in Sicherheit gebracht werden konnte. Die Wirklichkeit hielt sich aber nicht an die Theorie. Die *Discovery* wurde vom Eis eingeschlossen und zu seinem Gefangenen.

Ungeachtet dessen beschrieb Wilson das Winterquartier der *Discovery* als den »idealen Naturhafen« – wohl auch, weil es hier zahllose Weddellrobben gab. Die stete Versorgung mit frischem Fleisch, so Wilsons Hoffnung, würde Skorbut vorbeugen, jener gefürchteten Krankheit, die durch den Mangel an Vitamin C entsteht und seit Hunderten von Jahren die Geißel aller Seefahrer war. Doch wie die Überlegungen zur Flucht vor dem Packeis erwies sich auch Wilsons Hoffnung, Skorbut vermeiden zu können, als reines Wunschdenken. Vielmehr müssen wir davon ausgehen, dass die Besatzung der *Discovery* schon bei dieser ersten Überwinterung Anzeichen von Skorbut zeigte, weil es nicht genügend frisches Rind- oder Schweinefleisch oder gar Gemüse zu essen gab. Zudem missfiel den Männern der extrem fischige Geschmack des Robbenfleisches, weshalb sie Dosenfleisch bevorzugten. Und so waren sie körperlich bereits geschwächt, ehe ihre eigentliche Arbeit auch nur begonnen hatte.

Als Erstes errichteten sie unweit des Schiffes eine zweite Hütte, um schließlich mit dem blutigen, aber notwendigen Geschäft des Schlachtens von Robben und Pinguinen zu beginnen. Der Geschmack des Fleisches mochte abstoßend sein, aber im Winter würden sie es brauchen. Nachdem sie sich halbwegs akklimatisiert und mit der Umgebung vertraut gemacht hatten, unternahmen sie auch kürzere Erkundungstouren. Auch der Umgang mit Skiern wurde geübt, trotz der

Vorbehalte, die Scott dem Fortbewegungsmittel in diesem frühen Stadium der Expedition entgegenbrachte. Andere dachten anders darüber und hatten es unterdessen zu einigem Können gebracht, allen voran der Chefmaschinist Skelton, der, wie Scott notierte, sich von allen Offizieren am geschicktesten anstellte, um einschränkend hinzuzufügen: »Ein paar Männer liegen aber fast gleichauf.« Er selbst unternahm merkwürdigerweise aber nichts, um das Training auf Skiern zu fördern. Ein Grund für seine Zurückhaltung mag gewesen sein, dass er in einen Zwischenfall verwickelt war, bei dem er stürzte und sich eine Oberschenkelzerrung zuzog.

Merkwürdig mutet auch an, dass es keinerlei Training mit den Schlittenhunden gab, die die Reise gen Süden mitgemacht hatten, um vor Ort die Ausrüstung übers Eis zu ziehen, solange die Bedingungen es zuließen, und es den Männern zu ersparen, sich selbst vor die Schlitten spannen zu müssen. Wie bereits angedeutet, galten Schlittenhunde als die beste Art der Fortbewegung übers Eis, propagiert nicht zuletzt von Amundsen. Scott aber ließ sich von den veralteten Ansichten Markhams leiten und setzte auf die ungleich mühsamere und eintönigere Methode, bei der sich die Männer selbst ins Geschirr einspannen und den schwer beladenen Schlitten übers Eis ziehen – die wohl strapaziöseste Art der Fortbewegung, die sich auf Erden denken lässt. Einen 360 Kilogramm schweren Schlitten im Schneckentempo über unebenes, von Rissen und Spalten durchzogenes Eis zu manövrieren ist eine Herausforderung ganz eigener Art. Bei Temperaturen von bis zu –40 °C, Schneetreiben und starkem Wind wird es zu einer Tortur.

Das Zuggeschirr ist so konstruiert, dass der größte Druck auf der Hüfte lastet, doch wenn der Schlitten festsitzt, muss man ihn hin und her bewegen und sogar anheben, um ihn wieder flottzubekommen. Auf weichem Schnee ist die Anstrengung besonders groß, weil der Schlitten permanent einsinkt. Ihn dann vorwärtszubewegen gleicht dem Versuch, ein schweres Gewicht durch tiefen Sand zu ziehen. In jedem Fall war die Arbeit eine Plackerei, vor der alle Besatzungsmitglieder, ungeachtet ihres Dienstgrades, gleich waren. Offiziere und Mannschaft waren ins selbe Geschirr eingespannt und kämpften gemeinsam einen schweren Kampf, in dem jeder Einzelne sein Bestes gab.

Zum Ausgleich für die Strapazen war genügend nahrhaftes Essen unerlässlich, doch sobald die Männer das Lager verlassen hatten, gab es keine Robben, Pinguine oder Vögel mehr, die ihnen hätten Fleisch liefern können. Und so mussten sie jedes Gramm, das sie unterwegs essen wollten, auf den Schlitten mitschleppen.

Die derart bepackten Schlitten über eine größere Distanz zu bewegen war eine Herkulesaufgabe, die die Männer vor das Problem stellte, das Gewicht des Schlittens und die zu überwindende Distanz in das richtige Verhältnis zu bringen – ein nahezu unmögliches Unterfangen, von dessen Gelingen aber doch ihr Leben abhing. Je größer die Entfernung, desto mehr Vorräte mussten mit, und je mehr sie schleppen mussten, desto schwächer wurden sie und desto langsamer kamen sie voran. Die richtige Menge Vorräte für die vorgesehene Distanz zu bestimmen glich daher einem Balanceakt.

Zur Lösung des Problems war es üblich, dass Forschungsreisende in regelmäßigen Abständen Vorratsdepots anlegten, aus denen sie sich bei Bedarf bedienen konnten. Doch auch diese Methode änderte nichts daran, dass sie mit der Art der Fortbewegung nur so weit kamen, wie der Vorrat reichte, den sie auf die Schlitten packten. Und das waren im besten Fall 400 Kilogramm. Ein Schlitten wurde im Regelfall von vier Personen gezogen, von denen jede folglich bis zu hundert Kilogramm durch weichen Schnee schleppen musste, dabei gelegentlich bis zur Gürtellinie einsank und permanent eiskaltem Wind ausgesetzt war. Fast noch schwerer wog die Angst, das Eis unter dem Schnee könnte brechen, die Männer verschlucken und in eine eisige Hölle schicken, in der der Tod auf sie wartete.

Obwohl diese Gefahr jedem bekannt sein musste, wurde die Notwendigkeit, die Männer mit ausreichend Nahrung bei Kräften zu halten, immer wieder ignoriert. Über Kalorien und Vitamine wusste man damals noch sehr wenig, entsprechend unausgewogen war das Essen, das die Männer bekamen. Zudem nahmen sie notorisch zu wenig Flüssigkeit zu sich. Um etwas trinken zu können, musste zunächst Eis oder Schnee geschmolzen werden, doch der Brennstoff, der dafür nötig war, war rationiert und für die Zubereitung der Mahlzeiten reserviert. Das führte dazu, dass sich unterwegs niemand die Mühe machte, bei einer Pause erst das Zelt aufzubauen und den Primuskocher anzuwerfen, nur um eine Tasse Tee trinken zu können.

Die Männer im Zuggeschirr waren der grimmigen Kälte, Erfrierungen, Schneestürmen, extremen Winden, Schneeblindheit und den Gefahren durch Spalten im Eis ausgesetzt, doch das Schlimmste waren wohl der permanente Durst und Hunger.

Traditionell bildeten sich die Briten viel auf ihre Fähigkeit ein, selbst mit den widrigsten Bedingungen fertigzuwerden. Unter dem Einfluss Markhams war der Glaube an die eigenen Fähigkeiten noch gewachsen. Und so warfen sich die Männer mit der stillen Entschlossenheit ins Geschirr, die Leine, durch die sie mit dem Schlitten verbunden waren, auf Zug zu halten und mindestens so lange durchzuhalten wie der Nebenmann. Die Anstrengungen begriffen sie als Ritterschlag, und sie weigerten sich, moderne, weniger qualvolle Methoden der Fortbewegung im Eis mit Hunden oder Skiern zur Kenntnis zu nehmen.

Amundsen beherrschte den Umgang mit Schlittenhunden und Skiern, lange bevor er nach Antarktika aufbrach. Zu Hause in Norwegen und andernorts in der Arktis hatte er sich mit diesen Fortbewegungsarten und den Überlebenstechniken der Einheimischen vertraut gemacht.

Die intensive Vorbereitung hatte sich mehrfach ausgezahlt, und auf der erfolgreichen Expedition zum Südpol 1911 legten er und seine Begleiter bei optimalen Bedingungen bis zu hundert Kilometer am Tag zurück. Im Schnitt kam die norwegische Expedition am Tag 37 Kilometer voran, wohingegen die britischen Expeditionen unter Scott und Shackleton, die noch auf Menschenkraft setzten, ungleich langsamer waren: Bei ihnen galt eine zurückgelegte Strecke von zwanzig Kilometern als viel, 25 Kilometer als seltener Glücksfall.

Mitunter schafften die britischen Schlittengespanne des Goldenen Zeitalters trotz aller Anstrengungen gar nur fünf, sechs Kilometer am Tag. Dafür musste jeder der Männer über einen Zeitraum von zehn, zwölf Stunden bis zu einhundert

Kilogramm ziehen, gelegentlich auch länger. Entsprechend erschöpft waren sie am Ende eines solchen Tages. Manchmal reichte die Kraft nur noch dafür, das Zelt aufzubauen und eine Mahlzeit zuzubereiten, nach der sie erschöpft in ihre Schlafsäcke krochen.

Amundsen und seine Hundegespanne hingegen legten meist nur Etappen von fünf Stunden zurück, was es ihnen erlaubte, mehr Pausen zu machen, und genügend Zeit ließ, sich auf Zwischenfälle einzustellen. Der Unterschied hinsichtlich der Arbeits- und Ruhezeiten zwischen Norwegern und Briten war in jedem Fall gewaltig.

Die Expedition, die mit dem Tod des Seemanns Bonner in Lyttelton denkbar schlecht begonnen hatte, wurde wenige Wochen nach der Ankunft in Antarktika von einer zweiten Tragödie heimgesucht, als sich eine harmlos anmutende Fahrt über das Eis zu einem albtraumhaften Martyrium entwickelte, das ein weiteres Menschenleben forderte – eine frühe und dringende Mahnung und Erinnerung an die eigene Verletzlichkeit.

Crean gehörte nicht zu jenen zwölf Männern, die im frühen März eine Exkursion über etwa sechzig Kilometer zum Kap Crozier unternehmen sollten, um dort, wo im Bedarfsfall eine Suchaktion starten würde, eine Nachricht mit der Position der *Discovery* zu hinterlegen. Der Preis für diese Briefbeförderung war hoch.

Die Gruppe, die sich auf den Weg zum Kap Crozier machte, teilte sich in zwei Parteien auf. Je sechs Männer zogen einen Schlitten, jeweils unterstützt von vier Hunden. Doch die Männer hatten nur sehr wenig Erfahrung auf dem Eis, und die Exkursion war ausgesprochen nachlässig vorbereitet worden. Scott äußerte sich später beschämt darüber, wie gedankenlos die Schlitten bepackt worden und wie unzureichend die Männer gekleidet gewesen waren.

Auch wenn das eindeutig in Scotts Verantwortung fiel, gelang es ihm, die Schuld an dem Vorfall, den es zur Folge haben sollte, auf elegante Weise von sich zu schieben, so wie jemand, der zwar das Feuer gelegt hat, aber das Haus nicht angezündet haben will. In dem Buch, das er nach seiner Rückkehr verfasste, gab er folgende Erklärung für den Vorfall:

> Zu diesem Zeitpunkt war unsere Unwissenheit beklagenswert groß. Wir wussten nicht, wie viel Proviant für welchen Zeitraum angemessen war, wie die Kocher zu bedienen waren, wie wir die Zelte aufstellen mussten, ja, nicht einmal, wie wir uns anzuziehen hatten. Kein Bestandteil der Ausrüstung war von uns ausprobiert worden, und neben unserem Unwissen machte sich das Fehlen jeglichen methodischen Vorgehens besonders schmerzhaft bemerkbar.[2]

Blind für das Wagnis, auf das sie sich einließ, machte sich die Gruppe am 4. März 1902 auf den Weg. Kurz nach dem Aufbruch wurden die Männer von einem Schneesturm überrascht, der ihnen jegliche Sicht nahm. Hinzu kamen Unerfahrenheit und fehlendes Wissen – in der Summe ein Gemisch, das tödliche Folgen haben sollte.

Obwohl die Zelte aufgebaut waren, bekamen es die Männer mit der Angst zu tun und reagierten panisch. Die meisten von ihnen waren zum ersten Mal in einer derartigen Situation, und statt sich in die Zelte zu verkriechen und zu warten, bis der Sturm sich ausgetobt hatte, beschlossen sie, kehrtzumachen und zu versuchen, sich zum Schiff durchzuschlagen. Zelte und Ausrüstung ließen sie zurück und irrten durch das Schneetreiben, bis sie sich an einem steilen, vereisten Abhang wiederfanden, der zu einer Klippe führte, die hoch über dem Eiswasser des Rossmeeres lag. Erst als sie schon den Abhang hinunterglitten, wurde ihnen klar, wie groß die Gefahr war, den Halt zu verlieren und über die Klippe und damit in den sicheren Tod zu stürzen.

George Vince, einem Matrosen, der Fellstiefel, aber weder Nagelsohlen noch moderne Steigeisen trug, geschah genau das. Er rutschte aus, an seinen verdutzten und ohnmächtigen Kameraden vorbei und über die Klippe in ein Grab aus Eis. Die anderen Männern konnten nur zusehen, wie er »hundert Meter tief senkrecht ins Meer fiel«. Sein Leichnam wurde nie gefunden.

Die Männer, verängstigter als zuvor und durch den Verlust des Kameraden zusätzlich verunsichert, irrten durch die Landschaft aus Eis, ohne dass irgendjemand wusste, wo sie waren und wie viele von ihnen noch lebten. Crean schloss sich dem Suchtrupp an, der losgeschickt wurde und schon nach kurzer Zeit auf Barne, Evans und Quartley stieß, die benommen und ziellos am Fuße des Castle Rock umherirrten. Am späten Abend kehrten Royds und einige andere Männer aus eigener Kraft zum Schiff zurück. Damit fehlten nur noch zwei: der Steward Clarence Hare und George Vince – der eine sicher, der andere vermutlich tot.

Für Scott war dies »einer unserer schwärzesten Tage«, und wie jeder andere am Hut Point ging er davon aus, dass Hare auf dieselbe Weise zu Tode gekommen war wie der unglückselige Vince. Doch um 10 Uhr am nächsten Vormittag tastete sich eine einzelne Gestalt den Abhang hinunter, der zum Schiff führte. Es war Hare, der fast sechsunddreißig Stunden im Freien verbracht und seit sechzig Stunden keine warme Mahlzeit mehr zu sich genommen hatte. Er war orientierungslos herumgelaufen, bis er nicht mehr konnte, und hatte sich dann einfach in den Schnee gelegt, um zu schlafen. Wilson zufolge soll Scott bei Hares Ankunft geschaut haben, als käme ihm »der Tod persönlich« entgegen.

Es kann kein Zweifel daran bestehen, dass Hare großes Glück hatte. Doch auch die, die mit heiler Haut davongekommen waren, hatten auf nachdrückliche und schmerzhafte Weise lernen müssen, wie gefährlich der Aufenthalt in diesem Teil der Erde war, wie schnell das Wetter umschlagen und Tod und Vernichtung bringen konnte. Der Katastrophe waren sie nur denkbar knapp entgangen, aber mindestens die Hälfte der Männer hatte Frostbeulen und Erfrierungen erlitten.

Wild stellte lapidar fest, dass Evans »von Glück sagen« konnte, »dass ihm nicht die Ohren abgefroren waren«. Doch auch so war die Warnung angekommen. Zudem hatte der Vorfall extrem auf die Stimmung der Gruppe gedrückt, die laut Frank Plumley von einer »tiefen Niedergeschlagenheit« geprägt war.

Je weiter der Winter fortschritt, desto kälter wurde es, und am 23. April verschwand schließlich die Sonne für vier lange Monate. Bernacchi, der dieses Phänomen bereits kannte, bereitete der bisherige Verlauf der Expedition Kopfzerbrechen. Er schrieb:

> Der Herbst geht zu Ende. Alle Versuche, uns mit Schlitten fortzubewegen, sind gescheitert. Essen, Kleidung – durchweg ungeeignet. Es gibt vieles, worüber sich nachzudenken lohnt, und vieles, was in der langen Winternacht verbessert werden kann.[3]

Scott insistierte darauf, dass während des gesamten Aufenthaltes in Antarktika Wachroutine und Disziplin aufrechterhalten blieben, allen voran die strikte Trennung von Offizieren und Mannschaft, die, um ein Beispiel zu nennen, sogar zu unterschiedlichen Zeiten aßen. Die Engstirnigkeit ihres Vorgesetzten, insbesondere sein stures Festhalten an überkommenen Regeln und Vorschriften, irritierte die Männer, und Matrose Williamson berichtete von einem hohen Maß an Unzufriedenheit auf dem beengten Mannschaftsdeck. Steward Hare beklagte sich nur wenige Wochen nach seinem wundersamen Überleben in seinem Tagebuch über Eintönigkeit und schlechte Stimmung.

Duncan sah derweil Anlass, die Enge in den Mannschaftsquartieren zu beanstanden, und monierte, dass die Männer oft ohne ersichtlichen Grund zum Appell an Deck gerufen wurden, nur um dort frierend in der Kälte herumzustehen. An einer Stelle seines Tagebuches hieß es:

> Wir mussten ausnahmslos zwei Stunden in der Kälte stehen (–23 °C), obwohl es stürmte. Man behandelt uns wie kleine Kinder.[4]

Zu einem typischen Tagesablauf gehörte es, dass ein Teil der Männer früh aufstehen und Eisstücke heranschleppen musste, die zu Trinkwasser geschmolzen wurden. Um 8:30 Uhr wurde das Frühstück ausgegeben, die Hauptmahlzeit des Tages, die in der Regel mit einer Kelle Porridge und einem Klacks Sirup eröffnet wurde. Wer mochte, konnte auch Robbenleber bekommen, dazu selbst gebackenes Brot und eine klebrige Marmelade nach Belieben.

Die einfachen Seeleute aßen und schliefen alle gemeinsam auf dem engen Mannschaftsdeck, wo auch die Hängematten aufgespannt waren. Privatsphäre gab es nicht. Offiziere und Wissenschaftler hingegen hatten jeder eine eigene kleine Kabine, und die Mahlzeiten nahmen sie gemeinsam in der Offiziersmesse an einem Tisch aus Mahagoni ein, sie benutzten silbernes Besteck und tranken guten Wein. In einer Ecke des Raumes stand ein Klavier.

Nach dem Frühstück fand eine Andacht statt, dann wurden die Männer in Gruppen aufgeteilt und kümmerten sich um Reparaturen und Wartung von Schiff und Ausrüstung. Um 13 Uhr gab es Mittagessen, dazu wurde die tägliche Ration Rum und Tabak ausgeteilt. Zu den Aufgaben der Wissenschaftler gehörte es, sich um die zahlreichen Instrumente zu kümmern und meteorologische, magnetische und weitere Messungen vorzunehmen. Andere widmeten sich derweil ihren Fachgebieten Geologie, Biologie, Botanik und Physik. Schon um 17 Uhr wurde zum Abendessen gerufen, danach blieb Zeit für Geselligkeit und Spiele.

Das Mannschaftsdeck war rund um die Uhr in eine Rauchwolke eingehüllt, die von dem minderwertigen Grobschnitt-

Tabak der Marine stammte, denn anders als die tradierten Regeln es vorschrieben, durften die Männer rauchen, wann immer ihnen der Sinn danach stand. Crean, sein Leben lang Pfeifenraucher, war also in seinem Element, während sich einige Nichtraucher über die stickige Luft beschwerten.

Die Freizeit nutzten manche, um Briefe zu schreiben oder Tagebuch zu führen, andere zogen es vor, sich zu unterhalten oder in bester Marinetradition Seemannsgarn zu spinnen. Das geriet mitunter derart blumig, dass sich der Zeitraum, den die »aufregenden Abenteuer«, die Charles Clark, der Koch der *Discovery*, auf den sieben Weltmeeren erlebt haben wollte, auf geschätzte 590 Jahre summierte.

Dann und wann wurde die Eintönigkeit dadurch unterbrochen, dass einer der Wissenschaftler oder Offiziere einen Vortrag hielt, und manch ein Matrose verdiente sich ein paar Pennys dazu, indem er sich einmal pro Woche um die Wäsche eines Offiziers kümmerte, der sich zu fein war, selbst zu waschen. Sonntags wurde ein Gottesdienst abgehalten, doch da Crean Katholik war, musste er nicht daran teilnehmen, sondern durfte selbst entscheiden, wie er seinem Glauben nachging.

Die Männer durften sich auch im Freien aufhalten, wenn auch auf eigene Gefahr – es sei denn, die wissenschaftlichen Instrumente mussten abgelesen werden, was den ganzen Winter über fortgesetzt wurde. Die Kälte war abschreckend genug. Die größte Gefahr ging jedoch von dem Wind aus, der pausenlos wehte und, sobald er etwas stärker wurde, eine Unmenge von Schnee aufwirbelte, mit der Folge, dass die Männer »taub und blind« wurden, wie Bernacchi schrieb. Selbst in unmittelbarer Nähe des Schiffes oder der Hütte konnten sie die Orientierung verlieren und sich verlaufen.

Das größte Ereignis des gesamten Winters war der Tag der Wintersonnenwende. Die Männer begingen ihn wie ein Weihnachtsfest, nur ohne Religion, aber dafür mit, wie Bernacchi sich ausdrückte, »einem heidnischen Gelage«. Luftschlangen schmückten das Mannschaftsdeck und die Offiziersmesse. Dort wurde ein festliches Menü serviert, bestehend aus Schildkrötensuppe, neuseeländischem Lamm, Plumpudding und Pasteten. Dazu wurden Champagner und Portwein gereicht. Nur geringfügig anders geriet der Speiseplan der Mannschaft, auf dem Schildkrötensuppe (ein etwas weniger aufwendiges Rezept), Kochschinken, weiße Bohnen und Kartoffeln standen, gefolgt von Plumpudding mit Weinbrandsoße. Anschließend wurden Geschenke ausgetauscht, unter anderem für jedes Besatzungsmitglied eine kleine Aufmerksamkeit von Mrs Royds, der Mutter von Leutnant Royds.

Mit großer Erleichterung nahmen die Männer zur Kenntnis, dass sich nach viermonatiger Dunkelheit am 22. August die Sonne erstmals wieder zeigte. Doch die Rückkehr des Tageslichts bedeutete auch, dass die Monate der Untätigkeit beendet waren und die eigentliche Arbeit der Expedition begann.

# IN DIE WEIßE WÜSTE

Scott plante mehrere Vorstöße in unbekanntes Terrain, die als Vorbereitung für sein Ansinnen dienen sollten, einen neuen Rekord aufzustellen und weiter nach Süden vorzudringen als je ein Mensch zuvor, ja, nach Möglichkeit sogar den Pol selbst in Angriff zu nehmen. Das war das eigentliche Anliegen der Expedition, obwohl zu diesem Zeitpunkt niemand sagen konnte, was sie jenseits der Eisbarriere und deren unmittelbarer Umgebung erwartete.

An zwei Bestleistungen, die bei diesen Vorstößen ins Landesinnere Antarktikas aufgestellt wurden, war auch Tom Crean beteiligt. Er gehörte zu der Gruppe, die Mitte November 1902 einen neuen »Süd-Rekord« aufstellte. Die zweite Premiere nimmt sich dagegen trivial aus: Er gehörte auch zu den ersten Menschen, die Weihnachten in einem Zelt auf dem antarktischen Eisschild verbrachten.

Zunächst gehörte Crean zu jenem Team, dessen Auftrag es war, die erste größere Expedition auf das Ross-Schelfeis vorzubereiten, die das Trio aus Scott, Wilson und Shackleton wagen wollte. Im Vorfeld sollten Helfer Vorratsdepots anlegen, aus denen sich die drei auf ihrer Rückkehr bedienen könnten.

Scotts Männer treten den Versuch an, den Südpol zu erreichen. Tom Crean trägt den Union Jack, der mit der irischen Harfe versehen ist.

Diese Helfer bildeten eine zwölfköpfige Gruppe, die, angeführt von Barne und begleitet von enthusiastischen Anfeuerungsrufen der Kameraden, am 30. Oktober aufbrach. Die Schlitten waren mit farbenfrohen Bannern und einem Union Jack bestückt. Eines der Banner ironisierte die Marotte der Briten, sich das Leben im Eis so schwer wie möglich zu machen. Die Inschrift lautete: »Bewerbung von Hunden unerwünscht«.

Der Schlitten, vor den Crean gespannt war, war leicht zu erkennen, denn er trug die irische Flagge. Barne beschrieb »das bunte Fahnenmeer«, das zum Abschied wehte, und erwähnte ausdrücklich »eine Flagge Irlands, die zum Obergefreiten Crean gehörte, ein grünes Tuch mit dem Union Jack in einer Ecke und einer goldenen Harfe im Zentrum«.[1] Obwohl es ein rein englisches Unternehmen war, befand Crean es offenbar für nötig, seine Verbundenheit mit der Heimat zu dokumentieren.

Die Gruppe, die die Depots anlegen sollte, kehrte nach fünfunddreißig Tagen ins Lager zurück, brach jedoch am 20. Dezember erneut auf und verlebte das Weihnachtsfest auf dem Eis. Zuvor aber hatten die Männer manches erleiden müssen, um mit der eigenen Unerfahrenheit, der unzureichenden Ausrüstung und den Herausforderungen der ersten längeren Exkursion im Eis zurande zu kommen. Schließlich aber brachten sie die Mission erfolgreich zu Ende und waren zeitig genug zurück, um kurz vor Weihnachten erneut aufzubrechen.

Scott, Wilson und Shackleton machten sich am 2. November 1902 auf den Weg, und auch diese Gruppe wurde begeistert verabschiedet. Sie führte fünf schwer beladene Schlitten mit sich, die von neunzehn tatendurstigen Hunden gezogen wurden und mit Flaggen und Wimpeln geschmückt waren. Zusammen brachten sie 840 Kilogramm auf die Waage, der schwerste wog 200 Kilogramm, der leichteste immerhin noch achtzig. Ursprünglich hatte Scott geplant, bei der Querung des Schelfeises auf die Hundegespanne zu setzen, doch sehr schnell erwies sich, dass keiner der Männer recht wusste, wie er die Hunde bändigen und führen sollte. Und bis auf die Übungen zu Beginn des Winters hatte keiner nennenswerte Erfahrung auf Skiern vorzuweisen.

Im Grunde waren die Männer, die sich auf die gefährliche Reise in die weiße Wüste begaben, blutige Anfänger, die es zudem versäumt hatten, sich mit den beiden für den Zweck am ehesten geeigneten Transportmitteln zu befassen: Hunden und Skiern. Und so mussten sie schließlich zu dem veralteten und qualvollen Mittel greifen, mit dem sie vertraut waren, und sich selbst vor die Schlitten spannen.

So wurde die Exkursion schon nach kürzester Zeit zu einer Schinderei, bei der die Männer bis zu den Knien im Schnee versanken und die schweren Schlitten wieder und wieder in Eisspalten hängen blieben. Sechs der Begleiter machten sich am 13. November auf den Rückweg, die Übrigen erreichten zwei Tage später 79° 15' S – so weit nach Süden war bis dahin noch niemand gekommen. Der Erfolg war bemerkenswert, aber auch hart erarbeitet.

Während Barne, Crean und die anderen umkehrten und nach Norden wanderten, ahnte Scott, dass jenen, die weiter nach Süden strebten, »extreme Anstrengungen« bevorstanden. Mit dieser Prophezeiung sollte er recht behalten, denn für die ersten 175 Kilometer benötigten die drei Männer dreißig Tage. Anders gesagt, schafften sie kaum mehr als fünf Kilometer am Tag. Verantwortlich dafür waren das Gewicht der Schlitten und die fehlende Übung im Umgang mit den Hunden, vor allem aber Scotts Entschluss, für den Transport der Ausrüstung eine Art Staffelsystem einzuführen – mit der Folge, dass die Männer drei Kilometer zurücklegen mussten, um ihrem Ziel einen Kilometer näher zu kommen: Zunächst nahmen sie einen Teil der Ladung auf die Schultern und trugen ihn einen Kilometer weit voraus, um anschließend in den eigenen Fußspuren zurückzugehen und die restliche Fracht zu holen.

Bis zu zehn Stunden pro Tag betrieben, war diese Art der Fortbewegung für Körper und Geist gleichermaßen Gift. Am 14. Dezember, zu einem Zeitpunkt also, an dem sich die Exkursion erst in der fünften Woche befand und die Männer noch halbwegs bei Kräften waren, legten sie sage und schreibe drei Kilometer zurück, und auch die nur »unter größten Anstrengungen«.

Je schwerer die Arbeit wurde, desto größer wurde der Hunger. Und schlimmer noch: Die ersten Anzeichen von Skorbut stellten sich ein. Besonders stark litten die Hunde, die notorisch unterversorgt waren. Der erste starb am 10. Dezember, und Scott sah sich gezwungen, darüber nachzudenken, wie lange sie gen Süden gehen konnten, wenn, womit zu rechnen war, weitere sterben sollten. So wurden die Hunde von einer Hilfe nach und nach zur Last.

Doch noch kamen die Männer, wenn auch langsam, voran, und jeden Tag sichteten sie Neuland. Am 28. Dezember schlugen sie ihr Lager auf 82° 11' S auf. Von der unzureichenden Nahrung, der schweren Arbeit und dem fortschreitenden Skorbut waren sie stark geschwächt, sodass Scott in sein Tagebuch notierte: »Bald haben wir unser Pulver verschossen.«[2]

Shackleton litt unter den Umständen mehr als die anderen, und am 30. Dezember ließen Scott und Wilson ihn im Zelt zurück, übertrugen ihm die Aufsicht über Hunde und Ausrüstung und machten sich auf Skiern auf den Weg nach Süden. Sie gelangten bis auf 82° 17' S und stellten damit einen neuen Rekord auf. Bis zum Südpol blieben aber noch immer gut 850 Kilometer. Dass er zurückgelassen worden war und am Teilerfolg nicht teilhaben konnte, empfand Shackleton als schwere Kränkung, die er zeitlebens nicht vergessen sollte.

Der Rückweg zum Schiff wurde zu einem verzweifelten Duell mit der Zeit. Der Hunger drohte überhandzunehmen, und der Skorbut setzte den Männern mehr und mehr zu. Es kann kein Zweifel daran bestehen, dass sie die Anstrengungen, die vor ihnen lagen, und den Bedarf an Lebensmitteln maßlos unterschätzt hatten. Nun hing ihr Leben von den Depots ab. Doch die waren nur unzureichend markiert und entsprechend schwer zu finden.

Shackletons Gesundheitszustand verschlechterte sich so sehr, dass er dem Zusammenbruch nahe war. So mussten zwei erschöpfte und ausgehungerte Männer die komplette Last schleppen, die eigentlich für drei gedacht war. Deshalb warf Scott alles weg, was nicht unbedingt gebraucht wurde, und tötete auch die verbliebenen Hunde. Shackleton hatte genug an seinem eigenen Gewicht zu schleppen, und so trottete er, nach Luft ringend, neben den Schlitten her, während Scott und Wilson mit letzter Kraft zogen. Scott hatte sie auch um die Skier erleichtert, die bis auf ein Paar zurückgeblieben waren.

Shackleton spuckte unterdessen Blut und kollabierte, weshalb er auf den Schlitten gelegt und von den beiden anderen gezogen wurde. Wilson war jedoch davon überzeugt, dass das Mehrgewicht sie heillos überfordern würde und sie schließlich alle drei zum Tode verurteilt wären. Eines Abends sagte er zu Scott, dass Shackleton die Nacht wohl nicht lebend überstehen würde. Shackleton schnappte die Bemerkung auf.

Jahre später hatte er Anlass, sich daran zu erinnern, als Scott und Wilson auf dem Rückweg vom Südpol unweit jener Stelle auf dem Schelfeis zu Tode kamen.

Shackletons Zähigkeit und Willensstärke, die er bei späteren Expeditionen mehrfach unter Beweis stellen sollte, zeigten sich auch jetzt, und irgendwie gelang es ihm, das Martyrium zu überleben. Die Kraft dazu schöpfte er möglicherweise auch aus der Abneigung, die Scott ihm zunehmend entgegenbrachte. Der hatte auf Shackletons Schwäche überaus negativ reagiert und sie als »Versagen« gebrandmarkt. Wilson hatte eingreifen müssen, um zu verhindern, dass Scott den Kranken lautstark beschimpfte, obwohl sich letztlich alle drei in einem Wettlauf mit dem Tod befanden.

Am 3. Februar – noch waren sie knapp zwanzig Kilometer von der rettenden *Discovery* entfernt – trafen die Männer unverhofft auf Bernacchi und Skelton. Nach drei Monaten auf dem Schelfeis, halb verhungert und vom Skorbut gezeichnet, waren die drei Kameraden kaum mehr zu erkennen. Scott schrieb: »Es gibt guten Grund zu der Annahme, dass wir nicht zu früh zurückgekommen sind.«[3]

Während die Gruppe um Scott auf eine harte Probe gestellt wurde, unternahm die Gruppe um Barne, zu der auch Crean gehörte, eine zwar anstrengende, aber letztlich problemlose Exkursion Richtung Südwesten. Als sie am 20. Dezember 1902 loszogen, schleppten die Männer, auf zwei Schlitten verteilt, ein Gewicht von mehr als 500 Kilogramm hinter sich her, zu dem unter anderem Vorräte für fünf Wochen sowie Petroleum für sechs Wochen beitrugen. Fünf Tage nach dem Aufbruch verbrachten sie, in einem Zelt zusammengepfercht, als erste Menschen das Weihnachtsfest auf dem antarktischen Eisschild.

Aus diesem Anlass hatten ihnen die Kameraden von der *Discovery* Weihnachtskarten geschrieben, die den Weg über das Eis mitmachten. Williamson und die anderen waren trotz der bitteren Kälte darauf bedacht, das Fest nicht ausfallen zu lassen. Nach dem Essen quetschten sich alle sechs in ein Dreimannzelt, um dort, wie Barne es nannte, ein »Konzert« zu geben, an dem sich alle beteiligten, was insbesondere Crean gefallen haben dürfte.

Er war dafür bekannt, dass er gern sang und in jedes Lied einstimmte, das irgendwo erklang. Und was für »normale« Zeiten galt, galt unter den gegebenen Bedingungen umso mehr. Zudem wurde seine Stimme von einem »Weihnachtsgeschenk« geölt, das jemand auf einen der Schlitten geschmuggelt hatte: »Zusätzliche Motivation bezogen wir aus einer Flasche Portwein, die zu diesem Zweck ins Gepäck gelangt war«, bekannte Barne.[4] Und er lobte seine Mitreisenden überschwänglich, wobei ihnen allen zugutekam, dass niemand unterwegs krank geworden war oder sich verletzt hatte, was den Erfolg der Exkursion bedroht hätte. An Scott gerichtet, schrieb er:

> Ich kann die Männer, die sich vor die Schlitten spannten, nicht hoch genug loben. Jeder Einzelne von ihnen war während der gesamten Zeit guter Dinge, und keiner hat sich je über etwas beklagt oder Anzeichen von Unzufriedenheit erkennen lassen.[5]

Am 30. Januar kehrte die Gruppe um Barne zur *Discovery* zurück, die noch immer im McMurdo-Sund lag und in einer eineinhalb Kilometer großen Eisfläche gefangen war. Und wenn sie nicht bald freikäme, würde sie einen weiteren Winter im Süden verbringen müssen.

Während die Männer sich auf dem Eis aufgehalten hatten, war die *Morning* eingetroffen, die von Captain William Colbeck befehligt wurde und losgeschickt worden war, um nötigenfalls Hilfe zu leisten. Doch nun trieb Colbeck die Sorge um, selbst vom Eis eingeschlossen zu werden und zwölf Monate in Gefangenschaft verbringen zu müssen. Colbeck hatte gemeinsam mit Borchgrevink und Bernacchi die *Southern Cross*-Expedition mitgemacht und kannte die Gefahr, die vom Eis ausging. Dieser Gefahr wollte er in jedem Fall entgehen.

An Bord der *Morning* befand sich auch Edward »Teddy« Evans, ein junger Leutnant der Marine. In Antarktika traf Evans – dessen Name später Lord Mountevans lautete – auf Scott und die Matrosen Crean und Lashly, die auf diese oder jene Weise in seinem Leben noch eine wichtige Rolle spielen sollten.

Scott wusste, wie prekär seine Lage war, und begann umgehend damit, die nächste Überwinterung vorzubereiten. Die Lager wurden mit frischem Fleisch von Robben, Raubmöwen und Lamm aus Neuseeland aufgefüllt. Und er beschloss, acht seiner Männer, vornehmlich Mitglieder der Handelsmarine, mit Colbeck zurück in die Heimat zu schicken. Bezeichnenderweise war auch Shackleton unter denen, die die *Discovery* verlassen mussten.

Der war über diese Entscheidung tief gekränkt, weil ihm nun die Ehre versagt blieb, zu jenen zu gehören, die die Eroberung des Südpols in Angriff nahmen – möglicherweise erfolgreich. Das empfand er als unverdiente Strafe, und als die *Morning* am 2. März 1903 den McMurdo-Sund verließ und Kurs Richtung Norden nahm, verlor er die Fassung und weinte bitterlich.

Am Hut Point war die Stimmung nicht wesentlich besser, als die *Morning* am nördlichen Horizont verschwand und die Männer sich auf ein weiteres Jahr Einsamkeit einstellen mussten. Am 13. März 1903 notierte Scott: »Ich habe die Hoffnung, das Eis könnte sich doch noch zurückziehen, endgültig aufgegeben.«[6]

Den Winter verbrachten sie genauso wie den vorherigen und hielten sich mit wissenschaftlichen Untersuchungen, Pflichterfüllung und mancherlei Spielen so gut es ging bei Laune. Einmal veranstalteten sie bei –40 °C ein Fußballspiel – »Verheiratete und Verlobte gegen Junggesellen«. Wie es ausging, ist nicht überliefert, aber die Kälte zwang sie, die Halbzeiten auf jeweils dreißig Minuten zu verkürzen.

Der zweite Winter war kälter als der erste, aber nun konnten die Männer auf einige wertvolle Erfahrungen zurückgreifen. So gestand Bernacchi zwar ein, dass sich der zweite Winter »unendlich hinzog«, fügte aber hinzu:

> Dank des Wissens, über das wir inzwischen verfügten, vor allem hinsichtlich der Ernährung, gingen wir 1903 wesentlich fitter in den Sommer, als das im Jahr zuvor der Fall gewesen war.[7]

Auch Lashly sehnte sich zurück in die Zivilisation – »um mal wieder was anderes zu sehen« – und notierte am 1. April 1903 in sein Tagebuch:

> Die schlimmste Zeit des Jahres steht unmittelbar bevor. In drei Wochen geht die Sonne unter und lässt sich monatelang nicht sehen. Aber solange wir gesund bleiben, soll uns das nichts anhaben.[8]

Scott zufolge verlief der Winter, ungeachtet des Wetters, »ausgesprochen ruhig und unaufgeregt«. Trotzdem wurden unter Deck eifrig Pläne für den bevorstehenden Sommer und die anstehenden Schlittentouren geschmiedet. Scott hatte sich vorgenommen, mit einer Gruppe von Männern den Ferrar-Gletscher zu erkunden, Royds und Wilson sollten zum Kap Crozier gehen, um dort Eier des Kaiserpinguins einzusammeln. Unterstützt von Crean, sollte Barne schließlich eine Exkursion zu den Bergen antreten, die Scott im Vorjahr bei seinem Marsch Richtung Süden gesichtet hatte.

Dieses Mal standen die Vorbereitungen jedoch unter größerem Zeitdruck, weil Scott die *Discovery* um jeden Preis aus dem Eis befreien wollte, um nicht einen dritten Winter in der Antarktis verbringen zu müssen. So ordnete er an, dass die Exkursionen bis Mitte Dezember abgeschlossen sein mussten, damit sich jeder Einzelne auf die ungleich wichtigere Aufgabe konzentrieren konnte, die *Discovery* zu befreien.

Mitte September gehörte Crean zu einer von Barne angeführten Gruppe, die südöstlich der im Schelfeis gelegenen White Island Vorratsdepots anlegen wollte. Der Zeitpunkt war sehr früh gewählt und beschwor die Gefahr herauf, von widrigem Wetter überrascht zu werden. Tatsächlich sollten die Bedingungen schlechter werden, als es sich zuvor jemand hätte ausmalen können, und die Männer mussten viel erdulden.

Die sechs Männer – Barne, Leutnant Mulock (als Ersatz für Shackleton), Quartley, Smythe, Joyce und Crean – sahen sich Temperaturen von –40 °C ausgesetzt, kaum hatten sie das Schiff verlassen, und während sie die Schlitten übers Eis zogen, verschlechterte sich das Wetter weiter. Schnell wurde klar, dass die Lektionen des Vorjahres, die vor allem Scotts Trupp hatte schmerzlich lernen müssen, nur ein schaler Vorgeschmack gewesen waren.

Nun fielen die Temperaturen auf bis zu –60 °C. In seinem Tagebuch wies Scott darauf hin, dass nie zuvor das Überleben von Menschen von einem einfachen Zelt und einem schlichten Schlafsack abhängig gewesen war. Wie genau sich das grauenhafte Geschehen abspielte, berichtete er ebenfalls:

> Als sie das Schiff verließen, lag die Temperatur unter –40 °C; als sie White Island erreichten, fiel sie auf –45 °C und schließlich bis auf –50 °C. Und auch dann war noch nicht Schluss, sie fiel und fiel, bis sie schließlich die Marke von –55 °C erreichte und unterschritt.
>
> Bei exakt –55,4 °C zerbarst das Glasrohr mit dem Alkohol, das Thermometer war nicht zu reparieren. Wir werden daher nie erfahren, wie kalt es tatsächlich gewesen ist, aber Barne schwört, dass die Temperatur bis auf –60 °C gefallen ist.

Joyce war der Einzige, dem die Bedingungen empfindlich zusetzten. Nachdem er mehrfach Erfrierungen im Gesicht erlitten hatte, beschlossen die Männer, künftig nah beieinanderzubleiben. So mussten sie aus nächster Nähe beobachten, wie sein Gesicht weiß wie Schnee wurde. Die Folgen sind ihm zwar heute noch anzusehen, aber als es dazu kam, konnten sie ihm zunächst beispringen und die Durchblutung wieder in Gang bringen. Das Schlimmste stand ihm aber noch bevor, denn auf dem weiteren Weg äußerte er irgendwann gegenüber seinen Kameraden, dass er einen Fuß nicht mehr spürte. Nachdem rasch ein Zelt aufgestellt worden war, untersuchte Barne ihn und stellte fest, dass der Fuß bis zum Knöchel weiß angelaufen war. Es dauerte eine geschlagene Stunde, bis wieder Leben Einzug hielt, und auch das nur, weil die Offiziere es reihum übernahmen, den Fuß an ihrer Brust zu wärmen.

Alle Männer der Gruppe, selbst Joyce, der es besser wissen müsste, scheinen den Vorfall heute als großen Spaß zu betrachten. Ich fände es allerdings überhaupt nicht komisch, wenn mir die Füße erfrieren würden oder ich bei Temperaturen von –55 °C den Oberkörper frei machen müsste, um jemand anderem zu helfen. Dem Vernehmen nach hielten die, die das auf sich nahmen, es zehn Minuten lang aus, den Fuß an ihren Körper zu drücken, bis es Zeit wurde, sich ablösen zu lassen. Sie räumen auch ein, dass es kein angenehmes Gefühl war, behaupten aber, es habe vor allem ihren Appetit angeregt. Dank ihrer Fürsorge, so viel steht fest, konnte Joyce wohlbehalten und mit der vollen

Anzahl an Zehen zum Schiff zurückkehren, und allein darauf kommt es letztlich an.[9]

Zum Glück mussten die Männer nur acht Tage auf dem Schelfeis verbringen. Und doch war es ein erschütterndes Erlebnis gewesen und eine erneute Erinnerung an die Gefahren. Ungeachtet dessen begannen Crean und seine Kameraden schon wenige Tage nach der Rückkehr mit den Vorbereitungen für die nächste Exkursion, die gut 300 Kilometer weit in südlicher Richtung über das Ross-Schelfeis in das Gebiet führen sollte, das heute Barne Inlet heißt. Und auch auf dieser Tour sollte das Wetter, das Stürme aus Süd herantrug, denkbar unvorteilhaft sein.

Mit Vorräten für siebzig Tage im Gepäck verließen die sechs Männer am 6. Oktober das Schiff. Nach neunundsechzig Tagen waren sie zurück, was in Anbetracht des schlechten Wetters nach einer optimalen Rationierung des Proviants klingt. Doch ein einziger Schneesturm zur falschen Zeit, der die Männer in ihren Zelten festgehalten hätte, hätte fatale Konsequenzen gehabt. Auch so zwang das schlechte Wetter die Männer, neun Tage in ihren Zelten zu bleiben, wenn auch zu einem Zeitpunkt, zu dem sie noch reichlich Proviant hatten. An weiteren vierzehn Tagen konnten sie entweder erst spät aufbrechen oder mussten halbe Tage in den Zelten verbringen. Jede weitere Verzögerung hätte ihren Spielraum gefährlich eingeschränkt.

Barne ärgerte sich darüber, dass sie nicht schneller vorankamen, doch Scott wusste das Wetter richtig einzuschätzen und notierte im Rückblick, dass der Trupp »von Beginn an vom Pech verfolgt« war. Zusätzlich ausgebremst wurden sie durch »Faltungen und Verwerfungen« an jener Stelle, an der das Schelfeis auf den vereisten Meeresarm traf, also am Fuß jenes Gletschers am Rande der Britannia Range, der heute Byrd-Gletscher heißt.

Es war die herausforderndste Exkursion, die Crean im Rahmen der *Discovery*-Expedition unternahm. Die Männer mussten tiefe Gletscherspalten und steile Höhenrücken queren, wurden aber für die Gefahren, denen sie sich aussetzten, und die Schufterei, die es bedeutete, die Schlitten über ein solches Gelände zu ziehen, schließlich belohnt. Allen Schwierigkeiten zum Trotz gelang es ihnen, zum ersten Mal den Verlauf der gebirgigen Küstenlinie zu kartieren, die sich bis zur Rossbarriere zieht – eine herausragende Leistung.

Der wichtigste Beitrag der Exkursion zur *Discovery*-Expedition gelang jedoch eher zufällig und als die Männer schon auf dem Rückweg zum Schiff waren. Dabei passierten sie auch das Depot A, das eine Vorhut dreizehn Monate zuvor auf der Halbinsel Minna Bluff, die vom Mount Discovery bis zum Schelfeis reicht, angelegt und fest verankert hatte. Doch zum Erstaunen aller hatte es sich in dieser Zeit um 556 Meter beziehungsweise 1,2 Meter pro Tag bewegt. Schon zuvor waren die die Expedition begleitenden Wissenschaftler der Überzeugung gewesen, dass sich das Schelfeis bewegte, doch der Zufallsfund erlaubte es ihnen erstmals, die Geschwindigkeit zu bestimmen, mit der es das tat. Scott nannte die Entdeckung »einen der größten Erfolge der gesamten Expedition«.

Barne grollte immer noch wegen der Strapazen und des langsamen Vorankommens. Umso mehr war er von den Männern angetan, die ihn begleitet hatten, und so berichtete er Scott:

> Hinsichtlich des Verhaltens der Gruppe kann ich nur sagen, dass die Männer jedes erdenkliche Lob verdient haben. Jeder von ihnen hat sein Bestes gegeben, um den Erfolg der Exkursion zu sichern.[10]

Die Rundreise führte Crean und die anderen über 640 Kilometer, doch dem schlechten Wetter und den Anstrengungen war es geschuldet, dass sie dafür neunundsechzig Tage benötigten – ein Durchschnitt von lediglich knapp zehn Kilometern am Tag. Selbst wenn man die Zeit abzieht, die sie wegen Schneesturms in ihren Zelten verbringen mussten, legten sie durchschnittlich nicht mehr als zwölf Kilometer am Tag zurück.

Zum Vergleich: Scotts Marsch Richtung Westen dauerte einundachtzig Tage, aber in dieser Zeit legte er 1750 Kilometer zurück. Das mag als Beleg dafür dienen, dass Scott aus dem gescheiterten Marsch Richtung Südpol im Vorjahr mindestens eine Lehre gezogen hatte. Denn dieses Mal achtete er darauf, Matrosen einzusetzen, die sehr genau wussten, was es hieß, sich vor einen Schlitten zu spannen – Männer wie Evans und Lashly, deren diesbezügliche Fähigkeiten im Goldenen Zeitalter ihresgleichen suchten. Auf der Exkursion mit Wilson und Shackleton, der ersten ins Inland Antarktikas überhaupt, hatte Scott in dreiundneunzig Tagen lediglich 1500 Kilometer zurückgelegt. Der Unterschied war gewaltig.

Scott kehrte am Heiligabend 1903 zur *Discovery* zurück, traf an Bord aber nur vier Männer an. Alle anderen, auch

Crean, waren mit dem verzweifelten Versuch beschäftigt, das Schiff aus der Gefangenschaft im Eis zu befreien.

Zum großen Verdruss der Mannschaft lag zwischen der *Discovery* und dem offenen Meer eine 32 Kilometer messende Eisfläche. Allmählich dämmerte den Männern, dass sie entweder ein Wunder benötigten oder das Schiff aufgeben und sich zur *Morning* durchschlagen mussten, die Neuseeland erneut verlassen hatte, um sie nötigenfalls aufzunehmen.

Die Männer machten sich ans Werk und versuchten verzweifelt, über eine Strecke von 32 Kilometern eine zwei Meter dicke Eisschicht durchzusägen. Nach zwölf Tagen harter Arbeit war der Ertrag vergleichsweise lächerlich, er bestand aus zwei parallel verlaufenden Schnitten von 137 Metern Länge. Der Versuch, sich auf diese Weise zu befreien, musste als gescheitert gelten, und so ordnete Scott an, ihn einzustellen. Stattdessen begann er umgehend mit den Vorbereitungen für einen weiteren Winter, während die Männer den Horizont nach der *Morning* absuchten, die jederzeit eintreffen konnte.

Sie staunten nicht schlecht, als am 5. Januar 1904 zwei Schiffe in Sicht kamen – die *Morning* und das in Dundee gebaute Walfangschiff *Terra Nova*. Die Männer, die unterdessen zwei Jahre in der Antarktis hinter sich hatten, waren von dem Anblick verständlicherweise begeistert. Williamson zufolge begannen sie, »wie Wilde herumzuspringen«.

Scott teilte die Begeisterung ausdrücklich nicht, denn mit den beiden Schiffen traf die unmissverständliche Anweisung ein, dass er die *Discovery* aufgeben sollte, wenn sie nicht binnen sechs Wochen flottgemacht werden könnte.

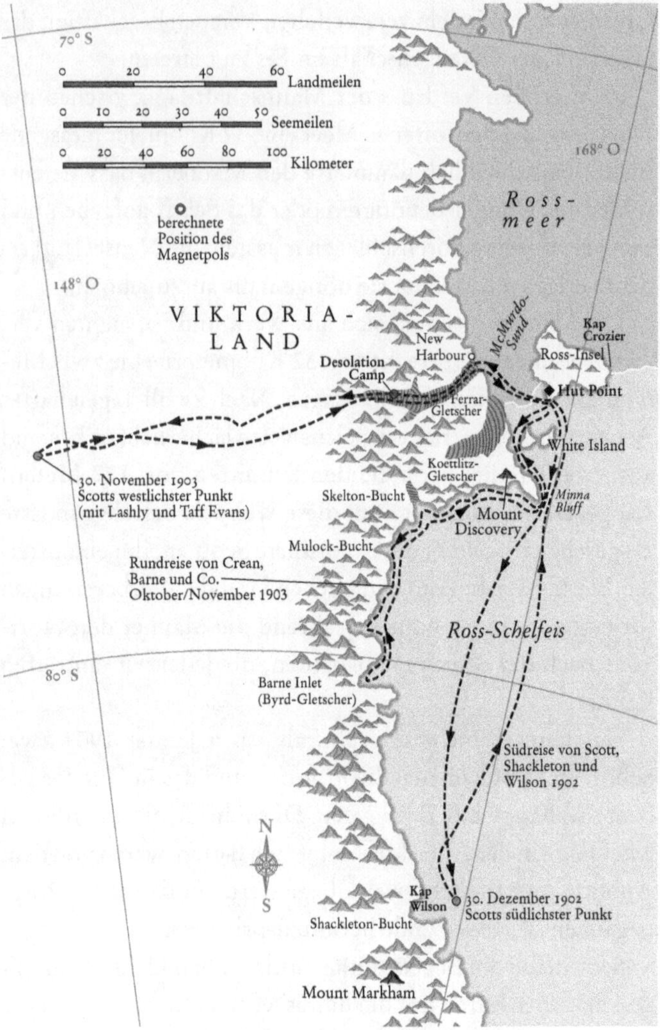


Kap Evans und Hut Point auf der Ross-Insel am Rande des Schelfeises. Hier befand sich auf zwei Expeditionen von Scott das jeweilige Basislager.

Ein Schiff aufzugeben ist für einen Seemann seit jeher das allerletzte Mittel, und durch den Befehl sah Scott sich und seine Männer vor ein Dilemma gestellt. Die *Discovery* auf ihrer ersten großen Fahrt ihrem Schicksal zu überlassen hätte dem Ruf des Kapitäns schwer geschadet. Sie aufzugeben war für ihn daher keine Option – umso mehr, als es auf seine Entscheidung, das Schiff vorsätzlich in jene Lage zu bringen, in der es nun war, einen dunklen Schatten geworfen hätte.

Dessen ungeachtet standen Offiziere und Mannschaft hinter ihrem Kapitän. Charles Ford, einer der Schiffsstewards, meinte, dass nie ein Befehl ergangen sei, der einem Offizier so wenig Optionen gelassen hätte. Scott litt erkennbar unter der Anweisung, und dass er sich Sorgen machte, war ihm deutlich anzumerken. Ford notierte:

> Der Kapitän ist sichtlich betroffen und meint, dass er sich zum jetzigen Zeitpunkt nicht vorstellen kann, das Schiff aufzugeben. Er hat allen für die Loyalität gedankt, die er erfährt. Die Mannschaft hat es ihm mit einem dreifachen Hurra gedankt.[11]

Colbecks Bericht über das Zusammentreffen mit der *Discovery* im Jahr 1903 hatte in London für einige Unruhe gesorgt. Auch wenn man mit den bislang erreichten Ergebnissen zufrieden war, gab es doch Sorgen hinsichtlich des Wohlergehens der Männer, sollte die *Discovery* einen weiteren Winter in der Antarktis verbringen müssen. Der Stimmung nicht zuträglich war das widersprüchliche Verhalten von Sir Clements Markham, der die Expedition weiterhin wie eine Privatsache behandelte.

Markham, inzwischen dreiundsiebzig Jahre alt, stimmte in die Zufriedenheit über die Leistungen der *Discovery*-Crew ein, schürte aber gleichzeitig Ängste um die Gesundheit der Männer. Er forderte, dass ein Schiff losgeschickt wurde, das den Eingeschlossenen zu Hilfe kommen sollte, ignorierte aber hartnäckig, dass die Kassen leer waren. Die Versuche, seinen Willen durchzusetzen, gerieten immer überspannter. Er warnte vor einer »schrecklichen Katastrophe«, sollte die *Discovery* nicht von außen befreit werden, und versteifte sich auf die These, es ginge »um Leben und Tod«.

Parallel dazu vergrößerte sich der Riss zwischen den Hauptgeldgebern der Expedition, der Königlichen Geografischen Gesellschaft und der Königlichen Gesellschaft. So wandte sich Markham schließlich direkt an die Regierung und erbat 12 000 Pfund (nach heutiger Kaufkraft 600 000 Pfund).

Doch zu seinem Leidwesen rissen die zuständigen Minister die Angelegenheit an sich und beriefen ein eigenes Komitee unter dem Vorsitz von Sir William Wharton ein, einem der führenden Hydrografen der Admiralität. Es fasste den Entschluss, dass die Regierung eine Hilfsexpedition finanzieren würde, sofern die beiden Gesellschaften die *Morning* zur Verfügung stellten. Begleitet werden sollte sie von einem weiteren Schiff. Vielleicht wollte die Regierung auf diese Weise sicherstellen, dass sie auf den Fortgang der Expedition mehr Einfluss nehmen konnte, als es Markham mit der ersten Entsendung der *Morning* gelungen war.

Die Zeit drängte, und so wurde mit Hochdruck nach einem Schiff gesucht, das für die Fahrt in die Antarktis ertüchtigt und schließlich zusammen mit der *Morning* in den

Süden geschickt werden konnte. Das Komitee konzentrierte die Suche auf die britische Walfangflotte, aber auch der Norweger Amundsen wurde kontaktiert. Anfang Juli legte man sich schließlich auf die *Terra Nova* fest, einen Walfänger aus der Flotte von C. T. Bowring, der für 20 000 Pfund (heute mehr als eine Million Pfund) gekauft wurde. Rechnet man die Überholung der *Morning* hinzu, kostete die Aktion zur Befreiung der *Discovery* den Steuerzahler 35 000 oder, auf heutige Kaufkraft umgerechnet, 1,8 Millionen Pfund.

Bald stellte sich heraus, dass es nicht gelingen würde, den Umbau der *Terra Nova* rechtzeitig vor dem Abfahrtstermin Ende August abzuschließen. Später durfte es aber nicht werden, um sich nicht die Chance zu verbauen, den McMurdo-Sund nach einer Reise über 22 500 Kilometer tatsächlich zu erreichen. So beschloss Wharton kurzerhand, dass die *Terra Nova* große Teile der Fahrt ans andere Ende der Welt von Schiffen der Royal Navy geschleppt werden sollte.

Ironischerweise war einer der Männer, die für den Umbau der *Terra Nova* herangezogen wurden, Ernest Shackleton, der von Scott sechs Monate zuvor mit der *Morning* zurück nach London geschickt worden und erst vor Kurzem dort angekommen war.

Die *Terra Nova* stand unter dem Befehl des Schotten Henry Mackay, der auf eine langjährige Erfahrung im Walfang zurückblicken konnte. Sie erreichte wohlbehalten Hobart auf Tasmanien, wo Colbeck und die *Morning* sie schon erwarteten. Am 5. Januar 1904 und damit drei Wochen früher als die *Morning* im Jahr zuvor standen beide Schiffe vor der Packeisgrenze im McMurdo-Sund.

Die Besatzungen aller drei Schiffe bildeten eine schlagkräftige Truppe, die bis zu achtzehn Stunden am Tag schuftete und dabei nur ein Ziel verfolgte: die *Discovery* freizubekommen. Weil sie mit Eissägen keinen Erfolg hatten, setzten die Männer schließlich Sprengstoff ein. Der erste Sprengsatz zündete am 15. Januar, doch er verpuffte nahezu folgenlos, und die Stimmung verdüsterte sich. Während sich die Männer mühten, die Hoffnung nicht aufzugeben, ließ Scott die wertvollen wissenschaftlichen Instrumente und Aufzeichnungen umladen. Auch der Umzug der Männer auf die *Terra Nova*, das größere der beiden Schiffe, wurde vorbereitet.

Die Versuche, die *Discovery* freizubekommen, waren nicht ungefährlich, und Crean wäre tatsächlich beinahe ums Leben gekommen, als er unweit vom Hut Point an einem Tag gleich zweimal im Eis einbrach und im eiskalten Wasser landete. Beim ersten Mal war er zum Schiff zurückgekehrt, um sich trockene Kleidung anzuziehen, dann aber umgehend wieder an die Arbeit gegangen, nur um ein zweites Mal einzubrechen – nun um ein Haar mit tödlichen Konsequenzen. Ford wurde Augenzeuge des Vorfalls. In sein Tagebuch notierte er:

> Crean war außerstande, sich selbst aus dem Wasser zu ziehen, seine Kraft reichte gerade mal, um von der Strömung nicht unter das Eis gezogen zu werden.
>
> Zum Glück waren ein paar Männer vor Ort, die ihn rufen hörten, und nach einigen Mühen (die Kälte hatte ihn quasi bewegungsunfähig gemacht) konnten sie ihm eine Schlinge umlegen, ihn aus dem Wasser ziehen und zurück zum Schiff bringen.[12]

Ohne seine geistesgegenwärtigen Kameraden wäre Crean von der vollgesogenen Kleidung nach unten gezogen worden und im eisigen Wasser ertrunken. Es sollte das erste, aber nicht das letzte Mal sein, dass er in der menschenfeindlichen Umgebung der Antarktis knapp dem Tod entkam. Der Vorfall, so lebensbedrohlich er auch gewesen sein mochte, scheint ihn aber ungerührt gelassen zu haben, denn Scott notierte, Crean habe an seinem Vollbad »viel Spaß« gehabt.

Zwar war deutlich zu merken, dass Bewegung in die Eisfläche kam, doch am 13. Februar war die *Discovery* immer noch drei Kilometer von den beiden anderen Schiffen entfernt. Es wurde zunehmend wahrscheinlich, dass sie die *Discovery* aufgeben mussten. Scott notierte niedergeschlagen:

> Auch heute spielt das Wetter nicht mit. Von der Eiskante ist weit und breit nichts zu sehen. Noch hoffen wir auf ein Schlupfloch.[13]

Und siehe da, vierundzwanzig Stunden später, als wären die stillen Gebete jedes einzelnen Crewmitglieds erhört worden, brach das Eis plötzlich auf. Riesige Eisstücke lösten sich und trieben davon, sodass die *Morning* und die *Terra Nova* in den Sund hineinfahren und sich bereithalten konnten, um längsseits zu gehen. Dann ging alles sehr schnell, und die *Discovery* war frei.

Das Ereignis wurde die ganze Nacht hindurch lautstark gefeiert. Die Männer stellten am Ufer den Union Jack auf, und Colbeck gewann den Eindruck, dass es in dieser Nacht auf Erden keinen glücklicheren Menschen gab als Scott.

Dann wurden die letzten Vorbereitungen für die Abfahrt getroffen. Dazu gehörte auch, die verbliebenen Eisstücke zu beseitigen, die die *Discovery* umgaben. Am 16. Februar erfolgte eine letzte Detonation, die das Werk vollendete, das Schiff drehte herum, und »das blaue Wasser klatschte an den Rumpf«, wie Scott notierte. Er fügte eine emotionale Bemerkung hinzu, die die Stimmungslage aller an Bord zusammenfassen dürfte:

> Ich wünschte, ich könnte auch nur annähernd beschreiben, was wir empfanden, als die *Discovery* wieder aus eigener Kraft schwamm, aber ich fürchte, es gibt keine Worte, die ausdrücken könnten, wie es sich anfühlte, auf der Brücke zu stehen und zu erleben, wie das Schiff sanft von einer Seite auf die andere rollt, das Pulsieren der Winde zu spüren, unter dem das Schiff beim Aufholen des Ankers leicht bebt, in die Takelage zu schauen und bestätigt zu finden, dass Segel und Leinen nicht von ungefähr an Bord sind, der Besatzung zuzusehen, die in ihrer abgewetzten Seemannskleidung übers Deck läuft, und zu wissen, dass unser Schiff endlich wieder das tun darf, wozu Schiffe nun einmal da sind. Es muss genügen, wenn ich sage, dass an diesem Tag eine stolzere und glücklichere Besatzung schwerlich zu finden gewesen sein dürfte.[14]

Am folgenden Tag gingen die Männer noch einer letzten feierlichen Pflicht nach und stellten auf dem Hut Point, nur hundert Meter von der Hütte, die sie dort errichtet hatten, entfernt, ein schlichtes, weiß gestrichenes Holzkreuz auf, das an ihren verstorbenen Kameraden Vince erinnern sollte. Die

Männer nahmen die Mützen ab und hörten andächtig Scott zu, der ein Gebet sprach. Vince war der erste Mensch, der sein Leben im McMurdo-Sund verlor, und die Inschrift auf dem Kreuz ist bis heute gut lesbar.

Die drei Schiffe verließen Antarktika am 19. Februar 1904. Seit die *Discovery* den Kontinent erstmals gesichtet hatte, waren zwei Jahre und sechs Wochen vergangen. Scott verabschiedete sich von der vertraut gewordenen Umgebung mit gemischten Gefühlen, doch seine Männer waren nach zwei Jahren Gefangenschaft heilfroh, wieder auf dem Meer und auf dem Weg in die Zivilisation zu sein.

Sechs Wochen später, am 1. April 1904, fuhren die drei Schiffe unter Segeln in den Hafen von Lyttelton ein. Es war Karfreitag, das Wetter angenehm warm, noch wärmer war der Empfang, den ihnen die Neuseeländer bereiteten. Scott berichtete, dass sie mit »Zeichen der Gastfreundschaft und Gefälligkeiten regelrecht überschüttet« wurden. Nun, da sie endlich wieder festen Boden unter den Füßen hatten, gönnten sich die Männer eine Pause von zwei Monaten, in denen sie sich von den Strapazen erholten. Dann erst machten sie sich auf den Weg nach England.

Am 10. September erreichte die *Discovery* Spithead, den östlichen Teil des Solent, von dort fuhr sie zu ihrem endgültigen Liegeplatz in den East India Docks am Ufer der Themse, wo sie am 15. September 1904 eintraf. Ihre Reise hatte drei Jahre und einen Monat gedauert. In ihrer Abwesenheit hatte der Burenkrieg ein Ende gefunden, die Brüder Wright hatten den ersten Motorflug absolviert, Russland und Japan einen blutigen Konflikt begonnen.

# ERNEUTER AUFBRUCH

Als Tom Crean im September 1904 zurück in der Zivilisation war, waren seine kühnsten Erwartungen übertroffen worden. Er hatte sich den Ruf eines überaus verlässlichen und wertvollen Mitglieds der Polarexpedition erworben – zu einer Zeit, in der es Klassenunterschiede und die strenge Trennung zwischen Ober- und Unterdeck für einfache Seeleute schwer machten, die Aufmerksamkeit der Offiziere zu erregen, eine wahrlich bemerkenswerte Leistung.

Zum ersten Mal in seinem Leben stach der bescheidene Ire aus der Masse heraus. Nur eine sehr kleine Gruppe von Menschen konnte 1904 von sich behaupten, in Antarktika gewesen zu sein, und in diesen exklusiven Kreis gehörte der siebenundzwanzigjährige Mann aus Kerry. Der Spruch, mit dem die Navy für sich warb, hatte sich an ihm erfüllt: Er war »alles andere als Durchschnitt«.

Dass er bei Kameraden und Offizieren gleichermaßen beliebt war, hatte er sich durch seine Einsatzbereitschaft verdient, die es ihm auch ermöglicht hatte, sich schneller als andere mit den lebensfeindlichen Bedingungen in der Antarktis zu arrangieren. Sein Arbeitseifer, insbesondere im Zuggeschirr vor den Schlitten, hatte die Aufmerksamkeit seines direkten

Vorgesetzten Barne erregt. Und auch Scott war nicht entgangen, wie wertvoll der Ire war, vor allem, weil er bei allen individuellen Stärken ein Teamplayer war – nahe dem Südpol, wo sich die Männer auch in kritischen Situationen aufeinander verlassen können mussten, ein wesentlicher Faktor.

Bevor Crean zufällig zur *Discovery*-Expedition gestoßen war, hatte er sich eher treiben lassen und den zum Ende des Viktorianischen Zeitalters wenig attraktiven und unbefriedigenden Dienst in der britischen Navy ohne jeden Ehrgeiz verrichtet. Er war ein Matrose unter vielen, der sich in kleinen Schritten der Pensionierung näherte.

Doch unterdessen war alles anders geworden. Antarktika, der abweisendste Ort der Welt, hatte seinem Leben einen Sinn und eine Richtung verliehen. Dort hatte er den Schritt vom Jungen zum Mann vollzogen und sich zu einem verantwortungsvollen und fähigen Matrosen und Polarreisenden entwickelt. Durch einen Zufall hatte er seine wahre Bestimmung gefunden.

Kein Zufall hingegen war es, dass Scott und Shackleton die Fähigkeiten des Iren aufgefallen waren und er zu jener Handvoll Männer gehörte, die sie auf den anstehenden Reisen gen Süden unbedingt dabeihaben wollten. Und schon gar kein Zufall war es, dass er, ohne zu zögern, zustimmte.

Für die gut zweieinhalb Jahre, die er unter widrigsten Bedingungen in der Einsamkeit der Antarktis verbracht hatte, wurde Crean mit 55 Pfund, vierzehn Shilling und elf Pence (entsprechend 2850 Pfund)[1] entlohnt. Immerhin wurde sein Beitrag zur *Discovery*-Expedition offiziell anerkannt und von Scott im Bericht ausdrücklich erwähnt. Er schlug Crean zur

Beförderung zum Bootsmann vor und empfahl, die Beförderung – samt der damit einhergehenden Erhöhung des Solds – rückwirkend auszusprechen und mit dem Tag der Heimkehr der *Discovery* beginnen zu lassen. Scotts Beurteilung, verfasst Anfang September 1904, legt ein beeindruckendes Zeugnis über den Mann aus Irland ab. Darin heißt es, Crean verdiene »Anerkennung für vorbildliche Führung und tadellose Ausübung des Dienstes während der gesamten Dauer der Antarktisexpedition in den Jahren 1901–04«.[2]

Wie allen Mitgliedern der Expedition wurde Crean für seine Leistungen im äußersten Süden die »Antarctic Medal« verliehen. Zusätzlich erhielt er eine Auszeichnung der Königlichen Geografischen Gesellschaft, und das uneingeschränkte Lob durch Scott wurde schließlich von Sir Clements Markham, dem »Vater« der Expedition, aufgegriffen. Nach der Rückkehr der *Discovery* und sicherlich nicht ohne Rücksprache mit Scott gab Markham eine eigene Beurteilung ab, die typischerweise eigenwillig und unkonventionell geriet. Darin vergleicht er den Mann aus Kerry mit einem der berühmtesten englischen Helden früherer Zeiten: »Ein ausgezeichneter Mann, groß gewachsen und an den Duke von Wellington erinnernd. Bei allen beliebt.«[3]

Nicht unterschlagen werden soll, dass Crean bei der Ankunft in Neuseeland erfahren hatte, dass seine Mutter Catherine unterdessen gestorben war. Markham zufolge wurde Crean daraufhin angeboten, abzumustern und in die Heimat zu reisen, doch weil er letztlich nichts mehr tun konnte, entschied sich Crean zu bleiben. Seit mehr als elf Jahren war er nicht mehr zu Hause gewesen, und in dieser Zeit hatte er ein gänzlich anderes Leben gelebt, als er es aus der ländlichen Gemeinde in Kerry kannte.

Markhams Anmerkungen zum Tod von Creans Mutter lassen derweil jedes Verständnis vermissen und sind ein Beleg für die fehlende Sensibilität des älteren Herrn.

> Weil seine Mutter gestorben war, haben wir ihm angeboten, abzumustern und von Bord zu gehen, aber er hat sich eines Besseren besonnen und sich für die Navy entschieden.[4]

Creans Beförderung zum Bootsmann wurde zum 9. September 1904 ausgesprochen, und schon bald darauf ging er wieder seinem Dienst nach. Seine Heldentaten waren ein beliebtes Gesprächsthema, und gelegentlich nahmen seine Kameraden sie zum Anlass, ihn zum Spaß aufzuziehen. Als waschechter Ire, der nicht auf den Mund gefallen war, wusste er solche Frechheiten aber leicht zu erwidern.

Die Aufgaben, die ihm zugewiesen wurden, bildeten in gewisser Weise einen Gegenpol zu den Abenteuern, die er mit der *Discovery* in der Antarktis erlebt hatte. Am 1. Oktober 1904 wurde er auf die *HMS Pembroke* abkommandiert, die in der Marinebasis von Chatham in Kent lag. Nach zweieinhalb Jahren in der Antarktis wird der Dienst dort eintönig und wenig aufregend gewesen sein, und mit Sicherheit sehnte sich Crean spannendere Aufgaben herbei. Sein Wunsch sollte sich schon bald erfüllen und er erneut mit Scott zusammenkommen. Die Beziehung der beiden sollte bis zum Tod des Polarforschers im Jahr 1912 andauern.

Doch zunächst wechselte Crean auf die *HMS Vernon* in Portsmouth, auf der Torpedoschützen ausgebildet wurden. Im Februar traf er dort zufällig Taff Evans wieder, seinen alten Bekannten von der *Discovery*, der unterdessen ebenfalls Bootsmann geworden war. Bei einem oder zwei Drinks ließen sie die alten Zeiten aufleben und wogen die Aussichten ab, bald erneut gen Süden zu fahren.

Scott wollte Crean wieder in seiner Nähe wissen. Er war niemand, der auf Menschen zuging, aber Crean hatte ihn auf der Reise in die Antarktis offenbar so sehr beeindruckt, dass er ein natürlicher Kandidat für die nächste Fahrt gen Süden war, die Scott um jeden Preis unternehmen wollte. Doch fast das ganze Jahr 1905 über war er vollauf damit beschäftigt, ein Buch über die *Discovery*-Expedition zu schreiben, das am 12. Oktober 1905 endlich erschien.

Kurz bevor es veröffentlicht wurde, schickte er allen Teilnehmern der Expedition ein Exemplar. Für Crean fügte er die persönliche Bitte hinzu, er möge ihn bei seinem nächsten Kommando als Steuermann begleiten. Crean war über das Angebot hocherfreut und jederzeit bereit, erneut unter Scott zu fahren. Am 10. Oktober, einen Tag bevor er nach Harwich verlegt wurde, schrieb Crean ihm:

> Ich bin sehr dankbar dafür, dass Sie mir Ihr sehr gelungenes Buch über die *Discovery*-Expedition geschickt haben. Es wird mir dabei helfen, mich an gemeinsame Erlebnisse zu erinnern. Über das Angebot, Ihnen als Steuermann zu dienen, freue ich mich außerordentlich. Vielen Dank für alles, was Sie für mich getan haben, Sir.[5]

Im September 1906, genau zwei Jahre nach der Rückkehr der *Discovery*, wurde Crean erneut Scott zugeteilt. Die Chancen, in die Antarktis zurückzukehren, waren damit schlagartig größer geworden. Einstweilen verrichtete er seinen Dienst auf dem Schlachtschiff *HMS Victorious*, das zur Atlantikflotte gehörte und von Scott befehligt wurde.[6]

Zwar waren Scott und Crean keine engen Freunde, aber klar ist, dass Crean ein sehr hohes Ansehen bei seinem Vorgesetzten genoss. Klassenunterschiede und gesellschaftliche Abgrenzung machten eine Freundschaft nahezu unmöglich, zudem waren sie zwei höchst unterschiedliche Charaktere. Scott war introvertiert und launisch und ließ nur wenige Menschen an sich heran, wohingegen Crean offen, gesellig und selbstbewusst war und sich in Gesellschaft anderer wohlfühlte.

Was Scott an Crean besonders beeindruckte, war die unbedingte und verlässliche Loyalität, die sich vor allem unter den widrigen Bedingungen der Antarktis erwiesen hatte, wo derartige Tugenden überlebenswichtig sind. Auf Crean, so Scotts Überzeugung, konnte er sich verlassen, und deshalb wollte er ihn bei der nächsten Reise gen Süden unbedingt dabeihaben.

Gleiches galt für Taff Evans und Bill Lashly, zwei andere Teilnehmer der *Discovery*-Expedition. Wie Crean besaßen sie alle Eigenschaften, die Scott von Angehörigen der Navy erwartete, er vertraute ihnen und verließ sich auf sie, er übertrug ihnen Verantwortung und Kompetenzen, ja, er betrachtete sie fast als Glücksbringer.

Nachdem sein Versuch, weiter nach Süden zu gelangen als je ein Mensch zuvor, 1902/03 um ein Haar in einer Katastrophe geendet hätte, hat Scott nie wieder eine größere Exkursion im Eis unternommen, ohne dass mindestens einer der drei dabei gewesen wäre und sich vor einen der Schlitten gespannt hätte.

Zu Beginn des Jahres 1907 wechselten Crean und Scott auf das ebenfalls zur Atlantikflotte gehörende Schlachtschiff *HMS Albermarle*, Crean als Steuermann, Scott als Kapitän des Flaggschiffes mit einer Besatzung von siebenhundert Mann. Unterdessen plante er bereits seine zweite Reise in die Antarktis. 1908 folgte Crean Scott auch auf die *HMS Essex* und die *HMS Bulwark*. Dort tat der Marinearzt George Murray Levick Dienst, der später, gemeinsam mit Crean, Scott auf dessen schicksalhafter zweiter und letzter Expedition in die Antarktis begleiten sollte.

Im Frühjahr 1909 wurde Crean wieder einmal nach Chatham versetzt, wo er auf der *HMS Pembroke* Dienst tat. Dann aber kam der Moment, in dem Scott nach langem Ringen und reiflicher Überlegung beschloss, die Reise in den Süden zu wagen. In dieser historischen Stunde, in der Scott die folgenreiche Entscheidung traf, die Eroberung des Südpols anzugehen, war Crean zur Stelle.

Scotts Entschluss war gefallen, als im März 1909 die Nachricht die Runde machte, dass Shackleton mit der *Nimrod* aus der Antarktis zurückgekehrt war, Scotts Rekord überboten und dem Südpol so nahe gekommen war wie niemand zuvor. Shackleton und seine drei Begleiter – James Adams, Eric Marshall und Frank Wild, der wie Crean schon auf der *Discovery* gefahren war – hatten Übermenschliches geleistet und sich bei widrigsten Bedingungen bis auf 88° 23' S vorgearbeitet. Nur 155 Kilometer vor dem Südpol hatten sie umkehren müssen, aber den Erfolg hätten sie nicht deutlicher verpasst, wären es 155 Millionen Kilometer gewesen.

Shackleton hatte bis zuletzt daran geglaubt, das Ziel erreichen und als erster Mensch am Südpol in die Geschichte eingehen zu können. Aber er wusste auch, dass sie den beschwerlichen Rückweg nicht überleben würden, weil sie durch eine Mischung aus Hunger und Skorbut stark geschwächt waren. Und auch wenn es ihm fast das Herz brach, musste er die Entscheidung treffen, kurz vor dem großen Ziel kehrtzumachen, auf Ruhm und Ehre zu verzichten und sich zurück zum Lager durchzukämpfen. Dass er richtig entschieden hatte, wird durch den Umstand belegt, dass die vier Männer nur mit knapper Not überlebten.

Shackleton war gleichwohl tief enttäuscht und ahnte, dass Scott, dessen Vorbereitung schon weit gediehen war, sich die Chance, als erster Mensch auf dem Südpol zu stehen, nicht entgehen lassen würde. In einem Brief an seine Frau Emily formulierte er jedoch die denkwürdige Einsicht, dass »ein lebender Affe von größerem Nutzen ist als ein toter Löwe«.

Wie es Shackleton ergangen war, erfuhr Scott im Frühjahr 1909, als er und Crean, zu jener Zeit Steuermann auf der *HMS Bulwark*, mit dem Zug nach London fahren wollten. Vor der Abfahrt hatte er eine Zeitung gekauft, in der über die denkwürdige Reise berichtet wurde. Scott hatte Crean im Gedränge auf dem Bahnsteig gesucht und erklärt: »Viel Zeit sollten wir uns nicht mehr lassen.«[7] Dr. Edward Atkinson, dem auf der bevorstehenden Expedition eine Schlüsselrolle zukommen sollte, erinnerte sich Jahre später, dass mit diesem eher beiläufigen und unwichtig anmutenden Vorfall der Beginn von Scotts letzter Expedition eingeleitet war.

Zu diesem Zeitpunkt war Crean einunddreißig Jahre alt.

Im selben Jahr, in dem die Nachricht von Shackletons knappem Scheitern die Runde machte, behaupteten die Amerikaner Robert Peary und Dr. Frederick Cook unabhängig voneinander, sie hätten den Nordpol erreicht. Die Nachricht befeuerte überall auf der Welt den Wunsch, nun auch den Südpol zu bezwingen, den letzten »weißen Fleck« auf dem Globus.

Die dramatischen Geschichten von Shackletons denkwürdiger Expedition und sein Hang, öffentlich darüber zu reden, ließen den Wunsch zu einem Wettrennen werden. Gerüchten zufolge stand eine amerikanische Expedition unmittelbar bevor, Ähnliches wurde auch Deutschen und Japanern nachgesagt. Nur aus Norwegen war verdächtig wenig zu hören, obwohl dort die erfahrensten und angesehensten Polarforscher zu Hause waren.

Scott sah sich herausgefordert und ging die wenig erbauliche Aufgabe an, Geld für die Britische Antarktisexpedition zu sammeln, wie sie offiziell hieß. Auf diese Weise die erforderlichen Mittel zu beschaffen widerstrebte ihm, bestand sie doch vornehmlich darin, durch Bettelei und Schmeichelei bei Regierungen, Institutionen, Firmen, wohlhabenden Gönnern und zahllosen Spendern kleinerer Beträge Geld loszueisen.

Scott war weder ein Rattenfänger, noch besaß er den Charme und den Esprit, die Shackleton auszeichneten, um auf Veranstaltungen das Publikum dazu zu bewegen, die

Portemonnaies zu öffnen. Im Gegenzug fehlte es Shackleton an Scotts administrativen Fähigkeiten.

Doch anders als Scott stand Shackleton zeitlebens in den entscheidenden Momenten auf der Sonnenseite. So kehrte er von der *Nimrod*-Expedition mit einem Schuldenberg in Höhe von 20000 Pfund (nach heutigem Kurs mehr als eine Million Pfund) zurück, ohne realistische Aussicht, sie je zurückzahlen zu können. Dann aber sprang ihm die Regierung zur Seite, schlug ihn zum Ritter und tilgte seine Schuld.

Scott scheiterte derweil daran, die 40000 Pfund zusammenzutragen, die er benötigte, sodass er sich letztlich aus unterschiedlichsten Quellen wie Zuschüssen der Regierung, Schenkungen wohlhabender Gönner, Einnahmen aus dem Verkauf von Rechten sowie Spenden bedienen musste. Die Regierung unter dem liberalen Premierminister Herbert Asquith steuerte 20000 Pfund bei, aber die Königliche Geografische Gesellschaft und die Königliche Gesellschaft, die noch die *Discovery*-Expedition finanziert hatten, beteiligten sich an Scotts Versuch, den Südpol zu erobern, mit zusammen gerade einmal 750 Pfund.

Scott fuhr unermüdlich kreuz und quer durchs Land und rührte auf öffentlichen Veranstaltungen die Werbetrommel, oft ohne jeden Erfolg. In Wolverhampton brachte ein solcher Abend vergleichsweise lächerliche 25 Pfund ein. Einige Teilnehmer der Expedition beteiligten sich auch finanziell, sei es in Form von Spenden, sei es dadurch, dass sie auf Teile ihrer Heuer verzichteten. Der Kavallerieoffizier Lawrence »Titus« Oates etwa spendete 1000 Pfund für eine Expedition, die er nicht überleben sollte.

Ein weiteres Problem stellte die Wahl des Schiffes dar, vor allem deshalb, weil mit der *Discovery* die naheliegendste Lösung nicht zur Verfügung stand. Sie war an die Hudson's Bay Company in Kanada verchartert worden, und so entschied sich Scott für die *Terra Nova*, die er recht gut kannte, weil sie der *Discovery* im Jahr 1904 zu Hilfe gekommen war. Er leistete eine Anzahlung in Höhe von 5000 Pfund (heute 240 000 Pfund) und versprach, die fehlenden 7500 Pfund zu bezahlen, sobald die Summe verfügbar war.

Als altes Walfangschiff war die *Terra Nova* für das, was nun von ihr erwartet wurde, bestens geeignet, wie die Fahrt zum McMurdo-Sund einige Jahre zuvor nachdrücklich bewiesen hatte. Sie war 1884 auf der Werft von Alexander Stephens gebaut worden, 57 Meter lang und verdrängte knapp 750 Tonnen. Erfahrene Seeleute schätzten sie als »gutmütiges Schiff« ein.

Während sich die Beschaffung des Geldes in die Länge zog, war die Besatzung, die die Reise bestreiten sollte, schnell gefunden. Scott mietete ein Büro in Londons Victoria Street an und wurde mit Bewerbungen geradezu überschüttet. Gut achttausend Freiwillige aus allen Landesteilen und sämtlichen Schichten meldeten sich. Die *Discovery*-Expedition hatte das Interesse der Menschen für Antarktika geweckt, aber Shackletons heroisches Scheitern hatte Aufsehen erregt. Nun sehnten sich die Menschen danach, dass der Südpol erobert wurde.

Scott wollte erfahrene und vertrauenswürdige Mitstreiter an seiner Seite wissen, darunter einige sorgfältig ausgewählte Männer, die er wie Crean von der *Discovery* kannte. Dabei kam ihm eine ungewöhnliche Entscheidung der Admiralität entgegen, die ihm erlaubte, die Crew selbst auszusuchen, obwohl die Expedition, anders als bei der *Discovery*, nicht unter der Federführung der Navy stand.

Crean stand als Teilnehmer fest, noch ehe die Expedition beschlossene Sache war. Offiziell bestätigt wurde seine Teilnahme, als Scott ihm am 23. März 1910 aus dem Büro der Britischen Antarktisexpedition in der Victoria Street einen Brief nach Chatham schickte. Darin hieß es:

> Lieber Crean,
> ich habe Sie unterdessen für die Expedition angefordert, und ich gehe davon aus, dass die Admiralität zustimmt und Sie in etwa zwei Wochen zu uns stoßen können, um dabei zu helfen, das Schiff auszurüsten. Wenn Sie den Marschbefehl haben, melden Sie sich bitte hier im Büro, dann können wir alles Weitere besprechen.[8]

Crean, inzwischen zweiunddreißig Jahre alt, traf am 14. April 1910 auf der *Terra Nova* ein. Er bekleidete den Rang eines Bootsmanns und erhielt eine Heuer von fünfzehn Shilling pro Woche beziehungsweise drei Pfund im Monat – ziemlich genau ein Drittel mehr als noch auf der *Discovery*. Das Ziel blieb hingegen das gleiche: die Antarktis, wohin er für die nächsten drei Jahre verschwinden sollte.

Mit Taff Evans und dem Oberheizer Lashly verpflichtete Scott zwei weitere Crewmitglieder der *Discovery*, die gemeinsam mit Crean bei der bevorstehenden Expedition von den niederen Dienstgraden die Hauptfiguren werden sollten.

Vertraute Gesichter waren auch die Bootsleute Williamson und William Heald. Darüber hinaus rekrutierte Scott seinen Freund, den Arzt Dr. Wilson, als Leiter des wissenschaftlichen Teams. Nach der Fahrt mit der *Discovery* hatte sich Wilson der Erforschung einer geheimnisvollen Krankheit gewidmet, der zahllose Moorhühner zum Opfer gefallen waren. 1905 war er dabei zufällig auch durch Creans Geburtsort Anascaul auf der Dingle-Halbinsel gekommen.

Das vordringlichste Ziel der Expedition war die Eroberung des Südpols, aber Scott wollte auch eine Vielzahl wissenschaftlicher Experimente durchführen, die der Mission ein hohes Maß an Ansehen und Glaubwürdigkeit bescheren würden. Von Wilson beraten, verpflichtete er Meteorologen, Geologen, Biologen, Physiker, einen Ingenieur und schließlich Herbert Ponting, einen vierzigjährigen Fotografen oder »Bildkünstler«, dem während der Reise einige unvergessliche Foto- und Filmaufnahmen von Antarktika gelangen.

Scotts Stellvertreter war Edward »Teddy« Evans, der 1903 der *Discovery* an Bord der *Morning* zu Hilfe geeilt war und die Antarktis von dieser Reise kannte. Auch für Henry Robertson Bowers, einen 1,60 Meter kleinen, gedrungenen, ungeheuer starken Mann, fand sich eine Aufgabe. Seine Hakennase brachte Bowers den Spitznamen »Birdie« ein.

Die Frage der Fortbewegung und des Transportes im Eis würde eine der entscheidenden werden, und so verpflichtete Scott den wortkargen Eton-Absolventen und Kavallerieoffizier Lawrence Oates, der sich der sibirischen Ponys annehmen sollte, die das Gros der Vorräte auf das Schelfeis bringen und damit die Männer in ihren Zuggeschirren entlasten würden. Cecil Meares, ein leicht exzentrischer, weit gereister Mann, kam an Bord, um sich um die Hunde zu kümmern, und Bernard Day, der Shackleton auf der *Nimrod* begleitet hatte, war für die Motorschlitten verantwortlich. Nach Rücksprache mit Fridtjof Nansen nahm Scott kurz vor der Abfahrt noch den groß gewachsenen, schneidigen, einundzwanzig Jahre jungen Norweger Tryggve Gran an Bord und übertrug ihm die Verantwortung für die Skier.

Vervollständigt wurde die Expedition von zwei Russen, Anton Omelchenko und Dimitri Gerof, die für die Pflege der Ponys verantwortlich waren und am Ziel bei Bedarf Hundeschlitten lenken sollten. Eine sechsköpfige Gruppe unter der Führung von Captain Victor Campbell war dazu auserkoren, die Küste der Edward-VII.-Halbinsel zu erkunden.

Als Crean auf die *Terra Nova* kam, begegneten ihm auf Schritt und Tritt bekannte Gesichter wie die von Evans und Lashly, aber recht bald wurde er auch mit den anderen vertraut, die im Laufe der nächsten Wochen an Bord kamen. Er war zur Stelle, um das erste Aufeinandertreffen der Mannschaft mit dem unglückseligen Oates zu dokumentieren. Der kam im Mai auf die *Terra Nova*, die zu diesem Zeitpunkt in den South-West India Docks am Ufer der Themse lag. Die Ankunft des Kavallerieoffiziers, der sich im Burenkrieg hervorgetan hatte, war von den Seeleuten mit Spannung erwartet worden. Sie brannten darauf, die »Landratte«, wie es guter Brauch war, mit Hohn und Spott zu empfangen.

Doch als der dreißigjährige Oates endlich an Bord ging, trug er einen zerbeulten Bowler und einen abgewetzten Regenmantel, der bis zum Hals zugeknöpft war – kaum der

Aufzug, der von einem biederen Kavallerieoffizier erwartet werden durfte. Die Seeleute staunten nicht schlecht, und einer Verwandten von Oates zufolge soll Crean geäußert haben:

> Keiner von uns hätte sagen können, wer oder was da an Bord kam – nicht eine Sekunde lang hatten wir vermutet, einem Offizier gegenüberzustehen. Die sind sonst immer so elegant. Wir dachten eher, einen Bauern vor uns zu haben. Er war nett und freundlich, ganz wie einer von uns. Aber man sollte sich nicht vertun: Er war ein Gentleman, durch und durch ein Gentleman, und das rund um die Uhr.[9]

Ein merkwürdiger Zufall wollte es, dass Oates, den alle bald nur »Soldier« nennen sollten, einst an den Pferderennen von Tralee teilgenommen hatte, die nur wenige Kilometer von Creans Elternhaus entfernt auf der Dingle-Halbinsel ausgetragen wurden. Obwohl Crean und Oates aus gänzlich verschiedenen Schichten stammten und einen denkbar unterschiedlichen kulturellen Hintergrund hatten, empfanden sie wechselseitig großen Respekt füreinander.

Auf den South-West India Docks herrschte im Frühjahr 1910 reges Treiben, denn an die *Terra Nova* wurde letzte Hand angelegt. Gran, der Norweger, traf Mitte Mai ein und staunte über Menschen, die »wie Ameisen herumliefen«. Unmengen an Kisten mit Ausrüstung und Vorräten für die kommenden zwei Jahre mussten so an und unter Deck verstaut werden, dass noch genügend Platz für die fünfundsechzigköpfige Besatzung, dreißig Hunde und neunzehn Ponys blieb.

Schließlich und endlich waren die Vorbereitungen abgeschlossen, und am 1. Juni 1910 konnte die *Terra Nova* um 17 Uhr die Leinen losmachen und auf die Themse hinausfahren. Während sie flussabwärts fuhr, wird einige an Bord ein mulmiges Gefühl beschlichen haben, ausgelöst durch zwei bemerkenswerte Fügungen. Zum einen musste das Land erneut den Tod eines Königs beklagen. Edward VII. war drei Wochen zuvor nach nur neun Jahren auf dem Thron gestorben. 1901, als die *Discovery* vom selben Hafen aus in See gestochen war, hatte das Land noch unter dem Verlust von Königin Viktoria gelitten, die nach dreiundsechzig Jahren an der Macht das Zeitliche gesegnet hatte und von Edward abgelöst worden war, dessen Krönung seinerzeit unmittelbar bevorstand. Zum Zweiten musste die *Terra Nova* die *Discovery* passieren, die nun für die Hudson's Bay Company fuhr und zufälligerweise im selben Hafenbecken festgemacht hatte.

Die *Terra Nova* verließ nach einem Zwischenstopp in Greenhithe die Themse und fuhr über Spithead nach Cardiff, wo hundert Tonnen Kohle gebunkert und eine großzügige Spende für die Bordkasse entgegengenommen wurde, die aus einer Sammlung in Südwales stammte. Die Fahrt der *Terra Nova* hatte die Fantasie der Menschen angeregt, und allein in Cardiff waren 2500 Pfund gespendet worden – die größte Einzelspende der insgesamt 14 000 Pfund (heute etwa 675 000 Pfund), die Privatleute zum Etat der Expedition beitrugen.

Doch noch eine weitere Angelegenheit musste erledigt werden, bevor das Schiff Großbritannien verlassen konnte. Auf der Fahrt nach Cardiff hatte Scott alle Besatzungsmitglieder auf dem Achterdeck antreten lassen und jedem Einzelnen nahegelegt, vor der Fahrt gen Süden den letzten Willen zu Papier zu bringen.

Im Royal Hotel von Cardiff wurde für die Offiziere ein Empfang gegeben, derweil die Besatzung im Barry's Hotel, ganz in der Nähe, feierte. Als alle gegessen hatten, ließ Scott die niederen Dienstgrade herüberkommen. Taff Evans, der aus Südwales stammte, wurde die Ehre zuteil, zwischen Scott und dem Bürgermeister von Cardiff zu sitzen. Dort betrank er sich dermaßen sinnlos, dass sechs Kameraden nötig waren, um den korpulenten Evans zurück aufs Schiff zu bringen.

Am 15. Juni 1910 war die *Terra Nova* endlich bereit, der Heimat Lebewohl zu sagen und Kurs auf die Antarktis zu nehmen. Zahllose gut gelaunte Menschen hatten sich eingefunden, um die Expedition für die kommenden zwei Jahre zu verabschieden – mindestens. Die Erwartungen der Öffentlichkeit waren hoch, und viele waren davon überzeugt, dass die Eroberung des Südpols dem Land neues Selbstbewusstsein einhauchen würde. Nach dem Ende des Viktorianischen Zeitalters und der kurzen Regentschaft Edwards stand Großbritannien vor tiefgreifenden gesellschaftlichen Veränderungen, die von der liberalen Regierung unter Premierminister Asquith betrieben wurden und allenthalben für große Unsicherheit sorgten. Ein Erfolg am Südpol galt daher vielen als Symbol für die Stärke des Landes, ein Symbol, das in einer Zeit, in der ein Krieg mit Deutschland immer wahrscheinlicher wurde, von großer Bedeutung war.

Die Verabschiedung glich frappierend jener der *Discovery* fast ein Jahrzehnt zuvor. Der Start missglückte auch dieses Mal. Als die *Terra Nova* das Schleusentor passierte, fiel ein

Crewmitglied in der Aufregung über Bord. Anders als der unglückselige Bonner neun Jahre zuvor kam der Mann jedoch mit dem Schrecken davon und konnte zurück an Bord klettern. Begleitet von einer Armada kleinerer Schiffe, fuhr die *Terra Nova* in den Bristolkanal hinaus. Auf einem der Begleitschiffe nahm die Kapelle des in Cardiff stationierten Artillerieregiments Aufstellung und spielte *Auld Lang Syne – Nehmt Abschied, Brüder*. Leutnant Evans griff zum Megafon und brüllte den Menschen seinen Dank entgegen. Kurz darauf geriet die *Terra Nova* außer Sicht.

Die Fahrt nach Süden sollte über Madeira, Simonstown an der Südspitze Afrikas und Melbourne nach Lyttelton auf Neuseeland führen. Es war die gleiche Route, die die *Discovery* neun Jahre zuvor genommen hatte.

Als das Schiff am 15. Juli den Äquator erreichte, beteiligte sich Crean an vorderster Front an einer Prozedur, der traditionell jeder unterzogen wurde, der zum ersten Mal den Breitengrad null überquerte, was in diesem Falle vor allem für die jungen Wissenschaftler galt. Taff Evans verkleidete sich als Neptun, der kräftige Bootsmann Frank Browning trat als Meeresnymphe Amphitrite auf, Williamson und Crean gaben zwei Polizisten, die die Opfer der rituellen Taufe unterzogen. Davon blieb auch Gran nicht verschont, wenn auch mit der fadenscheinigen Begründung, dass er den Äquator zwar schon überschritten hatte, aber noch nie auf einem britischen Schiff.

Scott hielt sich derweil immer noch in England auf, wo er unermüdlich Geld für die Expedition sammelte. Schließlich reiste er der *Terra Nova* nach Südafrika nach. In Simonstown ging er an Bord und trat die weite Fahrt über den Indischen Ozean nach Melbourne an.

Keiner an Bord war auf den Schock vorbereitet, der sie dort erwartete.

Als die *Terra Nova* am 12. Oktober 1910 in Melbourne eintraf, wurde Scott ein Telegramm zugestellt, das am 3. Oktober auf Madeira aufgegeben worden war, zu einem Zeitpunkt also, zu dem sich die *Terra Nova* irgendwo auf dem Indischen Ozean befand. Der Text lautete: »Erlaube mir mitzuteilen, dass die *Fram* Kurs auf Antarktis genommen hat. Amundsen.«

# STURMFAHRT NACH SÜDEN

Der Norweger Roald Amundsen, der aus einem kleinen Dorf wenige Kilometer südlich von Oslo stammte, war der geborene Polarforscher. Zu einer Zeit, zu der die Briten noch als ambitionierte Amateure galten, ging er schon planvoll und professionell vor, und von dem Moment an, in dem er beschloss, Scott im Wettlauf zum Südpol Paroli zu bieten, war es ein ungleicher Kampf.

Wie zielstrebig und unbeirrbar Amundsen war, wird beispielsweise dadurch belegt, dass er schon als junger Mann auch im Winter bei offenem Fenster schlief, um sich für die vor ihm liegenden Herausforderungen abzuhärten.

1897/98 überwinterte er auf seiner ersten Polarexpedition mit der *Belgica* in der Antarktis. Zwischen 1903 und 1906 erwarb er sich unsterblichen Ruhm, als ihm mit der vergleichsweise kleinen *Gjøa* die erste Durchquerung der Nordwestpassage gelang – ein Unterfangen, an dem andere Nationen, allen voran die Briten, drei Jahrhunderte lang gescheitert waren.

Durch den Erfolg angespornt, entwickelte Amundsen den Ehrgeiz, als erster Mensch am Nordpol zu stehen. Dann aber kamen ihm die Amerikaner Peary und Cook zuvor, die beide behaupteten, bereits 1909 den Pol erreicht zu haben. Statt zu hadern, setzte sich Amundsen mit dem Südpol ein neues Ziel. Von Scotts Vorhaben wusste er selbstverständlich. In seinen Erinnerungen *Mein Leben als Entdecker* schrieb er dazu:

> Wenn ich meinen Ruf als Forscher nicht verlieren wollte, musste ich auf die eine oder andere Weise einen spektakulären Sieg erringen. Ich habe mich für ein neues Unternehmen entschieden.[1]

Anders als Scott behielt er seinen Entschluss für sich und weihte nicht einmal Nansen ein, den Ahnherrn der Polarforschung, der ihm die *Fram* zur Verfügung stellte, das Schiff, das eigens für die Fahrt im Eis gebaut worden war. Amundsen gaukelte ihm vor, er wolle damit in die Arktis. Als die *Fram* schließlich in Oslo, das damals noch Christiania hieß, ablegte, ging selbst die kleine Schar von Norwegern, die bei Amundsen angeheuert hatten, davon aus, dass sie nach Norden steuern würden. In den Augen der Briten war es zudem wenig gentlemanlike, dass er im Schutz der Dunkelheit und am 6. Juni 1910 ablegte. Der 6. Juni war Scotts Geburtstag.

Amundsen war ungeheuer ehrgeizig und auf sein Ziel fokussiert. Während Scotts Expedition als Mischung aus Entdeckungsfahrt und Forschungsreise angelegt war, hatte Amundsen nur eines im Sinn – den Südpol zu erreichen und die Nachricht vom Erfolg der Mission so schnell wie möglich nach Hause zu bringen. So bestand keine Gefahr, dass die Vorbereitungen durch wissenschaftliche Zwänge verzögert wurden. Seine Entschlossenheit zeigte sich nicht zuletzt darin, dass er für die Eroberung des Südpols auf eine Handvoll Spezialisten baute.

Sverre Hassel verfügte über große Erfahrung im Umgang mit Hundegespannen, Helmer Hanssen war ein erfahrener Navigator und Hundeführer, Oscar Wisting war mit Hunden weniger geübt als die beiden, aber vielfältig einsetzbar, und Olav Bjaaland war ein ausgezeichneter Skifahrer und Skispringer. Hinzu kamen Männer wie Hjalmar Johansen, der fünfzehn Jahre zuvor mit Nansen und der *Fram* in der Arktis gewesen war und dabei den Nordpol nur knapp verfehlt hatte.

Nun, da beide Expeditionen unterwegs waren, war das berühmteste und dramatischste Wettrennen in der Geschichte der Erkundung der Welt eröffnet.

Als sich abzeichnete, dass Amundsen ähnliche Ziele verfolgte wie er selbst, reagierte Scott zunächst erstaunlich kühl und besonnen. Der introvertierte Forschungsreisende wusste seine Verärgerung zu verbergen. Aber selbstverständlich war ihm bewusst, dass ihm in Amundsen ein jederzeit ernst zu nehmender, zu allem fähiger Konkurrent erwachsen war. Doch statt seine Sorgen und Befürchtungen nach außen zu tragen, vergrub sich Scott in die Vorbereitung der Expedition und versuchte bis zuletzt, weiteres Geld zu beschaffen.

Am 28. Oktober 1910 lief die *Terra Nova* in den Hafen von Lyttelton ein, wo sie überschwänglich begrüßt wurde. Crean war zurück an dem Ort, an dem seine Karriere als Polarreisender begonnen hatte. Es war fast neun Jahre her, dass die *Discovery* zum ersten Mal Lyttelton erreicht hatte, und knapp über sechs Jahre, dass Crean, Evans, Lashly, Wilson und Scott den Hafen zum bislang letzten Mal verlassen hatten.

Lyttelton ist der Hafen von Christchurch, der britischsten Stadt Neuseelands. Ihren Namen verdankt sie dem Christ Church College in Oxford. Gleich hinter der Stadt erheben sich hohe Berge. Der Hafen ist aufs Engste mit der Polarforschung verbunden, seit James Clark Ross und der Amerikaner Charles Wilkes in den 1840er-Jahren hier ihre Vorstöße in die Antarktis starteten.

In den Jahrzehnten, die seit dem Besuch der berühmten Entdecker vergangen waren, hatte sich der Ort kaum verändert und war den Gästen vertraut, die sich nun den letzten Vorbereitungen für die bevorstehende Reise gen Süden widmeten. Einige nahmen sich sogar Zeit für lange Spaziergänge, bei denen sie ein letztes Mal festen Erdboden unter den Füßen spüren konnten.

Bis die *Terra Nova* für die Fahrt über den stürmischen Südlichen Ozean vorbereitet und die Mannschaft gebührend verabschiedet war, verging ein ganzer Monat. Die Ehefrauen von Scott, Wilson und Teddy Evans waren nach Neuseeland gekommen, um ihren Männern eine gute Reise zu wünschen, ein Luxus, der für die Mannschaftsdienstgrade unerschwinglich war. Also begingen sie den Abschied so, wie sie es gewohnt waren – mit einem Gelage, das für den sturzbetrunkenen Taff Evans mit einem unfreiwilligen Bad im Hafenbecken endete. Scott, der Evans' ungebührliches Betragen in Cardiff nicht vergessen hatte, verwies ihn daraufhin von Bord und schickte ihn mit dem Zug ins 300 Kilometer entfernte Port Chalmers, damit er wieder zur Besinnung kam.

Am 26. November um 15 Uhr stach die *Terra Nova* in See und nahm Kurs auf Port Chalmers, den Hafen von Dunedin.

Apsley Cherry-Garrard, der junge Oxford-Absolvent und Assistent Wilsons, beschrieb, dass vor der Abfahrt zahllose Telegramme aus aller Welt eingetroffen waren, in denen den Männern alles Gute gewünscht wurde. Zahllose Einwohner von Lyttelton waren herübergekommen, die ihnen einen herzlichen Abschied bereiteten. Wie bei der Abfahrt der *Discovery* im Jahr 1901 standen die Massen an den Kais und winkten. Voll besetzte Dampfschiffe verstopften den Hafen, und Kapellen spielten ergreifende patriotische Lieder.

Die *Terra Nova* fuhr gemächlichen Tempos nach Port Chalmers, wo der Kohlevorrat aufgefüllt und ein reuiger Evans an Bord genommen wurde. Scott hatte den Waliser begnadigt und sich dafür den Zorn seines Stellvertreters zugezogen, der die Entscheidung aus disziplinarischen Gründen ablehnte. Doch Scott war nicht bereit, einen seiner drei treuesten Helfer zu opfern.

Am 29. November und damit mehrere Wochen später als geplant trat die *Terra Nova* um 14:30 Uhr endlich ihre eigentliche Reise gen Süden an, erneut begleitet vom Jubel zahlloser Menschen. Für viele der Männer war es ein Moment der Besinnung, und Teddy Evans bekannte, dass er sich fühlte, als schlage in seinem Brustkorb »ein Herz aus Blei«. Gran sinnierte derweil darüber, dass »alle Verbindungen zur Zivilisation gekappt« waren.

Das Schiff wirkte plump und ungelenk, weil es übervoll mit Ausrüstung, Proviant und so vielen Hunden und Ponys beladen war, dass es einem Kleinzoo zur Ehre gereicht hätte. Um nicht die Behörden auf den Plan zu rufen, war die Freibordmarke übermalt worden. Teddy Evans verglich die *Ter-*

*ra Nova* mit einem »schwimmenden Bauernhof«. Auf dem Mannschaftsdeck, wo die niederen Ränge untergebracht waren, herrschte bedrückende Enge, weil die Männer einen Teil der Fläche an die sibirischen Ponys hatten abtreten müssen, mit der Folge, dass es nicht genügend Hängematten gab, weshalb sie sich hier und dort zu zweit eine teilen mussten. Wenn der eine von der Wache kam, machte der andere ihm Platz und umgekehrt. In der Offiziersmesse sah es nicht viel besser aus. Dort konnten nicht alle Offiziere und Wissenschaftler gleichzeitig am Tisch Platz nehmen.

Leutnant Campbell, ein erfahrener Seemann, war um die Seetüchtigkeit des Schiffes besorgt. Er schrieb:

> Wir können nur auf ruhiges Wetter hoffen, denn das Schiff ist heillos überladen. Die Laderäume sind bis zu den Luken gefüllt, und an Deck stehen drei Motorschlitten, eine randvolle Eiskammer, vierzig Tonnen Kohle, 2000 Gallonen Treibstoff, Pferdefutter und, und, und.[2]

Campbells Sorgen waren unbedingt berechtigt. Kaum hatte die *Terra Nova* Neuseeland verlassen, wurde sie von einem Sturm überrascht, der sechsunddreißig Stunden lang wütete und dem schwerfälligen Schiff fast zum Verhängnis geworden wäre. Doch das sollte nur die erste von vielen Beinahekatastrophen gewesen sein, die die Expedition erlebte – die tatsächlichen Katastrophen nicht mitgerechnet.

Im Logbuch des Schiffes ist von Windstärke zehn die Rede, was einer Windgeschwindigkeit zwischen neunzig und hundert Stundenkilometern entspricht. Ein Offizier gab die

Wellenhöhe mit zehn Metern an. Eine dieser Wellen spülte einen der Hunde über Bord, mit der nächsten landete er wieder an Deck.

Das überladene Schiff rollte und schlingerte gefährlich, und als in der Nacht die Bilgepumpe ausfiel, schien es um die *Terra Nova* geschehen. Wasser strömte ins Schiff, und die Handpumpe, die allein noch Rettung bringen konnte, wurde der Mengen nicht Herr. Schließlich griffen Offiziere, Wissenschaftler und Mannschaft in ihrer Verzweiflung nach Eimern und schöpften um ihr Leben, während der Sturm um sie herum noch zulegte.

Bowers zufolge wehte er unterdessen mit elf Beaufort, was bis zu 120 Stundenkilometern Windgeschwindigkeit entspricht und nur knapp unter der Grenze zum Orkan bleibt. Laut Bowers herrschte unter Deck blankes Chaos, die Männer starrten gebannt auf die unter der Last stöhnenden Planken, von denen nun ihr Leben abhing. »Hätte auch nur eine nachgegeben, wäre es um uns geschehen gewesen«, stellte er fest.

Doch so ernst die Lage auch war, wusste Scott später zu berichten, dass die Crew unverdrossen Shantys gesungen habe. In einer zehn Stunden währenden Plackerei, bei der sie bis zur Brust im Wasser standen, gelang es den Männern, die Pumpe zu reparieren, kurz darauf hatte auch das Wetter ein Einsehen, und der Sturm flaute ab. Dennoch waren Verluste zu beklagen: Zwei Pferde und zwei Hunde waren gestorben, zehn Tonnen Kohle und eine erhebliche Menge Treibstoff über Bord gegangen. Oates hatte viele Stunden lang um das Leben jedes einzelnen Ponys gekämpft, und manche der

Männer hatten zwei Tage ohne Pause durchgeschuftet. Die *Terra Nova* war schon so gut wie verloren gewesen, aber auf wundersame Weise hatte sie überlebt.

Als sich der Sturm endgültig gelegt hatte, setzte die *Terra Nova* ihren Weg nach Süden fort. Am 10. Dezember querte sie den südlichen Polarkreis, der Wind war ihr gewogen, sodass sie gut vorankam. Pünktlich zu Weihnachten bekam Familie Crean Zuwachs. Der tierliebe Ire hatte in Neuseeland ein junges Kaninchen an Bord genommen, das am Heiligabend mit einer Überraschung aufwartete. Scott notierte in seinem Tagebuch:

> Ein besonderes Weihnachtsgeschenk machte uns Creans Kaninchen. Es hat Junge zur Welt gebracht. Was aus ihnen werden soll, weiß ich nicht. Noch sind sie klein und niedlich und verstecken sich auf dem Vorschiff unter dem Futter.[3]

Am letzten Tag des Jahres 1910 tauchte vor ihnen Land auf – vor allem für jene, die zum ersten Mal in der Antarktis waren, ein aufregendes Ereignis. Scott hatte geplant, das Basislager am Kap Crozier zu errichten, dem östlichsten Ausläufer der Ross-Insel. Dort aber konnten sie unmöglich landen, und so machten sie sich auf den Weg zum McMurdo-Sund, wo die *Discovery* mehr als zwei Jahre verbracht hatte.

Dieses Mal entschied sich Scott für eine Landspitze, die gut zwanzig Kilometer nördlich vom Hut Point und ein Stück näher am qualmenden Mount Erebus lag. Dort suchten sich die Männer einen Baugrund, der fest und eben war, und machten sich daran, eine Hütte zu errichten, in der fünfundzwanzig von ihnen den Winter verbringen sollten. Zu Ehren seines Stellvertreters verlieh Scott der Landspitze den offiziellen Namen Kap Evans.

Ihnen blieb jedoch wenig Zeit, sich dort häuslich einzurichten. Die *Terra Nova* hatte erst am 4. Januar die Küste erreicht, was in Anbetracht der Vorbereitungen, die vor Einbruch des Winters abgeschlossen sein mussten, recht spät war. Und so wurde beschlossen, Vorräte und Ausrüstung vom Schiff zu holen und dann die Hütte zu errichten, ehe der Winter und mit ihm die Dunkelheit einsetzten. Und bevor sich das Wetter verschlechterte und derlei Unternehmungen unmöglich machen würde, wollte Scott die ersten Vorratsdepots auf dem Schelfeis anlegen, um bei seinem Vorstoß auf den Südpol im kommenden Sommer darauf zurückgreifen zu können.

Es gab also unendlich viel zu tun, und so schufteten die Männer, die an Land überwintern sollten, und jene, die an Bord bleiben würden, unterschiedslos bis zu siebzehn Stunden am Tag, wuchteten Vorräte von der *Terra Nova* und schleppten sie ein, zwei Kilometer weit übers Eis bis an jene Stelle, an der nach und nach die Hütte entstand. Auch Hunde und Ponys mussten sich an der Plackerei beteiligen, und nach der qualvollen Sturmfahrt über den Südlichen Ozean schienen sie die körperliche Anstrengung zu genießen. Crean war für eines der Ponys eingeteilt worden, die mit jedem Gang 500 Kilogramm wertvoller Ausrüstung und Vorräte zur Hütte schleppten.

Eine weitere Katastrophe bahnte sich an, als einer der drei Motorschlitten, die Scott beim Transport von mehreren Ton-

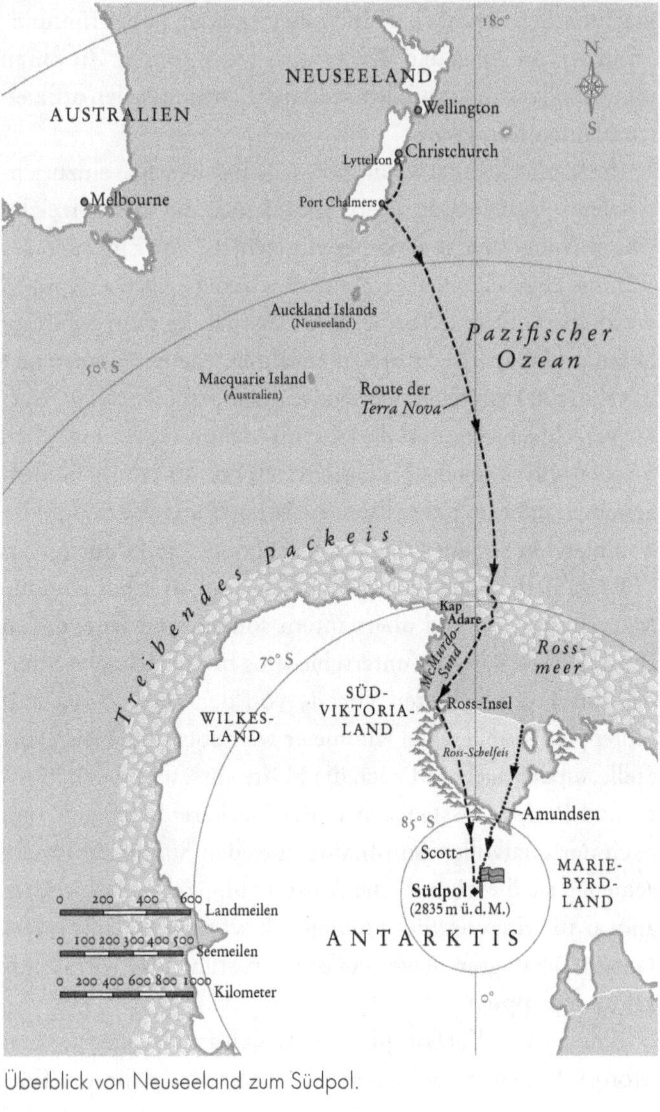


Überblick von Neuseeland zum Südpol.

nen Ausrüstung und Vorräten übers Eis für unverzichtbar hielt, durchs Eis brach und in 120 Meter tiefem, eiskaltem Wasser versank. Die Schlepper muss man sich vorstellen wie die Panzer, die im Ersten Weltkrieg eingesetzt wurden. Sie konnten eine Tonne Ladung mit einer Geschwindigkeit von fünf Stundenkilometern befördern. Das war zwar sehr langsam, entlastete die Männer aber ungemein, weil sie sich entsprechend seltener vor die Schlitten spannen mussten, um die Ausrüstung bei Temperaturen weit unter null selbst über das Schelfeis zu ziehen. In seinem Tagebuch verwandte Scott die Formulierung »ein unglücklicher Tag«. Zudem ordnete er an, die beiden anderen Schlepper nicht zu benutzen, bis die Temperaturen so weit gesunken waren, dass die Eisschicht auf der Meeresoberfläche dick genug war, um solch schwere Lasten zu tragen.

Am 18. Januar konnte endlich der Umzug in die Hütte beginnen, die all jenen Männern, die in Antarktika blieben, zwei Jahre lang als Heimstatt dienen sollte. Cherry-Garrard fand es im Inneren »wunderbar warm«.[4] Kaum hatten sie sich halbwegs wohnlich eingerichtet, erklang das metallische, knackende Geräusch eines Grammofons über den McMurdo-Sund.

Die fünfundzwanzig Offiziere, Wissenschaftler und niederen Dienstgrade, die hier leben sollten, drängten sich auf einer Fläche von 15 × 7,5 Metern. Trotz der Enge gab es nach typisch britischer Manier zwei separate Bereiche, einen für die Herrschaften, einen für das gemeine Volk. Die sechzehn Offiziere und Wissenschaftler wurden von den neun Mitgliedern der Mannschaft durch ein Schott getrennt, das aus aufeinandergestapelten Proviantkisten errichtet worden war, sodass Erstere zwei Drittel des Raumes beanspruchen konnten. In diesem Teil der Hütte befanden sich auch die beiden Laboratorien und die Dunkelkammer des Fotografen Ponting.

Am deutlichsten war das Festhalten an der gewohnten Hierarchie daran erkennbar, dass es getrennte Messen gab, in denen die Männer die Mahlzeiten einnahmen. Als fürchte man den Kontakt mit den jeweils anderen, blieb jede Partei auf ihrer Seite der Wand. Es fand sich niemand, der gegen diese Trennung aufbegehrte; dafür entsprach sie zu sehr den Regeln der Navy wie denen der englischen Gesellschaft.

Crean schlief in einer aus vier Kojen bestehenden Reihe, auf der einen Seite flankiert von seinem alten Kumpan Taff Evans, mit dem er schon auf der *Discovery* gefahren war, auf der anderen Seite von Patsy Keohane, einem irischen Landsmann aus Cork. Der vierte Mann in der Reihe war Robert Forde, auch er ein Ire. In unmittelbarer Nähe der Kojen stand die Nähmaschine, an der Crean und Evans in den dunklen Wintermonaten viel Zeit verbrachten, um die Schlafsäcke aus Rentierfell zu reparieren, die Schlitten auf den Einsatz vorzubereiten, Zelte zu überholen, Schuhwerk und Kleidung auszubessern und Vorratsbeutel zu nähen, die sie auf den bevorstehenden Märschen übers Eis benötigen würden.

Von den neun Mitgliedern der Mannschaft, die den Winter in der Hütte verbrachten, waren Crean und Evans sicherlich die prägendsten, erfahren, belastbar und immer für eine gute Geschichte zu haben. Doch auch in Lashly wusste Scott einen verlässlichen Mann in seiner Nähe, der erstens besonnen war

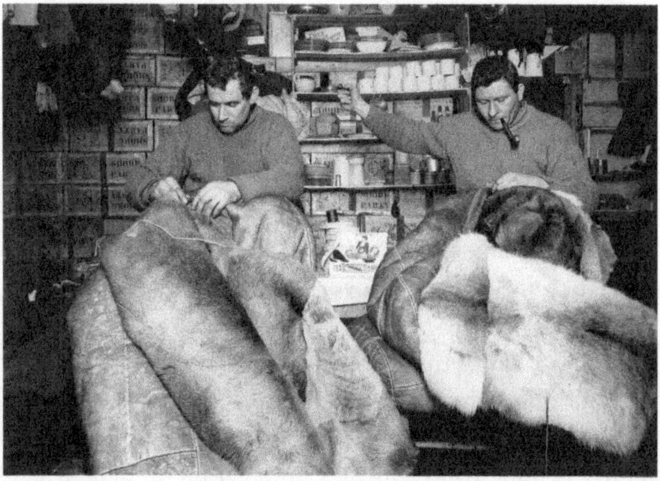

Crean (links) und sein Freund Edgar »Taff« Evans bereiten im Winter 1911 am Kap Evans die Schlafsäcke für den Angriff auf den Südpol vor.

und zweitens – für einen Seemann absolut ungewöhnlich – weder trank noch rauchte. Und obwohl sie von gänzlich verschiedenem Naturell waren, war Lashly von Crean schwer beeindruckt. In seinem Tagebuch schilderte er ihn als »starken, gesunden, absolut zuverlässigen Mann, der viel Freude am Leben hat«.

In der Hütte am Kap Evans war es zwar beengt, aber immer noch bequemer als auf dem Schiff. Dort mussten die Männer mit einer Hängematte auskommen, die quer durch das überfüllte Mannschaftsdeck gespannt war. In der Hütte hatte jeder seine eigene Koje, und dank des Ofens, der zum Heizen wie zum Kochen diente, lag die Temperatur bei vergleichsweise angenehmen 11 °C. Die Hütte hatte doppelverglaste Fenster, Fußboden, Wände und Dach waren mit zu Matten geformtem, getrocknetem Seetang und einer Lage Dachpappe gedämmt, um die bittere antarktische Kälte nicht ins Innere zu lassen.

Als das Umladen von Proviant und Ausrüstung weitgehend abgeschlossen war, nahmen die Männer zwei andere Aufgaben in Angriff, die vor dem Wintereinbruch abgeschlossen sein mussten. Dazu gehörte eine Exkursion, auf der Vorratsdepots für den Vorstoß auf den Südpol angelegt werden sollten, der für das kommende Frühjahr geplant war. Zweitens sollte die *Terra Nova* eine sechsköpfige Gruppe unter der Leitung von Leutnant Campbell auf die andere Seite des Schelfeises bringen, wo sie die Edward-VII.-Halbinsel erkunden und wissenschaftliche Experimente durchführen sollte.

Man war von einer unkomplizierten Exkursion ausgegangen, doch dann stellten sich einige unliebsame Überraschungen ein. Die Gruppe um Campbell – der Geologe Raymond Priestley, der Schiffsarzt Murray Levick und die Matrosen George Abbot, Frank Browning und Harry Dickason – fuhr entlang der Rossbarriere nach Osten, bis sie die sogenannte Bucht der Wale erreichte. Dort sahen sie unverhofft ein anderes Schiff – Amundsens *Fram*.

Campbell, der ein gebildeter Mann war und Norwegisch sprach, näherte sich dem Schiff über das Eis, um Scotts großen Rivalen zu begrüßen. Bald darauf folgten ihm drei seiner Begleiter und wurden prompt zum Frühstück eingeladen. Campbell revanchierte sich, indem er Amundsen und zwei seiner Männer zum Mittagessen auf die *Terra Nova* bat. Die Begegnungen waren eher steif und förmlich, und beide Seiten erkundigten sich eher aus Höflichkeit nach den Plänen der jeweils anderen, jedoch ohne in Details vorzudringen. Nur eine halbe Stunde nach dem Essen machte sich die *Terra Nova* wieder auf den Weg, um die Kunde von der denkwürdigen Begegnung zum Kap Evans zu bringen.

Amundsen hingegen sah sich damit konfrontiert, dass einige seiner Begleiter unmittelbar nach dem Treffen an einer lästigen Erkältung erkrankten.

Aus der Begegnung mit Amundsen zog Campbell die Konsequenz, von Kap Evans aus statt nach Osten nun nach Norden zu fahren und Kap Adare und Terra Nova Bay zu erkunden. Die Bucht hatten ihren Namen erhalten, als das gleichnamige Schiff der *Discovery* zu Hilfe gekommen war. Nun ließen sich Campbell und die anderen dort absetzen. Doch als sie wieder abgeholt werden sollten, war der *Terra Nova* der Weg zu ihnen durch eine fünfzig Kilometer breite Eisschicht versperrt, und die sechs Männer sahen sich gezwungen, den Winter in einer zwölf Quadratmeter kleinen Höhle zu verbringen und sich von Robben- und Pinguinfleisch zu ernähren. Doch selbst hier hielt Campbell es für erforderlich, den Gepflogenheiten der Navy Genüge zu tun und eine Linie in den Schnee zu zeichnen, die die Höhle in einen Bereich für die Offiziere und einen für die Mannschaft trennte.

Die Leistung der Gruppe um Campbell sollte nicht gering geschätzt werden. Auch wenn später alles vom Drama um Scotts Vormarsch auf den Pol in den Schatten gestellt wurde, muss das Martyrium, das die Männer in der winzigen Höhle durchlebten, in der Geschichte der Polarerkundung als eines der beeindruckendsten Zeugnisse von Durchhaltevermögen gelten.

Die andere wichtige Aufgabe, die vor Einbruch des Winters zu erledigen blieb, war das Anlegen von Vorratsdepots. Und diese Aufgabe schrie förmlich nach Creans Beteiligung. Dank seiner Erfahrungen aus der *Discovery*-Expedition war er den meisten seiner Kameraden, die sich auf die erste größere Exkursion der Reise vorbereiteten, voraus. Gemeinsam mit Taff Evans präparierte er für die dreizehnköpfige Gruppe die Schlitten, und Scott schätzte sich glücklich, solch zuverlässige, zupackende und dabei stets gut gelaunte Männer bei sich zu haben.

Geplant war, eine größere Menge Ausrüstung und Proviant zu drei auf dem Schelfeis verteilten Depots zu bringen, damit jene Gruppe, die im Jahr darauf vom Pol zurückkehren würde, darauf zugreifen könnte. Mit den Depots stand und fiel der Erfolg des Unternehmens.

Das erste, »Safety Camp« genannte Depot lag nur zwei Kilometer von der Rossbarriere entfernt. Die Stelle war gewählt worden, weil das Meereis hier besonders hart war und auch in der wärmeren Jahreszeit nicht tauen würde. Das zweite Depot, genannt »Corner Camp«, war knapp sechzig Kilometer vom Hut Point entfernt, jenem Ort, an dem einst die *Discovery* gelegen hatte. Ziemlich genau hier würden die Männer, die aus dem Basislager kamen, den Kurs ändern und geradewegs nach Süden laufen, um über den Beardmore-Gletscher den Südpol zu erreichen.

Das wichtigste Depot sollte 270 Kilometer von Kap Evans entfernt auf dem 80. Breitengrad angelegt werden. Es sollte als »Ein-Tonnen-Depot« in die Geschichte eingehen, in Anspielung auf die Menge an Proviant und Ausrüstung, die dort hinterlegt war. Für die Versorgung der Männer, die vom Pol zurückkamen, galt dieses One Ton Depot als unverzichtbar. Wie zutreffend diese Einschätzung war, konnte zu diesem Zeitpunkt noch niemand wissen.

Die dreizehnköpfige Gruppe machte sich am 24. Januar 1911 auf den Weg. Crean führte ein Pony namens Blossom, eines von acht Pferden, von denen jedes gut 250 Kilogramm schleppen musste. Die anderen zwölf Männer waren Scott, Leutnant Evans, Wilson, Oates, Bowers, Meares, Cherry-Garrard, Gran, Atkinson, Forde, Keohane und Gerof, hinzu kamen sechsundzwanzig Hunde. Das Gepäck, das sie mitschleppten, wog insgesamt zweieinhalb Tonnen, darunter Vorräte für vierzehn Wochen. Nur Crean, Scott und Wilson hatten einschlägige Erfahrungen im Eis. Gran war immerhin ein vorzüglicher Skiläufer und mit den äußeren Bedingungen daher einigermaßen vertraut.

Die tägliche Routine wurde kurz unterbrochen, als Crean und ein paar andere einen Abstecher zur Hütte der *Discovery*-Expedition am Hut Point machten. Für den Iren war es ein Ausflug in die eigene Geschichte. Sieben Jahre waren vergangen, seit er die Hütte zuletzt gesehen hatte.

Die Gruppe, die die Depots anlegen sollte, war voller Elan gestartet, doch schon bald taten sich die ersten größeren Schwierigkeiten auf, für deren Behebung Scott auf den erfahrenen Crean baute. Edward Atkinson, einer der Schiffsärzte, hatte seit dem Aufbruch am Kap Evans über einen drückenden Schuh geklagt, und nun klaffte an der Ferse eine eiternde Wunde. Zwar wurde die Ferse notdürftig verarztet, als sie das Safety Camp erreicht hatten, aber Atkinsons Zustand blieb bedenklich.

Scott beschloss, ihn zurückzulassen, und bat Crean, bei dem Schiffsarzt zu bleiben. In seinem Tagebuch äußerte sich Scott wie folgt:

> Atkinson und Crean bleiben allein zurück – für Letzteren sicherlich ein harter Schlag. Atkinson hat starke Schmerzen und leidet auch seelisch unter seiner schlechten Verfassung. Crean wird sich um ihn kümmern, aber sicherlich auch Gelegenheit haben, die verbleibende Fourage von der Rossbarriere zu holen. Für ihn tut es mir ausgesprochen leid.[5]

Gran fand für den Vorfall nüchternere Worte: »Hier krank zu werden ist nicht lustig.«[6]

Crean war durchaus enttäuscht darüber, dass er die erste große Exkursion abbrechen musste. Cherry-Garrard entging das nicht, und er schrieb:

> Der arme Crean war dazu vergattert worden, seine Zeit mit dem Transport von Ladungen vom Futterdepot zum Sicherheitsdepot zu verbringen und, was aus seiner Sicht noch übler war, an der Barriere ein Loch zu graben, das wissenschaftlichen Beobachtungen dienen sollte.[7]

Für die beiden Männer fanden sich ein Zelt und ein Primuskocher, aber am 2. Februar musste Crean enttäuscht mit ansehen, wie seine Kameraden das Lager abbauten und Richtung Süden weiterzogen. Die Aufgabe, drei Vorratsdepots anzulegen, war im Vorfeld als unspektakulär angesehen worden, doch nun türmte sich Schwierigkeit auf Schwierigkeit mit zuletzt tragischen Konsequenzen.

Das Wetter verschlechterte sich, und die Ponys, auf die Scott so viele Hoffnungen gesetzt hatte, litten große Qualen. Trotz der vorbildlichen Versorgung durch Oates waren sie weniger kräftig als erwartet, und da sie unter den Hufen keine Schneeschuhe trugen, sanken sie immer wieder tief in dem weichen Schnee ein, was das Laufen mit der schweren Last zur Tortur werden ließ. Allmählich dämmerte den Männern, allen voran dem Fachmann Oates, dass die Ponys für den Zweck, für den sie die Reise angetreten hatten – schwere Lasten über das Schelfeis zu tragen –, letztlich unbrauchbar waren.

Kaum weniger zufrieden konnte Scott mit den Hunden sein. Es wollte ihm einfach nicht gelingen, die lebhaften Tiere vor den Schlitten zu spannen und zu bändigen.

Scott hatte große Hoffnungen darauf gesetzt, dass die Ponys die Hauptlast des Transports übernehmen und die Männer so von der Plackerei im Zuggeschirr der Schlitten entlasten könnten. Dann aber hatte er ausgerechnet Meares nach Russland geschickt, um die Tiere auszusuchen und zu kaufen. Doch Meares kannte sich nicht sonderlich gut mit Pferden aus und hatte beim Kauf ein schlechtes Händchen bewiesen. Oates, der eigentliche Fachmann, war nicht einmal um Rat gefragt worden, sondern in London geblieben, um wie ein gewöhnlicher Hafenarbeiter Kisten mit Ladung für die *Terra Nova* zu schleppen. Besser wäre es sicherlich gewesen, er wäre nach Russland geschickt worden, um dort geeignete Ponys auszusuchen. Bezeichnenderweise reagierte er ziemlich entsetzt, als er die Tiere sah, die Meares mitgebracht hatte, und bezeichnete sie als »jämmerliche Schindmähren«.

Und noch ein weiteres Problem hatte Scott bezüglich der Tiere. Er war zartbesaitet und lehnte es kategorisch ab, die Tiere ohne Not leiden zu lassen oder sie gar zu quälen. Diese Einstellung war zwar ehrenhaft, kam ihn aber teuer zu stehen, weil er sich nie dazu überwinden konnte, die schwächeren Hunde und Ponys zu töten, um das Fleisch auf dem Rückweg vom Südpol als Proviant für Mensch und Tier zu nutzen. Für Amundsen hingegen gehörte es zum Plan, seine Hunde nach Bedarf zu töten, und nicht zuletzt dieser Strategie war es zu verdanken, dass er im Wettlauf zum Pol so schnell vorankam.

Scott aber lehnte ein solches Vorgehen ab und beklagte sich gegenüber dem konsternierten Oates über »unnötige Grausamkeit an den Tieren«. Allen Einwänden Oates' zum Trotz beschloss Scott, die Ponys zu schonen und das One Ton Depot bereits auf 79° 28' 30'' S anzulegen, fast sechzig Kilometer weiter nördlich als vorgesehen – eine Differenz, die über Leben und Tod entscheiden konnte.

Auf dem Rückweg büßte Scott zwei weitere Hunde ein. Am Hut Point warteten Teddy Evans, der mit drei der schwächeren Ponys vorzeitig kehrtgemacht hatte, und reichlich schlechte Nachrichten auf ihn. Evans hatte zwei Pferde zurücklassen müssen, und ein Brief von Campbell informierte ihn darüber, dass Amundsen sein Lager in der Bucht der Wale aufgeschlagen hatte, gut 600 Kilometer entfernt. Scott musste einräumen, dass Amundsens Anwesenheit »eine ernst zu nehmende Bedrohung« darstellte, zumal dessen Lager fast hundert Kilometer näher am Südpol lag als seines. Scott, dem die Vorteile des Einsatzes von Zugtieren bei der Fortbewegung übers Eis verborgen blieben, fragte sich verwundert, wie sein Rivale 120 Hunde aufs Eis bekommen hatte.

Crean hatte derweil Pferdefutter und Robbenfleisch zum Safety Camp gebracht. Gemeinsam mit Atkinson war er außerdem zum Hut Point zurückgekehrt und hatte den Schnee entfernt, der sich mit den Jahren im Inneren der Hütte angesammelt hatte.

Am 24. Februar spannte sich Crean neben Scott in ein Zuggeschirr, um den Rückweg zum Corner Camp anzutreten, wo sie Bowers und Cherry-Garrard treffen wollten. Creans Erfahrung im Eis war für Scott von unschätzbarem Wert, und beide waren sich im Grunde einig, dass ein Fußmarsch anstrengender war als ein Marsch auf Skiern. Doch Scott beharrte auf der bewährten Fortbewegungsart, und so stellten sich die Männer auf einen Fußmarsch zum Hut Point ein.

Der vergleichsweise kurze und wenig beschwerliche Weg endete um ein Haar in einer Katastrophe. Er verschaffte Crean aber auch die Möglichkeit, sich zum ersten Mal auf dieser Reise als Held zu erweisen. Viele weitere sollten folgen.

Bowers, der noch nie in einer der Polarregionen gewesen und entsprechend unerfahren war, hatte den Befehl bekommen, mit einem der Pferde zum Hut Point zurückzukehren. Am 28. Februar machte er sich auf den Weg, doch schon kurze Zeit später schickte Scott Crean und Cherry-Garrard mit drei weiteren Ponys hinterher. Noch vor dem Hut Point holten sie Bowers ein. Scott blieb derweil mit Oates und Gran zurück, um ein erkranktes Pony zu versorgen.

Als Marineleutnant stand Bowers in der Hierarchie über Crean und Cherry-Garrard, aber Crean kannte sich mit den tückischen Bedingungen im Eis ungleich besser aus als er und war zu einem Polarexperten gereift. Das sollte bald von unschätzbarem Wert sein.

Das Trio legte die letzten Kilometer über das Schelfeis zurück und betrat schließlich am Kap Armitage, nicht weit vom Hut Point, das zugefrorene Meer. Doch schon bald zeigte sich, dass sich das Eis bewegte, was bedeutete, dass es jederzeit auseinanderbrechen konnte. Crean, der wusste, was es hieß, ins eisige Wasser zu fallen, schlug vor, es weiter westlich zu versuchen, wo er eine geschlossene Eisdecke erkannt zu haben meinte. Doch der unerfahrene Bowers wusste nicht recht, was er tun und lassen sollte. Obwohl das Eis bis zu drei Meter dick war, drückte an manchen Stellen Wasser an die Oberfläche, und unter ihren Füßen konnten sie den Wellengang des Meeres spüren – ein deutlicher Hinweis darauf, dass das Eis seine Stabilität verloren hatte.

Die Ponys waren der Erschöpfung nahe, es dämmerte, und Nebel zog auf. Als der Ranghöchste der drei beschloss Bowers, die Nacht auf dem Eis zu verbringen. Er zündete den Primuskocher an, um Kakao zuzubereiten, doch bis das Wasser kochte, vergingen eineinhalb Stunden. Im Dämmerlicht verwechselte Bowers den Kakaobeutel mit dem Currysäckchen. Mit einigem Widerwillen trank Crean seine Tasse leer, ehe ihm klar wurde, warum ihm der Trank nicht geschmeckt hatte.

Um 4:30 Uhr, nach nur zweieinhalb Stunden Schlaf, wurden die Männer von einem seltsamen Geräusch geweckt. Als sie aus dem Zelt schauten, bot sich ihnen ein entsetzlicher Anblick: Die Eisfläche war aufgebrochen, eines der Ponys fehlte, zwei der Schlitten trieben auf einer anderen Scholle. Und dann brach auch noch die Scholle, auf der sie sich befanden, entzwei.

Nun hockten sie im Halbdunkel und bei bedrohlich niedrigen Temperaturen auf einer circa zehn Meter breiten Scholle, die gemächlich Richtung offenes Meer driftete, wo sie nichts als den Tod zu erwarten hätten. Cherry-Garrard nannte es eine »hoffnungslose Situation«.[8]

Das Trio brach überstürzt auf und begann einen verzweifelten Kampf ums Überleben. Dabei mussten die Männer von einer Scholle auf die andere springen, die Schlitten hinter sich herziehen und die drei verängstigten Ponys dazu bewegen, ihnen zu folgen. Es kam alles darauf an, so schnell wie möglich ein größeres und stabileres Stück Eis zu finden.

Crean, der all seine Erfahrung aus der *Discovery*-Expedition in die Waagschale warf, wurde zum Fels in der Brandung, an dem sich seine unerfahrenen Begleiter orientieren konnten. Bowers bekannte, dass der Ire agierte, als habe er »Ähnliches schon zigmal erlebt«. Aber das entsprach ja auch weitgehend der Wahrheit.

Kaum hatten die Männer ein wenig Übung darin, von Scholle zu Scholle zu springen, drohte neue Gefahr von Orcas, die auf sie aufmerksam geworden waren. Es ist durchaus normal, dass diese Walart auf der Suche nach Nahrung Eisschollen anstößt, um Robben oder Pinguine aus dem Gleichgewicht zu bringen, die so im Meer und dort in den geöffneten Rachen der Angreifer landen.

Etwa sechs Stunden lang trieben sie auf der Scholle herum, die Bedrohung durch die Orcas stets vor Augen, als die Scholle der Rossbarriere unerwartet nahe kam. Die Freude darüber wurde deutlich davon gedämpft, dass die Barriere an dieser Stelle aus blankem Eis bestand und bis zu sechs Meter hoch war – erheblich zu hoch, um Ponys und Schlitten in Sicherheit zu bringen.

Kurz darauf tat sich zwischen ihnen und der Barriere ein knapp fünfzig Meter breiter Streifen mit offenem Wasser auf – »ein schäumender großer Kessel«, so Cherry-Garrard.[9] Riesige Eisbrocken lösten sich aus der Barriere und stürzten in den Spalt, und wo noch Platz im Wasser war, lauerten Orcas auf Beute. Cherry-Garrard sah mit Verwunderung, wie sechs Wale gleichzeitig in eine Lücke zwischen zwei Eisschollen drängten, die kaum größer als ein gewöhnliches Zimmer war.

Ungeachtet der Gefahren und der Unerfahrenheit der Kameraden, agierte Crean überaus besonnen. Er bot sich an, Hilfe zu holen. Dafür wollte er von Scholle zu Scholle springen, um so zu einer Stelle in der Barriere zu gelangen, an der er mithilfe von Skistöcken hinaufklettern könnte – wahrlich ein gewagtes Unterfangen.

Bowers stopfte Proviant und eine Nachricht für Scott in Creans Taschen. Er und Cherry-Garrard sahen zu, wie Crean von einer Scholle zur nächsten sprang, immer auf der Suche nach jener, die ihn zur Barriere bringen würde. Doch die ließ auf sich warten, und es vergingen Stunden, bis Crean die richtige Scholle fand und die Barriere erreichte. In einem Brief, den Bowers später nach Hause schickte, schilderte er die Szene so:

> Crean sprang Stunden hin und her, bevor ich das Vergnügen hatte, ihn auf der Barriere zu sehen. Ich sagte: »Gott sei Dank, einer von uns ist aus dem Gröbsten heraus.« ... Crean war unter großen Risiken für sich selbst die Barriere hinaufgeklettert, wie ich seiner bescheiden vorgetragenen Erzählung entnehmen konnte.[10]

Dankenswerterweise machte sich Cherry-Garrard die Mühe, Creans »bescheiden vorgetragene Erzählung«, die von diesem Husarenstück handelte, in seinem Buch *Die schlimmste Reise der Welt* niederzuschreiben, das viele Jahre später erschien.

Im Halbdunkel hatte Crean nach einer Möglichkeit gesucht, über die Schollen zur Barriere zu gelangen, sich aber zur Umkehr gezwungen gesehen und die nahe gelegene White Island zum Ziel genommen. Ein falscher Tritt bei seinen Sprüngen von Scholle zu Scholle hätte das Ende bedeutet – für den wackeren Iren, aber vermutlich auch für Bowers und Cherry-Garrard. In Creans Worten ging es folgendermaßen weiter:

> Ich war vollkommen lebendig, da trieben sich Massen von Pinguinen und Robben und Orcas herum. (Der Skistock war mir) eine große Hilfe, um auf die anderen Eisschollen hinüberzukommen. Es war ein abfallendes

Stück, auf dem ich mich befand, und es berührte an einer einzigen Stelle fast die Barriere. Nun, ich grub mit dem Skistock ein Loch in die Seite der Barriere, um mit dem Fuß Halt zu finden, und als ich das Loch fertig hatte, spreizte ich meine Beine, setzte eins auf die Scholle, das andere auf die Seite der Barriere. Dann nahm ich den Skistock, stieß ihn hinein, gab mir einen Ruck und bekam mein anderes Bein darauf. Es war eine schreckliche Stelle, aber ich dachte, dass es meine einzige Chance sei.

Ich machte mich in Richtung Safety Camp auf, und sie müssen mich wohl entdeckt haben; jedenfalls denke ich, dass es Gran war, der mir auf Skiern entgegenkam. Denn weiter entfernt traf ich auf Scott, Wilson, Oates und erklärte ihnen, was geschehen war. Scott sah etwas besorgt aus, aber er sagte nichts Ungewöhnliches. Er wies Oates an, hineinzugehen, den Primuskocher anzumachen und mir eine Mahlzeit zuzubereiten.[11]

Scott war voll des Lobes für den Iren und versäumte es nicht, den Vorfall in seinem Tagebuch zu erwähnen.[12]

Wilson, der bei Scott im Safety Camp war, hielt Creans Versuch, Hilfe zu holen, für sehr gewagt, da er mit seinem Alleingang »ein erhebliches Risiko auf sich genommen« hatte. Gran wurde dazu auserkoren, der einsamen Gestalt, die sich in einiger Entfernung übers Eis schleppte, auf Skiern entgegenzulaufen. So war er der Erste, der den erschöpften Crean erreichte, und musste annehmen, dass sein Auftauchen nichts Gutes zu bedeuten hatte.

> Er war mit seinen Kräften am Ende und wirkte ausgelaugt. Ich zögerte, ihn zu fragen, was aus seinen Kameraden geworden war. Also tastete ich mich behutsam an das Thema heran, erhielt aber eine eindeutige Antwort: »Alles in Ordnung, Sir.« Das ließ mich hoffen, aber ein kurzes Gespräch machte offensichtlich, dass leider doch nicht alles in Ordnung war.[13]

Als Katholik wird Crean die Ironie der Umstände bemerkt haben: Es war Aschermittwoch – der erste Tag der Fastenzeit und Beginn der vierzigtägigen Bußzeit.

Bowers gestand später, dass er die Warnhinweise, die das Meereis bereithielt, unterschätzt hatte, hob dafür aber hervor, »wie großartig sich Cherry und Crean verhalten haben«. Teddy Evans, der später ebenfalls zum Nutznießer von Creans Mut werden sollte, sprach von der »großen Ritterlichkeit« des Iren.

Im Rückblick mag man meinen, dass die beiden treibenden Männer nur die Ponys und die Ausrüstung hätten zurücklassen müssen, um sich wie Crean über die Barriere in Sicherheit zu bringen. Selbst wenn das zutrifft, schmälert das nicht den Mut, den er bewies, als er sich bei Temperaturen unter null allein auf den Weg machte, um Hilfe für seine Kameraden zu holen.

In der Geschichte der Rettung der Kameraden zeigt sich auch das bescheidene und unaufdringliche Wesen des Iren. Frank Debenham, der für das Scott Polar Research Institute eine Würdigung Creans verfasste, hatte sich zu diesem Zweck mit ihm über die Episode auf den Eisschollen unterhalten.

Das Gespräch gab er folgendermaßen wieder:

> Er stellte seine Heldentaten stets so dar, dass es klang, als habe er sich nur aus allem, was nach Schwierigkeiten aussah, herausgehalten, und alles, was ich ihm entlocken konnte, war der Satz: »Ach, ich bin einfach weitergegangen, so schnell es ging. Die Orcas waren keine sonderlich angenehme Gesellschaft.«[14]

Unterdessen verlebten Bowers und Cherry-Garrard einige bange Stunden auf dem Eis und warteten auf Rettung, als schließlich Crean, der sich von der Tortur, die hinter ihm lag, schnell erholt hatte, zusammen mit Scott und Oates auftauchte. Mit einem Bergseil wurden die beiden Männer nach oben gezogen. Doch die drei verbliebenen Ponys konnten trotz größter Anstrengungen nicht gerettet werden.

Seinen »Lohn« bekam Crean – nicht untypisch für das menschenfeindliche Klima der Antarktis – wenige Tage später, als er stark an Schneeblindheit erkrankte, selbst für die kräftigsten Naturen eine ebenso schmerzhafte wie kraftraubende Angelegenheit, die aus der Schädigung der Hornhaut durch zu viel UV-Strahlung resultiert. Vor der Erfindung von wirksamen Sonnenbrillen war diese Erkrankung unter Polarreisenden sehr verbreitet, und Crean wurde von ihr so schwer getroffen, dass er allenfalls noch die Zügel halten konnte, während sich seine Kameraden mühten, ein Pony zu retten, das ins Wasser gefallen war.

Kurze Zeit später waren die Männer, die ausgeschwärmt waren, um die Depots anzulegen, wieder am Hut Point versammelt. Doch der Rückweg zum Basislager war ihnen versperrt, weil das Meer, das zwischen der Unterkunft der *Discovery*-Expedition und Kap Evans lag, noch nicht zugefroren war. Und um ihre Lage noch unhehaglicher zu machen, kehrte aus den westlich gelegenen Bergen die Gruppe um den Geologen Thomas Griffith Taylor zurück, was die Gesamtzahl auf sechzehn anschwellen ließ.

Am 16. März gehörte Crean zu jenen acht Männern, die sich bei widrigen Wetterbedingungen ins knapp sechzig Kilometer entfernte Corner Camp aufmachten. Die Temperaturen fielen bis auf –40 °C, die Sicht betrug nur wenige Meter, und der Wind erreichte Geschwindigkeiten bis zu fünfzig Stundenkilometern. Der Winter war im Anmarsch und schickte eine vernehmliche Warnung an jene Männer voraus, die im Jahr darauf ungefähr zur selben Zeit vom Südpol zurückkehren würden.

Am 24. März war die Gruppe zurück am Hut Point, wo die Männer sehnsüchtig darauf warteten, dass das Meer endlich zufror. Doch mussten sie sich bis zum 11. April gedulden, bis sie sich bei kürzer werdenden Tagen auf den Weg nach Kap Evans machen konnten. Das war noch immer riskant, denn noch war die Eisfläche nicht geschlossen, was manch einem in der Gruppe verständlicherweise Sorgen bereitete. Doch das Glück war ihnen hold, und sie erreichten wohlbehalten ihr Ziel, wo sie von ihren Kameraden, die sie fast drei Monate lang nicht gesehen hatten, herzlich empfangen wurden.

Es war ein abgerissener Haufen, der da zurückkam, unrasiert und nach zehn Wochen, die sie im Zelt auf dem Schelfeis verbracht hatten, entsprechend verdreckt. Ponting, der

Tom Crean im April 1911 im Kreise jener Männer, die für Scotts Vorstoß zum Pol Vorratslager anlegten. Scott steht in der Mitte des Bildes. Der Dritte von rechts ist Teddy Evans, direkt neben ihm Tom Crean.

Fotograf, wollte Crean ablichten, doch der hatte sich seines buschigen schwarzen Kinnbewuchses bereits entledigt – und die Nachwelt so um ein Foto des Iren mit Vollbart gebracht.

Schon nach kurzem Aufenthalt kehrte die Gruppe zum Hut Point zurück, um Wilson und die sechs anderen Männer abzuholen, die dort zurückgeblieben waren. Scott, der die achtköpfige Truppe anführte, wusste zwei »Glücksbringer« an seiner Seite – Crean und Lashly – und war von deren Einsatz wieder einmal angetan. Er schrieb:

Es ist sehr beeindruckend zu erleben, wie sehr Crean und Lashly ihre Erfahrung bei allen Arbeiten außerhalb der Lager zugutekommt.[15]

Bevor der Winter alles in Dunkelheit tauchte, konnte Crean unter Beweis stellen, wie wenig ihm die Kälte anhaben konnte. Er teilte sich ein Zelt mit Bowers, Hooper und Nelson, und in einer Nacht waren die Temperaturen bis auf –39 °C gesunken. Im Schlaf war Crean mit dem Kopf voraus aus dem Zelt gerutscht und hatte dabei einen steten Strom kalter Luft hereingelassen, der die anderen geweckt hatte, während Crean friedlich weiterschlief. Amüsiert notierte Bowers: »Es brauchte eine ganze Menge, um den Steuermann von Captain Scott zu beunruhigen.«[16]

Am 21. April trafen die Männer am Kap Evans ein. Nach drei Monaten harter Arbeit in eisiger Kälte waren sie erschöpft, aber auch erleichtert darüber, dass die Depots angelegt waren. Und doch war die Enttäuschung, die jeder von ihnen empfand, mit Händen greifbar. Was ein leichter Aufgalopp für die eigentlichen Herausforderungen hätte werden sollen, war weit hinter den erhofften Ergebnissen zurückgeblieben, und Scotts gewissenhafte Vorbereitung für den Angriff auf den Pol hatte einen empfindlichen Dämpfer bekommen. Nur eines der acht Ponys hatte den Marsch überlebt, und dreizehn Männer hatten mehr als einen Monat lang schuften müssen, um Proviant und Ausrüstung vom Hut Point circa 225 Kilometer weit bis auf 79° 28' 30'' S zu schleppen.

Amundsen hatte derweil mit seinen Hunden deutlich mehr Vorräte fast 200 Kilometer weiter nach Süden gebracht. Mit den Mitteln, die ihm zur Verfügung standen, konnte der Norweger schneller und näher zum Pol vordringen. Nun war er auch noch mit seinen Vorbereitungen im Vorteil.

Scott konnte natürlich nicht wissen, wie es um seinen Rivalen stand, aber auch so stellte die norwegische Expedition eine Gefahr dar, die ihm Sorgen bereitete. Der Verlust der Ponys, in die er große Hoffnungen gesetzt hatte, hatte auch die Absicht vereitelt, ihnen den Transport der schweren Kisten voller Proviant und Ausrüstung über das Schelfeis zu überlassen. Als er anlässlich der Rettung von Bowers und Cherry-Garrard vom Meereis Bilanz zog, ließ er sich zu der Bemerkung hinreißen: »Dies ist das Ende des Pols.«

Am 23. April, drei Tage nach der Ankunft am Kap Evans, verabschiedete sich die Sonne für vier Monate, und die Männer stellten sich auf einen weiteren einsamen Winter in völliger Dunkelheit ein. Zeit, sich die vor ihnen liegenden Herausforderungen auszumalen, bliebe ihnen reichlich.

# HOFFNUNGEN UND PLÄNE

Im Winterquartier am Kap Evans herrschte eine gelöstere Stimmung, als es auf der *Discovery* der Fall gewesen war – sei es, weil sich die Männer besser verstanden, sei es, weil nicht gar so sehr auf die Einhaltung der Regeln geachtet wurde. In Gestalt der Wissenschaftler fuhren auf der *Terra Nova* mehr Zivilisten mit als auf der *Discovery*, die überwiegend mit Marineangehörigen besetzt gewesen war. Entsprechend streng war es dort zugegangen. Nun aber brachten die Zivilisten eine gewisse Lockerheit in den Alltag, die die militärische Routine gewissermaßen neutralisierte.

Gleichwohl achtete Scott strikt darauf, dass die Männer nicht faulenzten, und übertrug ihnen eine Vielzahl an Aufgaben und Pflichten, die, salopp gesagt, die Männer auf Trab hielten. Und so unterschiedlich die Charaktere auch waren, so wenig klingt in den Tagebüchern und Briefen der insgesamt fünfundzwanzig Männer, die am Kap Evans überwinterten, wechselseitige Antipathie an, und das, obwohl die Gruppe im Wort- wie im übertragenen Sinne vier endlos scheinende Monate lang aufeinanderhockte. Selbstverständlich gab es Animositäten und Abneigungen, die auch aus den Tagebüchern sprechen, aber das kann in Anbetracht der Umstände kaum überraschen. Hier und da wurde auch Kritik an Scotts Führungsstil und seinen Entscheidungen laut, aber derlei Differenzen führten nie zu offenem Streit, vielleicht, weil sich im Falle eines Falles selbst in der nur gut hundert Quadratmeter großen Hütte, die in der Dunkelheit des antarktischen Winters allein auf einer eisigen Landzunge stand, ein Eckchen fand, in das man sich zurückziehen konnte.

Mit fünfundzwanzig Bewohnern war die Hütte im Grunde überfüllt, und doch war es darin geradezu behaglich, auch wenn die Rauchwolke, die aus dem Qualm von Pfeifen und Zigaretten gespeist wurde, heute bestenfalls Stirnrunzeln hervorrufen würde. Der Tagesablauf, vor allem hinsichtlich der Mahlzeiten, glich dem der *Discovery*-Expedition.

Zum Frühstück gab es reichlich aufgewärmten Porridge, frisch gebackenes Brot, Butter und Kakao. Sofern am Vortag ein Fisch angebissen hatte, wurde auch der gereicht. Unter den herrschenden Bedingungen war das Angeln aber alles andere als ein Vergnügen.

Das Mittagessen fiel recht bescheiden aus und bestand in der Regel aus Brot und Käse, die mit Kakao hinuntergespült wurden. Zu besonderen Anlässen bereitete der Koch Thomas Clissold auch Sardinen aus der Dose oder gar Lammzunge zu. Das Abendessen war die nahrhafteste Mahlzeit des Tages. Es begann mit einer Dosensuppe, an sechs Tagen der Woche gefolgt von Robbenfleisch und Dosenfrüchten. Clissold bemühte sich um Abwechslung, indem er dann und wann Robbenleber oder eine Pastete aus Rindfleisch und Nieren servierte. Der kulinarische Höhepunkt einer jeden Woche war zweifelsohne der Sonntag. Dann tischte Clissold feinstes Lammfleisch auf, das als Geschenk ihrer neuseeländischen Gastgeber den weiten Weg in die Antarktis mitgemacht hatte.

Der Tag der Wintersonnenwende, der Antarktisreisenden als Ersatz für Weihnachten dient, wurde ausgelassen gefeiert – Gran zufolge »mit Champagner und allerlei Lustbarkeiten«. Die Tische wurden mit Flaggen als Tischtuchersatz bedeckt. Bowers und einige Matrosen bastelten aus Skistöcken und Pinguinfedern einen Weihnachtsbaum, den sie mit Kerzen und Wimpeln dekorierten. Den ganzen Tag über wurde Alkohol ausgegeben, und die Gelegenheit, für ein paar Stunden der Langeweile zu entfliehen, ließ sich keiner der Männer entgehen. Gran berichtete, dass er gezwungen wurde, über fünfzig Flaschen Heidsieck-Champagner, Jahrgang 1904, zu klettern, die im Mannschaftsquartier aufgehäuft worden waren.

Ponting bilanzierte, das Essen habe »göttlich« geschmeckt, und noch Jahre später konnten sich die Männer an die Speisefolge erinnern. Auf eine Robbensuppe folgten ein Lendenbraten mit Yorkshire Pudding und Meerrettichsoße, Rosenkohl und Kartoffeln. Unter dem Jubel der erwartungsvollen Esser wurde anschließend ein großer Christmas Pudding aufgetischt. Wer dann noch nicht genug hatte, konnte sich an einer Auswahl an Mince Pies, Wackelpudding mit Himbeergeschmack, Walnussgebäck, Karamellbonbons und anderen Köstlichkeiten ergötzen. Abgerundet wurde das Ganze mit feinsten Likören und Rumpunsch, die bis spät in die Nacht gereicht wurden, während das Grammofon mit nostalgischen Melodien die Erinnerung an die Heimat wachhielt.

Im Alltag lag ein Hauptaugenmerk darauf sicherzustellen, dass die zehn verbliebenen Ponys gut versorgt wurden, damit sie die ihnen zugedachte Aufgabe übernehmen und die Hauptlast der tonnenschweren Ausrüstung über das Schelfeis bis an den Beardmore-Gletscher tragen konnten. Vertrauenswürdigen Männern wie Crean wurde die Verantwortung für jeweils ein Pony übertragen, das sie während des Winters regelmäßig bewegen mussten.

Wann immer das Wetter es zuließ, versuchten auch die Männer, sich durch Bewegung fit zu halten. So fanden regelmäßig Fußballspiele auf dem Eis statt, und das bei Temperaturen bis –34 °C und Windgeschwindigkeiten von bis zu 65 Stundenkilometern. Die besten Spieler waren laut Scott Atkinson, Hooper, Taff Evans und Tom Crean.

Neben Essen und Rauchen gab es noch andere Möglichkeiten, sich die Zeit zu vertreiben. Das Grammofon, ein Geschenk der Plattenfirma HMV, erfreute sich großer Beliebtheit, und die wenigen Schallplatten, die die Reise angetreten hatten, wurden an langen Winterabenden immer wieder abgespielt. Abwechslung versprach auch ein Pianola, das sich an Bord befand, aber leider war das Repertoire, das es beherrschte, sehr eingeschränkt, worunter bald der Zuspruch litt.

Die Männer setzten sich auch zusammen, um Schach, Dame, Backgammon und Domino zu spielen, aber es stand auch jedem frei, sich mit einem Buch aus der kleinen Bibliothek in die Koje zurückzuziehen und es zu lesen – gegebenenfalls auch mehrfach. Für jeden Geschmack fand sich etwas Passendes. Einfache Unterhaltungslektüre stand neben Werken von Kipling oder Dickens. Oates steckte seine Nase mit Vorliebe in einen Wälzer über die napoleonischen Kriege auf der Iberischen Halbinsel, und selbstverständlich befand sich auch eine große Auswahl an Titeln über vergangene Polarexpeditionen an Bord. Wer wollte, brauchte also nicht einmal vor die Tür zu gehen, um sich ein Bild davon zu machen, welch feindliches Klima dort draußen herrschte.

Sonntags wurden Gottesdienste abgehalten und Choräle gesungen. Wie schon auf der *Discovery* musste der Katholik Crean nicht daran teilnehmen, sondern ging seinem Glauben auf seine Weise nach. Mitunter wurden im Mondschein Fußballturniere veranstaltet, und die *South Polar Times*, jene Zeitung, die schon auf der *Discovery* erschienen war, wurde unter dem Herausgeber Cherry-Garrard zu neuem Leben erweckt. Einige unverbesserliche Zocker spielten Poker, aber da Geld in der Antarktis nicht den geringsten Wert besaß, spielten sie um Zigaretten.

Zu den Dingen, mit denen Scott die Männer bei Laune zu halten versuchte, gehörten auch Vorträge, die an drei Abenden pro Woche gehalten wurden. Die Themen waren vielfältig und wurden von den Vortragenden selbst bestimmt. Besonders beliebt waren die Auftritte Pontings, der zu den Berichten von Reisen, die ihn um die ganze Welt und in Länder wie Burma, Japan und Indien geführt hatten, die entsprechenden Bilder projizierte. Bowers sprach über die für das Klima angemessene Bekleidung, und Wilson hielt ein Referat über die Vögel der Antarktis. Oates steuerte, wie vorherzusehen gewesen war, einen Vortrag über den richtigen Umgang mit Pferden bei, der Physiker Charles Wright lenkte die Aufmerksamkeit auf den Aufbau der Materie, und der Geologe Frank Debenham ließ sich über die Klassifikation der Gesteine aus, ein, wie er seinem Tagebuch anvertraute, »eher trockenes Thema«.

Der Höhepunkt der Vortragsreihe stand am 8. Mai an, als Scott seine Pläne für den bevorstehenden Angriff auf den Pol umriss und dabei die ersten deutlichen Hinweise darauf lieferte, dass sich seine Männer auf einen engen und tendenziell riskanten Zeitplan einzustellen hatten. Er schätzte, dass der Trupp insgesamt 144 Tage unterwegs sein und erst um den 27. März wieder am Hut Point ankommen würde.

Ein früherer Start verbot sich, weil die Ponys dafür zu schwach waren. Sorgen bereitete auch, dass der Termin der Rückkehr kurz vor dem Einbruch des Winters lag, was empfindlich kalte Temperaturen erwarten ließ.

Mit Sicherheit aber lag der Termin zu spät, um noch zur *Terra Nova* zurückzukehren, die spätestens am 10. März die Antarktis verlassen musste, um nicht, wie seinerzeit die *Discovery*, einzufrieren. Das bedeutete im Umkehrschluss, dass die Männer, wenn sie vom Pol zurückkämen, einen zweiten Winter in der Antarktis vor sich hätten, für manche eine beunruhigende Aussicht, weil der erste Winter gerade erst begonnen hatte.

Diejenigen Männer, die auch die letzte Etappe zum Pol zurücklegen würden, hatten einen Weg vor sich, der einem Angst einjagen konnte. Er bestand aus einer fünfmonatigen Schlittentour, zunächst 640 Kilometer über das Schelfeis, gefolgt von einem fast 200 Kilometer langen Anstieg auf den Beardmore-Gletscher, der sie auf 3000 Meter Höhe führen sollte, und schließlich einem Gewaltmarsch von knapp 600 Kilometern über das Polarplateau.

Auf dem Rückweg vom Pol würden sie ihren eigenen Spuren über das Plateau, den Gletscher und die Barriere folgen, jedoch zu einer Jahreszeit, in der, wie die Erfahrung lehrte, das Wetter deutlich schlechter wäre als auf dem Hinweg. Vom ersten bis zum letzten Meter war es ein extrem riskantes Unterfangen, das nur wenig Raum für Fehler und Irrtümer ließ.

Die Gesamtstrecke belief sich auf 2896 Kilometer – die längste Polarexpedition, die je gewagt worden war. Jeden Meter würden die Männer zu Fuß zurücklegen und dabei pro Kopf bis zu hundert Kilogramm übers Eis wuchten müssen. Der größte Schrecken ging allerdings von der Aussicht aus, vierundachtzig Tage – also fast drei Monate – auf dem Polarplateau zu verbringen, das sich bis zu 3000 Meter über der Antarktis erhebt und für seine extremen Temperaturen berüchtigt ist.

Geplant war, die Männer in Dreier- und Vierergruppen aufzuteilen und unterwegs der Reihe nach abzusetzen, damit sie den Rückzug vorbereiten konnten. Noch hatte Scott nicht entschieden, ob ihn drei oder vier Männer auf der letzten Etappe zum Pol begleiten würden, und noch wusste keiner der Männer, wer letztlich dazugehören würde. Selbst Scott schien sich noch nicht entschieden zu haben, wer mit ihm am Pol stehen sollte, zumindest findet sich in seinen Aufzeichnungen kein Hinweis darauf. Monatelang hatte er die Männer beobachten und die Vorzüge jedes einzelnen abwägen können, aber wenn der Schein nicht trügt, hat er sich erst entschieden, als der Trupp bereits unterwegs war.

Bezeichnenderweise verwarf Scott die Option, für den wichtigsten Abschnitt der Expedition auf die Hunde zu setzen. Er hielt die Kombination aus dem Einsatz von Ponys und der Muskelkraft der Männer für die geeignetste Methode, sich dem Pol zu nähern. Sein Vertrauen in die Motorschlitten war im Laufe des Winters geschwunden.

Gran, der sehr genau wusste, warum Amundsen Hunde einsetzte, reagierte auf Scotts Entscheidung skeptisch. Als einziger Norweger am Kap Evans war er ein Außenseiter, aber seine Einwände gegen die geplante Fortbewegungsart waren allein praktischer Natur. Er schrieb:

> Ich wage zu bezweifeln, dass die Hunde so unbrauchbar sind, wie er (Scott) meint. Vielmehr frage ich mich, ob seine Haltung nicht von Ignoranz zeugt, wenn man sich vor Augen führt, dass Amundsen ganz auf seine Hunde setzt.[1]

Unterdessen liefen bereits die Vorbereitungen für eine kurze, aber hochgradig riskante Exkursion mitten im antarktischen Winter, die das Ziel hatte, in den Kolonien des Kaiserpinguins am Kap Crozier Eier einzusammeln, um an den Embryonen wissenschaftliche Untersuchungen durchzuführen. Die Idee stammte von Wilson, und Scott, der jeglichen Streit vermeiden wollte, gab ihm die Erlaubnis, Bowers und Cherry-Garrard mitzunehmen – ungeachtet aller Bedenken wegen der Risiken, die mit dem Vorhaben verbunden waren. Der Ausflug sollte zu einem Horrortrip werden und Cherry-Garrard dazu animieren, sein Buch über die Expedition *Die schlimmste Reise der Welt* zu nennen.

Das Ziel der Unternehmung war hauptsächlich wissenschaftlicher Natur, aber Scott hegte auch die Hoffnung, dass die drei Männer Ausrüstung und Proviant, die er im Frühjahr beim Vorstoß zum Südpol benötigte, einem Test unterziehen würden. Ganz und gar nicht gefallen konnte ihm hingegen, dass drei Männer, die für die letzte Etappe zum Pol erste Wahl waren, auf der Exkursion, die so gänzlich anders verlief als gedacht, denkbar schlechtem Wetter und erheblichen Risiken ausgesetzt waren, die sie nur mit knapper Not überlebten.

Die gefährliche und letztlich überflüssige Tour steht für den tiefgreifenden Konflikt zwischen Erkundung und wissenschaftlicher Forschung, von der Scotts letzte Expedition bestimmt war. Darin unterschied sie sich auch grundlegend von Amundsens Vorhaben, das lediglich ein Ziel hatte. Während Scott einen Ausgleich zwischen zwei Interessen finden musste, konnte sich Amundsen ganz auf ein Interesse konzentrieren – sein eigenes.

Ein entschlussfreudigerer Expeditionsleiter hätte die Exkursion im tiefsten Winter 1911 sicherlich zu verhindern gewusst, sie zumindest aber auf die Zeit nach der Eroberung des Südpols verschoben. Es ist kaum vorstellbar, dass Amundsen riskiert hätte, am Kap Crozier Leistungsträger zu verlieren, solange der Pol nicht eingenommen war.

Die drei Männer, die sich vor einen knapp 350 Kilogramm schweren Schlitten gespannt hatten, schafften in der Dunkelheit und wegen der katastrophalen Wetterbedingungen nur wenige Kilometer am Tag. Der Wind wehte permanent mit hundert Stundenkilometern, die Temperaturen sanken regelmäßig bis auf –45 °C und einmal sogar bis auf –61 °C. Es war so kalt, dass Atem und Schweiß gefroren, und an einer Stelle seines Buches gab Cherry-Garrard eine höchst anschauliche Beschreibung von den Leiden:

> Ich glaube nicht, dass irgendein Mensch, wie krank er auch sein mag, je eine schlechtere Zeit hatte, als wir sie in diesen Schlafsäcken hatten, so heftig zitternd, dass man sich fast den Rücken hätte brechen können.[2]

Die Bilanz, die er zog, geht heute noch zu Herzen:

> Solch extremes Leid lässt sich nicht messen: nur Wahnsinn und Tod können Erlösung geben. Aber dies weiß ich: Wir begannen auf dieser Reise schon, den Tod als Freund zu betrachten.[3]

Wie durch ein Wunder überlebten die drei Männer das sechsunddreißig Tage währende Martyrium, doch wie sich zeigte, waren die Pinguineier von geringem wissenschaftlichen Wert. Auf den Fotos, die Ponting unmittelbar nach ihrer Rückkehr schoss, sind drei Männer zu sehen, deren gequälter und erschöpfter Gesichtsausdruck nicht verheimlicht, dass sie dem Tod ins Auge geschaut hatten. Gran fasste vermutlich die Gefühle vieler am Kap Evans zusammen, als er notierte, dass die Männer zweifellos »in schlechter Verfassung« waren, und ausführte:

> Wilson ist so abgemagert, dass man es mit der Angst zu tun bekommt. Wer ihn sieht, muss unwillkürlich an Bilder von ausgemergelten Opfern einer Hungersnot denken.[4]

Und doch waren die Männer lediglich sechsunddreißig Tage unterwegs gewesen – ein Drittel der Zeit, die die Eroberung des Südpols in Anspruch nehmen würde. Ihr Zustand schürte Sorgen und Bedenken unter den Männern, die im Begriff waren, sich auf den beschwerlichen Weg zu machen. Und doch hatten sie die kühne Hoffnung, dass das Wetter nicht ganz so katastrophal sein würde.

Während ihrer Abwesenheit war Creans Erfahrung ein weiteres Mal in Anspruch genommen worden, um Atkinson in einer schwierigen Situation beizustehen. Der war gemeinsam mit Gran losgezogen, um das Thermometer abzulesen, allerdings bei Temperaturen von unter –30 °C und Windgeschwindigkeiten von bis zu siebzig Stundenkilometern. Gran kehrte wohlbehalten zurück, aber der Umstand, dass er in einer Stunde lediglich 250 Meter weit gekommen war, belegte nachdrücklich, wie widrig die Bedingungen waren. Und Atkinson war noch immer irgendwo dort draußen.

Crean, Taff Evans und Keohane wurden mit Laternen losgeschickt, kehrten aber unverrichteter Dinge zurück. Die Sorge um Atkinson war unterdessen nicht geringer geworden, und so ordnete Scott eine größere Suchaktion an. Um Gerof verstärkt, nahmen die drei Männer einen leichten Schlitten, Schlafsäcke sowie eine Flasche Brandy und machten sich auf in die eiskalte und dunkle antarktische Nacht.

Schließlich fanden sie den Kameraden, der seit fünf Stunden ziellos umherirrte und an einer Hand schwere Erfrierungen aufwies. Scott nahm die Erinnerung an die ständig und überall lauernden Gefahren zum Anlass, vor unnötigen Unternehmungen zu warnen.

Er konzentrierte sich lieber darauf, seinen Plan für die Eroberung des Südpols in die Tat umzusetzen, und dabei hielt er große Stücke auf die drei bewährten Kräfte Crean, Evans und Lashly. Er schrieb:

> Crean geht es ausgezeichnet, er ist zu allem bereit und würde überall hingehen, je schwerer die Aufgabe, desto besser. Evans und Crean sind gute Freunde. Lashly ist in jeder Hinsicht ganz der Alte. Er arbeitet bis zur Erschöpfung, spricht nicht viel, ist bescheiden, aber entschlossen. Alles in allem habe ich gute Leute um mich, und es müsste schon mit dem Teufel zugehen, wenn wir nicht Erfolg haben.[5]

Nach vier Monaten kehrte am 26. August mit der Sonne das Licht zurück, und die Vorbereitungen für den Frühling und den Marsch zum Pol wurden forciert. Doch auch jetzt warteten Rückschläge und Pannen, die zwar nicht das große Ziel der Expedition gefährdeten, aber doch die Überzeugung nährten, dass sie unter keinem guten Stern stand. Wer von den Männern zum Aberglauben neigte, hatte erneut Anlass, sich Sorgen zu machen.

Der erste Zwischenfall ereignete sich, als sich Teddy Evans, Gran und Forde auf den Weg zum Corner Camp machten, um es aus dem Schnee auszugraben, damit dort später die Gruppe, die zum Pol gehen würde, Station machen und den direkten Weg nach Süden einschlagen könnte. Das Camp war vom Kap Evans etwa achtzig Kilometer entfernt, und auf dem Weg dorthin geriet das Trio, das fast 300 Kilogramm Last ziehen musste, in schlechtes Wetter. Die Temperaturen fielen auf knapp 60 °C unter null. Nur wenige Wochen nach

Ponting konnte die Männer um Scott dazu bewegen, sich vor dem Angriff auf den Südpol für ein Foto aufzustellen. Nicht alle sollten lebend zurückkehren. In der hinteren Reihe sind, von links nach rechts, Taylor, Cherry-Garrard, Day, Nelson, Teddy Evans, Oates, Atkinson, Scott, Wright, Keohane, Gran, Lashly, Hooper, Forde, Omelchenko und Gerof zu erkennen. Vorn sitzen, von links nach rechts, Bowers, Meares, Debenham, Wilson, Simpson, »Taff« Evans und Tom Crean. Nur der Koch Clissold und der Fotograf Ponting fehlen.

dem Martyrium vom Kap Crozier wurden auch diese drei Männer vom Wetter überrascht, und Forde erlitt Erfrierungen an beiden Händen. Der Mann aus Cork erholte sich nicht wieder davon und wurde 1912 mit der *Terra Nova* zurück in die Heimat geschickt, während seine Kameraden den Pol in Angriff nahmen.

Kurz darauf zog sich der australische Geologe Debenham bei einem Fußballspiel auf der Eisfläche vor der Hütte am Kap Evans eine schwere Knieverletzung zu. Ponting hatte ein solches Spiel mit der Kamera filmen wollen, und Debenhams Verletzung sorgte dafür, dass sich eine geplante geologische Exkursion zu den westlich gelegenen Bergen um drei Wochen verzögerte. Bei einem weiteren Unfall im Zusammenhang mit Filmaufnahmen stürzte Green unglücklich, als er für Ponting posierte, und zog sich eine Gehirnerschütterung zu.

In seinem Lager in der Bucht der Wale wurde auch Amundsen allmählich ungeduldig. Er ließ es sich zwar nicht anmerken, aber die Sorge, das Wettrennen gegen die Engländer zu verlieren, nagte schwer an ihm. Am 8. September, Evans kämpfte sich gerade zum Corner Camp durch, machte sich Amundsen mit acht Begleitern und mehreren Hundegespannen auf den Weg zum Südpol. Doch sehr bald erwies sich, dass es dafür noch zu früh war, denn auf dem Schelfeis sanken die Temperaturen noch immer auf –56 °C, sodass selbst die widerstandsfähigen Hunde litten. Amundsen musste einsehen, dass er sich geirrt hatte – etwas, was ihm nur sehr selten passierte –, und nach nur wenigen Tagen fügte er sich in das Unvermeidliche und kehrte zum »Framheim« genannten Basislager zurück.

Scott brachte derweil seine Vorbereitungen zum Abschluss. Jahre der minutiösen Planung, der langwierigen Geldbeschaffung und des erzwungenen Müßiggangs im antarktischen Winter waren vorbei. Der Start zum Marsch auf das letzte Ziel, das der Globus zu bieten hatte, stand unmittelbar bevor.

# DAS LETZTE ZIEL, DAS DER GLOBUS ZU BIETEN HAT

In den Tagen vor dem Aufbruch zum historischen Marsch zum Pol hatte Tom Crean eine ungewohnte Rolle zu spielen. Ponting wollte unbedingt der Erste sein, der den Marsch einer Polarexpedition übers Eis filmisch festhielt, und wählte Crean als einen der Hauptdarsteller aus. Gemeinsam mit Scott, Wilson und Taff Evans spannte er sich vor einen Schlitten, um zu demonstrieren, wie sich die Gruppe auf dem Weg zum Pol in den folgenden fünf Monaten übers Eis bewegen würde.

Pontings Film ist ein beeindruckendes Dokument aus dem Goldenen Zeitalter der Antarktisforschung, das einen tieferen Einblick in das Geschehen erlaubt als jedes andere. Auch wenn der kleine Film die Gräuel der verhängnisvollen Reise nicht wahrheitsgemäß wiedergeben kann, hält er doch eine unauslöschliche Erinnerung bereit. Ponting verbrachte mehrere Stunden damit, die Männer auf insgesamt 213 Metern Film abzulichten, und zeigt sie, wie sie einen Schlitten ziehen, ein Zelt aufbauen und Essen zubereiten – kurzum, er fasst zusammen, wie ein ganz normaler Tag auf dem Eis ablief. In seinem Tagebuch beschrieb Wilson die Dreharbeiten wie folgt:

> An den Bildern ist nichts falsch oder gelogen. Sie zeigen wahrheitsgetreu, was wir bei unseren Gewaltmärschen übers Eis tagein, tagaus erleben, auch wenn sie natürlich nicht unter denselben Bedingungen entstanden sind.[1]

Bilder, die wenig später aufgenommen wurden, zeigen anrührende Großaufnahmen von vier Männern, die vergnügt in einem kleinen Zelt hocken, die Schuhe ausziehen, scherzen und lächeln, während sie ein warmes Essen zubereiten. Die vier Männer sind Scott, Wilson, Bowers und Taff Evans. Wenige Monate später sollte keiner von ihnen mehr leben.

Diese Aufnahmen waren gestellt, doch schon kurz darauf wurde es wieder bitterer Ernst. Obwohl Scott bei der Planung akribisch vorgegangen war und auch kleinste Details bedacht hatte, waren immer wieder Rückschläge zu beklagen, die das Unterfangen erschwerten und gelegentlich sogar scheitern zu lassen drohten. Das betrifft vor allem die Frage des Transports, die für den Erfolg wesentlich, aber auch besonders kompliziert war, was die ohnehin schwere Aufgabe, auf dem Weg zum Pol und wieder zurück eine Strecke von fast 3000 Kilometern bewältigen zu müssen, nicht leichter machte.

Scott baute auf insgesamt sechzehn Männer und vier gänzlich unterschiedliche Methoden der Fortbewegung, mit denen man unterschiedlich schnell vorankam: Motorschlitten, Hunde, Ponys und schließlich die Männer selbst, die sich vor die Schlitten spannten. Geradezu simpel wirkt demgegenüber Amundsens Wahl der Fortbewegungsart – eine kleine, erfahrene Gruppe von Männern mit Skiern und Hundeschlitten.

Als am 24. Oktober 1911 um 10:30 Uhr die zwei verbliebenen Motorschlitten zum Leben erwachten, war der erste Schritt der letzten Etappe der britischen Expedition zum Pol getan. Auf dem einen Schlepper saß Lashly, auf dem anderen der Mechaniker Day, unterstützt wurden sie von Hooper. Die Verantwortung trug Teddy Evans, der offiziell als Scotts Stellvertreter fungierte, in der Praxis aber längst durch Wilson abgelöst worden war. Im Laufe des Winters war Scott zu der Überzeugung gelangt, dass Evans mit dem Amt des Stellvertreters überfordert war, und hatte ihn gar als »Niete« bezeichnet. Damit einher ging eine zunehmende Skepsis gegenüber den Motorschlitten, wovon auch die Entscheidung zeugt, beide zusammenzuspannen.

Lashlys Aufzeichnungen ist zu entnehmen, dass die beiden Schlepper zusammen knapp drei Tonnen Last zogen – Vorräte, Futter für die Ponys und Treibstoff –, die auf sechs Schlitten verteilt waren. So sollten die Ponys für den weiten und beschwerlichen Weg zum Beardmore-Gletscher geschont werden. Der Plan sah vor, die Vorräte gut 300 Kilometer weit bis auf 80° 30' S beziehungsweise gut hundert Kilometer südlich des One Ton Depot zu befördern.

Doch wie auf dem Marsch, auf dem die Depots angelegt wurden, die Ponys, so erwiesen sich nun die Schlepper als große Enttäuschung. Die in sie gesetzten Erwartungen konnten sie bei Weitem nicht erfüllen. Sie krochen mehr, als dass sie fuhren, und schafften in den ersten drei Stunden gerade mal fünf Kilometer. Schon da deutete sich an, dass sie längst nicht so wertvoll sein würden wie erhofft. Nach mehreren ärgerlichen Pannen gaben sie schließlich am 1. November gänzlich den Geist auf. In einer Woche hatten sie lediglich 82 Kilometer zurückgelegt. Nun wurde die Last, die sie übernehmen sollten, abgeladen und im Schnee deponiert.

Evans lud 335 Kilogramm Vorräte und Ausrüstung auf einen Schlitten um, und die vier Männer spannten sich davor. Es war ein bezeichnender Moment für die Expedition, weil er für den Ersatz der Technik durch Menschenkraft steht. Lashly notierte ernüchtert: »Jetzt bleiben nur noch wir als Packesel.«[2]

Ebenfalls am 1. November 1911 verließen zwölf Männer das Lager am Kap Evans. Sie wurden von ihren Kameraden begeistert verabschiedet, die sie hochleben ließen und dazu Flaggen schwenkten. Ponting hielt im Bild fest, wie jene Männer, die den Pol erobern wollten, sich ein letztes Mal umdrehten und winkten, ehe sie hinter dem Horizont verschwanden.

Scott, Wilson, Bowers, Oates, Atkinson, Cherry-Garrard, Wright, Taff Evans, Keohane und Tom Crean bildeten die Spitze der Gruppe. Jeder von ihnen führte eines der zehn Ponys, die ihnen geblieben waren. Meares und Gerof folgten mit dreiundzwanzig Hunden. Crean war Bones zugewiesen, eines der kräftigeren Ponys, und Scott notierte beruhigt: »Bones lässt sich von Crean willig führen, ich folge ihnen mit Snippets.«[3]

Der Start in das große Abenteuer wurde von einem Vorfall begleitet, der eher für Heiterkeit denn für Beunruhigung sorgte. Scott war so sehr mit den Vorbereitungen beschäftigt

Crean mit Bones, dem Pony, das er 600 Kilometer weit über das Ross-Schelfeis führte. Die Aufnahme entstand im Oktober 1911, kurz vor dem Abmarsch.

gewesen, dass er vergessen hatte, den Union Jack einzupacken, den ihm Queen Alexandra, die Mutter des amtierenden Regenten, mitgegeben hatte, damit er ihn am Südpol aufstellte. Ironischerweise schickte er ausgerechnet Gran zurück, um ihn zu holen, sodass ein Norweger als derjenige in die Geschichte einging, der die britische Flagge auf den Weg zum Südpol brachte.

Noch am Vorabend des Aufbruchs hatte Scott notiert: »Der Erfolg unserer Mission liegt in Gottes Hand. Alles, was in meiner Macht steht, habe ich getan.«[4]

Andernorts auf dem Schelfeis war Amundsen schon gut 300 Kilometer weiter gen Süden vorgedrungen, und das bei einer durchschnittlichen Geschwindigkeit von bis zu vierzig Kilometern am Tag. Mit seinen handverlesenen vier norwegischen Begleitern – Olav Bjaaland, Helmer Hanssen, Sverre Hassel und Oscar Wisting – und zweiundfünfzig Hunden war er am 19. Oktober, also zwei Wochen vor den Briten, gestartet. Das Rennen war so gut wie entschieden.

Scott hatte zudem wieder einmal Pech mit dem Wetter, weil leichter Schneefall den Untergrund aufweichte und das Gehen erschwerte. Das gilt vor allem für die Ponys, von denen jedes einen mit 320 Kilogramm beladenen Schlitten ziehen musste. Männer und Tiere gleichermaßen sanken immer wieder tief im Schnee ein, und sehr schnell zeichnete sich ab, welch hartes Stück Arbeit vor ihnen lag.

Und doch fanden die Männer in diesen ersten, von Zuversicht geprägten Tagen, in denen sie körperlich noch auf der Höhe waren, Zeit und Muße für gelegentlichen Schabernack, der als Heilmittel gegen die Anstrengungen und vereinzelte Rückschläge wirkte. Teddy Evans, der einen ausgeprägten Sinn für Humor hatte, nahm sich den tierlieben Crean, der den Tod »seines« Ponys noch nicht verwunden hatte, zur Zielscheibe seines Spotts. In seinem Tagebuch berichtet Evans am 4. November darüber:

> Heute haben wir das Grab von Blossom besucht und bei der Gelegenheit ein Stück schwarzen Stoff an Creans Bein befestigt. Der trauert noch immer seinem Pony nach.[5]

Humor blieb auch weiterhin gefragt, denn die Bedingungen verschlechterten sich zusehends, und Scotts Tagebuch legt ein beredtes Zeugnis von den Schwierigkeiten ab, vor die sich die Männer gestellt sahen. War am 10. November noch von einem »Gewaltmarsch« die Rede, so sind zwei Tage später daraus »sich wiederholende Gewaltmärsche« geworden. Am 13. November wählte er die Formulierung »ein weiterer Gewaltmarsch« und fügte hinzu, »dass die Ponys unter dem weichen Boden sehr leiden«.

Die Hunde von Meares und Gerof brauchten derweil für dieselbe Strecke nur ein Drittel der Zeit, ohne an Hunger oder Erschöpfung zu leiden. Im Grunde waren sie unterfordert, während die Ponys große Mühen hatten, mit den Verhältnissen zurechtzukommen.

Am 21. November holte die zwölfköpfige Gruppe das Team um Evans ein, das ihre Last per Schlitten zu einem neuen Depot namens Mount Hooper – benannt nach dem jungen Steward – gebracht hatte, das knapp hundert Kilometer südlich vom One Ton Depot lag. Zum ersten Mal waren nun alle, die den Angriff auf den Pol wagen wollten, auf dem Schelfeis versammelt. Doch schon jetzt zeigten sich erste Anzeichen von Erschöpfung. Scott notierte, dass insbesondere Evans' Leute, die den schweren Schlitten schon seit fast drei Wochen über das Eis zogen, »wie ausgehungert waren«.

Nachdem die Motorschlitten aufgegeben und ihrem Schicksal überlassen worden waren, baute die Gruppe nun noch auf drei »Antriebe« für die Schlitten: die Hunde, die Ponys und sich selbst. Das Problem der unterschiedlichen Geschwindigkeiten blieb ihnen jedoch erhalten, was bedeutete, dass sie ihr Tagwerk zu unterschiedlichen Zeiten begannen und beendeten. Bei der täglichen Planung fiel Scott damit eine weitere Aufgabe zu, und er bekannte freimütig, dass sein Trupp »ein wenig desorganisiert« wirken könnte. Am 21. November waren einundzwanzig Tage seit dem Abmarsch am Kap Evans vergangen, und in dieser Zeit hatten die Männer 300 Kilometer zurückgelegt – ein Schnitt von nicht einmal fünfzehn Kilometern am Tag. Und noch waren sie gut 1100 Kilometer vom Pol entfernt.

Am selben Tag hatte Amundsen bereits den bislang unerforschten Axel-Heiberg-Gletscher erklommen und das Polarplateau erreicht. Und allein an diesem Tag hatten er und seine Begleiter 27 Kilometer zurückgelegt, dabei 1500 Höhenmeter überwunden und fast eine Tonne Gepäck auf den Gletscher gehievt. Vielen seiner Hunde dankte er die Plackerei mit einer Kugel in den Kopf. Denn ebenfalls am 21. November reduzierte Amundsen das Rudel von zweiundvierzig auf achtzehn Tiere. Die Kadaver vergrub er im Schnee, damit sie ihnen auf dem Rückweg als Nahrung dienen konnten.

Drei Tage später sah sich Scott gezwungen, das erste seiner Ponys zu töten. Das hatte zur Folge, dass auch die Teams umgebildet werden mussten. Hooper und Day wurden zurück zum Kap Evans geschickt, sodass die Gruppe nun aus drei Teams à vier Personen bestand. Hinzu kamen weiterhin Meares und Gerof mit den Hunden. Crean teilte sich nun ein Zelt mit seinem Freund Taff Evans sowie Bowers und Oates.

Das Wetter verschlechterte sich dramatisch, ein Schneesturm zwang die frustrierten Männer für vier Tage in ihre Zelte, was besonders schmerzte, weil der Beardmore-Gletscher und die sich dahinter erhebenden Berge auf dem Polarplateau quasi in Sichtweite lagen. So ging wertvolle Zeit verloren, die ihnen in der Endabrechnung fehlen könnte. Vier Tage in fünf Monaten klingt zunächst nicht nach viel, aber unter den Bedingungen der Antarktis können sie über Leben und Tod entscheiden. Jeder zusätzliche Tag bedeutete, dass sich der Rückweg bis in den extrem launischen Herbst hineinziehen konnte. Und jeder verlorene Tag bedeutete, dass die Vorräte weiter schwanden.

Als sich die Männer dem Fuß des Beardmore-Gletschers näherten, begannen sie mit der traurigen Pflicht, sich von den übrig gebliebenen Ponys zu trennen. Bones gehörte zu den fünf letzten Tieren, die am 9. Dezember im »Shambles Camp« genannten Lager getötet wurden.

Bis auf Meares und Gerof mussten nun alle Männer selbst ins Geschirr, und noch lagen 720 Kilometer vor ihnen. Und weil sie durch den Schneesturm viel Zeit verloren hatten, lagen sie weit hinter ihren gesteckten Zielen zurück. Zudem brauchten sie schon jetzt Vorräte auf, die erst für einen späteren Zeitpunkt auf dem Plateau vorgesehen waren.

Die schwere körperliche Arbeit hatte zur Folge, dass die Männer Hunger litten, weil die Rationen im Verhältnis zu den Anstrengungen zu klein waren. Sie ernährten sich vorwiegend von Pemmikan, einem nicht sonderlich wohlschmeckenden Gemisch aus Dörrfleisch und Fett, das mit geschmolzenem Schnee und Zwiebackstücken verrührt wurde, bis sich eine zähe Masse ergab, die von den Männern »Hoosh« genannt wurde. Wer wollte, konnte sich auch Butter auf den Zwieback streichen und ihn so essen. Dazu tranken sie Tee oder Kakao, wahlweise gesüßt. Das Wasser dafür musste mühselig mit dem Primuskocher aus Schnee gewonnen werden. Man darf also davon ausgehen, dass zu dem Hunger permanenter Durst hinzukam.

Der späte Abmarsch und die wetterbedingten Verzögerungen unterwegs stellten die Männer vor einige Schwierigkeiten, noch bevor sie den härtesten Teil der Reise angetreten hatten, den 190 Kilometer langen Aufstieg zum Beardmore-Gletscher. In seinem Buch *Scott's Men* von 1977 äußert David Thomson die These, dass es keinesfalls ehrenrührig gewesen wäre, wenn Scott und seine Begleiter am Fuß des Gletschers den Rückweg angetreten hätten.

Viele der Männer werden ein wenig Trost darin gefunden haben, dass sie die Ponys los waren und wieder selbst die Schlitten ziehen konnten. Wilson klagte zwar über anhaltende Müdigkeit, bekannte aber auch: »Gott sei Dank sind die Pferde Geschichte. Jetzt übernehmen wir die schwere Arbeit selbst.«[6]

Richtig schwer wurde die Arbeit aber erst, als sie unmittelbar vor dem Gletscher standen, weil dort das Meereis mit unvorstellbarem Druck auf das Festland trifft und riesige Pressrücken aufwirft. Shackleton, der drei Jahre zuvor dort gewesen war, hatte die Stelle »das Tor zum Südpol« genannt.

Ungeachtet der Kälte und des eisigen Windes, badeten die Männer förmlich in Schweiß, als sie die 270 Kilogramm schweren Schlitten über dieses Gelände wuchteten. Cherry-Garrard berichtete später, dass sie in einem Fall für einen einzigen Kilometer fast vier Stunden benötigten. Am 9. Dezember musste Evans' Team fünfzehn Stunden lang schuften, ehe es, »im eigenen Saft gekocht«, das Shambles Camp erreichte. Und Scott notierte, dass die Arbeit »außerordentlich ermüdend« sei.

Seit Crean sich der *Discovery*-Expedition angeschlossen hatte und zum Polarreisenden geworden war, waren auf den Tag genau zehn Jahre vergangen.

Unterdessen wurden Zweifel an der Fitness der Männer laut, weil die schwere Arbeit unter erbärmlichen Bedingungen allmählich Tribut forderte. Wilson beobachtete, dass Wright »ziemlich geschafft« war und Lashly, der 640 Kilometer vor dem Schlitten zugebracht hatte, »nicht mehr recht bei Kräften«. Scott notierte: »Wenn die Männer zusammenklappen, haben wir ein ernstes Problem.«

Die Sorge war mehr als berechtigt, denn den schwierigsten Teil der Reise hatten sie gerade erst angetreten: den Aufstieg zum Beardmore-Gletscher. Dabei musste jeder der Männer mindestens achtzig Kilogramm ziehen – die größte Herausforderung, der sie bislang gegenübergestanden hatten. Damit nicht genug, bestand darüber hinaus die nicht minder bedrohliche Gefahr, in eine der zahllosen lebensbedrohlichen Spalten zu stürzen, die sich über das unebene und schartige Gelände ziehen.

Nachdem die Teams neu aufgeteilt worden waren, bildete Crean gemeinsam mit Bowers, Cherry-Garrard und Keohane ein Gespann. Kopfzerbrechen bereitete Scott jedoch eine andere Konstellation, denn es zeichnete sich ab, dass das Verhältnis zwischen ihm und seinem Stellvertreter Teddy Evans kaum mehr zu kitten war. Wenn Evans sich vorhalten lassen musste, dass er das Tempo der anderen nicht hielt, wies er mit großem Nachdruck darauf hin, dass Lashly und er fünf

Crean (rechts) im Zuggeschirr eines 360 Kilogramm schweren Schlittens, im Dezember 1911 auf dem Beardmore-Gletscher. Neben ihm bemühen sich Cherry-Garrard, Bowers und Keohane (von links).

Wochen länger im Geschirr verbracht hatten als jeder andere. Der Einwand war zwar berechtigt, vertiefte aber den Riss, der zwischen den beiden Männern verlief.

Am 11. Dezember deponierten sie erhebliche Mengen an Vorrat – darunter auch eine Flasche Brandy für medizinische Zwecke –, der für den Rückweg gedacht war, und nannten das Lager »Lower Glacier Depot«. Meares und Gerof machten dort kehrt, im Gepäck einen Brief Scotts an seine Frau Kathleen, in dem er einen eher pessimistischen Ausblick auf das gab, was vor ihm lag. Obwohl er erst seit knapp sechs Wochen unterwegs war, schilderte er die Lage als »weniger rosig als erhofft, aber wir lassen die Köpfe nicht hängen und hoffen, dass das Blatt sich wendet«.

Tom Crean (rechts) und Taff Evans im Jahr 1911 bei einer Verschnaufpause auf dem Eis.

Die verbliebenen drei Viererteams kamen nur quälend langsam voran – am 13. Dezember gerade mal sechs Kilometer. Die Anstrengungen hinterließen selbst bei den zähesten Männern Spuren. Lashly, der nicht dazu neigte, sich zu beklagen, und als einer der Stärksten in der Gruppe galt, beschrieb das Vorankommen als »überaus mühsam«, und Teddy Evans zufolge mussten sie »keuchen und schwitzen«, weil sie immer im bis zu einem halben Meter tiefen Schnee einsanken. Entsprechend sprach Scott von einem »zutiefst miserablen Tag«, und Wilson klagte, dass die Arbeit »mörderisch schwer« wurde, weil der Schlitten im weichen und klebrigen Schnee stecken blieb. Creans Zeltgenosse Bowers war sich sicher, nie einer vergleichbar zermürbenden Arbeit nachgegangen zu sein.

Crean und Keohane gingen hinter Cherry-Garrard und Bowers im Geschirr, und dank Letzterem können wir zumindest erahnen, was die Männer auf ihrem Weg den Gletscher hinauf durchmachen mussten. Die Schilderung, die er in seinem Tagebuch hinterließ, ist erkennbar von bitterer Erfahrung gespeist und die wohl eindringlichste, die wir kennen.

> Wir schafften bestenfalls kurze Strecken von wenigen Hundert Metern, weil wir mitsamt dem Schlitten wie ein Schneepflug in den weichen Schnee einsanken. Dann wieder in Tritt zu kommen war besonders anstrengend, weil wir zehn, fünfzehn vergebliche Anläufe machen mussten, um den Schlitten wieder in Bewegung zu bringen, der dreißig Zentimeter tief im Schnee steckte und wegen der überstehenden Ladung wie ein Bremsklotz funktionierte. Die Anstrengung beim Ziehen war so groß, dass ich spüren zu können glaubte, wie die Gedärme gegen das Rückgrat gedrückt werden, wenn ich mich mit ganzer Kraft in das Geschirr legte, das um meinen unglückseligen Bauch gelegt war.[7]

Bowers lieferte auch einen interessanten Einblick in den Charakter und die Entschlusskraft der Männer, die ihnen halfen, die täglichen Qualen zu überstehen, unter unsäglichen Bedingungen schwerste Lasten zu ziehen und dabei doch die Kameradschaft hochzuhalten. In einem Brief an seine Mutter schrieb er:

> Wenn man unter diesen Bedingungen gemeinsam einen Schlitten zieht, geht es ans Eingemachte. Der wahre

Charakter eines Mannes zeigt sich, und man entdeckt Dinge, die man nicht erwartet hätte. Man kennt sich in- und auswendig, und dafür respektiert man den einen etwas mehr, den anderen leider etwas weniger.

Trotz der geschilderten Mühen schafften sie am 14. Dezember immerhin sechzehn Kilometer, und das, obwohl der Tag mit einer düsteren Einsicht begonnen hatte, die manchen Chronisten in der Auffassung bestärkt hat, dass Scott spätestens zu diesem Zeitpunkt hätte umkehren müssen. Er hatte notiert: »Wir setzen den Weg fort, auch wenn die Aussichten eher trübe sind.«[8]

An jenem 14. Dezember 1911 drangen Amundsen und seine vier Begleiter, Hunderte Kilometer von Scott entfernt, bis zum Südpol vor. Um 15 Uhr hatte der kleine Trupp aus Menschen und Hunden auf dem Polarplateau haltgemacht, um das Hodometer abzulesen, ein Messrad, das eigens für die Nutzung im Schnee umgerüstet worden war. Amundsens Tagebucheintrag geriet geradezu beiläufig, er stellte fest: »Das Ziel war erreicht, der Weg zu Ende.«[9]

Amundsen war es wichtig, dass die fünf Männer gemeinsam die norwegische Flagge aufstellten – für ihn ein Zeichen der Dankbarkeit gegenüber den Kameraden. Er schrieb:

> So nur konnte ich meinen Gefährten an diesem trostlosen, einsamen Fleck meine Dankbarkeit zeigen. Fünf raue, vom Frost aufgerissene Fäuste fassten die Stange, hoben die flatternde Fahne hoch und steckten sie gemeinsam als allererste in den Geografischen Südpol.[10]

Crean beging den historischen Tag damit, dass er bei dem Versuch, das Zelt aufzustellen, in eine fünfzig Zentimeter breite Spalte im Eis einbrach. Das Plateau hielt zahllose solcher verborgenen Risse bereit, und Keohane beklagte sich darüber, dass es unmöglich war, sich gefahrlos nur wenige Zentimeter vom Zelt zu entfernen. Der Riss, der Crean um ein Haar zum Verhängnis geworden wäre, verlief unmittelbar vor dem Eingang, und wie viel Glück der Ire hatte, wird daraus ersichtlich, dass Cherry-Garrard eine leere Öldose in den Spalt warf und ernüchtert festhielt: »Es hallte erschütternd lange nach.« Dass Crean dem Tod mit knapper Not entronnen war, machte den Tag auch für ihn zu einem historischen.

Während die Norweger ihren Triumph genossen, waren die Gedanken von Scott und seinen Begleitern mit der heiklen Frage beschäftigt, wer von ihnen die letzte Etappe zum Pol bestreiten würde. Ursprünglich geplant war, eines der Vier-Mann-Teams kurz vor dem Ende des Beardmore-Gletschers zurückzulassen, ein zweites irgendwo auf dem Polarplateau.

Am 20. Dezember traf Scott die erste Entscheidung und sortierte ein Team aus. Es traf Atkinson, Wright, Cherry-Garrard und Keohane. Vor allem für den Kanadier Wright war das eine herbe Enttäuschung, denn obwohl er der Erschöpfung nahe war, hatte er sich bei der täglichen Schufterei im Geschirr hervorgetan. An diesem Tag war er, wie er seinem Tagebuch anvertraute, »zu wütend, um etwas zu Papier zu bringen. Scott ist ein Narr.« Keohane drückte sich zwar weniger drastisch aus, empfand aber ähnlich: »Es tut mir weh, mich von Crean trennen zu müssen.«[11]

Scott litt seinerseits unter der Notwendigkeit, sich von einigen Männern zu verabschieden. Cherry-Garrard erklärte er seine Entscheidung damit, dass gerade die Seeleute mit ihrem speziellen Wissen noch wichtig werden könnten. Wilson, auf den Scott mehr denn je baute, versuchte, Cherry-Garrard mit dem Hinweis zu trösten, dass die Entscheidung zwischen ihm und Oates denkbar knapp ausgefallen war. Cherry-Garrard, der mit der Entscheidung gar nicht einverstanden war, vertraute seinem Tagebuch an: »Es liegt eine Trauer in der nächtlichen Luft – jene gehen weiter, wir kehren um.«[12]

Vor der Trennung legten die Männer noch ein neues Vorratslager an, genannt »Upper Glacier Depot«. Dann bereiteten sich die Aussortierten auf den Rückweg vor. Alles, was sie nicht mehr dringend benötigten, den anderen aber von Nutzen sein konnte, überließen sie jenen, die weitergehen sollten. Cherry-Garrard teilte seinen Schal und übergab die Hälfte an Crean; Scott und Oates bekamen etwas Tabak. Nach einem bewegenden Abschied wandten sich die vier Männer um und traten den Rückweg über den Beardmore-Gletscher an.

Kap Evans war 940 Kilometer entfernt, der Südpol noch 480 Kilometer.

Die Teams, die sich nun dem Polarplateau näherten, waren fraglos in besserer Stimmung als jenes, das den Heimweg antrat. Scott ging zusammen mit Wilson, Oates und Taff Evans im Geschirr, das andere Team wurde von Teddy Evans, Bowers, Lashly und Tom Crean gebildet. Jeder von ihnen musste circa neunzig Kilogramm Last ziehen, darunter Vorräte für zwölf Wochen. Scott notierte:

> Wir kämpfen uns weiter voran, allen Widrigkeiten zum Trotz. Das Wetter bietet weiterhin Anlass zur Sorge, aber was wir beeinflussen können, läuft exakt nach Plan. Wir haben den höchsten Punkt erreicht, die Versorgung ist organisiert. Wir sollten unser Ziel erreichen.[13]

Noch war nicht entschieden, welche vier Männer die Gruppe bilden würden, die den historischen Marsch zum Pol bestreiten sollte. Dass Scott insgeheim mit der Frage befasst war, belegt ein Tagebucheintrag vom 22. Dezember. Weil das alte voll war, musste er an diesem Tag ein neues beginnen, und auf dem Vorsatzblatt notierte er: »Alter: Ich 43, Wilson 39, Evans (Bootsmann) 37, Oates 32, Bowers 28, Durchschnitt 36.«[14]

Seine sieben Begleiter konnten nicht wissen, was im Kopf ihres Anführers vorging, denn er ließ sie nicht daran teilhaben. Während sie Stunde um Stunde im Zuggeschirr vor den Schlitten verbrachten, konnten sie deshalb der Frage nachhängen, ob sie für die letzte Etappe zum Pol auserkoren und unsterblichen Ruhm erlangen würden.

Weihnachten hielt eine Furcht einflößende Erinnerung an die Gefahren der Polarregion bereit. An diesem Tag kämpften sich die Männer die letzten Kilometer des von Spalten überzogenen Beardmore-Gletschers empor, und Lashly, der neben Crean im Geschirr hing, verschwand urplötzlich im Schnee. Der Ruck des Geschirrs riss Crean und Bowers zu Boden. Lashly hing derweil in den Gurten und baumelte hilflos über einer fünfzehn Meter tiefen Schlucht – ein, wie er später meinte, »grauenhafter Anblick«. Nur wenige Tage zuvor hatte sein Geschirr so mürbe gewirkt, dass es ausgetauscht worden war.

Nun hatte es sich unter dem 3,6 Meter langen Schlitten verklemmt, der quer über dem 2,5 Meter breiten Spalt hing und eine Brücke bildete. Dort hatte er sich verkeilt, sodass Bowers und Teddy Evans zunächst den Schlitten befreien mussten, ehe Lashlys Bergung beginnen konnte.

Dazu krochen sie vorsichtig zum Rand der Spalte, konnten ihren Kameraden aber zunächst nicht sehen, weil ein großes Stück Eis aus der Wand herausragte und die Sicht versperrte. Nur der Gurt war zu erkennen, sodass die Männer zunächst fürchteten, dass Lashly aus dem Geschirr gerutscht und abgestürzt war. Sie riefen seinen Namen und fragten, ob er in Ordnung sei, und Lashly war zwar heftig durchgeschüttelt, aber quicklebendig. Er selbst erinnerte sich so:

> Ich war in Ordnung, das stimmt schon, aber ich wollte nicht an einem Gurt in der Luft baumeln, besonders als ich mich umsah und begriff, was für ein Ort das hier war. Er schien etwa 15 Meter tief, 2,5 Meter breit und 35 Meter lang zu sein. Um diese Information zu erheben, war mir, als ich dort baumelte, reichlich Zeit gegeben. Ich konnte die Breite mit meinen Skistöcken messen, da ich sie noch an meinen Handgelenken hatte.[15]

Ein Bergseil war schnell gefunden und mit einem Palstek versehen, in den Lashly seine Füße stellen konnte, ehe er rausgezogen wurde. Es war sein 44. Geburtstag, und nachdem Crean ihn aus der Spalte befreit hatte, wünschte er ihm erleichtert, »er möge diesen Tag noch viele Male erleben«. Lashlys Antwort, so Evans, war »nicht zitierfähig«. In sein

Tagebuch notierte Lashly unschuldig, er habe sich »freundlich bei ihm bedankt«.

Nachdem sie sich wieder gefasst hatten, nahmen die acht Männer gemeinsam ihr Weihnachtsmenü ein. Dafür versammelten sie sich in zwei kleinen grünen Zelten, die sie bei Temperaturen von –22 °C in 2740 Metern Höhe auf dem Beardmore-Gletscher aufgestellt hatten. Die Männer trotzten der Einsamkeit, der klirrenden Kälte und den widrigen Bedingungen und bereiteten ein grandioses Vier-Gänge-Menü zu. Nie hat sich die Anpassungsfähigkeit des Menschen deutlicher gezeigt.

Der erste Gang bestand aus einem Hoosh mit Ponyfleisch und gemahlenem Zwieback, gewürzt mit Zwiebeln und Currypulver. Danach wurde ein Schokoladen-Hoosh aus Wasser, Kakao, Zucker, Zwieback und Rosinen gereicht, der mit einem Löffel Pfeilwurzmehl eingedickt worden war. Anschließend gab es Plumpudding, und den Abschluss bildeten Karamellbonbons und Ingwerplätzchen. Dazu wurden mehrere Tassen Kakao getrunken. Lashly beschrieb hinterher: »Ich konnte mich kaum noch bewegen.«[16]

Die deftige warme Mahlzeit wärmte die ermatteten, durchgekühlten Körper, und für einen Moment war die harte und obendrein gefährliche Arbeit, die es bedeutete, den schweren Schlitten bei Minusgraden zu ziehen, vergessen. Stattdessen konnten die Männer das angenehme Gefühl genießen, sich mit vollem Magen zwanglos mit den Kameraden zu unterhalten. In seinem Buch *South with Scott* beschrieb Teddy Evans den Abend Jahre später so:

> Wir erzählten uns von zu Hause und davon, wie wir das nächste Weihnachtsfest begehen würden, bis wir in unsere Schlafsäcke aus Fell krochen und endlich einmal nicht frieren mussten, weil wir ausnahmsweise genug gegessen hatten.[17]

Am nächsten Morgen erwartete sie wieder der Alltag, der verständlicherweise etwas später begann, weil sie nach dem Festessen erst später aufstanden als gewöhnlich. Das Ziehen des Schlittens aber war so beschwerlich wie immer, und die Rivalität zwischen Scott und Evans nahm weiter zu.

Auch die Erschöpfung machte sich zunehmend bemerkbar, insbesondere bei Teddy Evans und Lashly, die mehr als 1000 Kilometer im Zuggeschirr verbracht und den schweren Schlitten über das Schelfeis und den Beardmore-Gletscher gezogen hatten. Zusammen mit Bowers und Crean bildeten sie ein Gespann, das wiederholt hinter das von Scott zurückzufallen drohte, zum einen, weil die Kufen ihres Schlittens weniger gut waren, vor allem aber, weil Evans und Lashly der völligen Erschöpfung nahe waren. Wohl mit Bezug auf Wilson, der ja Arzt war, äußerte Evans: »Ein Mann, der die Gesundheit seiner Mitmenschen im Sinn hat, hätte stutzig werden müssen.«

Am letzten Tag des Jahres forderte Scott Evans, Bowers, Lashly und Crean für alle überraschend dazu auf, sich von ihren Skiern zu trennen, wohingegen er und sein Team ihre behielten. Für seine Entscheidung nannte Scott keine Gründe, aber in der Rückschau wird deutlich, dass er damit eine Vorentscheidung darüber traf, wer mit ihm zum Pol gehen würde.

Darüber hinaus ließ er das »Three Degree Depot« anlegen und die Schlitten um sechzig Zentimeter verkürzen, um dadurch ihr Gewicht zu verringern. So nebensächlich diese Maßnahme erscheinen mag, so wichtig sollte sie noch werden.

Crean, Lashly und Taff Evans mussten über mehrere Stunden in der Kälte auf dem Polarplateau stehen und die Schlitten kürzen, während die fünf anderen in den vergleichsweise warmen Zelten saßen, Tee tranken und die kommenden Tage durchsprachen. Doch auch jetzt blieb ihnen das Pech, das sie von Beginn an begleitete, treu. Bei den Arbeiten an den Schlitten zog sich Evans eine tiefe Schnittwunde in der Hand zu, versäumte es aber, Wilson oder Scott davon zu unterrichten. Es ist anzunehmen, dass er fürchtete, die Wunde würde ihn aus jenem Team ausschließen, das Scott zum Pol begleiten würde.

Taff Evans war ein einfach gestrickter Mann, der fest darauf zählte, zu den Auserwählten zu gehören und so Ruhm, etwas Geld und wohl auch die Möglichkeit zu bekommen, die Navy zu verlassen und irgendwo eine Kneipe zu eröffnen. Das war sein großer Wunsch, und der Südpol war das Mittel, mit dem er es erreichen wollte. Nun aber wollte die Wunde an seiner Hand nicht heilen, und wie sich schon bald zeigte, sollte das wesentlich dazu beitragen, dass der kräftige Waliser den leidvollen Rückweg vom Pol nicht überstand.

Das neue Jahr begann mit der gewohnten Routine. Die acht Männer schufteten bei Temperaturen bis –14 °C zehn Stunden am Stück. Scott meinte zwar, dass ihre Erfolgsaussichten gestiegen waren, klagte aber gleichzeitig darüber, dass die Gruppe um Teddy Evans »keine sonderlich gute Laune verströmt« – für ihn Anlass, seine Entscheidung zu treffen.

Am 3. Januar 1912 ließ Scott die Bombe platzen und verkündete, dass er mit fünf statt vier Männern den Pol in Angriff nehmen wollte. Crean, Lashly und Teddy Evans sollten umkehren und den Rückweg antreten, wohingegen Bowers das Team von Scott, Wilson, Oates und Taff Evans verstärken und gemeinsam mit ihnen die letzten 240 Kilometer in Angriff nehmen sollte.

Crean, der Scott gegenüber fast zehn Jahre lang loyal gewesen war, traf die Nachricht gänzlich unvorbereitet. Und dass Scott es nicht fertiggebracht hatte, ihm die Entscheidung unter vier Augen mitzuteilen und dabei Gründe zu nennen, warum er, Crean, nicht mit zum Pol durfte, empfand er als Affront.

Wie Crean die niederschmetternde Neuigkeit erfuhr, darüber existieren zwei Varianten, die sich in einigen Punkten unterscheiden, auch wenn beide von Gran stammen, der sie nach einer Unterhaltung mit Crean notierte.

Als Scott das mit Rauch gefüllte Zelt betrat, um seine Männer zu informieren, musste Crean, ein passionierter Pfeifenraucher, gerade husten, was es Scott ersparte, den stets loyalen Iren direkt mit der Wahrheit zu konfrontieren, ja, ihn auch nur anzusehen. Laut Grans Buch *Kampen om Sydpolen* soll Scott zu Crean gesagt haben: »Sie sind wohl ziemlich stark erkältet.«[18]

Crean, der ja nicht auf den Kopf gefallen war, begriff augenblicklich, was Scott mit der Bemerkung wirklich sagen wollte, und war nicht gewillt, die geschichtsträchtige Entscheidung kommentarlos hinzunehmen. Er konterte: »Mir ist durchaus klar, worauf Sie hinauswollen, Sir.«[19]

In seinen Tagebüchern verlegte Gran die Episode auf die Zeit nach Creans Rückkehr nach Kap Evans. Demnach soll Scott den Kopf in das Zelt gesteckt und sich daraufhin folgender Dialog zugetragen haben: »Das hört sich ja überhaupt nicht gut an, Crean. Mit einer so starken Erkältung ist nicht zu spaßen.«[20] In dieser Version fiel Creans Antwort weniger verblümt aus: »Glauben Sie nicht, ich würde eine dunkle Andeutung nicht verstehen, Sir.«[21]

Der Unterschied zwischen den beiden Versionen mag nicht allzu groß erscheinen, aber zwischen ihnen liegt fast ein halbes Jahrhundert. Das Buch *Kampen om Sydpolen* erschien erst 1961 und damit fast fünfzig Jahre nach dem Ereignis. Der Eintrag in das Tagebuch stammt hingegen vom 28. Mai 1912, dem Tag der Unterhaltung zwischen Gran und Crean. Da waren seit dem Vorfall erst fünf Monate verstrichen. Keinen Zweifel lässt Gran in seinen Tagebüchern jedoch an seiner Einschätzung der Redlichkeit aufkommen, mit der Scott seine Entscheidung begründete: »Scott benutzte Creans angeblichen Husten als Vorwand, aber Crean kannte seinen Kapitän und durchschaute ihn.«[22]

Crean wurde aus dem Zelt geschickt, und Scott fragte Teddy Evans, ob er Bowers aus dessen Team abziehen könne. Evans sah sich nach den Entbehrungen der letzten Monate und der Enttäuschung, nicht mit zum Pol gehen zu dürfen, nicht in der Lage, mit seinem Kapitän zu verhandeln. In seinen Tagebüchern klang die Enttäuschung allenfalls an, so als habe er mit einer solchen Entscheidung insgeheim gerechnet. »Einen Moment lang war ich durchaus enttäuscht, aber nicht so sehr, dass es nicht auszuhalten gewesen wäre.«[23]

Der Sache eher gerecht wird wohl Bowers, der notierte, dass Evans »litt wie ein Hund«, weil er fest damit gerechnet hatte, zu den Auserwählten zu gehören. In einem symbolträchtigen Akt übergab Evans Bowers eine kleine seidene Flagge, die seine Frau ihm mitgegeben hatte, damit er sie am Pol aufstellen konnte. Scott, der mit seiner Entscheidung offenbar haderte, erwähnte den entscheidenden Moment in seinen Aufzeichnungen nur am Rande:

> Gestern Abend habe ich beschlossen, die Teams umzustellen, und heute Morgen Teddy Evans, Lashly und Crean aufgefordert, den Rückweg anzutreten. Sie sind zwar enttäuscht, tragen es aber mit Gelassenheit.[24]

Scotts Entscheidung wirft Fragen auf. Das Gerüst der Expedition bildeten seit jeher Viererteams, und auf diese Gruppengröße waren auch die Vorräte an Proviant und Treibstoff ausgelegt. Mit fünf Mann würde es in dem kleinen Zelt noch enger zugehen als ohnehin, und auf dem windumtosten Polarplateau für eine Person mehr zu kochen würde auch mehr Zeit in Anspruch nehmen. Gerade dann, wenn es auf ein schnelles Vorankommen ankam, würde sich die Gruppe selbst ausbremsen. Pontings Filmaufnahmen, die am Kap Evans entstanden, belegen nachdrücklich, wie schwierig es schon für eine Vierergruppe war, eine Mahlzeit zu kochen, wenn dafür nur ein winziges Zelt zur Verfügung stand. Ein Mann mehr würde den Aufwand und die Schwierigkeiten deutlich erhöhen.

Im Gegenzug müssten Crean, Lashly und Evans zu dritt die Arbeit leisten, die für vier gedacht war, und auf dem

Rückweg wertvolle Zeit damit vertun, die Rationen, die sie den Depots entnehmen würden, in vier Teile aufzuteilen und nur drei Teile selbst zu verzehren, damit ein zusätzlicher für die Rückkehrer vom Pol blieb.

Zudem war die Entscheidung, die drei Männer zurückzuschicken, ein großes Wagnis, weil sich von ihnen nur Teddy Evans mit Navigation auskannte. Auf dem Polarplateau und dem Schelfeis findet das Auge so wenig Orientierungspunkte wie auf dem offenen Meer, sodass eine präzise Positionsbestimmung überlebenswichtig ist. Auf nur eine Person zu setzen, die das beherrscht, war in einem Umfeld, in dem dieser Person jederzeit etwas zustoßen konnte, überaus gewagt.

Über die Gründe für Scotts Entscheidung ist seit 1912 intensiv gestritten und debattiert worden, ohne dass eine befriedigende Antwort gefunden worden wäre. Mit Bowers einen fünften Mann mitzunehmen, der erst wenige Tage zuvor seine Skier hatte zurücklassen müssen, mutet aberwitzig an. Und ein genauerer Blick auf die körperliche Verfassung der Männer hätte verdeutlicht, dass Taff Evans durch die Verletzung an der Hand stark eingeschränkt und Oates nicht mehr im Vollbesitz seiner Kräfte war. Manche Historiker schlussfolgern daraus, dass Scott den Erfolg der Mission gefährdet sah und deshalb zusätzliche »PS« vor den Schlitten spannen wollte.

Am 4. Januar 1912 standen die Männer bereits um 5:45 Uhr auf, doch die Aufteilung von Vorräten und Schlitten dauerte länger als gedacht, sodass sich der Abmarsch verzögerte. Noch gingen beide Gruppen in dieselbe Richtung, also direkt nach Süden. Nach einigen Kilometern, die sie schweigend im

Zuggeschirr verbrachten, legten sie gegen 10 Uhr eine Pause ein. Zu diesem Zeitpunkt befanden sie sich auf 87° 34' S. Bis zum Pol waren es noch 270 Kilometer.

Für Crean war es ein emotionaler Moment, ein Moment, in dem ihm ultimativ vor Augen geführt wurde, dass er, ungeachtet der gewaltigen Anstrengungen der letzten zwei Monate, nicht zu jenen gehören würde, die den letzten Schritt machen würden. Dabei war das Ziel kaum mehr vierzehn Tage entfernt, mit ihm die Ehre, der erste Ire zu sein, der den Südpol erreichte.

Selbst für den kräftigen Mann aus Kerry war dieser Gedanke kaum zu ertragen. Mitten auf dem kahlen Polarplateau, bei Temperaturen von –27 °C, brach er zusammen. Scott hielt den bewegenden Moment in seinem Tagebuch fest: »Der arme Crean weinte bitterlich, und auch Lashly war den Tränen nahe.«[25]

Viele Jahre später vertraute Crean Verwandten an, dass er in diesem Moment sehr wohl um sich selbst, aber auch um Scott Tränen vergossen habe, weil der mit der Entscheidung, einen fünften Mann mitzunehmen, ein großes Risiko eingegangen war. Dank seiner großen Erfahrung im Eis wird es Crean durchaus in den Sinn gekommen sein, dass Scotts Entscheidung von Verzweiflung gelenkt gewesen war.

Die Männer reichten sich zum Abschied die Hände und wünschten einander Glück. Besonders herzlich fiel die Verabschiedung von Crean und seinem langjährigen Freund und Begleiter Taff Evans aus. Oates, dem der Abschied von allen am schwersten fiel, gab Teddy Evans einen Brief an seine geliebte Mutter mit, und die Worte, die er zum Abschied fand, waren dazu angetan, die drei Männer, die sich auf den Rückweg machen mussten, über die Enttäuschung hinwegzutrösten.

Auch Bowers händigte den dreien einige Briefe in die Heimat aus, in denen er die Schwierigkeiten, die die drei vor sich hatten, fast schon ins Lächerliche zog. Von einem »federleichten Schlitten« war dort die Rede, mit dem sie »den Rückweg im Eiltempo schaffen« würden. Lashly hielt in seinem Tagebuch fest, dass der Abschied allen »überaus schwergefallen« sei, wünschte den Kameraden aber »viel Erfolg und eine gesunde Heimkehr«. Scott übergab Evans einen Brief an seine Frau Kathleen, den er als »letzte Meldung kurz vor Erreichen unseres Zieles« bezeichnete.

Als der Moment des Abschieds gekommen war, erklang ein dreifaches Hurra von Crean, Lashly und Evans, die den fünf Männern hinterhersahen, wie sie dem weißen konturlosen Horizont entgegenstrebten. Es sollte die letzte Aufmunterung sein, die die fünf erreichte.

Das Trio stand noch eine Weile schweigend da und beobachtete, wie die Kameraden sich immer weiter entfernten. Dann erst spürten sie wieder die klirrende Kälte, die sich in ihren Körpern breitmachte, und setzten sich in Bewegung. Das Polarplateau ist kein Ort, der zum Verweilen einlädt, und für Crean, Lashly und Evans war es an der Zeit, kehrtzumachen und den Weg nach Norden Richtung Kap Evans anzutreten. Anfangs blieb das Grüppchen immer wieder stehen und blickte zurück, um nach den dunklen Schemen von Scott, Wilson, Bowers, Oates und Taff Evans zu schauen, die sich von dem strahlend weißen Hintergrund deutlich abhoben.

Je weiter sie sich dem Horizont näherten, desto kleiner wurden sie. Irgendwann waren nur noch winzige dunkle Punkte zu unterscheiden, bis auch die im allumfassenden Weiß aufgingen und verschwanden.

Es war das letzte Mal, dass die fünf Männer lebend gesehen wurden.

# WETTLAUF MIT DEM TOD

Nun, da sie als »Hilfstrupp« für Scott und seine Begleiter nicht gebraucht wurden, hatten Crean, Lashly und Evans einen Rückweg von gut 1200 Kilometern vor sich, den sie am 4. Januar 1912 in Angriff nahmen. Wie der Marsch Richtung Pol sollte es ein Wettlauf werden, wenn auch gänzlich anderer Art: ein Wettlauf mit dem Tod. Und vom ersten Schritt an standen die Chancen, ihn zu gewinnen, denkbar schlecht.

Vor der Trennung auf dem Polarplateau hatte Scott seinem Tagebuch anvertraut, dass Evans und Lashly »ausgelaugt« waren. Mehr als zwei Monate lang hatten sie im Zuggeschirr gehangen und ihren Schlitten zunächst über das Schelfeis, dann über den Beardmore-Gletscher gezogen. Nun waren sie mit ihren Kräften so gut wie am Ende. Und weil Scott das wusste, hätte er bedenken müssen, wie riskant es war, sie kurz vor dem Ende des Sommers in einer Dreiergruppe mit nur einem Navigator bei Minusgraden und mit einem schweren Schlitten im Schlepp auf eine Reise über viele Hundert Kilometer zu schicken. Der nervenaufreibende Marsch zum Kap Crozier unter Wilson sechs Monate zuvor hatte nachdrücklich bewiesen, welchen Risiken eine derart kleine Gruppe bei solchen äußeren Bedingungen ausgesetzt war.

Zudem lehrte die Erfahrung, die alle britischen Polarexpeditionen gemacht hatten, dass der Rückweg nicht weniger gefahrvoll war als der Hinweg. Als Scott im Zuge der *Discovery*-Expedition 1902/03 weiter Richtung Süden vordrang als je ein Mensch zuvor, war er mit seinem Dreierteam auf dem Rückweg nur knapp dem Tod entronnen, und als Shackleton ihn 1909 überbot und sich dem Pol bis auf 155 Kilometer näherte, war auch er denkbar knapp an einer Katastrophe vorbeigeschrammt.

Sollte sich nur einer der Männer verletzen, beispielsweise beim Sturz in eine Spalte ein Bein brechen, dann wären die Folgen auch für die beiden anderen fatal. Erschwerend hinzu kam, dass sie kein Hodometer hatten und nicht die Strecke messen konnten, die sie am Tag vorankamen. So blieb ihnen nur, stur geradeaus zu gehen und zu hoffen, dass sie die Depots fanden, aus denen sie sich versorgen konnten. Wenn sie auch nur eines der Depots verfehlten, müssten sie verhungern.

Viel kam dabei auf den Navigator Evans an, und sollte der ausfallen, müssten sich Crean und Lashly anhand der wenigen Landmarken aus Schnee orientieren, die sich über die unendliche Weite des Polarplateaus verteilten. Sich auf derart vage Anhaltspunkte zu verlassen war blanker Irrsinn, zumal in einem Schneesturm, der jegliche Orientierung unmöglich machen würde. Der Weg über das Schelfeis wäre wohl etwas weniger gefährlich, weil sich dort mehr Depots befanden. Andererseits war das Schelfeis so leer und einförmig wie der Ozean, und wer seine genaue Position nicht bestimmen konnte, lief Gefahr, die Flaggen, mit denen die Depots markiert waren, zu verfehlen.

Dass diese Gefahr keine theoretische war, bewies der Umstand, dass Evans bereits merklich an Skorbut litt.

Der riskante Marsch setzte sich aus drei Etappen zusammen. Zunächst ging es 370 Kilometer über das 3000 Meter hohe Polarplateau, dann wartete der 190 Kilometer lange Abstieg über den zerschrundenen Beardmore-Gletscher, und schließlich waren 640 Kilometer über das einförmige Schelfeis zurückzulegen. Jede Etappe wartete mit ihren eigenen »spezifischen Reizen, Gefahren und Besonderheiten« auf, wie Evans es mit britischem Sinn für Humor formulierte.

Dabei war er sich der Strapazen, die sie erwarteten, durchaus bewusst. Schon die Tatsache, dass sich ein Trupp aus lediglich drei Mann zu einer Jahreszeit, in der das Wetter jederzeit umschlagen und Chaos stiften konnte, überhaupt auf einen solch weiten Weg über das Eis begab, barg ein gewaltiges Risiko. Anders als Scott behielt Evans seine Befürchtungen jedoch nicht für sich, sondern suchte das Gespräch mit seinen Kameraden. Es gereicht ihm zur Ehre, dass er keinen Hehl aus seinen Ängsten machte und offen eingestand, wie groß die Schwierigkeiten waren, die vor ihnen lagen. Ihr Überleben, so seine Botschaft, hing vom Einsatz aller ab.

> Es fiel mir schwer, es zuzugeben, aber schnell wurde mir klar, dass der Verzicht auf einen Mann ein allzu großes Opfer gewesen war. Das war nicht zu leugnen, und so sah ich mich gezwungen, mich Lashly und Crean zu erklären und ihnen reinen Wein einzuschenken. Nie hat ein Mann bessere Kameraden um sich gehabt als ich mit diesen beiden.[1]

Welches Ausmaß die Aufgabe hatte, der sie sich stellen mussten, wurde ihnen schon am ersten Tag vor Augen geführt, an dem die drei Richtung Norden zogen. Neun Stunden lang waren sie an diesem Tag unterwegs, und das bei geradezu idealen Wetterbedingungen und auf einem Untergrund, der, so Evans, »besser nicht hätte sein können«.

Doch selbst wenn, wie an diesem Tag, alles zu ihren Gunsten stand, blieb die Bilanz ernüchternd. Evans musste einsehen, dass ein Neunstundentag nicht genügte, wenn sie die Tagesrationen nicht drastisch reduzieren wollten, und so wurden aus neun Stunden sehr bald zehn, mitunter auch dreizehn. Evans kalkulierte, dass sie pro Tag im Durchschnitt dreißig Kilometer schaffen müssten, zumindest auf der ersten Etappe über das Plateau – für Männer, die in den letzten Monaten Übermenschliches geleistet hatten, ein wahrlich anspruchsvolles Ziel.

Deshalb griff Evans zu einem Trick und stellte seine Uhr jeden Morgen heimlich um eine Stunde vor und jeden Abend um eine Stunde zurück. Damit wollte er erreichen, dass Crean und Lashly mehr Zeit im Zuggeschirr verbrachten, ohne es zu merken. Die beiden erklärten später, sie hätten den Trick durchschaut, aber auch eingesehen, dass die Mehrarbeit notwendig war, und deshalb nichts gesagt. Das Spiel mitzuspielen war im Interesse aller, denn wie Evans notierte, war ihre Lage so dramatisch, dass aus dem Weg zurück »ein Kampf auf Leben und Tod« geworden war.[2]

Noch kamen die Männer einigermaßen gut voran, obwohl sie in der dünnen Höhenluft einen mit 180 Kilogramm beladenen Schlitten hinter sich herzogen und schon in den ersten

Tagen ein Schneesturm über sie hinwegfegte, der das Atmen zusätzlich erschwerte. Als sie am 6. Januar zunächst erfreuliche dreißig Kilometer zurücklegten, ehe sie am Ende des Tages ihre Skier im Schnee fanden, war die Freude groß.

Crean ging zunächst an der Spitze des Trupps, zahlte dafür aber einen hohen Preis, als er an Schneeblindheit erkrankte. Evans, der für diese Krankheit extrem anfällig war, beschrieb ihre Wirkung als ein Gefühl, »als zünde jemand in den Augen ein Feuer an«. Er ersann ein Gegenmittel in Gestalt einer Auflage aus Teeblättern.

Während sie den Schlitten zogen, herrschte gespenstische Stille, jeder der drei hing seinen Gedanken nach. Das einzige Geräusch war das Kratzen ihrer Skier, die über den harschigen Schnee glitten, und dann und wann war ein Fluch aus dem Munde eines der drei Männer zu hören. Gesprochen wurde wenig. Vielleicht war ihnen nach den vielen Monaten, die sie meist auf engstem Raum miteinander verbracht hatten, der Gesprächsstoff ausgegangen. Die Temperaturen sanken bis auf –29 °C, der eisige Wind blies ihnen direkt ins Gesicht und nahm die Wangen, so Evans, mit »einem Dauerfeuer feinster Nadelstiche unter Beschuss«.

Je mehr sie sich dem Ende des Polarplateaus und dem Beginn des Abstiegs über den Beardmore-Gletscher näherten, desto unübersichtlicher wurde das Gelände, und bei schlechtem Wetter verloren sie mehrfach die Orientierung. Am 13. Januar standen sie unvermittelt hoch über den Shackleton-Eisfällen und sahen 600 Meter unter sich den Beardmore-Gletscher. Evans schätzte die Abweichung vom geplanten Kurs auf mehrere Kilometer und fürchtete, der Weg um die Eisfälle herum und auf den Gletscher würde drei zusätzliche Tage in Anspruch nehmen.

Eine solche Verzögerung aber gaben die Vorräte nicht her. Die Männer hatten also keine Zeit mehr zu verlieren, und so beschloss Evans, alles auf eine Karte zu setzen.

Er schlug seinen Begleitern eine Aktion vor, die mit »gewagt« unzureichend beschrieben wäre. Sein Plan war, dass sie sich auf den Schlitten setzen und die Eisfälle hinunterrodeln sollten, ungeachtet der Gefahren und des ungewissen Schicksals, das sie am Fuß der Eisfälle erwartete.

Die Männer erklärten sich bereit, das Äußerste zu wagen und den ebenso kühnen wie riskanten Vorschlag in die Tat umzusetzen. Sollte sich auch nur einer der drei dabei verletzen, könnte es für alle drei das Aus bedeuten. Doch mit dem Weg um die Eisfälle herum drei wertvolle Tage zu vergeuden und dabei die Vorräte weiter schrumpfen zu sehen war keine Alternative, die größere Überlebenschancen versprach. Evans blieb sich treu und besprach mit Crean und Lashly beide Varianten und auch die Konsequenzen, die ihre Entscheidung haben würde.

Familienangehörigen gegenüber soll Evans später behauptet haben, dass Lashly sich eher widerwillig dem Vorschlag des Vorgesetzten beugte, der ihm einigermaßen verrückt vorgekommen sei. Evans habe er das mit der beiläufigen Bemerkung deutlich gemacht: »Sie sind der Offizier.«

Crean hingegen scheute sich naturgemäß nicht, einem Vorgesetzten zu widersprechen, und griff Evans direkt an: »Ein derart hirnrissiger Vorschlag wäre Captain Scott nie eingefallen.«

Evans hörte sich den Einwand geduldig an, auch wenn seine Entscheidung längst gefallen war. Er erwiderte: »Captain Scott ist nicht hier. Also geben Sie sich einen Ruck.«

In seinen Tagebüchern gesteht Evans ein, dass die Diskussion mit Crean und Lashly »eher kurz« ausfiel, und schon bald darauf begannen sie den waghalsigen Weg über die Eisfälle. Ob an deren Ende der Tod oder die Rettung wartete, stand in den Sternen.

Sie verstauten die Skier auf dem Schlitten, banden sich Steigeisen unter die Fellschuhe und manövrierten den Schlitten durch das Gewirr aus Eishügeln und Spalten vor den eigentlichen Wasserfällen. Dann sprangen sie auf und drückten sich noch einmal ab, sodass der Schlitten seine Schussfahrt über die steile Rampe aus blankem Eis begann. Sie sicherten sich mit dem Zuggeschirr und konnten nur hoffen, dass es sie vor dem Sturz in eine der zahllosen tiefen Spalten bewahren würde, »gigantisch große Kerben«, die bis zu sechzig Meter breit waren. Evans erinnerte sich später:

> Immer wieder rutschte einer von uns vom Schlitten, zog sich blaue Flecken, Schnittwunden und Abschürfungen zu, aber wir wetteiferten förmlich darum, wer mehr Mut und Leidensfähigkeit bewies. Kein Wort der Klage war zu hören, auch wenn mal der eine, mal der andere allen Grund dazu gehabt hätte, wenn der rasende Schlitten ihn an der Hacke traf und der Betreffende auf die Zähne beißen musste, um nicht vor Schmerzen aufzuschreien.[3]

Dann erreichten sie eine besonders steile Stelle. Der Schlitten legte an Geschwindigkeit noch zu und schoss den Abhang wie ein Rennrodel hinunter. Die drei verängstigten Männer legten sich flach auf den Schlitten und klammerten sich an die Gurte, mit denen ihre unersetzliche Ausrüstung befestigt war. Der Schlitten, nun von nichts und niemandem gebremst, beschleunigte auf seinem holprigen Weg ins Ungewisse bis auf Furcht einflößende hundert Stundenkilometer. Einmal fühlte es sich sogar an, als hebe er vom Boden ab, um im Flug über eine der Spalten zu setzen, während die Männer um ihr Leben fürchteten. Evans warf einen verstohlenen Blick zu Crean, der bloß eine Augenbraue hob, als ob er sagen wolle: »Was blüht uns denn noch alles?«

Sekunden später krachte der Schlitten in einen Eiskamm, überschlug sich mehrfach und schleifte die konsternierten Männer hinter sich her, bis schließlich alle vier abrupt zum Stillstand kamen. Einer von Evans' Skistöcken war vom Schlitten gerutscht und in einen schwarzblauen Abgrund gestürzt. Es hätte nicht viel gefehlt, und sie wären alle darin geendet. Dann herrschte Stille.

Crean rappelte sich als Erster auf die Beine und musste feststellen, dass seine winddichte Hose zerrissen war. Evans berichtete leicht amüsiert, dass der große Ire »in einer wollenen Unterhose und Fellstiefeln dastand«. Entscheidend war jedoch, dass sie lebten und sich niemand ernsthaft verletzt hatte.

Vom Mut der Verzweiflung getrieben, hatten die drei Männer einen Höhenunterschied von 600 Metern überwunden, um auf den Beardmore-Gletscher zu gelangen, und damit drei Tage und den entsprechenden Proviant eingespart. Wo genau sie waren, wusste keiner von ihnen, und keiner war bereit, zurückzugehen und die Strecke auszumessen. Sie waren sich durchaus bewusst, welches Glück sie gehabt hatten. Selbst Evans musste zugeben: »Dass wir ungeschoren davonkamen, ist mir einigermaßen unbegreiflich.«[4]

Noch Jahre später erinnerte sich Evans lebhaft an die gewagte Abfahrt und schrieb:

> Bis heute bricht mir der Angstschweiß aus, wenn ich nur daran denke. Ich bin in meinem Leben manches Risiko eingegangen, aber nichts ist mit der Schlittenfahrt über die Eisfälle vergleichbar.[5]

Das Wagnis hatte sich gelohnt, denn die Männer befanden sich nun auf dem Abstieg vom Beardmore-Gletscher. Am 14. Januar erreichten sie das »Mount Darwin Depot«, wo sie ihre Vorräte auffüllten. Am 16. Januar legten sie gut dreißig Kilometer zurück – ein hervorragender Wert.

Das Wetter war zwar besser geworden, aber das Vorankommen blieb mühsam, denn ohne Hodometer war es kaum möglich, den direkten Weg zu finden. Zudem mussten sie eine Unzahl an Gletscherspalten und Pressrücken queren – manchmal unter Zuhilfenahme des Schlittens, den sie als Brücke über den Abgrund benutzten. Die schwere Arbeit und die ständige Angst, in eine Gletscherspalte zu stürzen, forderten ihren Tribut. Am 17. Januar notierte Lashly:

> Heute haben wir etwas erlebt, worauf wir liebend gern verzichtet hätten. Mir fehlen die Worte, um das Laby-

> rinth, in das wir gerieten, und die Mühe zu beschreiben, die es machte, uns daraus zu befreien. An dieses Erlebnis werden wir bis ans Lebensende zurückdenken. Mein Bedarf an derlei Tagen ist damit gedeckt.[6]

Am selben Tag erreichte Scott den Südpol, nur um festzustellen, dass Amundsen und seine norwegischen Begleiter ihm um einen Monat zuvorgekommen waren.

Den drei Männern, die Scott bis kurz vor Schluss begleitet und unterstützt hatten, blieb keine andere Wahl, als sich auch an den nächsten Tagen einen Weg durch Gletscherspalten und schmale Durchlässe zu bahnen, immer in der Hoffnung, dass das Wetter nicht umschlug und sie bald einen Untergrund erreichten, auf dem das Gehen weniger schwerfiele. Derweil rückten sie immer enger zusammen, denn ein jeder wusste, dass sein Überleben von den anderen abhing. So entstanden Bande, die ein Leben lang halten sollten. Evans verglich Crean und Lashly mit Löwen und attestierte ihnen, dass sie sich »umso beherzter an die Arbeit machten, je größer die Schwierigkeiten wurden«.[7]

Mit leichter Ironie beschrieb er Crean als »knochigen Iren, dessen Gesichtsausdruck sich komischerweise nie veränderte«. Treffender dürfte da das Attribut »unbeirrbar« sein, das er Crean verlieh, dessen Entschlossenheit sich in all den Gefahren, die noch vor ihnen lagen, als ebenso wertvoll erweisen sollte wie seine physische Kraft.

Crean seinerseits versuchte, die Stimmung hochzuhalten, indem er zwischendurch immer mal ein Lied anstimmte. In seinem Tagebuch erwähnte Lashly einen Abend, an dem

»Crean uns ein Ständchen brachte, während er das Zelt mit Schnee bedeckte«.

Dann erkrankte Evans akut an Schneeblindheit, und kurz darauf sahen sie sich dem Problem gegenüber, dass besonders große und gefährliche Gletscherspalten den Weg versperrten. Lashly beschrieb sie als »gewaltige Schluchten«, in denen, so sein anschaulicher Vergleich, die St Paul's Cathedral Platz gefunden hätte.

Plötzlich standen sie vor einer besonders breiten Gletscherspalte, die sie zu einer notwendigen, aber auch riskanten Entscheidung zwang. Umzukehren und einen anderen Weg zu suchen kam nicht infrage, weil die Vorräte zur Neige gingen und sie keine Zeit zu verlieren hatten. Ihr vordringlichstes Ziel war es, das nächste Depot zu erreichen, und so entschlossen sie sich dazu, eine Brücke aus festem Schnee zu nutzen, um die Kluft auf diese Weise zu überqueren. Doch niemand konnte wissen, ob diese Brücke sie tatsächlich trug. Und so mussten die drei Männer wohl oder übel wieder einmal ein großes Wagnis eingehen. Crean drückte sich später so aus: »Wir nutzten den Querbalken des Buchstaben H wie Hölle.«[8]

Lashly machte sich als Erster auf den Weg, traute der Brücke aber so wenig, dass er es nicht wagte, aufrecht zu gehen. Er setzte sich rittlings auf die Brücke und arbeitete sich vorsichtig auf die andere Seite vor, während Crean und Evans ihn mit einem Seil sicherten. Die Brücke bildete ein auf dem Kopf stehendes »V«, sodass der 180 Kilogramm schwere Schlitten zunächst bergauf und über den Gipfel bugsiert werden musste. Dabei mühten sich Crean und Evans, ihn mit je einem Seil pro Seite im Gleichgewicht zu halten, damit er nicht in die Tiefe stürzte. »Niemand sprach ein Wort«, erinnerte sich Evans,

> nur dann und wann erging eine kurze Anweisung. Die Verständigung lief fast ausschließlich über Blicke, die wir uns zuwarfen. Wie so oft in Momenten größter Gefahr hat sich die intensive Stille für immer in die Erinnerung aller eingegraben, die sie erlebt haben.[9]

Nach einer kleinen Ewigkeit standen die drei Männer vereint auf einem Abhang auf der anderen Seite der Schlucht und mühten sich damit ab, den Schlitten zu sich zu ziehen. Die Anstrengung machte ihnen schmerzlich bewusst, dass ihre Kräfte nachließen und sie an die Grenze der Belastbarkeit gestoßen waren.

Was sie jetzt benötigten, war eine Pause und etwas Warmes zu trinken. Doch in der Kraterlandschaft, in der sie sich befanden, war schlicht nicht genug Platz, um das Zelt gefahrlos aufzustellen. Evans erinnerte sich später an die »tief liegenden Augen und ausgemergelten Gesichter« der Kameraden, die nach Luft schnappten und sich jede Bewegung überlegten.

Wieder war es Evans, der mit Konventionen brach, für die riskante Variante plädierte und sich aufmachte, nach einem Ausweg aus dem Labyrinth aus Spalten und Eiskämmen zu suchen. Crean und Lashly versuchten, ihn zurückzuhalten, weil sie wussten, wie leicht er bei dem Versuch verloren gehen konnte. Doch eine Alternative hatten sie nicht parat.

Auch das war ein Akt der Verzweiflung, aber Evans fühlte sich für die beiden Männer verantwortlich, die dasaßen und ihm nachsahen, als er aus ihrem Blickfeld verschwand. In seinem Buch *South with Scott* schrieb er:

> An diesem Tag empfand ich aufrichtige Zuneigung für die beiden Männer. Sie vertrauten mir bedingungslos und glaubten fest daran, dass ich uns aus unserer Lage befreien würde.[10]

Zu seiner großen Erleichterung stellte Evans sehr schnell fest, dass das Ende des zerklüfteten Untergrunds unmittelbar vor ihnen lag und sie bald ebeneres Gelände erreichen würden. Und bis zum »Mid Glacier Depot« war es nicht mehr weit. Die Hälfte des Beardmore-Gletschers war geschafft, und sie näherten sich dem Schelfeis, wo sie wesentlich schneller vorankommen würden und die Depots leichter ausfindig machen könnten.

Bei dem Gedanken, dass sie das Schlimmste überstanden hatten, machte sich ein Hauch von Zuversicht unter den drei erschöpften Gestalten breit, die sich umgehend auf den Weg zum nächsten Depot begaben. Doch für seinen Versuch, einen Ausweg aus dem Labyrinth zu finden, bezahlte Evans einen hohen Preis. Er litt massiv unter Schneeblindheit, und es dauerte vier Tage, bis die Beschwerden etwas nachließen.

Am Abend des 21. Januar trafen die drei Männer erschöpft, aber glücklich, am Lower Glacier Depot ein. Tags darauf sahen sie am Horizont zum ersten Mal das Schelfeis, ein Ereignis, das ihnen einige ungehemmte Freudenschreie entlockte. Lashly erinnerte sich später: »Crean schrie so laut und ungeniert, dass sich die Pferde in ihren Gräbern unterm Schnee erschreckt haben dürften.«[11]

Doch die Erleichterung darüber, den anstrengendsten Teil des Marsches hinter sich zu haben, wich einem großen Schrecken. Bei Evans, der fast 1800 Kilometer im Zuggeschirr zurückgelegt hatte, zeigten sich Anzeichen von fortgeschrittenem Skorbut.

Zunächst hatte er über Steifheitsgefühle in den Kniekehlen und »lose Eingeweide« geklagt, und nur wenige Tage später verspürte Lashly beim Aufbau des Zeltes »Schwindel und Übelkeit«. Alle drei litten an leichtem Durchfall, und da sie deshalb mehr Pausen einlegen mussten, kamen sie auch weniger schnell voran. Gleichzeitig verließen sie nach und nach die Kräfte, doch noch waren es 640 Kilometer bis Kap Evans.

Sie waren seit fast drei Monaten auf dem Eis, ihre tägliche Essensration enthielt nur wenige Vitamine, die sie gegen Skorbut hätten schützen können. Dafür wäre vor allem Vitamin C nötig gewesen. So aber häuften sich die klassischen Anzeichen einer Erkrankung. Lashly, der die Rolle des Arztes übernommen hatte, strich Evans den Pemmikan vom Speiseplan und verordnete ihm eine Mixtur aus Opium in Tablettenform und Kalk. Die Beine des Kameraden waren stark geschwollen, mit blauen Flecken übersät und von olivgrüner Farbe, die Zähne lösten sich aus dem vereiterten Zahnfleisch. Der Durchfall wurde eher schlimmer als besser, und zu seiner Beunruhigung schied Evans mit dem Stuhl Blut aus. Später erinnerte er sich wie folgt:

> Crean und Lashly waren ausgesprochen besorgt um mich, und mit welcher Hingabe sie sich um mich küm-

merten und mir halfen, vermag ich mit Worten nicht zu beschreiben. Was sind das doch für Männer![12]

Am 25. Januar 1912 – die drei Männer begannen gerade den Marsch über das endlose und gleichförmige Schelfeis – traf Amundsen in Framheim ein, seiner Basisstation, und erkundigte sich beiläufig, ob der Kaffee schon aufgesetzt war. Die Reise zum Pol und zurück, ziemlich genau 3000 Kilometer weit, hatte neunundneunzig Tage gedauert.

Am 30. Januar waren Evans und Lashly seit exakt hundert Tagen auf dem Eis, und Evans, unter normalen Umständen ein lebensfroher Mensch, neigte untypischerweise zu Melancholie und Schwarzseherei. Dabei kam gerade jetzt alles darauf an, dass sie die Zuversicht nicht verloren, wollten sie sich die Chance auf einen glücklichen Ausgang erhalten. Evans hingegen notierte in seinem Tagebuch, dass die Enttäuschung darüber, nicht mit zum Pol gehen zu dürfen, »wie ein Hemmschuh« wirkte, und formulierte die Überzeugung, dass die Aussichten, Kap Evans lebend zu erreichen, mit jedem Tag sanken. Vier Tage später brach er zusammen.

Lashly vertraute am 3. Februar seinem Tagebuch an:

> Heute Morgen mussten wir Mr Evans auf die Skier stellen und festschnallen, weil er die Beine nicht anheben konnte. Deren Zustand verschlechtert sich zusehends, und alles in allem sieht es für ihn gar nicht gut aus.[13]

Doch auch Lashly selbst bereitete Anlass zur Sorge. Neben der körperlichen Erschöpfung machte ihm auf dem Weg zum

Depot auf dem Mount Hooper auch, wie er es nannte, »eine gewisse Niedergeschlagenheit«[14] zu schaffen. Evans' Zustand war beängstigend genug, aber Crean hätte sicherlich einen großen Schrecken bekommen, hätte er gewusst, dass sogar Lashly, der sich in all den Jahren als Polarreisender als ebenso zäher wie besonnener Kamerad erwiesen hatte, an seine Grenzen stieß. Crean hielt große Stücke auf den Seemann und äußerte bei einer Gelegenheit voller Respekt: »Alles, was er macht und tut, hat Hand und Fuß.« Nun, da ihr Martyrium eine neue Dimension annahm, wäre ein Ausfall Lashlys fatal gewesen.

Bis zum Hut Point waren es noch 290 Kilometer, und schon begannen die Männer, den Horizont nach den ersten Hinweisen auf Land abzusuchen, den Gipfel des Mount Erebus etwa oder den des Mount Discovery, die sie als Zeichen dafür nehmen dürften, dass sie bald in Sicherheit wären – oder wenigstens darauf hoffen konnten.

Crean war derweil nicht kleinzukriegen An keiner Stelle der Tagebücher von Evans und Lashly findet sich auch nur der leiseste Hinweis darauf, dass der Ire Schwächephasen hatte, seien sie körperlicher, seien sie seelischer Natur. Wichtiger noch: Er zeigte keinerlei Anzeichen von Skorbut, und das, obwohl er in den letzten drei Monaten nichts anderes gegessen hatte als seine Begleiter.

Die ganze Zeit über hielt Crean Ausschau nach der Gruppe um Scott. Er ging davon aus, dass sie zu fünft schneller vorankämen als das geschwächte und deshalb langsame Trio. Immer wieder blickte er erwartungsvoll über die Schulter und schaute nach, ob sich am Horizont vielleicht ein kleiner schwarzer Fleck zeigte. Diese Hoffnung wollte sich nicht erfüllen.

Doch einstweilen gab es drängendere Probleme. Mit Evans ging es rapide bergab, er verlor viel Blut. Lashly konstatierte ernüchtert, dass er ihm »fast alle Arbeiten abnehmen« musste. Mit Mühe hielt sich Evans auf seinen Skiern, aber dabei helfen, den Schlitten zu ziehen, konnte er nun nicht mehr.

Vor den Konsequenzen eines Ausfalls Evans' graute Crean und Lashly schon deshalb, weil sie den schweren Schlitten zu zweit ziehen mussten, und das, obwohl sie selbst geschwächt waren. Und mit Evans würde auch ihr Navigator ausfallen, den sie aber benötigten, bis Landmarken in Sicht kämen, die ihnen den Weg nach Hause weisen konnten.

Erschwerend kam hinzu, dass sie nicht genug aßen, um den Energieverlust durch die tägliche Plackerei auszugleichen. Und wie es aussah, würden sie bald auch ihren Leutnant auf den Schlitten legen und ziehen müssen – ein Gedanke, vor dem ihnen graute. Ihn zurückzulassen kam jedoch nicht infrage. Von diesem Dilemma bestimmt war auch Lashlys Tagebucheintrag vom 7. Februar:

> Über unseren Patienten gibt es nichts Gutes zu berichten. Er ist fest entschlossen, sein Letztes zu geben, aber wie er selbst weiß, ist da nicht mehr viel. Er kann sich kaum noch auf den Beinen halten. … Wenn er nicht mehr laufen kann, werden wir ihn auf den Schlitten legen und ziehen müssen.[15]

Die Quälerei erfuhr eine Zäsur, als sie am 9. Februar das One Ton Depot erreichten und Haferbrei zubereiten konnten – eine höchst willkommene Abwechslung im immergleichen

Speiseplan. Sie steckten Proviant für neun Tage ein und setzten ihren Weg zum Hut Point fort. Bis dahin waren noch 190 Kilometer über das Schelfeis zurückzulegen – mit zwei erschöpften Männern, die den schweren Schlitten schleppen mussten, und einem dritten, der, statt dabei zu helfen, selbst Hilfe benötigte, ein gewagtes Unterfangen.

Mut machte in dieser Situation einzig der Umstand, dass weder Crean noch Lashly erkennbar an Skorbut erkrankt waren, was nach einer so langen Zeit ohne die Zufuhr von Vitamin C erstaunlich war. Aber die Schinderei des Schlittenziehens war natürlich nicht spurlos an ihnen vorübergegangen, und so suchten sie nach einer Möglichkeit, das Gewicht des Schlittens zu reduzieren. In der Hoffnung, dass es die Arbeit merklich erleichtern würde, luden sie am 11. Februar jenen Teil der Ausrüstung ab, den sie nicht mehr zu benötigen meinten.

Zwei Tage später wurde ein Albtraum Wirklichkeit: Evans konnte sich nicht mehr auf den Beinen halten. Die beiden anderen mussten ihn auf dem Schlitten fixieren. Bis Hut Point waren es noch 160 Kilometer, der Wettlauf mit dem Tod schien verloren.

Evans' Zustand verschlechterte sich weiter, und eines Morgens verlor er das Bewusstsein. Crean und Lashly meinten zunächst, er sei schon tot, und Crean ließ den Tränen freien Lauf. »Er war«, berichtete Evans später, »tief betroffen, und seine Tränen tropften auf mein Gesicht. Als ich wieder zu mir kam, sah ich ihn matt lächelnd an.«[16]

Crean und Lashly hatten unterdessen in dreieinhalb Monaten 2400 Kilometer zurückgelegt, Lashly mit seinen vierundvierzig Jahren ging seit dem ersten Tag nahezu pausenlos im Zuggeschirr. Genauso lange aber hatten sich die Männer nicht gewaschen, rasiert, die Zähne geputzt oder das Haar geschnitten.

Doch daran verschwendeten sie keinen Gedanken, weil sie viel zu sehr mit der Sorge beschäftigt waren, dass sie auf verlorenem Posten standen. Erneut luden sie alles vom Schlitten ab, was nicht dringend erforderlich war. Übrig blieb nur das Überlebensnotwendige: ein Zelt, Schlafsäcke, Kocher und das, was an Proviant und Petroleum noch übrig war. Selbst die Skier ließen sie im Schnee zurück. Am kümmerlichen Rest hing nun ihr Leben.

Der Kampf mit dem schweren Schlitten, auf dem der sterbende Evans lag, wurde zu einem Kampf gegen die Zeit und die Natur. Der Proviant ging zur Neige, die Temperaturen sanken kontinuierlich, der Winter rückte heran.

Noch kamen sie aber bis zu fünfzehn Kilometer pro Tag voran, anders ausgedrückt, eineinhalb Kilometer in der Stunde, denn bis zu zehn Stunden lang kämpften sie sich täglich mühsam durch Schnee und Eis, während sie in Gedanken längst damit beschäftigt waren, das Zelt aufzubauen und eine warme Mahlzeit zu sich zu nehmen. Evans schilderte später Creans und Lashlys »wilden, unsteten Blick, wenn sie am Ende eines Tages erschöpft nach Luft rangen«.[17]

Doch trotz aller Mühen kamen sie nicht schnell genug voran, und allen drei war schmerzlich bewusst, dass sie verloren waren, wenn sich nicht noch ein Wunder ereignete. Ein Marsch von zehn Stunden am Tag war das Maximum dessen, was sie leisten konnten, aber nicht genug, um sie ans Ziel zu bringen.

Auch Evans wusste, dass ihre Lage hoffnungslos war, und deshalb forderte er die Kameraden auf, ihn zurückzulassen und sich selbst in Sicherheit zu bringen – was Crean und Lashly strikt zurückwiesen. Später berichtete Evans, dass es in seiner langen und ereignisreichen Karriere bei der Navy nur diesen einen Fall von Befehlsverweigerung gegeben habe.

Noch waren es 134 Kilometer bis Hut Point, und Crean und Lashly wussten mitunter nicht, ob Evans überhaupt noch lebte. Sie wagten es kaum noch, sich nachts schlafen zu legen. Zunehmend Sorgen bereitete auch der Proviant, von dem nur noch so wenig übrig war, dass die ohnehin schon ausgehungerten Männer am 16. Februar beschlossen, die Rationen um die Hälfte zu kürzen.

Unterdessen war der versprengte Haufen noch 65 Kilometer vom Hut Point entfernt, doch es blieb nur noch für vier Tage Proviant, und in ihrem Zustand war das zum Überleben schlicht zu wenig. Längst waren Crean und Lashly zu entkräftet, um den Schlitten am Tag fünfzehn Kilometer weit zu ziehen, aber wenn sie mit den Vorräten sparsam umgingen, konnten sie einen oder zwei zusätzliche Tage herausschlagen. Doch damit riskierten sie auch, noch schwächer und schließlich zu schwach zu werden, um überhaupt noch voranzukommen. Wie sie es auch drehten und wendeten, das Risiko blieb extrem hoch.

Die Stimmung hellte sich beträchtlich auf, als sie unverhofft einen der Motorschlitten im Schnee entdeckten, den sie dort vor Monaten zurückgelassen hatten. Sie durchsuchten ihn nach Essbarem und fanden tatsächlich etwas alten Zwieback. In ihrer Lage war jeder Krümel willkommen.

Nun war es nicht mehr weit bis zum Corner Camp, jener Stelle, an der sie vor einer kleinen Ewigkeit den direkten Weg nach Süden eingeschlagen hatten. Von dort aus waren es noch 56 Kilometer bis zum Hut Point, wo sie auf Essen und Wärme hoffen durften.

Doch sowohl Crean als auch Lashly waren im Grunde zu schwach, um ihren Kameraden weiter ziehen zu können. Zu den sinkenden Temperaturen gesellte sich nun auch noch Schneefall. Die Zeit lief ihnen davon, und Lashly notierte bedrückt: »Der Elan verlässt uns zusehends, aber wir müssen durchhalten und weitermachen.«[18]

Als sie am 17. Februar das Zelt aufstellten, um etwas Schlaf zu finden, krochen sie in der Hoffnung in den Schlafsack, dass sich ein Wunder ereignete oder, was noch unwahrscheinlicher war, einer der Hundeschlitten des Weges kommen mochte.

Am selben Tag, etwa 600 Kilometer weiter im Süden und unweit des Fußes des Beardmore-Gletschers, brach Creans Freund Taff Evans zusammen und starb als Erster der Männer um Scott, die auf dem Rückweg vom Südpol waren.

Am Morgen des 18. Februar krochen Crean und Lashly kaum erholt aus ihren Schlafsäcken. Es war kalt, das Frühstück sättigte sie nicht annähernd, und sie wussten, dass der Kampf so gut wie verloren war. Die Rechnung war simpel. In ihrer Verfassung würden sie für die 56 Kilometer bis zum Hut Point vier, fünf Tage, eventuell auch mehr benötigen – unter der Voraussetzung jedoch, dass sie so lange durchhielten. Ihre Vorräte gaben aber bestenfalls noch drei Mahlzeiten her, gerade mal genug für eineinhalb oder zwei Tage.

Als sie den stark geschwächten Evans auf den Schlitten hoben, kollabierte er erneut. Und wieder glaubten die beiden anderen, er sei tot. Crean vergoss erneut einige Tränen, bis Lashly ihn mit einer scharfen Zurechtweisung zur Besinnung rief. In seinem Tagebuch schilderte Lashly die Szene so:

> Crean war sehr traurig und kurz davor zu weinen, aber ich habe ihm gesagt, dass er sich nicht gehen lassen, sondern lieber den Kopf hoch nehmen und anpacken soll.[19]

Sie flößten Evans den letzten Schluck Brandy ein, der ihnen geblieben war, um dem todkranken Mann Leben einzuhauchen, und legten ihn vorsichtig so auf den Schlitten, dass er es möglichst bequem hatte. Für sie stand fest, dass es zumindest für Evans der letzte Marschtag werden würde. Doch noch immer waren sie nicht bereit, ihn seinem Schicksal zu überlassen.

Sie spannten sich vor den Schlitten und machten sich auf den Weg. Evans hielt das Bild der beiden Männer, die sich durch den Schnee kämpfen, in bewegenden Worten fest:

> Ich brauchte nur den Kopf ein wenig zu heben, um sie vom Schlitten aus beobachten zu können. Ihre Beine bewegten sich unendlich langsam, erschöpft, aber stolz, setzten sie Schritt vor Schritt. … Dann verließen sie die Kräfte, und auch wenn sie besten Willens waren, mussten sie den Versuch, den Schlitten, auf dem ich wie Ballast lag, vorwärtszuziehen, aufgeben – es war ein hoffnungsloses Unterfangen.[20]

Bei schneidendem Wind und Temperaturen weit unter dem Gefrierpunkt blieben die beiden Männer erschöpft stehen, unfähig, auch nur noch einen Schritt zu machen. Sie hatten ihren Kameraden 150 Kilometer weit durch eine der unwirtlichsten Gegenden der Erde gezogen, doch nun waren sie mit ihren Kräften am Ende. Der Wettlauf mit dem Tod schien endgültig verloren.

Bedrückt stellten sie das Zelt auf und brachten ihren sterbenden Kameraden hinein. Auch Evans ging inzwischen davon aus, dass ihm nicht mehr zu helfen war. Er bekam aber noch mit, dass er von »zwei ausgehungerten, erschöpften und hohläugigen Kameraden in ein verwaistes Lager auf dem Ross-Schelfeis im Schatten des Mount Erebus« gebracht und auf Evans' Schlafsack gelegt wurde. »Ich dachte, sie legen mich in mein Grab.«[21]

Vor dem Zelt hielten Crean und Lashly Kriegsrat ab. Doch im Inneren bekam Evans sehr wohl mit, dass sie »zwar leise und mit Trauer in der Stimme redeten, aber die Dinge schonungslos ansprachen«.[22]

Fest stand, dass die Männer nicht mehr imstande waren, Evans weiterhin zu ziehen, und die Vorräte quasi erschöpft waren. Den Leutnant zurückzulassen hätte bedeutet, sein Todesurteil zu unterschreiben, aber immerhin die Möglichkeit eröffnet, selbst am Leben zu bleiben. Hilfe von außen hatten sie nicht zu erwarten. Weder ein von Hunden noch ein von Kameraden gezogener Schlitten würde sich auf die Suche nach ihnen machen.

In Abwägung aller Umstände gab es nur eine Option. Einer der Männer musste mit Evans zurückbleiben, der andere sich zu Fuß bis zum Hut Point durchschlagen, um Hilfe zu holen. Der Plan glich der Verzweiflungstat zweier Männer, die nicht mehr weiterwussten, aber es gab keine vernünftige Alternative.

In diesem Moment traf Crean die mutigste Entscheidung seines Lebens und erklärte sich freiwillig bereit, allein zum Hut Point zu gehen, damit Lashly bei Evans bleiben konnte. Ein Jahr zuvor hatte er sich schon einmal hervorgetan, als er als das erfahrenste Mitglied des kleinen Trupps allein losgezogen war, um Hilfe für Bowers und Cherry-Garrard zu holen, die mitsamt den Ponys auf einer Eisscholle trieben. Doch damals war er ausgeruht, gut genährt und bei Kräften gewesen. Als er sich nun auf den monumentalen Marsch begab, war er durchgefroren, durstig, halb verhungert und nach 2400 Kilometern im Zuggeschirr ausgelaugt.

Selbst ein Kerl wie Crean, der stets von seinen Fähigkeiten überzeugt war, wird seine Überlebenschancen in diesem Augenblick nicht allzu hoch eingeschätzt haben.

Lashly vertraute seinem Tagebuch das Gespräch an, das sich an Creans Angebot, den Weg nach Hut Point auf sich zu nehmen, anschloss. Er schrieb:

> Ich bot ihm an, selbst zu gehen, damit er bei Evans bleiben könnte, aber Tom meinte nur, ihm wäre lieber, wenn ich bliebe und nach unserem Patienten schaute. So kam ich zu der Überzeugung, dass es das Beste wäre zu bleiben …[23]

Den restlichen Vorrat – drei Stücke Zwieback und zwei Stücke Schokolade – stopften sie in Creans Taschen. Lashly wollte ihm noch etwas zu trinken mitgeben, aber Crean lehnte ab: Es war ihm schlicht zu schwer.

Crean steckte den Kopf ins Zelt, um sich von Evans zu verabschieden, der immerhin die Kraft aufbrachte, ihm für seine Selbstlosigkeit zu danken. Dann machte sich Crean auf den Weg. Lashly schlug den Eingang zum Zelt zur Seite, damit Evans sehen konnte, wie Crean sich auf den Weg machte. Evans schrieb über diesen Moment:

> Er ging guten Mutes und mit edler Gesinnung los. Unwillkürlich drängte sich mir die Frage auf, ob ich ihn je wiedersehen würde.[24]

Lashly stützte den gebrechlichen Evans, damit der Creans Abmarsch möglichst lange verfolgen konnte. Die große, schmale Silhouette war das Einzige, was sich vom einförmigen Weiß der Umgebung abhob. Noch Jahre später beschrieb Evans, wie der Ire »in gebeugter Haltung durch den knietiefen Schnee stapfte und sich zum Schutz vor dem Schneesturm die Hände vors Gesicht hielt«.

Crean brach am 18. Februar 1912, einem Sonntag, um 10 Uhr auf, und zunächst war ihm das Glück hold. Das Wetter besserte sich, der Untergrund erlaubte ein gutes Vorankommen, auch wenn der weiche Schnee ein Problem war und blieb.

Es sagt einiges über Crean aus, dass er 25 Kilometer übers Eis zurücklegte, ehe er die erste Pause einlegte. Ganze fünf Minuten gönnte er sich, um wenigstens eine Kleinigkeit zu essen: zwei der drei Zwiebacke und zwei kleine Stücke Schokolade. Den restlichen Zwieback steckte er wieder in die Tasche – für Notfälle!

Sich über das Schelfeis zu bewegen war riskant, nicht zuletzt, weil Crean keine Skier mehr besaß, die er, um das Gewicht des Schlittens zu reduzieren, vor Tagen im Schnee zurückgelassen hatte. So sank er regelmäßig bis zu den Hüften im weichen Schnee ein, und bei jedem Schritt lauerte die Gefahr, in eine Spalte zu treten, aus der es kein Entrinnen geben würde. Er hatte auch kein Zelt, in dem er sich vor dem Wetter hätte schützen können, nichts, um sich zu orientieren, und keinen Proviant.

Kurz nachdem Crean losgezogen war, ging Lashly seinerseits die kurze Strecke zum Corner Camp, um dort nach etwas Essbarem für Evans und sich zu suchen. Er fand geringe Mengen an Butter und Käse sowie ein bisschen Sirup. Vor allem aber fand er eine verstörende Nachricht von Day, dem Mechaniker, vor, in der er dringend vor »einigen sehr gefährlichen Eisspalten zwischen dem Corner Camp und dem Meer« warnte, also in exakt jenem Gebiet, auf das Crean sich gerade zubewegte. Nach der Rückkehr unterließ es Lashly vorsichtshalber, Evans von dieser Nachricht zu erzählen. Anlass, sich Sorgen zu machen, hatte der schon genug.

Das Safety Camp, das gut drei Kilometer vom Rand des Schelfeises und nur elf Kilometer vom Hut Point entfernt lag, hatte Crean bald passiert. Am Montag um kurz nach Mitternacht erreichte er die Rossbarriere. Er war entsetzlich müde, und obwohl das Wetter besser geworden war, fror er bitterlich. In seinem Kampf mit der Müdigkeit rutschte er auf dem spiegelglatten Eis immer wieder aus und landete mehrfach schmerzhaft auf dem Rücken. Doch es half alles nichts, es musste weitergehen.

Aus reiner Verzweiflung wagte er den Versuch, auf dem Weg zum Hut Point Kap Armitage zu runden, doch das Meereis war noch nicht stabil genug, und sehr bald rann der Schneematsch in seine Fellschuhe. Und obwohl er am Rande der Erschöpfung war, konnte er es nicht riskieren, den Weg über das Eis zu nehmen, auch wenn das der kürzeste war. Also ließ er Kap Armitage liegen und machte sich auf den Weg zum Observation Hill, der über der Hut-Point-Halbinsel und der Hütte der *Discovery*-Expedition thront.

Doch auf dem Gipfel, den er nach großen Mühen erreichte, wartete eine herbe Enttäuschung auf ihn. Die Hütte konnte er zwar gut erkennen, aber um sie herum regte sich nicht das Geringste, keine Menschen waren zu sehen und auch keine Spuren von Hundeschlitten. Der letzte Punkt grämte ihn am meisten, denn mit ihrem Fehlen ging auch die Möglichkeit verloren, auf schnellstem Wege zu Evans und Lashly zurückzukehren.

Allein die Aussicht, am Hut Point niemanden anzutreffen, hätte manch einen an Creans Stelle verzweifeln lassen, weil es bedeutete, dass er 20 oder gar 25 Kilometer bis zum Kap Evans weiterlaufen müsste. Erst dort würde er mit Sicherheit Hilfe finden. Nach einer Tortur, wie sie hinter Crean lag, war eine solche Aussicht sicherlich extrem demotivierend. Crean aber blieb gefasst und unbeirrbar. Er setzte sich auf einen Eiskamm und aß den letzten Zwieback mit ein bisschen Eis. »Ich war ausgetrocknet«, bekannte er später.[25]

Das Wetter, das ihm bislang gnädig gewesen war, schlug um. Der Wind frischte auf und trieb den Schnee vor sich her, die Sicht nahm rapide ab. In der Entfernung war zu erkennen, dass ein Schneesturm aufzog. Selbst hier, so kurz vor dem Ziel, wollte das Wetter der Antarktis offenbar das letzte Wort behalten. Und Crean war klar, dass er gegen einen Schneesturm nicht bestehen könnte.

Er stolperte und rutschte den Berg hinunter, damit ihn der Sturm nicht einholte, und ging schleppend Richtung Hut Point. Dabei warf er immer wieder bange Blicke über die Schulter, um nachzusehen, wie viel Zeit ihm noch bliebe, ehe der Sturm ihn erreichte. Dann erkannte er zu seiner unendlichen Erleichterung in einiger Entfernung auf dem Meereis Hunde und Schlitten.

Aus diesem Anblick schöpfte er neue Kraft, mit der er die letzten Meter bis zur Hütte schaffte. Schließlich taumelte er durch die Tür und fiel auf die Knie. Hunger und Erschöpfung hatten ihn fast um den Verstand gebracht, die Kälte hatte seine Sinne betäubt. Im Inneren der Hütte saßen Gerof, der russische Hundeführer, und mit Atkinson der einzige Arzt, der im Umkreis von 640 Kilometern zu finden war.

Lallend berichtete Crean ihnen vom Los der beiden Kameraden, dann brach er zusammen. Als er wieder zu sich gekommen war, bat er darum, mit ein paar anderen Männern erneut hinaus aufs Schelfeis gehen zu dürfen, um Evans und Lashly zu befreien, die in 56 Kilometern Entfernung in ihrem Zelt festsaßen.[26] Atkinson war so umsichtig, es ihm zu untersagen.

Crean traf am 19. Februar 1912 um 3:30 Uhr nachts am Hut Point ein, sein Alleinmarsch über 56 Kilometer war nach fast achtzehn Stunden beendet.

Die Strapazen, die Crean bei seiner Heldentat durchleiden musste, sind ihm auf diesem Foto anzusehen. Es entstand kurz nach seiner Rückkehr zum Kap Evans im Februar 1912.

Atkinson versorgte ihn umgehend mit warmem Essen und etwas zu trinken, so Crean:

> Er gab mir zuerst einen Schluck und dann eine Portion Porridge, aber ich konnte es nicht bei mir behalten: dies war das erste Mal in meinem Leben, dass mir so etwas passierte. Es war der Weinbrand, der das bewirkt hatte.[27]

Crean war erst eine halbe Stunde in der Geborgenheit der Hütte, als der Schneesturm, der ihn wie eine ständige Drohung begleitet hatte, mit aller Grausamkeit losbrach. Erst in der folgenden Nacht schwächte er sich ab. Diese halbe Stunde hatte nicht nur Crean das Leben gerettet, sondern auch Evans und Lashly, von deren Schicksal ohne ihn niemand etwas erfahren hätte. Cherry-Garrard, der den Schneesturm miterlebte, war sich sicher, was diese halbe Stunde für Crean bedeutete: »Keine Macht dieser Welt hätte ihn dann retten können.«[28]

Einen Einblick in Creans Gefühlswelt ermöglichen zwei Briefe, die er nach seinem Husarenstück in der Antarktis schrieb. Der erste, verfasst am 26. Februar 1912 und gerichtet an einen Freund, entstand nur eine Woche nach seiner Ankunft am Hut Point, als Crean sich noch von den Strapazen erholte. Das Datum, das er nannte, bezieht sich auf den Tag, an dem er am Kap Evans eintraf und seine Reise über fast 2500 Kilometer, die ihn bis auf 250 Kilometer an den Südpol herangeführt hatte, beendete.

> Am 24. bin ich nach vier Monaten Abwesenheit wieder im Lager eingetroffen. Ich gebe zu, dass der Marsch übers Eis extrem anstrengend war. Wenn es jemand verdient hat, gerühmt zu werden, dann dein alter Freund aus Kerry.
>
> Etwa 250 Kilometer vor dem Südpol mussten drei von uns kehrtmachen. Unterwegs verließen Leutnant Evans die Kräfte, und wir mussten ihn auf den Schlitten legen und 150 Kilometer weit ziehen. Unser Ziel war unsere Hütte, aber wir hatten kaum noch etwas zu essen, und unserem Patienten ging es immer schlechter.

So war es an mir, die letzten knapp sechzig Kilometer im Alleingang zu bestreiten und Hilfe zu holen, mit nichts als ein paar Stücken Zwieback und etwas Schokolade als Proviant. Ich habe es geschafft, aber ich war vollkommen erschöpft.

Für uns war das ein schöner Erfolg, aber wie es weitergeht, weiß ich erst, wenn unser Kapitän zurück ist.[29]

Ein Jahr später, am 18. Januar 1913, kam Crean in einem weiteren Brief erneut auf seine Heldentaten zu sprechen:

> Leutnant Evans, unser neuer Kommandant, hat mir versichert, dass er weder mich noch den Kameraden, der dabei war, je vergessen wird. Es kann aber auch kein Zweifel daran bestehen, dass wir ihm das Leben gerettet haben. Du kannst Catherine ausrichten, dass meine langen Beine ihren Zweck erfüllt haben. Ich bekenne aber, dass ich ziemlich am Ende war, als es geschafft war.[30]

Durch Creans Zustand und das, was er über Evans und Lashly berichtete, war Atkinson alarmiert, vor allem, weil der Schneesturm noch zulegte und die Temperaturen weiter fielen. Doch solange der Sturm wütete, war er zur Untätigkeit verdammt. Er wartete eineinhalb Tage, bis er am späten Nachmittag des 20. Februar zwei Hundeschlitten anspannen ließ und sich auf die Suche nach einem winzigen Zelt machte, das in der unendlichen Weite des Ross-Schelfeises stand.

Lashly hatte klugerweise ein altes Stück Stoff genommen und an einer Bambusstange befestigt, um sicherzustellen, dass der Rettungstrupp das kleine grüne Zelt nicht übersehen würde. Evans bekannte später, dass er zu diesem Zeitpunkt in den letzten Zügen lag. Zum Essen blieben ihnen nur noch wenige Stücke Zwieback, die unterdessen mit Petroleum verunreinigt waren.

Doch dann wurde die Stille unvermittelt vom Gebell der Hunde durchrissen, die Kurs auf das kleine Zelt nahmen. Eines der Tiere hatte die Dramatik der Situation offenbar begriffen, denn kaum hatte es das Zelt erreicht, steckte es den Kopf durch den Eingang und leckte Evans' Gesicht und Hände ab. Um sich nicht anmerken zu lassen, wie tief gerührt er war, umfasste Evans den Kopf des sibirischen Hundes und vergrub sein Gesicht in dessen grauem Fell. Und auch Lashly war durch die Rettung »innerlich zutiefst aufgewühlt«.

Atkinson reichte den beiden Ausgehungerten frisches Gemüse, Obst und Robbenfleisch, damit sie die Rückfahrt zum Hut Point gestärkt antreten konnten. Anschließend wurden sie auf die Schlitten gelegt, die Hunde nahmen Fahrt auf und legten die Strecke von 56 Kilometern in etwas mehr als drei Stunden zurück – ein Bruchteil also der achtzehn Stunden, die der erschöpfte Crean benötigt hatte.

Am Hut Point erwartete Evans und Lashly ein strahlender und sichtlich erleichterter Crean.

Unerklärlich blieb allen im Lager, wie Crean und Lashly die Strapazen hatten überstehen können, ohne wie Evans an Skorbut zu erkranken. Die drei hatten auf ihrem fast vier Monate währenden Marsch dieselbe Strecke zurückgelegt, dasselbe Essen gegessen, unter demselben widrigen Wetter gelitten und dieselben Belastungen aushalten müssen. Und auch wenn Crean und Lashly stark geschwächt waren, zeigten sie keinerlei der gefürchteten Symptome, die mit Skorbut einhergehen.

Bis heute können die Ärzte nicht genau erklären, warum der eine Mensch von dieser Krankheit getroffen wird, während der andere verschont bleibt. Für eine Antwort wesentlich sind offenbar vor allem zwei Punkte: wie gut der Körper Vitamin C speichern kann und welchen Belastungen er ausgesetzt ist. In einer normalen Umgebung zeigen sich bei Mangel an Vitamin C nach vier bis sechs Monaten die ersten Anzeichen von Skorbut. Die Mediziner gehen aber davon aus, dass sich die Krankheit in einem Umfeld wie der Antarktis wesentlich schneller bemerkbar macht, weil dort zu dem widrigen Klima die schwere Arbeit, in diesem Falle die Stunden im Zuggeschirr, und der ständige Mangel an Nahrung hinzukommen.

In einem sind sich jedoch alle Mediziner einig: Raucher leiden eher unter Skorbut als Nichtraucher. Selbst in diesem Punkt stellte Crean eine Ausnahme von der Regel dar, denn fast jeden Tag steckte er sich seine geliebte Pfeife an.

# EINE VORHERSEHBARE KATASTROPHE

Das erschütternde Bild, das die drei Rückkehrer Crean, Lashly und Evans boten, löste massive Sorgen um Scott und sein Team aus. Die Männer am Hut Point und am Kap Evans zogen erstmals in Betracht, dass ihre Kameraden in Schwierigkeiten stecken und unter denselben Problemen leiden könnten, die Crean, Lashly und Evans sichtbar zugesetzt hatten: Skorbut, Hunger und Erschöpfung.

Die Gruppe um Scott hatte unterdessen eine größere Strecke zurückgelegt als die drei und war noch immer dort draußen auf dem Schelfeis, obwohl die Temperaturen mit dem hereinbrechenden Winter weiter nach unten sanken.

Crean, Lashly und Evans schätzten Scotts Chancen, den Südpol zu erreichen und mitsamt seinen Begleitern wohlbehalten zurückzukehren, jedoch noch immer positiv ein. Und so waren Creans Blicke bei jeder sich bietenden Gelegenheit auf den Horizont gerichtet, um nicht den Moment zu verpassen, an dem dort die fünf Kameraden auf ihrem Rückweg zum Kap Evans auftauchten.

Doch von der Welt unbemerkt, hatte sich die Katastrophe von jenem Augenblick an abgezeichnet, in dem sich Crean, Lashly und Evans ein letztes Mal umgeblickt hatten, um die Kameraden, die ohne sie zum Pol weiterziehen wollten, zu verabschieden. Auch wenn sie voller Hoffnung aufgebrochen waren, begriff Scott schon am ersten Tag, dass er sich mit der Entscheidung, in Bowers einen fünften Mann mitzunehmen, obwohl die Expedition von Anfang an für Vier-Mann-Teams konzipiert gewesen war, einen Bärendienst erwiesen hatte. Am 5. Januar, dem Tag nach der Trennung der beiden Gruppen, notierte er:

> Für fünf zu kochen dauert wesentlich länger als für vier. Wir verlieren täglich circa eine halbe Stunde. Diesen Punkt hatte ich nicht bedacht, als ich die Teams neu eingeteilt habe.[1]

Erschwerend hinzu kam, dass die Oberfläche des Eises schlicht katastrophal war. Sie bestand aus einem rutschigen, weichen Schnee, der sich über die schmalen, mehrere Zentimeter hohen, »Sastrugi« genannten Rillen gelegt hatte und das Vorankommen massiv erschwerte. Auf ihrem Weg zum Südpol kamen die Männer daher langsamer voran als gedacht, und das bei stetig sinkenden Temperaturen. Am 7. Januar schafften sie bei bis zu –30 °C in vier Stunden lediglich acht Kilometer. Nun erst erfuhr Scott von Evans' Handverletzung. Und Bowers, ein kleiner Mann mit kurzen Beinen, musste mehr schuften, als ihm lieb war, weil er bei jedem Schritt tief im Schnee einsank. Jetzt hätte er die Skier gut gebrauchen können, aber die lagen irgendwo auf dem Schelfeis. Am 14. Januar kam Scott zum ersten Mal auf den schlechten Zustand von Oates zu sprechen, der, so Scott, »mehr unter der Kälte und der Erschöpfung litt als alle anderen«.

Auch wenn Scott durch die Plackerei im Zuggeschirr angegriffen war, blieb er doch zuversichtlich. Am 15. Januar vertraute er seinem Tagebuch an: »Ich denke, wir sollten unser Ziel erreichen, und die größte Gefahr besteht darin, dass die norwegische Flagge schon weht, wenn wir ankommen.«[2]

Einen Tag später, am Dienstag, den 16. Januar, entdeckte Bowers einen kleinen schwarzen Punkt an dem ansonsten strahlend weißen Horizont, und dieser Punkt riss sie aus all ihren Träumen. Anfangs meinten sie, dass es eine Schneewehe sein könnte, aber sehr bald wurde ihnen klar, dass es sich um etwas von Menschenhand Gefertigtes handeln musste. Sie gingen darauf zu und erreichten schließlich eine schwarze Flagge, die am Unterzug eines Schlittens befestigt war. Drum herum waren deutlich die Abdrücke von Hundegespannen zu erkennen. »Das Schlimmste ist eingetreten«, bilanzierte Scott.

Am nächsten Tag erreichten sie bei Temperaturen von –30 °C ihr Ziel. Scott notierte betrübt: »DER POL. Ja, aber unter denkbar anderen Vorzeichen als gedacht.«[3]

Oates, dem die Niederlage weniger ausmachte als den anderen, bezeichnete die Männer, die nach 1500 unter widrigsten Bedingungen zurückgelegten Kilometern verständlicherweise niedergeschlagen waren, als »traurigen Haufen«, und Scott brachte das Ausmaß der Enttäuschung auf folgenden Nenner:

> Mein Gott, wie grauenhaft es hier doch ist, und wie grausam es ist, sich bis hierher durchgekämpft zu haben und dann doch nicht der Erste zu sein.

Tags darauf passierten sie ein Zelt, das Amundsen zurückgelassen hatte. Im Inneren fanden sie einen kurzen Bericht über den Erfolg der Norweger, einen an Scott adressierten Brief und Dinge wie einen Sextanten und ein Paar Socken, die offenbar ausgedient hatten. Um für den Fall vorzubeugen, dass ihm auf dem Rückweg etwas zustieß, bat Amundsen Scott, einen Brief an König Haakon VII. auf den Weg zu bringen, der die Nachricht vom Triumph Norwegens enthielt. Scott empfand das Anliegen als Kränkung. Gekränkt hätte ihn auch die Formulierung seines Kollegen Raymond Priestley, der nüchtern konstatierte, dass Scott durch Amundsens Brief vom »Entdecker zum Briefträger« geworden sei.

Nachdem sie den »armen, enttäuschten Union Jack« aufgestellt und einige denkwürdige Fotos geschossen hatten, traten die Männer den Rückweg an. Und wie bei ihren Kameraden sollte es ein verzweifelter Wettlauf mit dem Tod werden. Scott war sich der Gefahren, die vor ihnen lagen, sehr wohl bewusst:

> Wir haben dem Ziel unserer Träume nun den Rücken zugekehrt und müssen uns auf 1500 Kilometer Schwerstarbeit vor dem Schlitten einstellen – nichts, um weiter Luftschlösser zu bauen.[4]

Der Aufbruch erfolgte am späten 18. Januar. Weil sie starken Rückenwind hatten, nutzten sie den Boden ihres Zelts als

Segel. Doch der Wind brachte auch kältere Luft heran. Am 23. Januar sank die Temperatur bis auf –34 °C, und Scott hielt fest, dass mit Taff Evans »nicht mehr viel anzufangen« war.

Der Proviant stellte ein ernst zu nehmendes Problem dar. Am 29. Januar musste Scott sich eingestehen, dass die Männer in Relation zu der Arbeit, die sie leisteten, nicht genug zu essen bekamen. Kurzum, sie litten Hunger, und zwar umso mehr, je mehr sie sich anstrengen mussten, um das nächste Depot zu erreichen.

Einen Tag später wurde die schlechte körperliche Verfassung der Männer offenkundig. Zunächst klagte Wilson über eine schmerzende Sehne im Bein, dann raubte der Frost Evans zwei Fingernägel. Doch auch ohne diesen Vorfall bereitete Evans seinem Kapitän große Sorgen, wie er seinem Tagebuch anvertraute: »Seine Hände sehen schlecht aus, und zu meiner Überraschung macht er den Eindruck, als verliere er darüber den Mut.«[5]

Am 3. Februar gab der bislang nimmermüde Bowers es auf, noch Tagebuch zu führen, und am 4. fiel Evans in eine Eisspalte. Die war aber glücklicherweise nicht allzu tief. Scott fühlte sich zu der Bemerkung veranlasst, dass sein langjähriger Begleiter allmählich »schwerfällig und unzuverlässig« wurde. Wiederum einen Tag später wählte er gar die Formulierung, dass Evans »ziemlich am Ende« war. Inzwischen waren nicht nur seine Hände von Frostbeulen und Eiterpusteln übersät, sondern auch die Nase sah »übel« aus. Am 7. Februar diagnostizierte er knapp: »Mit Evans geht es stetig bergab.«[6]

Den Sieg der Norweger empfand Evans als persönliche Niederlage, möglicherweise weil er seinem Vorhaben, die

Navy als Held zu verlassen und aus dem Erlebten im Wortsinn Kapital zu schlagen, einen Strich durch die Rechnung machte. Seine Reaktion mag ihre Ursache aber auch darin gehabt haben, dass er mit Niederlagen schlicht nicht umgehen konnte. So mutmaßte Wilson in seinem Tagebuch, dass Evans die Situation derart zusetzte, weil er noch nie krank gewesen war. Und Oates fragte sich, wie Evans die verbleibenden 800 Kilometer bis zum Basislager schaffen wollte.

Wilson, der Arzt der Gruppe, nahm an, dass Evans sich bei seinem Sturz in die Eisspalte eine Gehirnerschütterung zugezogen hatte und deshalb so stark abbaute. Nicht weniger wahrscheinlich ist jedoch, dass Evans wie die anderen auch zu wenig Vitamin C zu sich nahm und unterdessen an Skorbut erkrankt war. Von dieser Krankheit werden auch die Blutgefäße in Mitleidenschaft gezogen, und wir dürfen davon ausgehen, dass Evans unter Gehirnblutungen litt. Ab dem 14. Februar war Evans kaum noch als vollwertiges Expeditionsmitglied zu bezeichnen, und am 16. Februar notierte Scott betrübt: »Es sieht so aus, als sei Evans nicht mehr recht bei Verstand. Von dem Selbstbewusstsein, das ihn ausgezeichnet hat, ist nichts mehr übrig.«[7]

Am 17. Februar starb Unteroffizier Edgar Evans. Es war »ein grauenhafter Tag«, bekannte Scott. Vom Verlust des einst stärksten Mitglieds der Gruppe schockiert und zugleich alarmiert, traten die vier verbliebenen Männer die letzte Etappe zum Fuß des Beardmore-Gletschers an und erreichten schließlich das Shambles Camp, wo sie sich am Fleisch eines toten Ponys stärkten. Seit langer Zeit waren die ausgehungerten Männer wieder einmal satt.

Mit den Mägen hatten sie auch ihre Energiespeicher gefüllt, doch kaum hatten sie die 640 Kilometer weite Strecke über das Schelfeis in Angriff genommen, baute sich vor ihnen eine neue Hürde auf, denn der Untergrund erwies sich als nahezu unpassierbar. Der Schnee war so weich wie Wüstensand, und prompt schafften sie am 19. Februar trotz aller Anstrengungen lediglich gut sieben Kilometer. Zwar fielen ihre Essensrationen nach dem Tod des Walisers größer aus, dennoch musste Scott eingestehen, dass ihnen ein kräftiger und energischer Kerl, wie Evans es in seinen besten Tagen gewesen war, dringend fehlte.

Während sie langsam über das Schelfeis trotteten, wartete bereits der nächste herbe Dämpfer auf sie, denn wie sich herausstellte, befand sich in den Depots, die sie angelegt hatten, viel zu wenig Petroleum. Die Dichtungen aus Leder waren in der Kälte porös geworden, das Petroleum war verdunstet. Nun mussten sich die Männer darauf einstellen, kaltes Essen zu sich zu nehmen und nur sehr eingeschränkt Schnee schmelzen zu können, um etwas Warmes zu trinken – und das bei weiter sinkenden Temperaturen. Selbst Wilson, der doch so beherrscht und zuverlässig war, hörte am 28. Februar auf, Tagebuch zu führen.

Noch waren die Männer 480 Kilometer vom Basislager entfernt, und der März begrüßte sie mit Temperaturen von bis zu –41 °C. Die Strecke, die sie zurücklegten, war unterdessen auf unter zwei Kilometer pro Stunde gesunken. Um das jeweils nächste Depot zu erreichen, mussten sie deshalb mindestens zehn Stunden am Tag schuften.

Der nächste Genickschlag traf sie am 2. März, als Oates Schuhe und Strümpfe auszog und seine Füße vorzeigte, die schwere Erfrierungen aufwiesen. Das Ziehen des Schlittens war extrem anstrengend geworden, und um morgens auch nur die Schuhe anzuziehen, benötigten die erschöpften, ausgehungerten und frierenden Männer eine geschlagene halbe Stunde. Das verlangsamte das Vorankommen zusätzlich. Allmählich dämmerte ihnen, dass es in diesem Tempo nicht weitergehen konnte, und am 3. März schrieb Scott:

> Gott steh' uns bei, aber wir können den Schlitten nicht länger ziehen, so viel steht fest. Gegenüber den anderen ist jeder freundlich und nett, aber wie es in den Herzen der Männer aussieht, kann ich nur vermuten.[8]

Am 7. März erreichte Amundsen an Bord der *Fram* Hobart, die Hauptstadt von Tasmanien. Von dort verbreitete sich wie ein Lauffeuer, dass er den Südpol erobert hatte. Dem Triumph des einen – Amundsen – steht die Niederlage gegenüber, die die Rivalen – Scott und seine Männer – erlitten.

Als Nächstes baute Oates so sehr ab, dass er sich nicht mehr in das Zuggeschirr einspannen konnte, für den stolzen Kavallerieoffizier ein demütigender Moment. Am 10. März konstatierte Scott, dass es mit Oates »rapide bergab« ging und ihm »klar sein muss, dass er es nicht schaffen wird«. Oates erkundigte sich bei Wilson, wie der seine Lage einschätzte, doch Wilson zog es vor, sich bedeckt zu halten, und erwiderte, das könne man nicht sagen.

Inzwischen waren die Männer so erschöpft, dass sie nur mehr zehn Kilometer am Tag schafften, was Scott zu einer entmutigenden Rechnung veranlasste.

> Wir haben Proviant für sieben Tage und sind noch circa neunzig Kilometer vom One Ton Depot entfernt. 10 × 7 = 70. Bleibt ein Rest von zwanzig Kilometern, selbst wenn nichts mehr dazwischenkommt.[9]

Die Rechnung konnte nicht aufgehen, schon gar nicht im einsetzenden Winter, der Temperaturen von bis zu –42 °C mit sich brachte, gemessen am 14. März zur Mittagszeit. Und Scott sah keine Möglichkeit, die Rationen weiter zu kürzen, um die verbleibende Zeit um ein paar Tage zu strecken.

Sie befanden sich nun ganz in der Nähe jener Stelle, an der im Jahr zuvor das One Ton Depot hätte errichtet werden sollen. Doch um die Ponys nicht über Gebühr zu belasten, hatten sie seinerzeit entschieden, das Depot um knapp sechzig Kilometer nach Norden zu verlegen. Wäre das Depot an der ursprünglich geplanten Stelle angelegt worden, hätten die Männer vielleicht darauf hoffen dürfen, den Marsch zu überleben. Sie waren ausgelaugt und in denkbar schlechter Verfassung, aber in dem Depot warteten große Mengen an Proviant und Petroleum, die es ihnen erlaubt hätten, eine Pause einzulegen, um wieder zu Kräften zu kommen. Nicht gelöst wäre damit ihr größtes Problem gewesen, das Wetter, das sich rapide verschlechterte und den 225 Kilometer weiten Marsch zum Hut Point zu einem Ding der Unmöglichkeit zu machen drohte.

Es kann kaum überraschen, dass Scott unterdessen den Überblick zu verlieren drohte und sich mehrfach im Datum vertat. Er selbst wusste nicht genau zu sagen, ob der Eintrag in seinem Tagebuch, in dem er Oates' Tod vermerkte, vom Freitag, den 16. März, oder vom Samstag, den 17. März, stammte. Der tapfere Oates bat darum, die Kameraden mögen ihn in seinem Schlafsack zurücklassen, doch die drei Männer weigerten sich, ihm die Bitte zu erfüllen. Als er am nächsten Morgen vom Heulen eines Schneesturms geweckt wurde, äußerte er lapidar: »Ich gehe ein bisschen vor die Tür. Es könnte einen Moment dauern.« Unter Schmerzen kroch er aus dem Zelt nach draußen, wo ihn Temperaturen von –40 °C erwarteten.

Am 17. März beging Lawrence Edward Grace Oates seinen 32. Geburtstag.

Scott lud Teile der Ausrüstung ab, um das Gewicht zu reduzieren, und nahm Kurs auf das One Ton Depot, knapp fünfzig Kilometer entfernt. Ein steifer Wind wehte, die Temperatur lag am 18. März bei –37 °C, tags darauf bei –40 °C. Scotts Füße waren in einer erbärmlichen Verfassung, und ernüchtert hielt er in seinem Tagebuch fest: »Mit einer Amputation wäre ich noch gut bedient.«

In den folgenden Tagen kamen Scott, Wilson und Bowers nur schleppend voran, und als sie am 19. März ein schwerer Schneesturm ausbremste, waren sie noch knapp zwanzig Kilometer vom One Ton Depot entfernt. Ihr Proviant reichte nur mehr für wenige Tage, das Petroleum war verbraucht, sodass sie sich nicht einmal mehr ein warmes Getränk zubereiten konnten. Damit war ihnen zugleich der letzte winzige Trost genommen. Der Schneesturm rüttelte eine knappe Woche lang an ihrem kleinen grünen Zelt. Das Ende war erreicht, als Scott am 29. März 1912, 149 Tage nach dem Abmarsch am Kap Evans, den letzten, berühmt gewordenen Eintrag in sein Tagebuch vornahm:

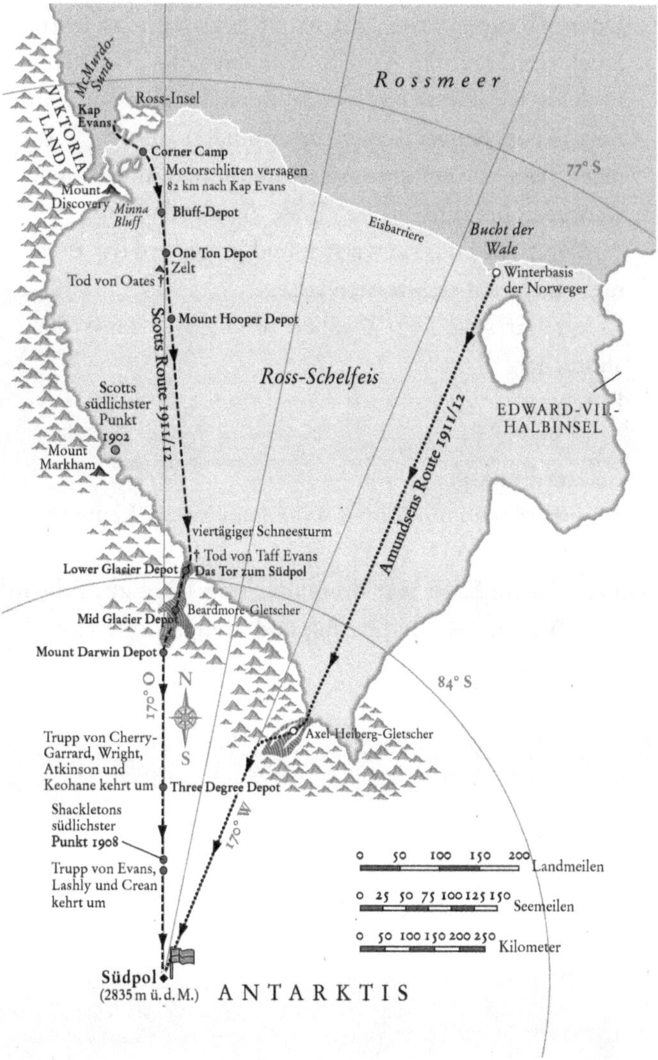


Scotts letzte Reise.

Jeden Morgen wären wir bereit gewesen, das letzte Stück zum Depot in Angriff zu nehmen, das doch keine zwanzig Kilometer entfernt ist, doch draußen vor dem Zelt hält das Schneetreiben unvermindert an. Ich glaube nicht, dass wir auf eine Besserung hoffen dürfen. Wir werden es bis zum bitteren Ende durchstehen, aber wir werden zusehends schwächer, und lange wird das Ende nicht mehr auf sich warten lassen.

Es tut mir sehr leid, aber ich fürchte, ich muss hier abbrechen.

R. Scott

Letzter Eintrag:

Kümmert euch um Gottes willen um unsere Leute.[10]

Robert Falcon Scott war dreiundvierzig Jahre alt, Edward Adrian Wilson neununddreißig und Henry Robertson Bowers achtundzwanzig.

# EINE VERHÄNGNISVOLLE ENTSCHEIDUNG

Als Captain Scott beschloss, Tom Crean nicht in jene Gruppe aufzunehmen, mit der er den Südpol erreichen wollte, beging er einen großen Fehler. Auch wenn es den Beteiligten gegenüber oft ungerecht ist, ein Geschehen nach vielen Jahren im Detail zu analysieren, spricht aus heutiger Sicht doch viel dafür, dass die Geschichte anders verlaufen wäre, hätte Crean die letzte Etappe mitgemacht. Mit seiner Verlässlichkeit und seiner positiven Ausstrahlung hätte er auf dem schicksalhaften Marsch vom Pol zurück die entscheidenden Weichen stellen können. Scott und seinen Kameraden hätte er so das Gleis bereiten können, das statt in den Tod zurück ins Leben führte.

Und noch ein zweiter Fehler unterlief Scott bei der Wahl seiner Begleiter. Er entschied sich nicht nur für die falschen Personen, sondern das auch noch zum falschen Zeitpunkt.

Es spricht wenig dafür, dass Scotts Entscheidung bereits gefallen war, als die Gruppe im November 1911 zu Beginn ihres Marsches das Schelfeis erreichte. Ihn eingerechnet, standen ihm insgesamt fünfundzwanzig Männer zur Verfügung.

Zieht man jene ab, die verletzt waren, wissenschaftliche Aufgaben wahrnehmen sollten oder, wie Ponting, mit der *Terra Nova* zurück nach England fahren mussten, bleiben knapp zwanzig Personen übrig.

Losgezogen war er mit sechzehn Mann, wobei mit dem Norweger Gran ausgerechnet der versierteste Skifahrer nicht dazugehörte. Er wurde stattdessen mit einer unbedeutenden geologischen Untersuchung betraut. Zudem schätzte Scott die Leistungsfähigkeit der Schlittenhunde denkbar falsch ein und sah für sie deshalb nur eine Nebenrolle vor.

Am meisten verwundert aus heutiger Sicht aber, dass Scott seine Wahl erst traf, als die Hälfte des Weges zum Pol bereits geschafft war, statt die vielen Monate, die sie untätig am Kap Evans verbringen mussten, dafür zu nutzen, die Stärken und Schwächen seiner Männer zu studieren, um so herauszufinden, wer für den entscheidenden Vorstoß am ehesten geeignet war.

Das hätte ihn in die Lage versetzt, die entsprechenden Männer in den ersten Wochen der Reise über das Schelfeis und den Beardmore-Gletscher zu schonen und ihnen den übermäßigen Dienst im Zuggeschirr zu ersparen. So hätten sie für die letzte Strecke zum Pol und zurück entscheidende Kräfte sparen können. Stattdessen mussten alle Männer dieselbe Arbeit verrichten und waren entsprechend gleichermaßen erschöpft, noch bevor es richtig losging.

Das, was er an den Männern versäumte, tat er interessanterweise mit den Ponys, bevor er sich am Fuße des Beardmore-Gletschers entschied, sie unterschiedslos zu töten. Bis dahin ließ er sie auf fast der Hälfte der 650 Kilometer langen Strecke über das Schelfeis vergleichsweise geringe Lasten tragen. Durch die unerwartete Kürzung der Futterration mussten sie allerdings letztlich doch mehr leisten als vorgesehen.

Scotts Vorstoß zum Pol war wie ein Staffellauf angelegt, mit dem Unterschied, dass diejenigen, die die Staffel ins Ziel tragen sollten, auch als Tempomacher eingesetzt wurden und deshalb schon, um im Bild zu bleiben, schwer nach Luft rangen, als die letzte Runde eingeläutet wurde.

Scott hat die ganze Reise über gewissenhaft Tagebuch geführt, aber die erste Überlegung bezüglich der Zusammensetzung des letzten Trupps findet sich dort erst am 22. Dezember. Da waren sie bereits sieben Wochen unterwegs und schon fast auf dem Beardmore-Gletscher. An diesem Tag notierte er auf dem Vorsatzblatt die Namen von fünf Männern: Scott, Wilson, Oates, Bowers und Taff Evans.

Zu diesem Zeitpunkt aber war die Auswahl bereits arg eingeschränkt. Meares und Gerof hatten mitsamt den unterbeschäftigten Hunden kehrtgemacht, mit ihnen Day und Hooper. Scott blieben also nur noch zwölf Männer, bis er am 21. Dezember vier weitere zurückschickte: Atkinson, Wright, Keohane und Cherry-Garrard.

1974, mehr als sechzig Jahre später, äußerte sich Gran dahingehend, dass Scott den jungen und kräftigen kanadischen Physiker Wright hätte mitnehmen sollen, da der sich auch mit Navigation auskannte.[1] Statt seiner, so Gran, hätte Taff Evans aussortiert gehört. Wright selbst war sich »ziemlich sicher«, dass er und Cherry-Garrard »in besserer Verfassung waren als mindestens einer derer, auf die die Wahl schließlich fiel«[2]. Diese Spitze kann im Grunde nur gegen Evans oder Oates gerichtet gewesen sein.

Als sie den Beardmore-Gletscher erklommen hatten, waren sie nur noch zu acht, und es war augenscheinlich, dass Scotts Stellvertreter Teddy Evans nicht dafür bestimmt war, mit zum Pol zu gehen – zum einen aus Gründen, die in seiner Persönlichkeit lagen, zum anderen, weil er dafür zu erschöpft war. Und er litt erkennbar an Skorbut, sodass, realistisch betrachtet, nur noch sieben Männer übrig blieben. Lashly, der unter normalen Umständen ein geeigneter Kandidat für einen Platz im Team gewesen wäre, hatte aber an Evans' Seite bereits 800 Kilometer im Zuggeschirr zurückgelegt, als Scott die fünf besagten Namen in seinem Notizbuch festhielt.

Faktisch waren Teddy Evans und Lashly den Aufgaben, vor die sie sich gestellt sahen, nicht mehr gewachsen. Daher kamen nur noch sechs Männer in die engere Wahl: Scott, Wilson, Oates, Bowers, Taff Evans und Tom Crean.

Bis zu diesem Zeitpunkt hatte Scott nicht erkennen lassen, wie seine Entscheidung ausfallen würde, und sogar Wilson ging fest davon aus, dass er zu jenen gehören würde, die als Letzte zurückgeschickt würden. Scott würde sich, so seine Vermutung, »für die Kräftigsten entscheiden, vermutlich die drei Seeleute«. Mit Letzterem waren Taff Evans, Lashly und Tom Crean gemeint. Doch Lashly schied aus besagten Gründen aus, und Taff Evans baute stark ab, auch wenn manches dafürspricht, dass Scott nicht mitbekam, wie sehr der Waliser bereits geschwächt war.

Dass Scott selbst zum Team gehören würde, stand nie zur Debatte. Immerhin war er der Anführer. Aber er hatte den Platz auch verdient, denn auch wenn er der Älteste im Bunde war, war er ungemein stark und leistungsfähig.

Dass Wilson ausgewählt wurde, hatte vor allem persönliche Gründe. Er war Scotts engster Vertrauter, und er hatte sich bislang weitaus besser geschlagen, als mancher ihm zugetraut hatte. Das Bild, das er abgab, sprach für ihn. Zudem war er Arzt, und das konnte sich noch als nützlich erweisen. Er selbst ging jedoch nicht davon aus, dass er zu denjenigen gehören würde, für die Scott sich am Ende entschied.

Taff Evans war Scotts persönlicher Favorit. Ihm hatte er die Treue gehalten, selbst als seine Alkoholexzesse es ihm schwer machten, und er war wohl der Einzige, der von Anfang an feststand. Evans hatte sich stets loyal gezeigt und in der Vergangenheit bei vielen gefährlichen Fahrten mit den Schlitten bewährt. Ein wenig gönnerhaft klang es hingegen, wenn Scott davon sprach, dass auch die »niederen Dienstgrade« am Pol vertreten sein sollten. Doch im Grunde entsprach Evans exakt dem Bild, das sich Scott von einem britischen Marinesoldaten und dessen hervorstechenden Eigenschaften machte. Dabei unterliefen auch Evans Fehler, kaum hatten sie den Beardmore-Gletscher erklommen. Zum Teil mag das seiner Handverletzung zuzuschreiben sein, zum Teil aber auch dem Umstand, dass er der Längste der Gruppe war und deshalb unter dem Nahrungsmangel besonders litt. Scott zog es vor, derlei Aussetzer zu ignorieren. Aber vielleicht entgingen sie ihm auch schlicht. Wilson hatte im Vertrauen die Meinung geäußert, dass Evans für die letzte Etappe im Grunde nicht die Idealbesetzung war, aber an Scott scheint er diese Einschätzung nicht herangetragen zu haben.

Dass die Wahl auf den Kavallerieoffizier Oates fiel, hatte auch sentimentale Gründe. Scott wollte sich dafür erkenntlich zeigen, dass Oates die stark geschwächten Ponys bis zum Fuß des Beardmore-Gletschers geführt hatte. Zudem hing er der romantischen Vorstellung an, dass die Armee ebenfalls am Pol präsent sein sollte. Doch Oates litt massiv unter der klirrenden Kälte, und eine Wunde am Bein, die er sich im Burenkrieg zugezogen hatte, war dafür verantwortlich, dass er leicht hinkte. Zudem gibt es Hinweise darauf, dass auch er unter Skorbut litt. Zu den frühen Symptomen dieser Krankheit gehört, dass alte Wunden wieder aufbrechen, weil das Gewebe angegriffen wird. Oates selbst war zweifelsohne überrascht darüber, dass er die letzte Etappe zum Pol mitmachen sollte, und sein Freund Atkinson berichtete später, dass er selbst keinerlei Wert darauf gelegt hatte. Aber entweder wusste Scott nichts von Oates' Zustand, oder er ließ sich, wie bei Evans, in seiner Entscheidung von sentimentalen Beweggründen leiten.

Bowers hingegen hatte sich im besten Sinne des Wortes hervorgetan. Seine Kraft, seine Ausdauer und sein Organisationstalent waren überragend, und wenn es darum ging, wer zum Pol gehen sollte, führte an ihm kein Weg vorbei. Zudem kannte er sich auch noch mit Navigation aus, was bei der Querung des gleichförmigen Polarplateaus und des Schelfeises unverzichtbar war. Was Bowers betraf, erübrigte sich daher jede Diskussion.

Dass es in der Gruppe nicht viele gab, die navigatorische Fähigkeiten mitbrachten, war ebenfalls ein Versäumnis. Nur drei der verbliebenen acht Männer – Scott, Bowers und Teddy Evans – waren in der Lage, die aktuelle Position zu bestimmen. Und weil Scott sich früh für Bowers entschieden hatte, musste Evans wohl oder übel die Rückkehrer begleiten, damit sie sich auf dem Weg zum Beardmore-Gletscher und anschließend über das Schelfeis orientieren konnten. Anders jedenfalls ist nicht zu erklären, dass Evans nicht bei Scott blieb.

Und dann war da noch Tom Crean, den Historiker, die sich mit der Frage nach dem Wie und Warum von Scotts Entscheidung beschäftigten, meist übergangen haben. Dabei gehörte Crean zu den zähesten aller Männer, die sich am Kap Evans eingefunden hatten, und den höchsten Punkt des Beardmore-Gletschers hatte er aufgrund der Umstände in besserer Verfassung erreicht als die meisten anderen. Vielleicht war er sogar der fitteste der acht Männer, die nun auf dem Polarplateau standen und gebannt lauschten, als Scott seine Entscheidung bekannt gab.

Crean hatte weniger Zeit im Zuggeschirr verbringen müssen, weil er während der gesamten Querung des Schelfeises sein Pony geführt hatte. Bones war eines der letzten Tiere gewesen, die erschossen werden mussten. Mit der Fron des Schlittenziehens, der härtesten aller Arbeiten, begann er erst am Beardmore-Gletscher. Unterm Strich hatte er also 560 Kilometer weniger im Zuggeschirr verbracht als Lashly oder Evans. Und, wichtiger noch, anders als sie litt er auch an keiner Verletzung, die ihn beeinträchtigte.

Während sich in den Tagebüchern und sonstigen Aufzeichnungen der Männer die Erwähnungen von Schwächen und Gebrechen häuften, gibt es keinerlei Hinweise darauf, dass Crean irgendwelche Einschränkungen erkennen ließ.

Atkinson und Wilson, die beiden Ärzte, führten auf dem Beardmore-Gletscher ein aufschlussreiches Gespräch über den körperlichen und mentalen Zustand der drei Seeleute. Atkinson hielt Lashly am ehesten für geeignet, Scott zum Pol zu begleiten, und Wilson pflichtete ihm bei. Doch wie beschrieben, zeigte Lashly unterdessen Anzeichen von Erschöpfung und drohte deshalb zur Last zu werden. An zweiter Stelle nannte Atkinson Crean, eine Wahl, an der Wilson Zweifel äußerte. Doch weder Atkinson noch Wilson hatten Taff Evans in der engeren Wahl – und für genau den entschied sich Scott.

Zudem verkomplizierte er die Angelegenheit, indem er im letzten Moment beschloss, einen zusätzlichen Mann mitzunehmen. Das Team auf fünf Mann zu vergrößern, war ein Fehler, vor allem, weil die gesamte Planung auf Teams von vier Mann ausgelegt war. Scotts Entscheidung fiel zweifelsohne mit Rücksicht auf den Zustand der Männer, der Zweifel daran zuließ, dass sie die letzten 250 Kilometer bis zum Pol schafften. Mit einem Mann mehr hoffte er die Defizite ausgleichen zu können. Im Umkehrschluss bedeutet das, dass ihm die zunehmende Erschöpfung der Gruppe nicht entgangen war, aber sehr wohl, wie sehr jeder Einzelne davon betroffen war.

Rückblickend stellt es sich so dar, dass Scott die Entscheidung, wer ihn auf dem Weg zum Pol bis zuletzt begleitete, im Oktober 1911 am Kap Evans hätte treffen müssen, zu einem Zeitpunkt, als die Karawane noch gar nicht losgezogen war. Die vier – oder auch fünf – Männer hätten sich beim Weg über das Schelfeis und den Beardmore-Gletscher hinauf auf leichte Arbeiten beschränken können, um Kräfte für den entscheidenden Vorstoß zu sparen.

Unter Berücksichtigung aller Faktoren hätten sich Scott, Bowers, Lashly und Tom Crean am Kap Evans im Wissen auf den Weg machen müssen, dass sie dazu auserkoren waren, am Südpol zu stehen. Als Ersatz hätte Scott Taff Evans und Wright vorsehen sollen.

Doch auf dem eisigen Polarplateau, nach Wochen der Schufterei und mit kleinen, aber hartnäckigen Verletzungen, hatte Scott nur noch wenige Optionen. Was Gesundheit und Kraft anging, waren Scott und Bowers gesetzt, Wilson nur eingeschränkt tauglich, Taff Evans und Oates bauten stark ab. Und Teddy Evans und Lashly waren zu erschöpft, um überhaupt infrage zu kommen.

Crean seinerseits war weitaus fitter als Taff Evans, Oates, Lashly oder Teddy Evans und auch kräftiger als Wilson.

Jahre nach der Tragödie äußerte Cherry-Garrard die These, dass alle überlebt hätten, wenn Scott bei seinem ursprünglichen Plan geblieben wäre und bis zuletzt Vier-Mann-Teams gebildet hätte. Cherry-Garrard nennt Scott, Wilson, Bowers und Lashly als Besetzung, auch wenn Lashly in dem Moment, in dem am Beardmore-Gletscher die Entscheidung fiel, schon nicht mehr im Vollbesitz seiner Kräfte war.

Deshalb hätte die Idealbesetzung, die sich aus den acht anwesenden Männern herauskristallisierte, geheißen: Scott, Bowers, Wilson und Tom Crean. Und wenn Scott wirklich meinte, einen fünften Mann zu brauchen, hätte er sich zwischen Lashly und Taff Evans entscheiden müssen – mit der Einschränkung, dass beide durchaus angeschlagen waren.

Wie man es also dreht und wendet, hätte Tom Crean mit zum Südpol gehen müssen, und diejenigen, die an seiner Eignung zweifeln, mögen sich die bemerkenswerte Leistung vor Augen halten, die er auf dem Rückweg vollbrachte. Crean besaß die Konstitution eines Riesen und hatte selbst nach einem erschöpfenden Marsch über fast 2500 Kilometer noch genügend Kraft und Zutrauen in seine Fähigkeiten, die letzten 56 Kilometer allein zurückzulegen, in lebensfeindlicher Umgebung, ohne Nahrung und Schutz, um Teddy Evans zu retten. Es mutete wie bittere Ironie an, dass sein Freund Taff Evans, einen Tag bevor sich Crean auf den Weg machte, am Fuße des Beardmore-Gletschers starb und damit das Ende der Rückkehrer vom Pol einläutete.

Ein Hinweis auf Scotts Motiv, Crean zusammen mit Teddy Evans und Lashly zurückzuschicken, findet sich, sieht man sich die Zusammensetzung der Gruppe genauer an. Evans und Lashly waren erkennbar geschwächt, schon bevor sie den Rückweg angetreten hatten, und so dürfen wir davon ausgehen, dass Scott ihnen Crean zuteilte, um sicherzustellen, dass sie wohlbehalten am Hut Point ankamen.

Seine schiere Kraft, so Scotts Kalkül, würde von größter Wichtigkeit sein, insbesondere gegen Ende des Marsches über das Schelfeis, wenn das Trio stark geschwächt und für die beständig sinkenden Temperaturen deshalb besonders anfällig wäre. Noch mehr wusste Scott aber wohl Creans größte Stärke zu schätzen: seine psychische Belastbarkeit. Scott hatte ihn als einen Mann kennengelernt, der auch unter größtem Druck nicht wankte, weder körperlich noch emotional. Tom Crean, so viel hatte Scott begriffen, war schlicht nicht kleinzukriegen.

Creans Ausdauer und Willensstärke waren ausschlaggebend dafür, dass Evans dem Tod von der Schippe sprang. Während sich die Forschung weitgehend einig darin ist, dass

Ein seltenes Foto von Crean, aufgenommen im Februar 1912, kurz nachdem er Evans das Leben gerettet hatte.

die Gruppe um Scott dem Tod geweiht war, spricht manches dafür, dass der robuste Ire der Einzige war, der das grausige Schicksal hätte abwenden können. Seine außergewöhnlichen Leistungen auf dem Rückweg lassen vermuten, dass er, anders als Evans, beim Abstieg vom Beardmore-Gletscher nicht zusammengebrochen wäre. So aber wirkte sich der Verlust eines Mannes umgehend auf die Geschwindigkeit aus, mit der die anderen vorankamen. In diesem Moment hätte ein Mann wie Crean entscheidend dazu beitragen können, das Tempo hoch zu halten und zu verhindern, dass die Gruppe, wie geschehen, kurz vor Erreichen des One Ton Depot vom Wetterumschwung überrascht und ausgebremst wird.

Berechnungen zufolge hätten Scott und seine Begleiter vom 4. Januar, dem Tag, an dem sich die Gruppe ein letztes Mal teilte, bis zum 19. März, dem Tag, an dem sie zum letzten Mal das Zelt aufschlugen, lediglich 250 Meter am Tag mehr zurücklegen müssen, um das Depot zu erreichen. Dort hätten sie sich erholen und, eine Wetterbesserung vorausgesetzt, Kraft für die verbleibenden 225 Kilometer bis zum Hut Point schöpfen können – eine vage Hoffnung nur, aber doch eine Hoffnung.

Ein Punkt spricht allerdings gegen Crean: Wäre er bei Scott geblieben, hätte er 480 Kilometer mehr zurücklegen müssen als mit Evans und Lashly. Gut möglich, dass das dem Skorbut Vorschub geleistet hätte. Und die Aussicht, die Tortur zu überleben, wäre auch dann nicht sonderlich groß gewesen, hätten sie das One Ton Depot erreicht. Die 225 Kilometer von dort bis zum Hut Point bei Temperaturen bis –40 °C wären selbst für ausgeruhte Männer eine Herausforderung gewesen.

Was bleibt, ist die Gewissheit, dass Teddy Evans ohne den heroischen Einsatz von Tom Crean nicht überlebt hätte.

# EINE MAKABERE SUCHE

In den ersten Monaten des Jahres 1912 war die Stimmung am Kap Evans und am Hut Point noch weitgehend optimistisch. Die ersten Rückkehrer – Atkinson, Cherry-Garrard, Wright und Keohane – hatten auf dem Weg zum One Ton Depot täglich mehr als zwanzig Kilometer zurückgelegt, und dieser Wert stimmte zuversichtlich, dass Scott den Südpol erreichen würde. Gleichzeitig war allen bewusst, dass es wegen des späten Beginns der Reise ein knappes Rennen werden könnte. Und doch ging man davon aus, dass die Männer wohlbehalten zum Basislager zurückkehren würden.

Creans dramatischer Alleingang zum Hut Point schlug daher wie ein Blitz aus heiterem Himmel ein, der sie aus ihrer Selbstzufriedenheit riss. Dass Evans nur dank Creans selbstlosem Einsatz lebend davongekommen war, weckte zugleich die Sorge, dass auch Scott dort draußen auf dem Schelfeis in Schwierigkeiten steckte. Die erbärmliche Verfassung, in der sich Evans befand, und das bemitleidenswerte Bild, das einst robuste Männer wie Crean und Lashly abgaben, raubte ihnen jede Illusion darüber, dass der Südpol im Vorbeigehen einzunehmen wäre. Der Rückkehrer Crean war zugleich der Vorbote des Untergangs.

Crean erholte sich erstaunlich schnell von den unmenschlichen Strapazen. Schon am 23. Februar machte er sich mit einem Hundeschlitten auf den Weg zum Kap Evans. Seit er nach seinem achtzehnstündigen Alleinmarsch übers Eis halb verhungert und verdurstet und am Ende seiner Kräfte in das Lager am Hut Point gestolpert war, waren erst vier Tage vergangen. Im Gepäck hatte er Neuigkeiten über die Polreisenden, die Atkinson ihm mitgegeben hatte, der Arzt, der unterdessen der Höchstrangige und Leistungsfähigste im Lager am Hut Point war.

Atkinson hatte beschlossen, beim noch immer stark geschwächten Evans zu bleiben, und vorgeschlagen, dass Wright oder Cherry-Garrard mit einem Hundegespann Scott und seinen Begleitern entgegenfuhren. Wright wurde jedoch für wissenschaftliche Arbeiten benötigt, und weil kein anderer halbwegs erholter Mann zur Verfügung stand, machte sich Cherry-Garrard auf den Weg.

Dabei war er für eine solche Mission im Grunde ungeeignet. Nie zuvor hatte er einen Hundeschlitten gesteuert, und so nahm er den Russen Gerof mit. Er hatte aber auch keinerlei Erfahrung mit Navigation, und die Brille, die er wegen seiner Kurzsichtigkeit tragen musste, behinderte ihn unter den Bedingungen der Antarktis mehr, als dass sie ihm half, weil sie permanent beschlug.

Scott zählte insgeheim darauf, dass sich ein Hundeschlitten auf die Suche nach den Verschollenen begeben würde. Und doch hatte er durch mehrere ungereimte und widersprüchliche Anweisungen an die Hundeführer zu seinem eigenen Niedergang beigetragen. Beispielsweise hatte er angeordnet, die Hunde möglichst lange zu schonen, weil sie zu einem späteren Zeitpunkt noch benötigt würden. Das wurde nun so ausgelegt, dass sie nicht weiter Richtung Süden geschickt werden durften, um sie nicht zu stark zu belasten. Das schränkte zugleich die Möglichkeit ein, den Rückkehrern zu Hilfe zu kommen, und so sah Atkinson davon ab, eine groß angelegte Rettungsmission auf die Beine zu stellen. Stattdessen fühlte er sich an eine lange zurückliegende Anweisung Scotts gebunden und beharrte darauf, dass »Wohl und Wehe der Rückkehrer in keiner Weise von den Hunden abhing«.

Allen Bedenken zum Trotz machte sich Cherry-Garrard am 25. Februar am Kap Evans auf den Weg und erreichte nach 240 Kilometern am 3. März das One Ton Depot. Von Scott und seinen Begleitern fand sich keine Spur. Cherry-Garrard, der vergleichsweise unerfahren und nicht sonderlich entscheidungsfreudig war, wusste nicht recht, welche Schlüsse er daraus ziehen sollte. Zudem war das Wetter so schlecht, dass der Horizont nicht zu erkennen war, was auch bedeutete, dass er Scott im Schneegestöber leicht übersehen könnte, wenn er weiter Richtung Süden führe.

Vor allem aber hatte er für eine längere Reise nicht genügend Futter für die Hunde dabei, und er war auch nicht darauf vorbereitet, zu improvisieren und die Hunde nach Art der Norweger zu verwerten. Auf typisch britische Weise war sein Verhältnis zu den Tieren von Rührseligkeit geprägt, und so konnte er sich nicht dazu durchringen, Amundsens zugegebenermaßen brutale Methode zu übernehmen und einige Hunde zu töten, damit die anderen etwa zu fressen hatten.

Und zu allem Überfluss hatte er noch immer Scotts Anweisung im Ohr, die Hunde für spätere Aufgaben zu schonen.

So wartete er bis zum 10. März, ohne dass sich ein Lebenszeichen von Scott einstellte, ehe er bei Temperaturen von –36 °C den Rückweg zum Kap Evans antrat. Noch immer aber »sorgte ich mich wenig um die Polargruppe«[1], wie er Jahre später bekannte.

Etwa 110 Kilometer weiter südlich trafen Scott und seine Begleiter an jenem 10. März am Mount Hooper Depot ein. Oates war mit den Kräften am Ende.

Cherry-Garrard hat es sich nie verziehen, dass er die Suche nach den Freunden abgebrochen hat, und fühlte sich bis ans Ende seiner Tage für ihren Tod verantwortlich. Doch für eine solche Suche war er gar nicht ausgerüstet, und die Aussichten, sie bei widrigen Wetterbedingungen in den unendlichen Weiten des Schelfeises aufzustöbern, wären eher gering gewesen. Genauso wahrscheinlich wäre es gewesen, dass die Namen Cherry-Garrard und Gerof auf der Liste der Opfer gelandet wären, wären sie weiter Richtung Süden gezogen. Doch alle guten Argumente konnten den sensiblen und dünnhäutigen Cherry-Garrard nicht trösten, der die Tragödie bis zu seinem Tod im Jahr 1959 nicht verwand.

Zu seiner Ehrenrettung sei ergänzt, dass Cherry-Garrard und Gerof selbst von der kurzen, lediglich drei Wochen währenden Reise über das Schelfeis erkennbar geschwächt waren. Und doch waren sie ausgeruht, gesund und wohlgenährt gestartet. Die Männer, die vom Pol zurückkamen, waren hingegen ausgehungert und hatten einen viereinhalbmonatigen Gewaltmarsch über 2500 Kilometer hinter sich.

Die Männer am Kap Evans hielten unverdrossen Ausschau nach den Vermissten, immer in der Hoffnung, dass eine am Hut Point abgefeuerte Signalrakete ihnen anzeigen würde, dass Scott und seine Begleiter es geschafft hatten. Am 17. März, jenem Tag, an dem Oates freiwillig aus dem Leben schied, stellte Cherry-Garrard die Vermutung auf, dass Scott etwa fünf Wochen nach Crean am Hut Point eintreffen würde, mithin am 26. März. Er schrieb:

> Wir sind jetzt ernstlich besorgt, aber ich denke nicht, dass es schon einen Grund zur Panik gibt, sie könnten immer noch sicher ankommen und bester Gesundheit sein.[2]

Am 25. März, dem Tag vor der erwarteten Ankunft der Rückkehrer, waren die Sorgen der Männer am Kap Evans deutlich gewachsen. Gran notierte in seinem Tagebuch:

> Was das Schicksal von Scott und seinen Begleitern angeht, machen sich unterdessen die ersten dunklen Vorahnungen breit. Niemand verliert ein Wort darüber, aber den meisten steht es ins Gesicht geschrieben. Wenn die Wache abends vom Vane Hill zurück in die Hütte kommt, lassen alle ihre Arbeit fallen und schauen wie gebannt hinüber.[3]

Atkinson und Keohane machten sich spontan auf den Weg zum Corner Camp, mussten aber wegen des schlechten Wetters, das ein Stück weiter südlich auch Scott und seinen Männern zusetzte, kehrtmachen. Am 30. März, einen Tag nachdem die Rückkehrer vermutlich verstarben, erklärte Atkinson, er sei »zutiefst davon überzeugt«, dass die Kameraden tot seien. Langsam, aber unaufhaltsam drang die bittere Realität ins Bewusstsein der Männer ein, die jeder auf seine Weise nach einer Möglichkeit suchten, mit dem Verlust umzugehen.

Ungeachtet der Tragödie blieb den Männern keine andere Wahl, als sich in ihr Los zu fügen und sich auf einen zweiten Winter in der Antarktis vorzubereiten. Die *Terra Nova* hatte Kurs auf Neuseeland genommen, an Bord den schwerkranken Teddy Evans und weitere Männer, die aus unterschiedlichsten Gründen nicht länger als ein Jahr im Süden bleiben wollten. Evans, der noch immer mit dem Tod rang, musste Anfang März, auf einem Schlitten liegend, aufs Schiff getragen werden. Dort wurde er in eine Koje gelegt, die er bis zur Ankunft in Neuseeland am 2. April nicht wieder verließ.

Im Tausch gegen die Abgereisten waren zwei neue Expeditionsmitglieder dazugestoßen: Archer, der neue Koch, und Thomas Williamson, der früher als Matrose auf der *Discovery* gedient hatte. Damit zählte die Gruppe nun fünfzehn Mitglieder. Atkinson, der neue Leiter der Expedition, nahm einige organisatorische Änderungen vor und übertrug Crean die Verantwortung für die Schlitten und die Ausrüstung. Das war insofern eine wichtige Aufgabe, als während des antarktischen Frühlings und Sommers 1912 noch mindestens zwei wichtige Exkursionen anstanden, bei der Creans Erfahrungen auf dem Eis gefragt sein würden.

Creans heldenhafter Alleinmarsch und die 1200 Kilometer, die er als Scotts Begleiter vor dem Schlitten zugebracht hatte, hatten ihm bei seinen Kameraden viel Respekt eingetragen, und wann immer über anstehende Pläne debattiert wurde, hatte seine Stimme großes Gewicht. Wenn überhaupt, dann gab es am Kap Evans nur wenige, die an Creans Erfahrung bei der Fortbewegung auf Eis heranreichen konnten.

Noch viele Jahre später erinnerte sich Gran mit großer Zuneigung an die stets positive Ausstrahlung, die von der kräftigen Gestalt des Iren in jenen Monaten ausging, die sie in der Hütte am Kap Evans verbrachten. Der Norweger war von Crean erkennbar beeindruckt, und noch 1973 sagte er in einem Interview:

> Crean war ein Mann, dem es nichts ausgemacht hätte, zum Pol zu gehen, ohne zu wissen, ob dort der Herrgott oder der Teufel auf ihn wartete.

Obendrein war Crean auch beliebt, und Wright beschrieb ihn als »überaus umgänglich«. Debenham erinnerte sich später, dass »Creans Witze, mit irischem Akzent vorgetragen, die Mannschaftsdienstgrade in der Hütte bei Laune hielten«. Er fügte hinzu:

> Im Winter war es zum wiederholten Male Crean, der entscheidend dazu beitrug, dass sich die Stimmung der erschöpften Mannschaft aufhellte.[4]

Das Hauptaugenmerk der Männer, die den Winter 1912 am Kap Evans verbrachten, lag darauf, die sechsköpfige sogenannte Nordgruppe um Leutnant Campbell ausfindig zu

Im März 1912 zeigt sich Tom Crean von den Strapazen des Marsches über das Schelfeis erholt.

machen, die Richtung Edward-VII.-Halbinsel aufgebrochen und längst überfällig war. Noch konnte niemand am Kap Evans wissen, dass die Männer in der Nähe des Kaps Adare gestrandet waren. Deshalb gingen sie davon aus, dass im September oder Oktober ein Rettungstrupp benötigt würde.

An zweiter Stelle stand die traurige Pflicht, die Leichen ihrer Kameraden zu bergen, auch wenn manche der Ansicht waren, dass das vergebliche Liebesmüh wäre. Sie gingen davon aus, dass die Leichen in irgendwelchen Eisspalten des Beardmore-Gletschers lagen und nie wieder auftauchen würden. Doch letztlich überwog das Gefühl der Pflicht, die es von ihnen verlangte, die Leichen zumindest zu suchen – und so wenigstens Belege dafür zu finden, dass die Männer den Pol erreicht hatten.

Atkinson, obwohl Marineoffizier, war als Vorgesetzter deutlich weniger streng und verschlossen als Scott, und zu den Neuerungen, die er einführte, gehörte, dass er die Pläne für die Frühjahrsexkursion mit allen diskutierte. Es gab zwei Optionen – die Suche nach Campbell und die Suche nach Scott –, die sorgfältig abgewogen wurden. Nach reiflicher Überlegung entschieden sich die Männer dafür, zunächst nach den Rückkehrern vom Südpol zu suchen. Was Cherry-Garrard auf den Nenner brachte, dass sie Lebende im Stich ließen, um nach Toten zu suchen.[5]

Die Sonne versank ein letztes Mal hinter dem Horizont, der Winter begann mit merklich schlechterem Wetter als im Jahr zuvor. Die Temperaturen fielen regelmäßig bis auf –45 °C, der Wind wehte mit bis zu 130 Stundenkilometern. Ein Schneesturm stand acht Tage am Stück durch, acht Tage, in denen die Hütte unter dem Ansturm der Böen erzitterte.

Die Bedingungen im Inneren der Hütte waren hingegen deutlich besser als im Winter zuvor. Die fünfzehn Männer teilten sich einen Raum, der für fünfundzwanzig gedacht war, und sie litten auch keinen Mangel an Nahrung, wie er für frühere Polarexpeditionen charakteristisch gewesen war. Weniger gut als im Vorjahr war hingegen die Stimmung. Es gab wenig, worauf die Männer sich freuen konnten. So brachten sie den Winter mehr schlecht als recht über die Runden und beschäftigten sich mit den regelmäßig anfallenden Arbeiten, wissenschaftlichen Messungen, mit Lesen, Essen und Vorbereitungen für die im Frühling anstehende Fahrt gen Süden.

Wann immer das Wetter es zuließ, hielten sich die Männer im Freien auf. Wenn das nicht möglich war, saßen sie in der Hütte und spielten Karten, Dame oder Tivoli. Im Mai gewann Crean ein Billardturnier, jenes Spiel, das Gran als »die beste Medizin gegen Trübsal« beschrieb. Am 22. Juni wurde nach inzwischen vertrauter Art die Wintersonnenwende begangen, mit einem Festessen, Gesellschaftsspielen und dem obligatorischen Weihnachtsbaum.

Einen Monat später feierte Crean seinen 35. Geburtstag. Aus diesem Anlass rasierte er sich den Bart ab. Und er musste sich an eine Änderung im Speiseplan gewöhnen. Um die Lehren aus Evans' Skorbut zu ziehen, einer Krankheit, die möglicherweise auch die Gruppe um Scott das Leben gekostet hatte, verdonnerte Atkinson die Männer dazu, täglich eine Zwiebel zu essen. Gran urteilte:

> Ich halte das für eine gute Idee, denn Zwiebeln beugen nicht nur Skorbut vor, sondern sind auch nahrhaft. Die Männer werden das Gefühl los, dass sie zum Abnehmen hier sind. Derzeit riecht jedenfalls die ganze Hütte nach Zwiebeln.[6]

Ende August kehrte mit der Sonne das Licht zurück, und die Vorbereitungen für die Exkursion gen Süden nahmen Fahrt auf. Vorräte und Ausrüstung wurden zusammengestellt und auf die Schlitten verladen, und je besser das Wetter wurde, desto unruhiger wurden die Männer. Mitte Oktober began-

Crean (mit Bart, 3. von links) und seine Kameraden stärken sich im Juni am Kap Evans. Wenig später begann die Suche nach Scott, Wilson und Bowers.

nen sie damit, Pferdefutter zum Corner Camp zu bringen, in dessen unmittelbarer Nähe Crean seinen bravourösen Alleinmarsch begonnen hatte, der Evans das Leben rettete. Mit der *Terra Nova* waren sieben Maultiere eingetroffen, die von der britischen Armee in Indien stammten. Scott hatte sie angefordert, um gegebenenfalls einen zweiten Angriff auf den Pol starten zu können, sollte der erste scheitern. Nun waren die Tiere für einen anderen Zweck willkommen.

Am 29. Oktober 1912 verließen die ersten der elf Männer, die den Suchtrupp bildeten, das Lager am Kap Evans Richtung Süden mit dem Ziel, das Schicksal Scotts und seiner Begleiter aufzuklären.

Wie gehabt führte Crean eines der Tiere, in diesem Falle ein Maultier namens Rani. Begleitet wurde er von Wright, Gran, Nelson, Hooper, Williamson, Keohane und Lashly. Atkinson, Cherry-Garrard und Gerof folgten ihnen am 2. November mit den Hunden. In der Hoffnung, dass der Untergrund dann härter wäre, hatten sie sich vorgenommen, die Nächte zu nutzen. Prompt schafften sie auf der Etappe zum One Ton Depot in einer Nacht fast zwanzig Kilometer.

Was in den Köpfen von Männern wie Crean und Lashly vorging, können wir allenfalls erahnen. Erst vor wenigen Monaten hatten sie auf ihrem Weg über das Schelfeis gegen widrigstes Wetter und tückisches Gelände angekämpft. Es wäre nur zu menschlich gewesen, hätten sie bei ihrer Rückkehr in dieses Gebiet Beklemmungen gehabt. Immerhin hatte nur eine Winzigkeit gefehlt, und es wäre ihnen wie jenen Männern ergangen, nach deren Leichen sie nun in der endlosen und menschenfeindlichen Wüste aus Eis suchten.

Einblick in ihre Gefühlswelt geben allenfalls die Tagebücher des Geologen Debenham, denen wir zum Beispiel das Wissen darum verdanken, welche Risiken auf Crean und andere in den langen Winternächten auf dem Schelfeis lauerten. Die Aussicht, einen zweiten Winter in der Antarktis zu verbringen, veranlasste Debenham zu folgenden Überlegungen:

> Eines zeigt sich sehr deutlich – und zwar der ungeheure Respekt vor dem Schelfeis. Wenn selbst harte Kerle wie Crean und Lashly zugeben, dass sie alles dafür geben würden, nicht noch einmal hinauszumüssen, dann mag das als Beleg dafür dienen, dass die Angst berechtigt ist.[7]

Zur Erleichterung aller verlief die Exkursion ohne Zwischenfälle. Es war zwar kalt, und die Temperaturen sanken bis auf –29 °C, aber die beiden Gruppen kamen gut voran und erreichten das One Ton Depot am 11. November wohlbehalten. Und noch immer hatten einige von ihnen die Hoffnung nicht aufgegeben, dass sie der Wahrscheinlichkeit ein Schnippchen schlagen könnten und die Kameraden lebend antreffen würden. Gran erinnerte sich:

> Unsere Herzen schlugen etwas schneller, als wir uns dem Depot näherten, denn auch wenn alles dagegensprach, glomm noch eine letzte Hoffnung, dass die Rückkehrer vom Pol sich dorthin hatten retten können, nachdem die Hunde abgezogen waren. Aber nein, das Depot war menschenleer.[8]

Schon am nächsten Tag zogen sie weiter. Knapp zwanzig Kilometer südlich des Depots entdeckten Crean und einige andere Männer gleichzeitig in etwa 800 Meter Entfernung eine auffällige Schneeaufschüttung, in der ein schwarzer Flaggenstock steckte. Keohane vermutete, dass es sich um die Reste einer Bambusstange von einem der im Vorjahr angelegten Lager handelte. Wright war nicht überzeugt und begab sich auf Skiern zu der fraglichen Stelle. Der Flaggenstock erwies sich als die Spitze eines Zeltes. Sie hatten die Rückkehrer vom Pol gefunden.

Im Inneren des grünen Zeltes fanden sie drei Leichen – Scott lag in der Mitte, flankiert von Wilson zur Linken und Bowers zur Rechten. Wilson hatte die Hände über der Brust verschränkt. Scotts Schlafsack war unverschlossen, sein Arm ruhte auf seinem alten Freund Wilson. Es wirkte, als habe alles seine Ordnung. Neben Scotts Kopf lagen ein Beutel mit Tee und etwas Tabak, unter seiner Schulter fanden sie eine kleine Brieftasche, die drei Notizbücher enthielt. Neben den Leichen lagen Abschiedsbriefe.

Scotts Haut war durch die Kälte gelb und glasig geworden, und Gran entdeckte »jede Menge Narben, Zeichen von Erfrierungen – ein grauenvoller Anblick«, wie er hinzufügte. »Es war nicht zu übersehen, dass er in den letzten Minuten seines Lebens sehr gelitten hatte. Die Haut war gelb und von Frostbeulen übersät.«[9]

Die Männer waren von ihrem Fund zutiefst bewegt, und Williamson gestand: »Ich habe ein paar Tränen vergossen, und ich weiß, dass es einigen anderen genauso ging.«[10]

Atkinson schickte jeden der Männer einzeln ins Zelt, damit sie sich selbst einen Eindruck verschaffen konnten, aber auch um sicherzustellen, dass später nicht jeder etwas anderes über den grausigen Fund berichten würde. Williamson bot sich »ein entsetzlicher Anblick«, und Gran war so mitgenommen, dass er das Zelt verlassen musste.

Wie beim Abschied von Scott vor zehn Monaten ließ Crean auch jetzt den Tränen freien Lauf. Auch wenn er seinerzeit tief enttäuscht gewesen war, dass er nicht mit zum Pol hatte gehen dürfen, war er in diesem Moment ganz von dem Gefühl des Verlustes erfüllt, das ihn beim Gedanken an jenen Mann überkam, dem er mehr als zehn Jahre lang treu gedient hatte. In einem Brief, den er wenig später schrieb, brachte er seine Gefühle auf folgenden Nenner: »Ich darf sagen, dass ich einen guten Freund verloren habe.«[11]

Dann war es an ihm, in das Zelt zu gehen und sich die Leichen anzuschauen. Erneut traten ihm Tränen ins Gesicht, und dann beugte sich der kräftige Ire nach unten und küsste Scott auf die Stirn. Noch Jahre später erinnerte sich Crean an diesen Augenblick, über den er, wenn auch mit falscher Datumsangabe, einem Bekannten schrieb:

> Ich gehörte zu jenen, die nach der letzten Ruhestätte Scotts und seiner Begleiter suchten, und hatte das Glück, als Erster ihr Zelt zu sehen. Das war am 15. November 1912 und gut zwanzig Kilometer südlich vom One Ton Camp. Einige Hundert Meter zu meiner Rechten glaubte ich einen Flaggenstock erkennen zu können, doch dann erwies er sich als ihr Zelt. Als ich es betrat, lagen Wilson und Bowers in ihren hochgeschlossenen Schlafsäcken, nicht aber Scott. Das beweist, dass er als Letzter gestorben ist und sich bis zuletzt um die anderen gekümmert hat. Sie alle sind gestorben wie britische Ehrenmänner. Dabei hätten sie sehr wohl Mittel und Wege gehabt, ihrem Leben ein Ende zu bereiten, wenn sie es denn gewollt hätten.[12]

Crean, obwohl erkennbar betroffen, behielt die Fassung und besaß sogar die Größe, zu Gran zu gehen, um ihm die historisch bedeutsame Nachricht zu überbringen, dass sein norwegischer Landsmann Amundsen als erster Mensch den Südpol erreicht hatte. An die anrührende Szene und den Großmut seines irischen Kameraden erinnerte sich Gran auch noch Jahre später:

> Tom Crean kam zu mir und meinte: »Sir, erlauben Sie bitte, dass ich Ihnen gratuliere. Dr. Atkinson hat soeben Scotts Tagebuch gefunden, in dem festgehalten ist, dass er am Südpol die norwegische Flagge vorgefunden hat.« Ich ergriff seine ausgestreckte Hand, schüttelte sie und sah in seine verweinten Augen. Da überwältigten auch mich die Gefühle.[13]

Atkinson nahm sich die Zeit, die Tagebücher von der ersten bis zur letzten Seite zu lesen. Anschließend rief er die Männer zusammen und weihte sie in die wichtigsten Details der Tragödie ein, allen voran den Verlust von Evans und Oates. Scotts »Botschaft an die Öffentlichkeit« las er laut vor. Darin enthalten ist auch diese berühmt gewordene Passage:

> Hätten wir überlebt, hätte ich eine Geschichte über den Mut, die Ausdauer und die Tapferkeit meiner Kameraden zu erzählen, die das Herz eines jeden Engländers gerührt hätte. Nun müssen diese wenigen Zeilen und unsere toten Körper diese Geschichte erzählen …[14]

Die Männer nahmen Uhren, Notizbücher und andere Wertsachen an sich und ließen das Zelt über ihren toten Kameraden zusammenfallen. Dann häuften sie einen dreieinhalb Meter hohen Hügel aus Schnee über ihnen auf. Am höchsten Punkt errichteten sie ein Kreuz, für das sie Grans Skier übereinanderlegten und zusammenbanden. Jeder unterschrieb eine Nachricht, die den Tod der fünf Kameraden vermeldete und mit den Worten endete: »Der Herr hat's gegeben, der Herr hat's genommen ...«

Die elf bedrückten Männer standen ohne Kopfbedeckung auf dem eisigen Schelfeis und verabschiedeten sich stumm von den Gefährten – jeder nach seiner eigenen Façon. Für einen »zutiefst feierlichen Moment«, wie Gran es nannte, war die Kälte vergessen.

Am nächsten Tag machten sie sich auf die Suche nach der Leiche von Oates. Doch sie fanden lediglich seinen Schlafsack, einen Theodolit und einen Fellschuh, der seitlich aufgeschnitten worden war – offenbar um den stark geschwollenen, durch Frost arg mitgenommenen Fuß zu schonen. Erneut errichteten sie aus Schnee einen Hügel mit einem Kreuz, das, wie eine Inschrift kundtat, an den Tod »eines echten Ehrenmannes« erinnern sollte.

Crean war durch eine ganz eigene Geschichte mit Oates verbunden, denn mit ihm hatte er in den ersten fünf Wochen nach dem Abmarsch vom Kap Evans ein Zelt geteilt. 1918, sechs Jahre nach Oates' Tod, erinnerte er sich in einem Brief an einen Bekannten voller Wehmut an den Kameraden: »Ich werde ihn nie vergessen. Im Leben war er ein Ehrenmann, im Tod ein Held.«[15]

Die Zuneigung beruhte durchaus auf Gegenseitigkeit, und noch kurz vor dem Start zu der verhängnisvollen Exkursion, im Oktober 1911, hatte Oates Crean und einen zweiten, nicht namentlich genannten Kameraden in einem Brief an seine Mutter als »Pfundskerle und echte Freunde« bezeichnet.

Schließlich kehrten die elf Männer leicht betreten dorthin zurück, wo sie Scott und dessen Begleiter gefunden hatten, und errichteten unweit des Grabs aus Schnee ihr Lager. Die Nachbarschaft war ihnen etwas unheimlich, und Keohane notierte:

> In der letzten Nacht konnte keiner von uns schlafen, weil wir an die Kameraden denken mussten, die nur einige Meter entfernt unter dem Schnee begraben sind.[16]

Als sie den Rückweg zum Kap Evans antraten, war es bitterkalt, und der Wind wirbelte den Schnee auf. Gran hatte sich Scotts Skier untergeschnallt, um so den 3000 Kilometer weiten Marsch zum Südpol und zurück wenigstens symbolisch zu beenden. Die Hundeteams kamen schneller voran und erreichten Kap Evans am 25. November. Dort trafen sie Campbell und seine Nordgruppe an, die unterwegs hatten überwintern müssen und nun wohlbehalten zurückgekehrt waren. Das war die erste erfreuliche Nachricht seit vielen Monaten und dazu angetan, die Stimmung aller deutlich zu heben.

Drei Wochen später brach die *Terra Nova* in Lyttelton auf, um die einundzwanzig erschöpften Männer aus dem Lager am Kap Evans abzuholen. Mit an Bord war Teddy Evans, unterdessen zum Commander befördert. Er hatte sich vom Skorbut vollständig erholt und brannte förmlich darauf, die Fahrt mitzumachen. Unter dem Jubel der Männer an Land erreichte das Schiff am 18. Januar 1913 den McMurdo-Sund. Evans griff sich ein Megafon und begrüßte seine Kameraden, die am Ufer zusammengelaufen waren, lautstark. Doch unter denen setzte unvermittelt eine geradezu gespenstische Stille ein. Niemand wusste recht, was er sagen sollte, und niemand fand Worte, um die Nachricht, die keiner hören wollte, zu übermitteln. Schließlich fasste sich Campbell als höchstrangiger Offizier ein Herz und rief zurück:

> Scott und seine Begleiter haben am 18. Januar den Südpol erreicht, den Rückweg aber nicht mehr geschafft – wir haben ihre Aufzeichnungen.[17]

Evans empfand in diesem Moment nichts als »Demut und überwältigende Trauer«. An Bord der *Terra Nova* beeilten sich die Stewards, die Fahnen und Wimpel abzuhängen und den Champagner und die Zigarren zu verstauen, die sie zur Feier des Tages bereitgelegt hatten. Die bedrückte Stimmung wollte nicht dazu passen.

Die Männer an Land brannten darauf, den unwirtlichen Ort zu verlassen, ganz besonders jene, die bereits zwei Winter in der Einsamkeit verbracht hatten. Doch eine traurige Pflicht wartete noch auf sie, ehe sie Kap Evans den Rücken zukehren konnten.

Sie hatten beschlossen, zu Ehren ihrer toten Kameraden ein großes Kreuz zu errichten. Francis Davies, der Schiffszimmermann, übernahm es, ein solches Kreuz aus Dscharraholz herzustellen, einem Hartholz aus Westaustralien, das unter den klimatischen Bedingungen der Antarktis lange Zeit überdauern könnte. Am 20. Januar, zwei Tage nach der Ankunft der *Terra Nova*, machten sich Crean und sieben weitere Männer – Atkinson, Wright, Lashly, Debenham, Keohane, Davies und Cherry-Garrard – ein letztes Mal auf den Weg zum Hut Point.

Ihr Ziel war der Observation Hill, jene 215 Meter hohe Erhebung vulkanischen Ursprungs oberhalb des alten Basislagers der *Discovery*-Expedition und einer der markantesten Orientierungspunkte für alle, die vom Ross-Schelfeis zurückkamen. Crean kannte den Observation Hill besser als jeder andere. Erst vor zehn Monaten hatte er es mit letzter Kraft geschafft, den Berg so rechtzeitig zu passieren, dass er Teddy Evans das Leben retten konnte.

Der Weg zum Hut Point zwang die Männer ein letztes Mal ins Zuggeschirr der Schlitten, und auch auf dieser allerletzten Etappe von Scotts letzter Expedition schien die Antarktis entschlossen, den Eindringlingen vor Augen zu führen, dass sie hier bestenfalls geduldet waren.

Unterwegs frischte der Wind auf, und um ein Haar hätte Crean sein Leben gelassen, weil unter ihm das angetaute Eis nachgab und er im eisigen Wasser landete. Doch kaum war er wieder draußen, brach er erneut ein und tauchte zum zweiten Mal ab. Zu seinem Glück hing er noch im Zuggeschirr, sodass seine Kameraden ihn herausholen konnten, bevor das Gewicht seiner Kleidung ihn in die Tiefe ziehen konnte. In der Hütte fand sich etwas trockene Kleidung, und schon bald war dem gewohnt stoischen Crean nichts mehr anzumerken. Sein Naturell hatte unter den Strapazen der zurückliegenden Monate offensichtlich nicht gelitten. Cherry-Garrard notierte beeindruckt:

> Wenn man hört, wie Crean jetzt am Abend so vergnügt dahinredet, hält man es kaum für möglich, dass er tagsüber zweimal im Wasser gelandet ist.[18]

Wegen der Dimensionen des Kreuzes – es ist 3,60 Meter hoch und wiegt 136 Kilogramm – war es in Einzelteilen hergebracht worden, und die traurige Pflicht, es aufzustellen, machte große Kraftanstrengungen erforderlich. Um 17 Uhr hatten die Einzelteile das Ziel, den Gipfel des Observation Hill, endlich erreicht. Dort wurde es zusammengesetzt und aufgestellt.

Die allumfassende Stille auf der Hut-Point-Halbinsel wurde durchbrochen, als die Männer ein dreifaches Hurra auf ihre toten Kameraden ausbrachten. Dann wurde es wieder still, und die Männer warfen einen letzten Blick auf das Kreuz, in das die Namen der fünf Toten und die letzten Worte des Gedichts *Ulysses* von Lord Tennyson eingraviert sind: »Streben, suchen, finden bis zuletzt.«

# EHRUNG EINES STILLEN HELDEN

Am 23. Januar 1913 bahnte sich die *Terra Nova* einen Weg aus dem McMurdo-Sund hinaus, mit an Bord des vertrauten Schiffes war auch Crean. Die Britische Antarktisexpedition, die als letzte Expedition Scotts in die Geschichte einging, steuerte ihrem Ende entgegen.

Während die Männer unterwegs gewesen waren, waren Florence Nightingale und Leo Tolstoi gestorben, und die *Titanic* hatte auf der Jungfernfahrt einen Eisberg gerammt, 1600 Menschen waren ertrunken.

Nach einer unproblematischen Fahrt über den gefürchteten Südlichen Ozean stand die *Terra Nova* am 9. Februar vor Neuseeland, und zum ersten Mal, seit sie vor gut zwei Jahren Port Chalmers verlassen hatten, sahen die Männer wieder Bäume und andere Formen der Vegetation. Tags darauf fuhren sie in den Hafen von Oamaru auf der Südinsel ein, und Crean ging zusammen mit Atkinson und Leutnant Pennell an Land, um der Welt die Nachricht von der Tragödie zu überbringen.

Scott hatte einen Exklusivvertrag mit der Central News Agency in London geschlossen, der vorsah, dass die Nachrichtenagentur alle Neuigkeiten als Erste erfuhr. Die Männer gingen daher mit der Auflage ins Telegrafenamt, unterwegs keine Fragen zu beantworten. Sie schickten ein Telegramm nach London, von wo aus die Nachricht ihren Weg rund um die Welt nahm.

Noch auf dem Rückweg zur *Terra Nova* wichen die Männer den Fragen aus, mit denen die Neuseeländer sie bedrängten, weil sie von der frühen Rückkehr der Polarfahrer überrascht waren. Das Interesse an der Expedition war riesig und nicht zu antworten keine leichte Aufgabe. Doch Crean berichtete Cherry-Garrard nicht ohne Stolz: »Sie waren hinter uns her, aber sie haben nichts rausgekriegt.«[1]

Die *Terra Nova* stach wieder in See, und die Männer begannen sich auf den ersten Landgang und die Begegnung mit der Zivilisation vorzubereiten. Das war mitunter unangenehm. Die Bärte verschwanden, Haare wurden geschnitten, Füße in enge Stiefel gezwängt, und die Männer mussten Anzüge anziehen, denen anzusehen war, dass sie länger nicht getragen worden waren.

Am 12. Februar erreichten sie im Morgengrauen den Hafen von Lyttelton, die White Ensign, die Flagge der Royal Navy, wehte zum Zeichen der Trauer auf halbmast. An den Kais hatten sich viele Menschen versammelt, die schweigend zusahen, wie das Schiff langsam zu seinem Liegeplatz fuhr. Die ersten Gäste, die an Bord gingen, hatten Zeitungen dabei, deren Schlagzeilen verkündeten: CAPTAIN SCOTT IST TOT.

Jetzt erst begannen die Männer das Ausmaß der Katastrophe und die Wirkung, die sie auf die Öffentlichkeit hatte, so richtig zu begreifen. Bislang hatten sie nicht wissen können, wie sehr die Menschen mit ihnen mitgefiebert hatten. Cherry-Garrard bilanzierte:

> (W)ir waren viel zu lange fort gewesen, die ganze Sache betraf uns so persönlich, und zudem waren unsere Wahrnehmungen ganz stumpf geworden, wir hatten das nie realisiert. Wir landeten, um das Empire – ja, fast die ganze zivilisierte Welt – in Trauer zu finden. Es war, als ob sie gute Freunde verloren hätten.[2]

Zwei Tage später, am 14. Februar 1913, nahm König George V. an einer Gedenkfeier in der St Paul's Cathedral in London teil, vor der sich schätzungsweise zehntausend Menschen versammelt hatten, die schweigend in der winterlichen Kälte standen, um den Verstorbenen ihren Respekt zu erweisen.

Die *Terra Nova* machte sich auf den Weg nach England, wo derweil Überlegungen angestellt wurden, wie der Toten würdig gedacht und den Hinterbliebenen geholfen werden könnte. Der Bürgermeister von London legte eigens einen Fonds auf, für den 74 000 Pfund eingesammelt wurden, nach heutiger Kaufkraft 3 373 000 Pfund und damit fast doppelt so viel, wie die Expedition gekostet hatte. Scotts Witwe Kathleen erhielt eine Einmalzahlung von 8500 Pfund (387 000 Pfund) und eine jährliche Rente von 300 Pfund (13 600 Pfund). Lois Evans, die Witwe von Taff Evans und Mutter von drei kleinen Kindern, bekam hingegen nur einmalig 1250 Pfund (57 000 Pfund) und eine Leibrente von jährlich 48 Pfund (2180 Pfund). Noch nach dem Tod hatte das britische Klassensystem Bestand.

Die *Terra Nova* fuhr nach Cardiff, wo laut Teddy Evans »die wahren Freunde der Expedition« zu Hause waren. Kathleen Scott und ihr dreijähriger Sohn Peter kamen am 14. Juni an Bord. Für Crean war die Begegnung mit dem Jungen ein ergreifender Moment.

Der Junge wuchs heran zum Naturforscher und Maler Sir Peter Scott, und noch siebzig Jahre später konnte er sich an den lange zurückliegenden Tag im Hafen von Cardiff erinnern, dessen Höhepunkt gekommen war, als der kräftige Crean den in Ehrfurcht erstarrten kleinen Kerl mit ins Krähennest der *Terra Nova* nahm, von wo aus sich ihm ein Panoramablick über das Geschehen tief unter ihm bot, ein Erlebnis, das bei dem Jungen bleibenden Eindruck hinterließ.

Auch Crean behielt den Tag in guter Erinnerung. Zweiundzwanzig Jahre später schrieb er Peter Scott einen Brief, in dem er höflich um ein Foto des jungen Mannes bat und sich überaus positiv über dessen Vater äußerte. Scott bedankte sich überschwänglich bei Crean und legte ein mit einer Widmung versehenes Foto von sich bei.[3]

Ungeachtet der Enttäuschung, kurz vor dem Pol zurückgeschickt worden zu sein, blieb Crean Scott gegenüber bis zuletzt loyal. Und wenn er wegen der Zurückweisung einen Schuss Bitterkeit empfunden haben sollte, dann ließ er es sich nicht anmerken. Noch fast sechzig Jahre nach Creans Tod beteuern seine beiden Töchter, dass ihm nie ein schlechtes Wort über Scott über die Lippen gekommen sei. Im Gegenteil habe er stets mit Hochachtung und Respekt über seinen toten Captain gesprochen.

Helden. Die Aufnahme zeigt Tom Crean (rechts) und Bill Lashly an Bord der *Terra Nova*. Es entstand am 14. Juni 1913 in Cardiff unmittelbar nach der Ankunft des Schiffes. Creans Unterschrift ist auf Höhe seiner Füße zu erkennen.

Scotts Witwe Kathleen kannte Crean, und offenbar schätzte sie ihn auch. Im August 1912, Monate bevor sie erfuhr, dass ihr Mann auf dem Schelfeis gestorben war, hatte sie Kontakt zu Sir Francis Drake aufgenommen, dem Sekretär und Zahlmeister der Expedition, der – vermutlich auf Betreiben von Teddy Evans, der ihnen sein Leben verdankte – beschlossen hatte, Crean und Lashly eine Sonderzahlung in Höhe von hundert Pfund zukommen zu lassen. Kathleen unterstützte dieses Vorhaben rückhaltlos und teilte Drake in einem Brief vom 10. August 1912 mit:

> Ich freue mich zu hören, dass Sie Crean und Lashly (die Retter Evans') bedacht haben. Beides sind großartige Kameraden. Beide sind schon auf der *Discovery* gefahren, und Crean hat meinen Mann seit Jahren überallhin be-

gleitet. Ich kenne ihn recht gut, und in einem Brief, den er mir kürzlich geschickt hat, berichtet mein Mann, dass es Crean ausgezeichnet geht und er zu allem bereit ist.

Wir alle empfinden große Dankbarkeit dafür, dass Sie die beiden ihren Verdiensten entsprechend belohnen, denn beides sind feine Kerle, und beide sind zurückhaltend und bescheiden.[4]

Am 26. Juli 1913 trafen sich alle Überlebenden im Expeditionsbüro in der Londoner Victoria Street und gingen gemeinsam das kurze Stück zum Buckingham Palace. Dort wurden sie von König George und Prinz Louis Battenberg empfangen und mit der Polarmedaille ausgezeichnet. Es war ein erhebender Moment, wenn auch von einer großen Trauer über den Verlust von fünf Kameraden unterlegt.

Bowers' Mutter Emily nahm die Medaille samt Ordensspange für ihren Sohn entgegen. Mrs Caroline Oates, die untröstliche Mutter des tragischen Helden, hatte Teddy Evans gebeten, die Auszeichnung für ihren toten Sohn entgegenzunehmen. Die Überlebenden wurden einzeln aufgerufen und geehrt.

Da Crean die Auszeichnung zum zweiten Mal erhielt, wurde ihm zusätzlich eine silberne Spange überreicht. Später gab es noch eine gesonderte Zeremonie, an der nur Crean und Lashly teilnahmen. Weil sie Teddy Evans das Leben gerettet hatten, wurde ihnen die Albert Medal überreicht, die höchste Auszeichnung, die für diesen Zweck vergeben wurde.

Benannt nach dem Ehemann von Königin Viktoria, wurde sie im Jahr 1866 erstmals und in den Folgejahren nur noch selten vergeben: in der 105-jährigen Geschichte des Ordens

Mit erkennbarem Stolz präsentiert Tom Crean seine beiden Polarmedaillen. Eine dritte kam später hinzu.

lediglich 568-mal. 1971 wurde sie durch das Georgs-Kreuz ersetzt.

Die Begründung gab nur eine kurze Zusammenfassung der Strapazen, die die Männer über sich ergehen lassen mussten, und endete mit einer Beschreibung von Creans heroischem Alleinmarsch über das Schelfeis, der Evans das Leben rettete:

> Nach einem achtzehnstündigen Marsch in weichem Schnee erreichte Crean völlig entkräftet die Hütte. Glücklicherweise waren der Arzt Edward L. Atkinson RN, zwei Hundegespanne und ein Hundeführer vor Ort. Am 20. Februar gelang es, Lashly und Leutnant Evans in Sicherheit zu bringen, wobei Letzterer ohne den furchtlosen Einsatz seiner beiden Gefährten zweifelsohne umgekommen wäre.[5]

Geradezu überschwänglich pries Ponting, der Fotograf, Creans Alleinmarsch, den er als »eine der größten Taten in einem an denkwürdigen Leistungen überreichen Abenteuer« bezeichnete.

Aber auch Fachleute waren voll des Lobes, wohl weil sie die Umstände, unter denen Creans Erfolg zustande kam, besser als andere einordnen konnten. Louis Bernacchi, der mit Crean auf der *Discovery* gefahren war, bezeichnete den Marsch, der zur Rettung Evans' führte, als »einen der erstaunlichsten Alleingänge in der Geschichte der Polarforschung«, und Dr. Hugh Mill, der mit vielen Protagonisten des Goldenen Zeitalters befreundet war und sich später als Biograf Shackletons hervortat, zeigte sich tief beeindruckt. Im Mai 1912, als Crean noch am Kap Evans hockte und darauf wartete, dass der antarktische Winter vorüberging, hatte Mill im *Geographic Journal* einen Artikel über die Rettung Evans' veröffentlicht. Darin schrieb er: »Wir haben es mit einer der großartigsten Leistungen zu tun, die je in der Polarregion vollbracht wurden.«[6]

Teddy Evans, der später eine beeindruckende Karriere bei der Navy hinlegte und es bis zum Lord Mountevans brachte, hat die beiden Männer, die ihm das Leben retteten, nie vergessen, sondern die Erinnerung an sie der Nachwelt übergeben, indem er seinem Buch über die Expedition mit dem Titel *South with Scott* »in herzlicher Zuneigung« eine Widmung an Crean und Lashly voranstellte. Schon vorher, bei einer Zusammenkunft der Königlichen Geografischen Gesellschaft in der Londoner Albert Hall am 21. Mai 1913, hielt Evans eine Rede, in die er eine ausdrückliche Würdigung der Verdienste von Crean und Lashly einflocht. In Erinnerung an die Risiken, die sie eingingen, um sein Leben zu retten, sprach er die Worte: »Kein Dank könnte zu groß ausfallen.«[7]

In den Chor der Gratulanten stimmten auch Evans' Eltern ein, die, nachdem sie von den Heldentaten Creans und Lashlys, aber auch vom Tod der fünf Rückkehrer vom Pol erfahren hatten, sich sehr wohl der Tatsache bewusst waren, dass sie ihren Sohn um ein Haar in der Antarktis verloren hätten. Und nicht immer können Worte den Dank ausdrücken, den Eltern empfinden, wenn jemand ihr Kind vor dem sicheren Tod bewahrt. Frank und Eliza Evans brauchten nur wenig Worte, die aber ins Schwarze trafen. Sie schickten beiden Männern ein Foto von sich und ergänzten es um eine Widmung, die auch ohne weitere Zusätze zum Ausdruck brachte, dass der Dank tief empfunden war. Auf das Foto für Tom Crean hatte Eliza Evans geschrieben:

> Den Herren Crean und Lashly in dankbarer Erinnerung einer Mutter, deren Sohn Commander ERGR Evans, RN, sie im Jahr 1912 in der Antarktis das Leben retteten.

Bei seiner Rückkehr in die Zivilisation fand Crean auch einen Brief von Oriana Wilson vor, der Frau von Dr. Wilson, die dem Iren dankte, dass er sich an der Suche nach der Leiche ihres Mannes beteiligt und sie schließlich Seite an Seite mit denen von Scott und Bowers auf dem Schelfeis gefunden hatte. Als Mrs Wilson den Brief im neuseeländischen Christchurch verfasste, wusste sie erst seit zwei Wochen vom Tod ihres Mannes. Nun versprach sie Crean:

Ich werde Ihnen zeitlebens dankbar dafür sein, dass Sie die Suche nicht aufgegeben haben. Dank Ihrer Bemühungen habe ich den Brief erhalten, den mein Mann mir noch geschrieben hat, was mir ein großer Trost ist. Wie sehr ich Ihnen dafür danke, kann ich gar nicht sagen.

Sie gehören zu den Letzten, die ihn lebend gesehen haben, und aus seinen Briefen weiß ich, wie viel er von Ihnen hielt.

Seine Freunde sind auch meine Freunde, und ich werde stets darauf bedacht sein, dass es Ihnen gut geht. Wenn es in meiner Macht stehen sollte, etwas für Sie und die Ihren zu tun, dann werden Sie es mich hoffentlich wissen lassen.[8]

Nach der feierlichen Zeremonie im Buckingham Palace zogen die Männer zur nahe gelegenen Caxton Hall weiter, um zum Abschied noch einmal zusammenzusitzen. In eher schmuck- und freudloser Kulisse ging Scotts letzte Expedition denkbar unspektakulär in der Londoner Innenstadt zu Ende.

Crean war unterdessen zum Oberbootsmann befördert worden, in Anerkennung seiner außergewöhnlichen Leistungen in der Antarktis und mit Wirkung ab dem 9. September 1910. Da pflügte die *Terra Nova* sich noch durch den Ozean Richtung Neuseeland. Crean war über die Anerkennung ebenso erfreut wie über die Nachzahlung, die ihm für drei Jahre zustand.

Die Expedition endete im Sommer 1913, doch eine Wunderlichkeit brachte sie auch danach noch hervor: Laut offiziellen Unterlagen der Marine war Crean am 17. Februar 1912 in der Antarktis verstorben – einen Tag bevor er zu seinem bemerkenswerten Alleinmarsch aufbrach. Wer am 17. Februar 1912 tatsächlich starb, war Creans Freund Edgar »Taff« Evans, der an diesem Tag sein Leben am Fuß des Beardmore-Gletschers ließ.

# DAS EIS RUFT

Crean, unterdessen sechsunddreißig Jahre alt und zweifach ausgezeichneter Antarktisreisender, meldete sich am 6. Oktober 1913, nach immerhin dreieinhalb Jahren, offiziell bei der Royal Navy zurück und wurde in die ihm bereits vertraute Marinebasis von Chatham abkommandiert.[1]

Zum zweiten Mal binnen neun Jahren musste sich Crean in den Alltag eines Marinesoldaten eingewöhnen – nach den abenteuerlichen und geschichtsträchtigen Zeiten in der Antarktis keine leichte Aufgabe. Sechs der zurückliegenden elf Jahre hatte er unweit des Südpols oder auf dem Weg dorthin verbracht. Chatham mit dem immergleichen Tagesablauf und dem militärischen Drill muss ihm im Vergleich zum Leben am Rande des Ross-Schelfeises ausgesprochen langweilig vorgekommen sein.

Die wenig verlockende Aussicht, sich diesem unattraktiven Dienst dauerhaft unterwerfen zu müssen, wird dafür verantwortlich gewesen sein, dass Crean sich spontan dazu entschloss, nach zwanzig Jahren den Abschied von der Navy einzuleiten.

Mit sechsunddreißig Jahren kam seine Karriere ohnehin an ein Ende, und bei der Handelsmarine anzuheuern schien ihm wenig reizvoll. Stattdessen reifte in ihm der Wunsch, in seine irische Heimat zurückzukehren und dort etwas Neues zu beginnen.

Schon kurz nach der Rückkehr aus der Antarktis im Sommer 1913 war Crean nach Kerry gereist und hatte in seiner Geburtsstadt Anascaul ein Haus gekauft, in dem sich eine Gaststätte befand. Das Dach war undicht, die Geschäfte liefen schlecht – als Geldanlage eine fragwürdige Angelegenheit. Doch Crean, der für die Zeit nach seiner aktiven Laufbahn vorsorgen wollte, erwarb das Lokal vor allem wegen der Schanklizenz, die damit verbunden war. Er dachte langfristig.

Die ersten Überlegungen bezüglich seines Abschieds von der Marine und des Kaufs eines Lokals scheint Crean schon in der Antarktis angestellt zu haben. Taff Evans hatte Ähnliches vor. Der Vater von drei kleinen Kindern plante offenbar, nach Südwales zurückzukehren, dort einen Pub aufzumachen und sich ein wenig im Glanz seiner Meriten zu sonnen. Dafür eine Gaststätte zu eröffnen war ein naheliegender Gedanke, denn seine Frau Lois war die Tochter eines Gastwirts aus Rhossili, gelegen an der Spitze der Gower-Halbinsel unweit von Swansea.

Wir dürfen daher annehmen, dass Crean von Evans' Plänen inspiriert wurde, zumal die beiden bekanntlich viel Zeit hatten, sich in den Tagen und Nächten, die sie gemeinsam am Kap Evans verbrachten, über die Perspektiven auszutauschen, die ihnen die Navy künftig bieten würde.

Doch ohne dass Crean es wissen konnte, wurden zur selben Zeit folgenschwere Pläne ausgebrütet, durch die sein Wechsel ins Privatleben auf die lange Bank geraten würde.

Während Crean sich in den Alltag als Marinesoldat einlebte und parallel mit Vorbereitungen für die Zeit nach dem Abschied beschäftigt war, hatten andernorts Entwicklungen eingesetzt, die seine Rückkehr in die Antarktis nach sich ziehen sollten.

Ernest Shackleton, einst Creans Kamerad auf der *Discovery*, inzwischen berühmt und geadelt, bereitete eine neue Expedition vor, und zwar nicht irgendeine, sondern die ehrgeizigste, die je in Angriff genommen worden war. Und auch wenn Crean es zu diesem Zeitpunkt nicht wissen konnte, sollte Shackletons kühnes Vorhaben ihn nicht nur zurück in die Antarktis führen, sondern auch in ein Abenteuer, das in der Geschichte der Polarforschung seinesgleichen sucht.

1913 gab es in der Antarktis nur mehr wenig zu gewinnen. Amundsen hatte den Südpol bezwungen, Scott hatte sich mit seinem tragischen Scheitern die Zuneigung der Menschen gesichert. Shackletons Beitrag zur Eroberung Antarktikas – 1909 hatte er einen neuen sogenannten »Süd-Rekord« aufgestellt – war weitgehend vergessen. Doch die Anziehungskraft der Polarregion war dadurch nicht geringer geworden, und so kam Shackleton auf die Idee, etwas zu wagen, was er »die letzte große Herausforderung auf Erden« nannte.

Shackletons extrem ehrgeiziger Plan, der ab Mitte 1913 Konturen annahm, war die Querung der Antarktis über den Südpol hinweg, zu Fuß und über eine Strecke von 3000 Kilometern – eine Herausforderung, der sich noch kein Mensch gestellt hatte, und ein gewaltiges Unterfangen, selbst wenn man wie Shackleton Fantasie und Großspurigkeit im Übermaß besaß.

Die Umsetzung des Plans setzte voraus, dass ein Schiff eine kleine Gruppe handverlesener Männer über das weitgehend unbekannte und zumeist zugefrorene Weddellmeer an die Küste brachte, die Scotts Lager am Ufer des Rossmeeres quasi gegenüberlag. Von dort aus müssten sie 1500 Kilometer durch gänzlich unbekanntes Gelände bis zum Südpol zurücklegen, um anschließend über Routen, die schon Scott genommen hatte, das Polarplateau, den Beardmore-Gletscher und schließlich das Ross-Schelfeis zu queren, bis sie schließlich Kap Evans im McMurdo-Sund erreichten – auch das eine Strecke von 1500 Kilometern.

Bis zum Herbst 1913 hatte Shackleton bei Freunden und Gönnern 50 000 Pfund (2 280 000 Pfund) zur Vorbereitung der Expedition eingeworben und hoffte, im Tausch gegen die Exklusivrechte an der Berichterstattung, die wissenschaftlichen Erträge sowie das Recht, Namensgeber der Expedition zu werden, einen einzelnen Großsponsor zu finden, der die Reise finanzieren würde. Dank der Zusage des Finanzministers David Lloyd George über 10 000 Pfund (456 000 Pfund) konnte Shackleton es wagen, die Öffentlichkeit durch einen Brief an die *Times* vom 29. Dezember über seine Pläne zu informieren, denen er den blumigen Namen Imperial Trans-Antarctic Expedition gab.

Ursprünglich wollte Shackleton mit nur einem Schiff auskommen, das einen Teil der Männer und der Vorräte am Ufer des Weddellmeeres absetzen sollte, um anschließend zum McMurdo-Sund zu fahren und dort jene Männer an Land zu bringen, die die Depots anlegen würden. Doch dann entschied er sich um und beschloss, ein Schiff, die *Endurance*, in das Weddellmeer zu schicken, ein anderes, die *Aurora*, zum Kap Evans.

Den Marsch quer durch die Antarktis sollten lediglich sechs Männer bestreiten. Durch Amundsens vergleichsweise problemlose Fahrt zum Südpol inspiriert, wollte Shackleton 120 alaskische beziehungsweise sibirische Hunde mitnehmen, die die Lasten ziehen und es den Männern ersparen sollten, sich vor die Schlitten spannen zu müssen.

Shackleton selbst wollte die Gruppe anführen, als seinen Stellvertreter hatte er früh Frank Wild auserkoren, der Shackleton seit Langem treue Dienste leistete und bereits drei Mal in der Antarktis gewesen war: 1901–04 mit Scott und der *Discovery*, 1907–09 mit Shackleton und der *Nimrod* sowie, zeitgleich mit Scotts letzter Expedition, mit dem Australier Douglas Mawson. Er verfügte daher über reichlich Erfahrung, war abgehärtet und unbedingt zuverlässig.

Fest eingeplant war auch Bernard Day, jener Mechaniker, der sich 1911 vergebens bemüht hatte, Scotts Motorschlitten dazu zu bringen, die tonnenschwere Ausrüstung über das Schelfeis zu bewegen. Ebenfalls vorgesehen waren Aeneas Mackintosh und George Marston, die Shackleton von der *Nimrod*-Expedition her kannte.

Ein Platz war noch frei, für den »ein oder zwei infrage kommen, die Erfahrungen aus Reisen mit mir oder mit Scott haben«, wie Shackleton notierte.[2] Crean erfüllte diese Anforderung, doch es ist nicht klar, ob Shackleton mit Rücksicht auf Creans Verpflichtungen der Navy gegenüber den Namen nicht preisgeben wollte oder ob er tatsächlich einen anderen im Sinn hatte. Am Ende kam es allerdings ohnehin anders als geplant, denn nur Wild, Marston und Crean begleiteten Shackleton, während Mackintosh der Gruppe zugeteilt wurde, die die Depots anlegte.

Shackleton kannte Crean von der *Discovery*-Expedition her recht gut, und selbstverständlich hatte er auch von dessen vorbildlichem Verhalten bei der Rettung von Teddy Evans gehört, mit dem er sich nach dessen Rückkehr angefreundet hatte. Und kaum jemand wusste so genau um Creans Kraft und Verlässlichkeit wie Evans, der exakt diesen Eigenschaften sein Leben verdankte. Creans Heldentat war ein eindrücklicher Beleg für sein Durchhaltevermögen und seinen Mut, und Shackleton zeigte sich von Evans' Bericht sehr beeindruckt.

Aus eigener Erfahrung wusste er, dass Crean vertrauenswürdig, aber kein unterwürfiger Jasager war. Er machte aus seinem Herzen keine Mördergrube und scheute nicht davor zurück, deutlich seine Meinung zu sagen. In der streng hierarchisch aufgebauten Navy war das zwar nicht vorgesehen und konnte zu Schwierigkeiten führen, aber unter den Bedingungen der Antarktis waren Halbwahrheiten und Speichelleckerei eher hinderlich. Shackleton, der aus der Handelsmarine kam, war ein anderer Typ Vorgesetzter, als er für die Royal Navy am Ausgang des Viktorianischen Zeitalters charakteristisch war. Von Scott unterschied er sich unter anderem darin, dass er von Untergebenen keine Unterwürfigkeit erwartete. Ein Mann wie Crean passte in dieses Bild. Und obendrein mochte er ihn gut leiden.

Die Aussicht, erneut in die Antarktis zu fahren, war so verlockend, dass Crean ihr nicht widerstehen konnte. Einen Strich durch die Rechnung machen konnte ihm nur ein

Punkt: die Rivalität zwischen Scott und Shackleton und ihren jeweiligen Unterstützern. Begonnen hatte sie in jenem Augenblick, in dem Shackleton 1903 nach dem gescheiterten Vorstoß auf den Südpol die *Discovery* verlassen musste und nach Hause geschickt wurde. Seitdem lagen die beiden Männer über Kreuz. Der Streit zwischen ihnen war 1907 über die Frage neu entbrannt, ob Shackleton das Basislager der *Nimrod*-Expedition am Kap Evans aufschlagen dürfe oder nicht. Scott beanspruchte das Gebiet für sich und reagierte entsprechend aufgebracht, als Shackleton sich mangels Alternativen gezwungen sah, am Kap Evans zu überwintern. In den Jahren 1911 und 1912 flammte die Rivalität wieder auf, weil Scott es geradezu zwanghaft darauf anlegte, Shackleton den sogenannten Süd-Rekord abzujagen.

Mit diesem Konflikt wollte Crean nichts zu tun haben. Er schätzte beide Polarforscher gleichermaßen, und die Rivalität zwischen ihnen lief seiner schlichten, direkten Denkart zuwider. Er war jedem seiner Anführer gegenüber loyal, aber er war nicht willfährig.

Shackleton eröffnete ein Büro in der New Burling Street Nr. 4, mitten im Zentrum Londons, wo sich Freiwillige melden konnten. Er wurde von Anfragen förmlich überrannt. Fünftausend Bewerbungen gingen ein, meist von Menschen, die durch nichts qualifiziert waren. Daraufhin ersann Shackleton ein Ablagesystem aus drei Schubladen mit folgender, leicht ironischer Beschriftung: »übergeschnappt«, »abwegig«, »denkbar«.

Eine besonders ambitionierte Bewerbung stammte von »drei sportlichen Frauen«, die versprachen, sich wie Männer anzuziehen, »sollte sich Frauenkleidung als unpraktisch erweisen«. Shackletons Biografen Margery und James Fisher behaupten, dass Shackleton bei dieser Gelegenheit zum ersten und einzigen Mal in seinem Leben einer Herausforderung widerstand.

Bis heute hält sich die Behauptung, dass Shackleton die Flut der Bewerbungen dadurch auslöste, dass er in den Zeitungen auf ungewöhnliche Weise für die Expedition warb:

> Männer für gefährliche Reise gesucht. Geringe Verdienstmöglichkeiten, schlechtes Wetter, lange Monate vollständiger Dunkelheit und große Risiken garantiert, sichere Heimkehr fraglich. Im Erfolgsfall winken Ruhm und Anerkennung.

Ob echt oder erfunden: Die Anzeige fasst ziemlich präzise zusammen, worauf sich Polarfahrer zu jener Zeit einzustellen hatten, und liefert einen Hinweis darauf, aus welchem Holz die Männer geschnitzt sein mussten, die für ein solches Vorhaben gesucht wurden. Shackleton war ein großer Menschenkenner und wusste sehr genau, welchen Typ Mann er für seine »gefährliche Reise« benötigte. Tom Crean entsprach diesem Typ genau. Er war ein durch und durch verlässlicher Kamerad, der unterdessen mehr Polarerfahrung hatte als jeder andere.

Wie genau Creans Verpflichtung für die Imperial Trans-Antarctic Expedition zustande kam, ist nicht bekannt. Scotts Biografin Elspeth Huxley behauptet, dass Crean sich 1912 aus der Navy herausgekauft hat. Das aber kann aus zwei

Gründen nicht stimmen: Zum einen verbrachte er das gesamte Jahr 1912 fernab der Zivilisation in der Antarktis, und zum anderen belegt sein Wehrpass eine lückenlose Zugehörigkeit zur Navy, unterbrochen nur von den drei Antarktisreisen.

Am 25. Mai 1914 wurde Crean als Zweiter Offizier für Shackletons Expedition verpflichtet. Seine Heuer betrug 166 Pfund (7566 Pfund) im Jahr. Der Vertrag, den Crean unterzeichnete, untersagte es ihm, Bücher oder Artikel über die Reise zu veröffentlichen, wissenschaftliches Material in seinen Besitz zu bringen oder ohne Shackletons Einwilligung mit Dritten über die Expedition auch nur zu sprechen. Mit diesen strikten Vorgaben wollte Shackleton sicherstellen, dass er die Kontrolle über sämtliche Veröffentlichungen behielt, aus deren Einnahmen er die Kosten der Expedition zumindest teilweise bestreiten wollte. Crean war es recht. Nicht einmal Tagebuch führte er auf seinen drei Reisen, und ein eifriger Briefeschreiber war er auch nicht.

Unterdessen hatte Shackleton sich entschieden, mit welchen Männern er die Querung der Antarktis angehen wollte. Seine Wahl war auf Wild, Macklin, Hurley, Marston und Tom Crean gefallen. Anders als Scott, der sich mit seiner Auswahl bis zum Schluss bedeckt gehalten und im letzten Moment noch umentschieden hatte, teilte Shackleton den Männern seine Entscheidung schon vor der Abfahrt mit. So verhinderte er unnötige Debatten und Enttäuschungen.

Shackleton war ein unverbesserlicher Optimist, was sich schon darin zeigte, dass er für den 3000 Kilometer langen Marsch über den weitgehend unbekannten Kontinent lediglich hundert Tage veranschlagte, und das, obwohl er mit Hundegespannen nur sehr wenig Erfahrung hatte. Für die fast ebenso lange Strecke zum Pol und zurück hatte Amundsen neunundneunzig Tage benötigt, aber er und seine Begleiter waren im Umgang mit Skiern und Hunden ungleich erfahrener.

Als Shackletons Stellvertreter fungierte, wie gesagt, Wild, Dritter Offizier war Alf Cheetham, auch er ein Veteran der *Discovery*-Expedition. Kapitän der *Endurance* war Frank Worsley, ein knochiger Anglo-Neuseeländer mit dem Spitznamen »Skipper«. Eines Nachts, so behauptete er, steuerte er das Schiff im Traum durch die von Eis blockierte Burlington Street in Londons Stadtmitte. Daraufhin sei er am nächsten Morgen in das Expeditionsbüro gegangen, um sich zu bewerben, und schon nach einer kurzen Unterredung mit Shackleton habe der ihn engagiert.

Kaum weniger skurril mutet die Verpflichtung von Leonard Hussey an, einem Medizinstudenten, dem Shackleton mit den Worten einen Vertrag vorlegte: »Sie sehen humorvoll aus.« Mit an Bord war auch Frank Hurley, ein abenteuerlustiger australischer Fotograf, der mit Mawson in der Antarktis gewesen war. Die übrige Besatzung der *Endurance* setzte sich aus wenigen weiteren Offizieren und der Mannschaft aus hartgesottenen Seeleuten zusammen, dazu eine bunte Mischung aus Ärzten, Biologen, Geologen und anderen Wissenschaftlern. Sie alle nannten Shackleton nur den »Boss«.

Die *Endurance* verdrängte 350 Tonnen und war früher als *Polaris* unter norwegischer Flagge gefahren. Shackleton hatte sie gekauft und dazu auserkoren, die schwierige Aufgabe zu übernehmen, die Männer, die die Querung der Antarktis vor sich hatten, sicher durch das nahezu unbekannte

Weddellmeer zu bringen und in der Nähe der Vahselbucht abzusetzen. Die andere Gruppe sollte mit der *Aurora* zum Kap Evans fahren, einem Schiff, das für Polarreisen eigens ertüchtigt worden war. An Bord würde der Australier Mawson das Kommando haben, an Land Mackintosh, zu dessen Team unter anderem Wilds Bruder Ernest, der Antarktis-Veteran Ernest Joyce sowie mehrere Wissenschaftler und Ingenieure gehörten, in Reverend Arnold Spencer-Smith aber auch ein Pfarrer, der als Fotograf fungierte.

Die größte Hürde, die Shackleton vor der Abreise zu überwinden hatte, war die Finanzierung der Expedition. Die Regierung stellte 10 000 Pfund bereit, die fehlenden 40 000 Pfund musste er bei privaten Gönnern einwerben. Zu denen gehörten der Industrielle Dudley Docker, der ebenfalls 10 000 Pfund beisteuerte, und Janet Stancomb-Wills, die wohlhabende Adoptivtochter eines reichen Tabakhändlers. Den größten Beitrag aber leistete Sir James Caird, ein Jute-Fabrikant und Philanthrop aus Dundee, der Shackleton 24 000 Pfund zur Verfügung stellte – nach heutiger Kaufkraft eine runde Million. Dass die Expedition starten konnte, war im Grunde sein Verdienst.

Die *Endurance*, die bereits mit Eisverstärkungen vom Stapel gelaufen war, traf im Juni in London ein und machte an den Millwall Docks auf der Isle of Dogs fest. Berge an Proviant und Ausrüstung wurden an Bord geschleppt, darunter eine Holzhütte, die nach der Ankunft in der Antarktis als Basislager dienen sollte.

Ein nicht abreißender Strom von Schaulustigen, die einen Blick auf die kühnen Männer und ihr Schiff werfen wollten, fand sich auf den Kais ein. Am 16. Juli kam Queen Alexandra, die Witwe von Eduard VII., an Bord. Damit knüpfte sie an eine gute Tradition an, denn auch die *Discovery* und die *Terra Nova* hatte sie mit ihrem Besuch beehrt. Später überreichte sie Shackleton eine Bibel mit einer persönlichen Widmung auf dem Vorsatzblatt. Worsley zufolge blieb die königliche Delegation eine Stunde an Bord, stand für Fotos zur Verfügung und »zeigte an allem großes Interesse«.

Als Zweiter Offizier hatte Crean die Ehre, den illustren Gästen vorgestellt zu werden, zu denen auch Prinzessin Victoria, Maria Feodorowna, die Witwe des russischen Zaren Alexander III., sowie Lord »Jackie« Fisher gehörten, seines Zeichens Großadmiral der Navy.

Über den Vorbereitungen lag jedoch ein Schatten, der mit jedem Tag größer wurde: der herannahende Weltkrieg. Am 28. Juni kam der österreichische Thronfolger Erzherzog Franz Ferdinand bei einem Attentat in Sarajevo ums Leben, und die Tage bis zum Kriegsausbruch waren gezählt.

Am 1. August verließ die *Endurance* ihren Liegeplatz in den Millwall Docks und fuhr auf die Themse hinaus. Im Vergleich zur Verabschiedung der *Discovery* und der *Terra Nova* fielen die Feiern bescheiden aus. Die Aufmerksamkeit der Öffentlichkeit war ganz auf die angespannte Weltlage und die zunehmende Wahrscheinlichkeit eines Krieges mit Deutschland gerichtet. So waren nur wenige Menschen, darunter ein einzelner Dudelsackspieler, gekommen, um den Polarfahrern eine gute Reise zu wünschen. Zu Ehren Shackletons, Creans und der anderen irischen Besatzungsmitglieder spielte der schottische Musiker die Ballade *The Wearin' o' The Green*.

Königlicher Besuch auf der *Endurance*. 1914 begrüßt Tom Crean (ganz links) im Gefolge von Ernest Shackleton (4. von links) und dessen Frau Emily (rechts) Königin Alexandra und Prinzessin Maria Feodorowna (die Mutter des russischen Zaren Nikolaus II.).

In Anbetracht der politischen Entwicklung, die sich täglich zuspitzte, war die unprätentiöse Verabschiedung wenig verwunderlich. Die Welt strebte unaufhaltsam einem bewaffneten Konflikt entgegen, und am 1. August wurde das letzte fehlende Puzzleteil gelegt, als die Deutschen Russland den Krieg erklärten. Damit war der Kriegseintritt Britanniens kaum noch zu vermeiden, und viele hätten es vorgezogen, die Expedition abzusagen.

Doch das Schiff fuhr unbeirrt die Themse hinunter nach Margate an der Ostspitze Kents, wo Shackleton die Mannschaft zusammenrief und anbot, dass jeder, dem der Sinn danach stand, das Schiff verlassen konnte, um in diesen kritischen Zeiten dem Militär zu dienen. Mehrere Männer nahmen das Angebot an und meldeten sich umgehend für den Kriegsdienst. Dann schickte Shackleton der Admiralität ein Telegramm mit der Offerte, Schiff und Vorräte in den Dienst der Navy zu stellen. Binnen einer Stunde traf die denkbar knappe Antwort des First Lord Winston Churchill ein: »Fahrt!«[3]

Am 4. August fuhr die *Endurance* weiter nach Eastbourne an Englands Südküste, wo Shackleton von Bord ging und zu einer Audienz beim König nach London reiste. Die Ereignisse überschlugen sich, und indem es Deutschland ultimativ aufgefordert hatte, Belgiens Neutralität zu wahren, war das Königreich dem Krieg noch ein Stück näher gekommen. Trotzdem nahm sich George V. fünfundzwanzig Minuten Zeit für Shackleton, gab ihm einen Union Jack mit und forderte ihn auf, allen Widrigkeiten zum Trotz Richtung Süden aufzubrechen. Am 4. August um 23 Uhr lief das Ultimatum aus, England war Kriegspartei im Ersten Weltkrieg.

Die *Endurance* fuhr derweil nach Plymouth und am 8. August weiter Richtung Buenos Aires. Am selben Tag fielen in Europa die ersten Schüsse. Die Fahrt unter Führung von Worsley verlief ereignislos. Nur als die *Endurance* Mitte September den Äquator querte, musste Crean sich mal wieder als Lebensretter betätigen.

Bei der traditionellen Äquatortaufe betranken sich mehrere Matrosen sinnlos, und einer von ihnen beschloss im Vollrausch, über Bord zu springen. Crean, der das zufällig mitbekam, war rechtzeitig zur Stelle, schnappte das Bein des Mannes und bewahrte ihn so vor dem sicheren Tod.

Shackleton war in England geblieben, um das noch fehlende Geld einzusammeln. Ihn plagten Zweifel, ob es klug war, sich in einem Moment in die Antarktis zu verabschieden, in dem das Land in einen Krieg gezogen wurde. Doch am 25. September ging er schließlich in Liverpool an Bord eines Schiffes, das ihn nach Buenos Aires brachte. Mitte Oktober war er wieder auf der *Endurance*. Seine erste Amtshandlung war es, allzu aufsässige und dem Alkohol zugetane Matrosen auszusortieren und durch Freiwillige zu ersetzen. Dann begannen die letzten Vorbereitungen für die Fahrt in eine Welt, in der, wenngleich auf gänzlich andere Weise, ebenfalls unvorstellbare Schrecken und dramatische Veränderungen warteten.

Am 25. Oktober kam die kleine britische Gemeinde von Buenos Aires am Kai zusammen und verabschiedete die *Endurance*, die sich auf den Weg nach Südgeorgien machte, dem südlichsten Punkt des britischen Empires. Es gab Befürchtungen, dass die *Endurance* trotz ihrer friedlichen Mission von einem der deutschen Kriegsschiffe angegriffen werden könnte, die sich – noch – unerklärlicherweise im Südatlantik eingefunden hatten. Die Antwort auf das Rätsel lieferte kurz darauf, am 8. Dezember, das Seegefecht vor den Falklandinseln. In weiser Voraussicht änderte Shackleton kurzfristig seinen Plan und gab statt der Falklandinseln Südgeorgien als Ziel aus.

Die *Endurance* fuhr ungehindert Richtung Südost. Für etwas Aufregung sorgte einzig die Entdeckung eines blinden Passagiers drei Tage nach der Abfahrt. Es handelte sich um den neunzehnjährigen walisischen Matrosen Percy Black-

Die Crew der *Endurance* bereitet sich darauf vor, kurz vor Beginn des Ersten Weltkrieges in die Antarktis aufzubrechen. Crean ist in der zweiten Reihe als Zweiter von links an der Hand zu erkennen, die auf der Reling liegt. Abgebildet sind auch Shackleton (2. Reihe Mitte, weißer Pullover), Wild (links hinter Shackleton) und Worsley (der Mann im weißen Pullover neben Wild).

borrow, der von Shackleton eine Abreibung erhielt, die sich gewaschen hatte. Doch mit einem Augenzwinkern teilte er dem armen Kerl schließlich mit, dass der als blinder Passagier der Erste wäre, den sie, wenn es hart auf hart käme, verspeisen würden. Durch die unvorhergesehene Anwerbung von Blackborrow vergrößerte sich die Besatzung auf achtundzwanzig Mann.

Anfang November lief die *Endurance* Grytviken an, die norwegische Walfangstation auf Südgeorgien, wo sie einen Monat blieb. Die Männer nutzten die Zeit, um die letzten Vorbereitungen zu treffen und Kohle zu bunkern. Shackleton verbrachte derweil viele Stunden beim Gespräch mit den erfahrenen norwegischen Walfängern, die mitten in der Fangsaison waren und die Bedingungen im Weddellmeer besser kannten als irgendjemand sonst auf der Welt.

Südgeorgien diente seit mehr als einem Jahrhundert als Sprungbrett für draufgängerische Abenteurer und seriöse Forscher. Den Namen verdankte die Insel Captain Cook, der 1775 hier gelandet war und sie nach König George III. benannt hatte. Der Bericht, den er zwei Jahre später über seine Reise veröffentlichte, rief zahllose britische und amerikanische Robbenfänger her. Zu Beginn des 20. Jahrhunderts, nach gut hundert Jahren blutiger Jagd, waren die Robben so gut wie ausgerottet. Neue Geschäftsideen waren gefragt. So kamen norwegische Walfänger auf die Insel und gründeten 1904 in Südgeorgiens schönstem Naturhafen die Walfangstation Grytviken. Der Name beruht auf der Ähnlichkeit der Bucht mit den bauchigen Kesseln, in denen die Robbenfänger ihre Beute auskochten.

Was die Walfänger zu berichten hatten, war nicht sehr ermutigend. Das Eis im Weddellmeer, so ließen sie Shackleton wissen, reichte weiter nach Norden als je zuvor, und sie rieten ihm, es sich reiflich zu überlegen, bevor er das gefährliche und weitgehend unkartierte Gewässer ansteuerte.

Doch Shackleton konnte es kaum erwarten, endlich loszukommen. Die Expedition duldete keinen Aufschub. Und so

Polarveteranen: Crean (oben) war binnen fünfzehn Jahren drei Mal in der Antarktis. Hier ist er im Jahr 1914 an Bord der *Endurance* zu sehen. Alf Cheetham (unten) nahm gar an vier Polarexpeditionen teil.

löste die *Endurance* am 5. Dezember 1914 die letzte Verbindung zur bewohnten Welt und begab sich auf die 1600 Kilometer weite Fahrt von Grytviken an die Küste der Antarktis. Bei ihrer Rückkehr war die Welt eine andere geworden.

Anders als bei der Verabschiedung der *Discovery* und der *Terra Nova* in Neuseeland spielte für die *Endurance* keine Musik, und niemand schwenkte Fähnchen. Es stand auch niemand am Ufer, um die achtundzwanzig Männer zu verabschieden. Shackleton notierte:

> Am 5. Dezember um 8:45 Uhr gab ich Befehl, den Anker zu lichten. Das Knarren der Ankerwinde löste unsere letzte Verbindung zur Zivilisation. Der Morgen war grau, der Himmel bedeckt, doch die Herzen an Bord der *Endurance* schlugen in freudiger Erwartung.[4]

Die *Endurance* war erst seit zwei Stunden hinter dem südlichen Horizont verschwunden, als das Postschiff mit den letzten Briefen aus der Heimat in Grytviken eintraf.

Tom Crean aber trug die Erinnerung an sein Zuhause in Gestalt des Skapuliers an seinem Hals.

# GEFANGEN

Die *Endurance*, wie vor ihr schon viele Schiffe auf dem Weg zu einem der Pole mit Kohle und Ausrüstung schwer beladen, befuhr den Südlichen Ozean mit Kurs Weddellmeer. Doch als wolle der Süden einen Vorgeschmack auf bevorstehende Gefahren geben, traf sie schon drei Tage nach der Abfahrt in Südgeorgien auf dem 57. Breitengrad auf dichtes Packeis – deutlich weiter nördlich, als irgendjemand an Bord erwartet hätte. Zugleich war es eine Bestätigung der Warnungen der erfahrenen Norweger von Südgeorgien.

Und doch war es nur die erste von vielen Begegnungen der *Endurance* mit dem Eis. Der Rat der Norweger abzuwarten, bis der Sommer etwas weiter fortgeschritten war, wird Shackleton und seinen Offiziere in den Ohren geklungen haben.

In den darauffolgenden Tagen bahnte sich die *Endurance* mühsam einen Weg durch das Eis, das Shackleton anschaulich als »gigantisches, unendliches, von der Natur entworfenes Puzzlespiel«[1] beschrieb. Die größte Sorge aber war, dass sich das Eis vor ihnen zu einer geschlossenen Fläche verbunden haben könnte, die sich bis zu ihrem nächsten Ziel, der Vahselbucht, ziehen könnte. Und bis dorthin waren es noch 1600 Kilometer. Wäre dem so, müsste die *Endurance* das Packeis in einem Halbkreis umfahren, der sie erst Richtung Osten und dann Richtung Süden bis ins Weddellmeer führen würde.

Als die *Endurance* gegen Ende des Jahres 1914 Richtung Antarktis drängte, war das Weddellmeer, benannt nach dem schottischen Walfangkapitän James Weddell, weitgehend unerforscht. Weddell hatte das Gebiet 1823 zum ersten Mal befahren und nach König George IV. benannt. Erst 1900 erhielt das Meer den Namen seines Entdeckers. Zu diesem Zeitpunkt war es unter Seefahrern bereits für das dichte Packeis berüchtigt, das hier in weiten Teilen des Jahres anzutreffen war. Bis heute kommen nur selten Schiffe hierher.

1914 war auch nur ein kleiner Bereich des Weddellmeeres kartiert, und auch das hatte ein Schotte besorgt: William Speirs Bruce. Ihm war es zehn Jahre zuvor gelungen, das Meer vollständig zu durchqueren und den antarktischen Kontinent zu erreichen. Angekommen war er in Coatsland, das er nach einem Brüderpaar benannte, das sein wichtigster Geldgeber war. Man mag es als schlechtes Omen begreifen, dass Bruce' Schiff, die *Scotia*, in genau jenem Seegebiet um ein Haar vom Eis zerquetscht worden wäre, das die *Endurance* nun zum Ziel hatte.

Einstweilen kam sie nur langsam voran. Auf ihrem Zickzackkurs durchs Eis benötigte sie für 770 Kilometer geschlagene zwanzig Tage – eine Durchschnittsgeschwindigkeit unter zwei Stundenkilometern. Eine ausgelassene Weihnachtsfeier half, die Stimmung ein wenig aufzuheitern. Es wurde gut gegessen und viel gesungen. Hussey unterhielt seine Kameraden mit einem spontanen Wunschkonzert auf dem Banjo. Besonders groß war die Nachfrage nach irischen Jigs.

Im frühen Januar passierte die *Endurance* den 70. Breitengrad. Nach Wochen des Vortastens durch das dichte Eis schien sie das Schlimmste hinter sich gebracht zu haben. Vor ihr lag offenes Wasser, und sie kam gut voran. Bald kamen in der Ferne die schneebedeckten Gipfel von Coatsland in Sicht. Am 12. Januar passierten die Männer das von Bruce kartierte Land und erreichten zu ihrer Linken ein Gebiet, das Shackleton zu Ehren seines wichtigsten Geldgebers Caird-Küste nannte. Damit kam ein weiterer Schotte in der Antarktis zu Ehren.

Kurz darauf, am 15. Januar, passierte die *Endurance* eine Bucht, die ein Gletscher geformt hatte, der hier ins Meer mündete. Sie bildete eine Art Naturhafen, was Kapitän Worsley dazu nutzen wollte, Vorräte an Land zu bringen und ein Basislager zu errichten. Shackleton war dagegen, weil die Strecke, die sie übers Eis zurücklegen müssten, von dieser Stelle aus um mehr als 300 Kilometer länger wäre. Schon vom ursprünglich geplanten Basislager aus wäre es weit und gefährlich genug, so sein Argument.

Also fuhren sie weiter, und weil sie gut vorankamen, stieg auch die Hoffnung, dass die Vahselbucht schon bald vor ihnen auftauchen würde. Doch dann zwang sie ein Sturm aus Nord, zwei Tage lang, am 17. und 18. Januar, Schutz hinter einem riesigen Eisberg zu suchen, der das Schiff überragte wie ein schwimmendes Gebirge. Aus ihrem Versteck beobachteten die Männer voller Sorge, wie kleinere, aber umso gefährlichere Eisberge hinter ihnen vorbeizogen und vom Sturm krachend gegeneinandergedrückt wurden. Ohne den Schutz des großen Eisbergs hätte die *Endurance* sicherlich ihre Not gehabt, den Sturm zu überstehen.

Kaum hatte sich der Sturm gelegt, drängte Worsley darauf weiterzufahren. In wenigen Stunden legten sie 32 Kilometer in südliche Richtung zurück, und allmählich keimte die Hoffnung auf, dass sie schon in wenigen Tagen ihr Ziel erreichen würden. Doch die Hoffnung erwies sich als trügerisch, denn erneut zog Packeis auf und errichtete vor ihnen eine unüberwindbare Hürde.

Der starke Nordwind hatte das Eis aufs Land gedrückt, und die *Endurance* war von einer geschlossenen Decke umgeben, die sich in alle vier Himmelsrichtungen erstreckte, so weit das Auge reichte. Nur ein Sturm aus der entgegengesetzten Richtung – aus Süd – konnte das Hindernis aus dem Weg räumen und sie befreien.

Fast sieben Wochen hatten sie benötigt, um bis auf die aktuelle Position vorzudringen, und nun waren die achtundzwanzig Männer dazu verdammt, sich zurückzulehnen und zu warten, dass ein Sturm ihnen den Weg in die Vahselbucht freiräumte, von der sie für Seeleute geradezu lächerliche 130 Kilometer Luftlinie entfernt waren.

Am nächsten Morgen – es war der 19. Januar 1915 – mussten sie feststellen, dass sich das Eis um sie herum eher weiter schloss, als dass es sich zurückzog. Das Schiff saß auf 76° 34' S fest. Die *Endurance* und ihre Besatzung waren ein winziger, einsamer Fleck auf einem zugefrorenen, gefährlichen und nicht kartierten Meer.

Noch sah niemand an Bord Anlass, sich Sorgen zu machen. Immerhin hatte der Sommer gerade erst begonnen, und noch blieben ihnen etwa sechs Wochen, um das Schiff freizubekommen. Die Erfahrung hatte gelehrt, dass sich das Eis oft erst gegen Ende des Sommers zurückzog. So hatte die *Discovery* zwei Jahre in Gefangenschaft ausharren müssen und war erst Mitte Februar befreit worden, also im Spätsommer. Außerdem trieb die *Endurance* mit dem Eis langsam Richtung Südwest, sodass sie ihrem Ziel, der Vahselbucht, allmählich näher kamen.

Doch das Wetter war für die Jahreszeit ausgesprochen schlecht, und nach zehntägiger Gefangenschaft ordnete Shackleton an, die Kessel, die am Tag eine halbe Tonne Kohle verbrauchten, ausgehen zu lassen, um die Vorräte zu schonen. Als das rhythmische Tuckern der Maschinen erstarb, legte sich eine gespenstische Stille über die endlose Weite, unterbrochen nur von den Gesprächen der Männer und dem gelegentlichen Heulen eines der unausgelasteten Hunde. In Gedanken beschäftigten sich viele bereits mit der Aussicht, das Schiff könnte den kommenden Winter über im Klammergriff des Packeises stecken.

Die Tage an Bord begannen jener Routine zu gleichen, die Männern wie Crean, Wild und Shackleton aus manchem Winter in der Antarktis nur allzu vertraut war. Die Besatzung begann sich, auf eine monatelange Gefangenschaft einzustellen. Nur wenigen gelang es, sich von der misslichen Lage abzulenken. Ein Crewmitglied betätigte sich als Schwarzseher und erinnerte die Kameraden daran, dass der deutsche Entdecker Wilhelm Filchner wenige Jahre zuvor im Weddellmeer feststeckte und mit dem Eis tausend Kilometer weit gedriftet war, bis er endlich offenes Wasser erreicht hatte.

Tatsächlich driftete die *Endurance*, obschon das Eis sie fest umschloss, weiterhin langsam Richtung Südwest, kam ihrem Ziel Vahselbucht paradoxerweise also allmählich näher. Doch mit jedem Tag und jeder Woche, die vergingen, wurde es dringender, die Zeit bis zum Verschwinden der Sonne zu nutzen und Vorkehrungen für den dunklen, einsamen Winter zu treffen. Für manche an Bord wäre es der erste in der Antarktis. Andere, darunter Crean, Wild und Shackleton, waren damit vertraut, was es nicht weniger bedrohlich machte.

Am 14. Februar unternahm Shackleton einen letzten verzweifelten Versuch, das Schiff freizubekommen. Er ließ die Kessel anheizen und schickte die Männer mit Spitzhacken und Stemmeisen aufs Eis, um sich in einer gemeinsamen Kraftanstrengung einen Weg zu bahnen. Zum Einsatz kam auch eine provisorische Eissäge. Zwei Tage lang dampfte die *Endurance* gegen die Wand aus Eis an, während die Männer versuchten, einen Kanal hineinzuschneiden, durch den das Schiff entkommen könnte. Es war laut Shackleton eine »fürchterliche Schinderei«, doch noch immer war die *Endurance* durch eine 365 Meter breite Eisfläche von der Freiheit getrennt.

Die Arbeit wurde dadurch erschwert, dass Stellen, die sie vom Eis befreit hatten, wegen der eisigen Temperaturen augenblicklich wieder zufroren. Da begriffen Shackleton und seine erfahrensten Begleiter wie Crean, dass sie verloren hatten. Die *Endurance* würde den Winter in ihrem Gefängnis verbringen müssen. Shackleton notierte: »(I)ch musste mich widerstrebend der Einsicht beugen, dass weitere Bemühungen zwecklos waren.«[2]

Einsam und verlassen: Mit achtundzwanzig Mann Besatzung an Bord steckt die *Endurance* im Eis des 2,5 Millionen Quadratkilometer großen, zugefrorenen Weddellmeeres fest.

Verständlicherweise waren die Männer tief enttäuscht. Doch nun mussten sie sich wohl oder übel darauf einstellen, den Winter mit dem Eis treibend im Weddellmeer zu verbringen.

Selbstverständlich zogen sie in Erwägung, die verbleibenden hundert Kilometer bis zur Vahselbucht zu Fuß zurückzulegen und dort eine Hütte für den Winter zu errichten. Der Weg war ja nicht weit, und bei guter Sicht konnte man das Ziel aus dem Krähennest sogar schon sehen.

Doch zu Fuß dorthin zu gelangen wäre schwierig, wenn nicht unmöglich. Das Eis war stellenweise brüchig und uneben, und da der Sommer so gut wie vorbei war, sanken die Temperaturen rapide. Um alles von Bord zu holen, müssten sie mehrfach hin- und zurückgehen, was jeweils etwa zehn Tage in Anspruch nehmen würde. Im Umkehrschluss hieß das, dass es keine realistische Aussicht gab, vor dem Einbruch des Winters Vorräte, Ausrüstung und Brennstoff für achtundzwanzig Männer an Land zu bringen.

Darüber hinaus konnte ihnen niemand garantieren, dass das Eis durchgängig begehbar war. Und vielleicht täten sich hinter ihnen auch unvermutet Risse im Eis auf, die ihnen den Rückweg zum Schiff abschneiden würden.

Wog man alle Argumente ab, kam ein Marsch zur Vahselbucht nicht infrage.

Derweil driftete die *Endurance* langsam weiter Richtung Süden und erreichte am 22. Februar den 77. Breitengrad – näher sollte die Expedition dem Pol nicht kommen. Der Sommer war vorbei, die Sonne zeigte sich nur noch wenige Stunden, die Temperaturen sanken. Und dann änderte die *Endurance* plötzlich die Richtung und driftete nach Norden. Die Berge rund um die Vahselbucht, eben noch zum Greifen nahe, verschwanden hinter dem Horizont.

Zwei Tage später wurde der Wachrhythmus auf Winterbetrieb umgestellt, die Vorbereitungen für die dunkle Jahreszeit begannen. Während die einen sämtliche Vorräte und Ausrüs-

Im Februar 1915 gelang Frank Hurley diese denkwürdige Aufnahme von Tom Crean.

Crean war ausgesprochen tierlieb, wie dieses Bild von Hurley aus dem Jahr 1915 belegt, das den Iren mit einer Handvoll Hundewelpen an Bord der *Endurance* zeigt.

tungsgegenstände in Augenschein nahmen, machten andere Jagd auf Robben, die ihnen in den langen Wintermonaten als Nahrung dienen sollten.

Auf dem Eis wurden Hundehütten errichtet, unter Deck wurde der Wohnbereich umgerüstet. McNeish, der Schiffszimmermann, den alle nur »Chips« nannten, baute in die Lagerräume im Vorschiff Schlafplätze für die Mannschaft ein, derweil die Vorräte, die dort gelegen hatten, in den leeren Kohlebunkern unterkamen. Crean wurde eine Koje in der Offiziersmesse zugewiesen, die er mit höheren Dienstgraden wie Wild, Worsley und Marston teilte.

Zudem wurde ihm die Aufsicht über vier Hundewelpen übertragen, die eine der Hündinnen geboren hatte. Crean nahm sich ihrer mit Freuden an und posierte bereitwillig für ein denkwürdiges Foto, das Hurley schoss. Es zeigt den kräftigen Iren mit einer Pfeife im Mund und vier sich windenden »Wollknäulen« im Arm.

Die Welpen waren eine willkommene Abwechslung von der Monotonie des Alltags in Gefangenschaft und den damit einhergehenden Sorgen. Hurley zum Beispiel hielt in seinem Tagebuch fest, dass Crean mit der Zeit zum »Ziehvater« der Hunde wurde, während Worsley sich des Eindrucks nicht erwehren konnte, dass sie Crean als ihre Mutter betrachteten. So stimmte einer der Welpen »ein jämmerliches Geheul« an, als Crean den Raum verließ, um »augenblicklich zu verstummen«, als er zurückkehrte.

Ab Mai nahm Crean die jungen Hunde mit aufs Eis, wo sie neben den Schlitten herlaufen mussten. Shackleton beobachtete, dass sie mit Mühe Schritt halten konnten, »dann und wann aber ihren Ziehvater Crean treuherzig ansahen, um ihn dazu zu bewegen, sie mit auf den Schlitten zu nehmen«. Im August waren die Hunde so weit, dass er sie ins Zuggeschirr spannen konnte. Die Chancen, dass aus ihnen vollwertige Schlittenhunde wurden, standen gut. Worsley notierte:

> Crean hat ihre Ausbildung im Geschirr so gut wie abgeschlossen, aber seine Ausdrucksweise klingt in meinen empfindlichen, noch jungen Ohren allzu grob.[3]

Dessen ungeachtet, waren sich alle einig, dass Crean die Hunde, so Worsley, »bestens vorbereitet« hatte.

> Er stellt sich mit einer Dose Hoosh vor die Hundehütten und befiehlt den Hunden, sich hineinzubegeben. Im Nu sind sie in ihren Unterkünften verschwunden, nur ihre Nasen und Augen sind noch zu sehen. Und obwohl die Hunde ausgehungert sind – was Hunde im Grunde immer sind – und das Fressen quasi direkt vor ihrer Nase steht, unternimmt keiner auch nur den Versuch, sich zu bedienen. Stattdessen warten sie geduldig, bis Crean den Hoosh auf den Boden vor ihrer Hütte kippt, von wo er in rasender Geschwindigkeit in ihren Mägen verschwindet.[4]

Creans Tierliebe bescherte ihm einen ungewöhnlichen Moment, in dem er Zeuge eines wahrlich exzentrischen Verhaltens wurde, das den eintönigen Alltag aufs Angenehmste durchbrach. Worsley, der stets für eine Überraschung gut war, sprang eines Morgens aus der Koje und beschloss, ein Schneebad zu nehmen, obwohl die Temperatur bei –29 °C lag. Was sich dann zutrug, hielt er in seinem Tagebuch fest.

> Der arme Crean machte mit seinen Hunden einen Morgenspaziergang und fiel fast in Ohnmacht, als er mich nackt im Schnee herumtollen sah – er ging wohl davon

> aus, dass ich den Verstand verloren hatte. Nun haben alle außer meiner Wenigkeit Mitleid mit mir und äußern sich betroffen darüber, dass es einen so jungen Menschen so schlimm erwischen kann.[5]

So willkommen derlei Erlebnisse waren, überwogen doch solche, die nicht zum Lachen waren, und einer dieser Zwischenfälle ging für Crean nur mit knapper Not glimpflich aus. Gemeinsam mit zwei Kameraden hatte er die Aufgabe übernommen, von einer provisorischen Plattform aus ein großes Stück Eis abzuschlagen, das dem Schiff bedrohlich nahe kam. Plötzlich brach das Eis unter ihnen weg, und Crean wurde zwischen einem drei Meter langen stählernen Eispickel und der Plattform eingeklemmt. Zu seinem Glück sprangen ihm seine Kameraden augenblicklich bei und befreiten ihn aus seiner Zwangslage, sodass er mit ein paar blauen Flecken davonkam.

Dass er keine Knochenbrüche erlitten hatte und auch nicht unter Wasser gedrückt worden war, grenzte an ein Wunder, wie es Crean in der Antarktis bereits mehrfach erlebt hatte. Worsley notierte beeindruckt:

> Er konnte rasch und, von ein paar blauen Flecken am Bein abgesehen, nahezu verletzungsfrei herausgezogen werden, obwohl der massive Eispickel um 45 Grad verbogen war.

Bei einer anderen Gelegenheit fiel Crean durch eine Spalte im Eis und wurde von seiner schweren Kleidung nach unten gezogen. Nachdem man ihn aus dem Wasser gerettet hatte, entledigte er sich umgehend der triefenden Kleidung und wurde mit eiligst zusammengesuchtem Ersatz ausgestattet. Wild berichtete, dass Crean »wie paralysiert dastand, bis er endlich wieder etwas anhatte. Es dauerte eine Weile, bis er sich von dem Schrecken erholt hatte.«

Hatte Scott mit seinem Beharren auf Disziplin und Hierarchie noch für eine verkrampfte Atmosphäre gesorgt, so ging es an Bord der *Endurance* wesentlich entspannter zu. Klassen- und Rangunterschiede spielten eine eher untergeordnete Rolle. Besonders Shackleton zeigte sich um- und zugänglich. Obwohl auf Disziplin weiterhin großer Wert gelegt wurde, fühlte sich die Mannschaft in ihren Belangen ernster genommen, als sie es von früheren Expeditionen kannte. Wie auf jeder Seereise gab es auch jetzt Spannungen zwischen einzelnen Besatzungsmitgliedern, was in Anbetracht der bedrückenden Enge unter Deck nicht verwunderlich war. Doch unterm Strich vertrugen sich die achtundzwanzig Männer erstaunlich gut, obwohl manch einer unter der seelischen Belastung mehr litt als andere. Viel Wert wurde darauf gelegt, dass die Männer beschäftigt waren, und alle waren aufgefordert, sich an Aktivitäten wie einem Fußballspiel oder einer Partie Hockey, ausgetragen auf einer hinreichend ebenen Eisscholle, zu beteiligen.

Noch fehlte es an der erforderlichen Menge an Nahrung für den langen Winter. So wurden Gruppen mit dem Auftrag auf das langsam driftende Eis geschickt, so viele Robben wie möglich ausfindig zu machen und zu töten. Bis Mitte April waren 2265 Kilogramm Fleisch und Tran zusammengekommen – ein Vorrat für mindestens drei Monate und Garantie

Frank Hurleys meisterhaftes Porträt der im Eis feststeckenden *Endurance*, Juni 1915.

dafür, dass sie die Konserven nicht anbrechen mussten, die für den Marsch durch die Antarktis gedacht waren.

Crean war für die Schlitten und die dazugehörige Ausrüstung verantwortlich. Beides musste stets einsatzbereit sein, damit die Gruppe im Notfall reagieren könnte, etwa wenn das Schiff vom Eis zerdrückt zu werden drohte oder es aus einem anderen Grund notwendig wurde, sich an Land zu retten. Mit der Entscheidung brachte Shackleton zugleich seine Entschlossenheit zum Ausdruck, die Expedition zu dem geplanten Ende zu bringen, obwohl der Zeitplan durch die Gefangenschaft der *Endurance* längst über den Haufen geschmissen worden war.

Doch trotz solcher Missgeschicke war Shackleton nicht gewillt, sein Vorhaben, den Kontinent zu durchqueren, aufzugeben. Als unverbesserlicher Optimist nahm er die Verspätung nicht zum Anlass, das Vorhaben grundsätzlich in Zweifel zu ziehen. Er ging davon aus, dass die *Endurance* so weit nach Norden driften würde, dass sie offenes Wasser erreichen und zurück nach Südgeorgien fahren könnten, um dort Vorbereitungen für einen erneuten Versuch im kommenden Sommer zu treffen.

Ausrüstung und Kleidung für den großen Marsch lagen bereit, und sechs Männer hatten den Auftrag bekommen, sich um die Hunde zu kümmern. Interessanterweise handelte es sich weitgehend um genau jene Männer, die ursprünglich auch den Marsch über den Südpol hatten mitmachen sollen: Crean, Wild, Hurley, Marston und Macklin. Der sechste war McIlroy, der Schiffsarzt, der in Shackletons Team als Schlittenlenker vorgesehen war.

Die Wirklichkeit hielt sich nicht an Shackletons Pläne. Die *Endurance* driftete wie ein Korken im Ozean und bewegte sich mit einer Geschwindigkeit von durchschnittlich 1,6 Kilometern am Tag im Uhrzeigersinn kreisförmig nordwärts.

Was aus ihr wurde, stand nicht länger in ihrer Macht. Das entschied einzig und allein das Eis. Ein Schiff war die *Endurance* nur mehr dem Namen nach.

Das Land, dem sie laut den Karten am nächsten waren, bestand aus einigen kleinen, unbewohnten Inseln, die der Halbinsel Grahamland vorgelagert sind. Grahamland ragt wie ein gestreckter Finger aus der antarktischen Landmasse hervor und zeigt auf die Südspitze Amerikas. Besagte Inseln, die Namen wie Joinville, Snow Hill und Paulet tragen, waren aber noch tausend Kilometer Richtung Norden entfernt, und es gab keine Garantie dafür, dass man, sollten sie die Inseln denn erreichen, dort nach ihnen suchen würde. Palmerland, am Fuß der Halbinsel gelegen, war nicht kartiert und ein unbeschriebenes Blatt. Selbst wenn sie es über das chaotisch geformte Eis erreichen könnten, bestand dort nicht die geringste Aussicht auf Rettung. Der äußerste Zipfel von Grahamland bot immerhin die vage Hoffnung, dass ein Walfänger vorbeikam. Doch diese Hoffnung war nicht größer als die, die berühmte Nadel im Heuhaufen zu finden.

Shackleton hielt nicht nur unbeirrbar an seinem Vorhaben fest, er legte auch großen Wert darauf, die Männer bei Laune und die Moral hochzuhalten, während ihr Schiff tiefer und tiefer in der Dunkelheit des antarktischen Winters versank. Die Wissenschaftler an Bord gingen emsig ihrer Arbeit nach, für alle anderen wurden Aufgaben gesucht und gefunden, mit denen sie sich beschäftigen konnten.

Viel kam darauf an, die Bordroutine aufrechtzuerhalten. Um Punkt neun Uhr wurde gefrühstückt, abends wurden Diskussionen oder Liederabende veranstaltet – ein Programm, das sich wohltuend von den trockenen Vorträgen unter Scott unterschied. Einmal wurde sogar ein Hunderennen ausgetragen, bei dem auf den Sieger gewettet werden konnte. Dass die Zuschauer in der Dunkelheit, die selbst um die Mittagszeit umfassend war, kaum erkennen konnten, welches Gespann das »Antarktis-Derby« für sich entschied, tat dem Vergnügen keinen Abbruch. Wild beanspruchte den Sieg jedenfalls für sich, während er Creans Team auf Platz drei setzte.

Der Tag der Wintersonnenwende wurde nach bewährter Weise wie Weihnachten begangen. Dazu gehörten Flaggen und Wimpel, groteske Fantasiekostüme sowie Speisen und Getränke im Überfluss. Nach einer ausgelassenen Feier krochen die Männer erschöpft, aber zufrieden in ihre warmen Kojen und schliefen in der Gewissheit ein, dass ihre winterliche Haft zu mehr als der Hälfte abgesessen war.

Mut machte auch der Umstand, dass die *Endurance* bislang noch keinem übermäßigen Druck durch das Eis ausgesetzt gewesen war. Doch kurz nach der Wintersonnenwende begann sich das Wetter zu verschlechtern. Der Wind frischte bis auf 110 Stundenkilometer auf, die Temperaturen sanken bis auf –37 °C. Das Schlimmste aber war, dass das einst solide Packeis unter dem Andrang des Windes in einzelne scharfkantige Platten zerfiel, zwischen denen sich Presseishügel bildeten. Wenn der Wind darüber hinwegstrich, setzten sich die Platten mahlend in Bewegung und entwickelten jene zerstörerische Kraft, die ein Schiff im Handumdrehen zerschmettern kann.

Worsley fühlte sich an einen »langen Zug mit quietschenden Achsen« erinnert, unterlegt vom »Ächzen und Stöhnen gepeinigter Seelen«.

Von der rohen Kraft waren die Männer beeindruckt und zugleich entsetzt, bis sie am 1. August schmerzvoll erfahren mussten, dass sie den Druck, der von den Eisplatten ausging, weit unterschätzt hatten. Auf ein dunkles Rumpeln hin begann das Eis weiter zu zerfallen und so stark auf die *Endurance* einzuwirken, dass sie aus dem Wasser gehoben wurde. Durch den Druck nachdrängenden Eises war die Scholle, mit der das Schiff gedriftet war, auseinandergebrochen, die Einzelteile waren unter den Rumpf geraten und hatten ihn angehoben. Dabei wurde die Ruderanlage arg in Mitleidenschaft gezogen. Bei zehn Grad Schräglage war das Schiff zum Stillstand gekommen – genug, um die Männer begreifen zu lassen, wie schutzlos sie der Natur ausgeliefert waren. Auf den Tag genau ein Jahr war es her, dass die *Endurance* das Londoner Dock voller Zuversicht verlassen hatte.

Als erste Vorsichtsmaßnahme wurden die Hunde zurück an Bord gebracht, und die Männer legten warme Kleidung bereit. Chips McNeish klebte Fotos seiner Angehörigen in seine Bibel.

In Gedanken waren die Männer derweil mit der plötzlich sehr reellen Aussicht beschäftigt, dass die *Endurance* verloren war und sie das Schiff mitten im Weddellmeer aufgeben mussten, mehr als 1600 Kilometer von den Außenposten der Zivilisation entfernt. Mit der Möglichkeit befasst hatten sie sich aber auch vorher schon, und noch im Juli hatte Shackleton in einer kurzen Debatte mit Wild und Worsley die Vermutung geäußert, dass sie das Schiff würden aufgeben müssen.

Doch Shackleton wollte so lange wie irgend möglich auf dem Schiff bleiben, weil es am ehesten Schutz gegen heulende

Stürme und eisige Temperaturen bot. Und niemand mochte sich mit dem Gedanken anfreunden, den restlichen Winter in einem Zelt auf einer langsam driftenden Eisscholle zu verbringen, die jederzeit weiter zerbrechen konnte.

Gegen Ende August, nach monatelanger Drift, stellte Shackleton Berechnungen an, laut denen das nächste bekannte, wenngleich unbewohnte Land etwa 400 Kilometer weiter westlich lag. Bis zur nächsten Siedlung, in der sie auf Menschen treffen könnten, waren es demnach mindestens 800 Kilometer. Doch niemand konnte garantieren, dass sie dort Hilfe bekommen würden, und um es auf gut Glück zu wagen, war es zu riskant. Südgeorgien, wo sie in Sicherheit wären, war hingegen fast 1600 Kilometer entfernt.

Auf ihrer Drift erreichte die *Endurance* derweil den gefährlichsten Bereich des Weddellmeeres, jene Zone, in der unvorstellbare Mengen von Eis gegen das im Westen gelegene Festland drücken. Die *Endurance* selbst war weiterhin eine Gefangene des Eises, sah sich aber zunehmend von ihm bedrängt. Es war, als wäre das Eis auf Beute aus und erhöhte deshalb den Druck.

Mitte Oktober hatte die *Endurance* für einen kurzen Moment wieder Wasser unter dem Kiel, weil sich vor ihr unvermittelt eine eisfreie Zone auftat. Worsley ließ sogar die Segel setzen, aber am 17. Oktober schloss sich das Eis wieder. Am 24. Oktober führte der Dauerdruck, der auf dem Rumpf lastete, zu ersten Lecks, woraufhin sich das Schiff auf die Seite legte und erst bei dreißig Grad Schräglage innehielt. Wasser lief ins Schiff, und während die Pumpen ihre Arbeit aufnahmen, bemühte sich McNeish nach Kräften, die Lecks zu schließen. Andere machten sich daran, die Schlitten zu beladen, über die Crean die Aufsicht hatte.

Die *Endurance*, die in einem bizarren Winkel schräg im Wasser lag, hatte unterdessen ihren Todeskampf begonnen. Begleitet vom Kreischen und Ächzen der Planken, wirkte Druckwelle um Druckwelle auf den geschundenen Rumpf ein, der Hurley wie ein »Sinnbild der Vergeblichkeit« vorkam. Derweil beeilten sich die Männer, ihr Hab und Gut auf das Eis zu retten.

Shackleton wusste von Eisblöcken zu berichten, die trotz ihres Gewichts von mehreren Tonnen in die Luft gehoben und beiseitegeworfen wurden, weil von unten neues Eis nachdrängte. Die schuftenden Männer erschienen ihm wie »hilflose Eindringlinge in einer fremden Welt«.

Die drei kleinen Rettungsboote wurden entsichert, damit sie jederzeit ausgebracht werden konnten. Unter Deck sang jemand ein Shanty, ohne sich daran zu stören, dass das Wasser unaufhaltsam eindrang, und Green, der Koch, bereitete wie gewohnt das Mittagessen vor, als wäre alles in bester Ordnung.

Am 27. Oktober gab die *Endurance* ihren Kampf auf. Auf beiden Seiten des Rumpfes trug sie tiefe Verwundungen, und nach den Planken gab nun auch das Gebälk dem ungeheuren Druck nach. Das Schiff wölbte sich wie ein Bogen und öffnete die letzten Schleusen. Macklin beobachtete, dass die Männer wie auf ein geheimes Kommando hin das Pumpen einstellten, obwohl niemand sie dazu aufgefordert hatte. Gegen 17 Uhr gab Shackleton den Befehl, das Schiff zu verlassen.

Es war ein trauriger Moment, der das offizielle Ende der Imperial Trans-Antarctic Expedition einläutete. Doch zu-

Die *Endurance* verliert den Kampf gegen das Eis des Weddellmeeres. Das schwer angeschlagene Schiff sank im November 1915.

gleich war es der Beginn des erstaunlichsten Kampfes ums Überleben, den die Antarktis je gesehen hat.

Die achtundzwanzig Männer kletterten vom Schiff und nahmen in mehreren Zelten Quartier, die sie, wenige Hundert Meter von ihrem sinkenden Schiff entfernt, auf einer vergleichsweise robusten Scholle aufgestellt hatten. Umgeben waren sie von einem provisorischen Lager, in dem sich eiligst in Sicherheit gebrachte Dinge befanden: Ausrüstung, Proviant, Schlitten, sechzig bellende Hunde und drei kleine Boote.

In den vergangenen zehn Monaten hatten die Männer mit der Drift etwa 2000 Kilometer zurückgelegt, angekommen waren sie nun auf 69° 5' S bei Temperaturen von –20 °C. Die unbewohnte Paulet-Insel und Snow Hill Island lagen 585 Kilometer in nordwestlicher Richtung entfernt. Auf Letzterer war, so viel wussten sie, 1902 eine Hütte errichtet und ein Vorratslager angelegt worden.

Noch waren die Männer zu erschöpft und zu enttäuscht, um sich mit der Frage zu befassen, wie sie Vorräte und Ausrüstung über eine Eisfläche transportieren sollten, die, anders als das Wort suggeriert, alles andere als glatt und eben war. Genauso wenig hatten sie bislang darüber nachgedacht, wer auf den Grahamland vorgelagerten Inseln nach ihnen suchen sollte, wenn man sie doch 1600 Kilometer entfernt in der Vahselbucht vermutete.

Es war der 27. Oktober 1915, die Welt erwartete erst im kommenden Februar oder März eine Nachricht von der *Endurance*. Frühestens dann, um genau zu sein.

Die Bilanz war niederschmetternd. Die achtundzwanzig Männer steckten auf dem Eis fest, ohne Aussicht, in Kontakt mit der Außenwelt zu treten. Und die Außenwelt hatte keinerlei Anlass, nach ihnen zu suchen.

# AUSGESETZT

Auf dem Eis konnten die Männer den Tod der *Endurance* verfolgen. Sie ächzte und stöhnte unter dem anstürmenden Druck, der sie allmählich strangulierte. Wäre sie ein Tier gewesen, hätten sie ihr den Gnadenschuss gegeben.

In dieser Nacht fanden nur wenige Schlaf. Daran gehindert wurden sie durch die Geräusche, die das Eis in einem fort abgab, vor allem aber durch den Umstand, dass sie dreimal die Zelte ab- und an einer geeigneteren Stelle wieder aufbauen mussten. Mit ihnen wechselten auch die drei Rettungsboote den Standort, die sie vom Schiff gerettet hatten. An ihnen hingen die letzten Hoffnungen, das Abenteuer zu überleben. Dafür mussten sie jedoch dem Eis entkommen und offenes Wasser erreichen.

Für die achtundzwanzig Männer standen nur fünf Zelte zur Verfügung, die sich nun auf einer driftenden Eisscholle befanden und der Besatzung, keine 200 Meter von ihrem untergehenden Schiff entfernt, Zuflucht bieten sollten. Und es gab nur achtzehn Schlafsäcke aus Rentierfell. Zehn Männer mussten mit Schlafsäcken aus Wolle vorliebnehmen, die die Feuchtigkeit speicherten und weniger Schutz gegen die Kälte boten. Um unnötigen Spannungen und dem Gefühl der

Benachteiligung vorzubeugen, wurde per Los darüber entschieden, wen es traf.

Bei der Zusammenstellung der Gruppen achtete Shackleton hingegen darauf, dass jedes Zelt einen Anführer hatte. Er wusste, dass Moral und Disziplin bei dem bevorstehenden Kampf ungeheuer wichtig werden würden. Disziplinlosigkeit würde sich wie ein Lauffeuer verbreiten und schnell zu Anarchie führen. Also wählte er die Anführer sehr genau aus und teilte Crean das Zelt mit der Nummer vier zu. Es war ein kleines Kuppelzelt, in dem mit Marston und Cheetham auch zwei Antarktis-Veteranen sowie der stets gut gelaunte Meteorologe und Banjospieler Hussey untergebracht waren.

In den nächsten Tagen trauten sich die Männer noch mehrfach auf die *Endurance*, um wertvolle Vorräte und Ausrüstungsgegenstände in Sicherheit zu bringen, bevor das Schiff endgültig versank. Diese Kurzbesuche waren eine recht trübselige Angelegenheit, weil die Männer mit dem Schiff auch ihre letzte Verbindung zur Zivilisation untergehen sahen. In psychologischer Hinsicht glich der Verlust der *Endurance* der Durchtrennung der Nabelschnur. Bei einem der Besuche hissten die Männer schließlich den Union Jack. Das Schiff sollte bis zum bitteren Ende Flagge zeigen.

Parallel bereiteten sich die Gestrandeten auf den bevorstehenden Marsch übers Eis vor, der sie, so die Hoffnung, bis an offenes Wasser führen würde, wo sie in die Rettungsboote umsteigen könnten. Crean hatte bereits einen Stauplan für die Schlitten entwickelt, um so viel Proviant wie möglich aufladen zu können. Und gemeinsam mit anderen begab er sich regelmäßig auf die Jagd nach Robben.

Damit die Männer für die Strapazen gerüstet waren, wurden ein kompletter Satz frischer Wäsche sowie neue Baumwolljacken ausgegeben. Zugleich wurden sie aufgefordert, die persönliche Habe auf maximal ein Kilogramm Gewicht zu reduzieren. Die Entscheidung, was sie mitnehmen und was sie im Schnee zurücklassen sollten, sorgte für manch bitteren Moment.

Shackleton gab ihnen mit auf den Weg, dass nichts von Wert war, was nicht unmittelbar ihrem Überleben diente. Um ein Beispiel zu geben, zog er seine Taschenuhr, ein Zigarettenetui und einige Münzen hervor, die sämtlich aus Gold waren, und warf sie für alle sichtbar in den Schnee. Dann schlug er die Bibel auf, die Königin Alexandra ihm vor gut einem Jahr überreicht hatte, und trug die Widmung vor, die sie auf dem Vorsatzblatt notiert hatte. Schließlich riss er eine Seite heraus und trug den Männern eine Passage aus dem Buch Hiob vor:

> Aus wessen Schoß geht das Eis hervor, und wer hat den Reif unter dem Himmel gezeugt, dass Wasser sich zusammenzieht wie ein Stein und der Wasserspiegel gefriert?[1]

Keine Regel ohne Ausnahme, und so wurde Hussey beauftragt, das Banjo zu behalten, obwohl es mehr als fünf Kilogramm wog. Shackleton erachtete Musik nämlich als »Balsam für die Seele«. Wenig verwunderlich ist, dass der Schiffsarzt seine Instrumente behalten durfte, und jene, die Tagebuch führten, mussten sich nicht von ihren Aufzeichnungen trennen.

Trotz dieser Ausnahmen bildete sich auf dem Eis schnell eine Ansammlung von Dingen, die entweder an die Heimat erinnerten oder unter normalen Umständen im Alltag Verwendung fanden – Andenken, Bücher, Kleidung und Gegenstände, die vom ursprünglichen Sinn und Zweck der Reise zeugten, wie wissenschaftliche Instrumente, Teleskope und Werkzeug. Das Skapulier aber blieb an seinem Platz an Tom Creans Hals.

Kurz vor dem Aufbruch musste Crean noch eine traurige Pflicht erfüllen, um die er sich wahrlich nicht gerissen hatte. Tiere, die nicht zum Vorankommen des Trecks beitragen konnten, waren fehl am Platz, weshalb drei von Creans liebevoll aufgezogenen Welpen sowie Chips McNeishs Katze Mrs Chippy erschossen werden mussten, und diese Aufgabe war Crean zugeteilt worden. Selbst ein abgehärteter Polarreisender wie Crean hatte an dieser unglückseligen, aber notwendigen Pflicht schwer zu schlucken. Worsley bemerkte: »Macklin, Crean und Chips scheinen unter dem Verlust ihrer vierbeinigen Freunde ziemlich zu leiden.«[2]

Dann wurde beschlossen, nur zwei der drei Boote mitzunehmen, die mit dem gleichen Anteil an Gepäck und Vorräten beladen und auf entsprechend präparierten Schlitten befestigt wurden. Jedes von ihnen wog ziemlich genau eine Tonne. Mit bangem Gefühl machten sich die Männer am Samstag, den 30. Oktober, auf den Weg.

Schon in den ersten Stunden zeigte sich, dass es ungeheurer Anstrengungen bedürfen würde, um die Boote über das unebene, von Rissen und Hügeln übersäte Eis der driftenden Scholle zu bugsieren, das sie umgab. Vorweg ging ein Trupp von vier Männern, die mit Eispickeln und Schaufeln ausgestattet waren und sich nach Kräften bemühten, die Oberfläche notdürftig zu glätten, damit es die Kameraden, die die Schlitten zogen, nicht gar so schwer hatten. Sieben der Schlitten wurden von Hunden gezogen. Die Männer, die sie lenkten, mussten jeden Meter doppelt und dreifach zurücklegen, weil die Last auf den Schlitten zu schwer war, um sie am Stück über die Hindernisse zu bringen. Den Schluss des Zuges bildeten fünfzehn Männer, die im Zuggeschirr jenes Schlittens hingen, auf dem das größere der beiden Boote lag. Doch schon nach kurzer Zeit kehrten sie zu dem kleineren Boot zurück, um es nachzuholen. Das zog sich glücklicherweise etwas leichter als das große.

Die Karawane aus Menschen, Hunden, Schlitten und Booten, die durch die schartige Eiswüste zog, hatte eine Länge von einem knappen Kilometer. Die Männer gingen davon aus, dass sie pro Tag bestenfalls zehn Kilometer weit kommen würden, was im Umkehrschluss bedeutete, dass Wochen, wenn nicht Monate der Schinderei vor ihnen lagen, bis sie festes Land oder offenes Wasser erreichten. Der Kraftaufwand würde in jedem Falle gigantisch werden. Zudem mussten sie jederzeit damit rechnen, dass unter ihren Füßen das Eis aufbrach und sie verschlingen oder zumindest von Vorräten und Ausrüstung trennen würde. Wer von den Männer kein unverbesserlicher Optimist war, wird die Überlebenschancen sehr gering eingeschätzt haben.

Selbst die größten Optimisten erhielten schon am Ende des ersten Tages einen gehörigen Dämpfer, als ihnen schmerzlich vor Augen geführt wurde, wie wenig Anlass zur Hoffnung

Die Männer der *Endurance* versammelten sich im September 1915 auf dem Eis. Neben Tom Crean (vorn, 4. von links) ist Shackleton zu erkennen (3. von links).

bestand. Bei ihrem mühseligen Marsch durch den weichen und nassen Schnee waren sie immer wieder bis zur Hüfte versunken, jeder Schritt wurde zur Qual, und als sie endlich das Lager aufschlugen, waren sie der Erschöpfung nahe.

Zu allem Überfluss stellte sich heraus, dass sie nicht einmal zwei Kilometer weit gekommen waren. Nicht besser erging es ihnen am Tag darauf, obwohl sie sich bis an die Grenze des Zumutbaren verausgabt hatten. Am nächsten Morgen gingen sie gar nicht erst los.

Die achtundzwanzig Männer lagerten auf einer stabil wirkenden Eisscholle mit einem Durchmesser von etwa eineinhalb Kilometern. Hier konnten sie sich einigermaßen sicher fühlen, zumindest im Vergleich zu den Verhältnissen am Ort des langsamen Untergangs der *Endurance*. Noch aber waren sie südlich des Polarkreises und drifteten auf einer Eisscholle, die eine möglicherweise trügerische Sicherheit bot, allmählich Richtung Norden. Shackleton nahm das zum Anlass, das Lager »Ocean Camp« zu taufen.

Hier wollten sie es sich so »bequem« machen wie möglich und darauf hoffen, dass die Eisscholle irgendwann das offene Meer erreichen würde, wo sie die Boote ins Wasser setzen und in westliche Richtung zur Paulet-Insel oder nach Snow Hill Island rudern könnten. Und weil sie seit dem Aufbruch lediglich gut drei Kilometer zurückgelegt hatten, gingen sie wiederholt zurück zum Wrack der *Endurance*, um von dort Dinge zu holen, die ihnen in den kommenden Monaten von Nutzen sein konnten.

Vor allem aber wurden zwei wichtige Entscheidungen getroffen. Die erste war, das dritte Boot zu reaktivieren. Als Zweites wurde beschlossen, Holz und Nägel vom Schiff zu holen, um damit die Seitenwände der Rettungsboote zu erhöhen und sie so für die Fahrt über das Meer zu ertüchtigen.

Wild gelang es sogar, das Ruderhaus der *Endurance* zu bergen, das fortan als Küche und Lager diente. Auf dem Dach wehte der Union Jack, den König George Shackleton am Vorabend der Abreise überreicht hatte.

Als Nächstes machten sich die Männer daran, Hurleys Fotos zu sichern, die sich überwiegend auf Glasplatten befanden, die wiederum in einer Metallkiste auf der *Endurance* lagen. Unterdessen waren sie unter einer bis zu einem Meter dicken Schneeschicht begraben. Nicht alle der etwa sechshundert Platten konnten aufbewahrt werden, auch nicht die komplette Fotoausrüstung, und so setzte sich Hurley aufs Eis und machte sich daran, die Bilder einzeln durchzusehen und eine Auswahl zu treffen. Fiel ein Negativ durchs Raster, zerstörte er die Glasplatte umgehend, um nicht in Versuchung zu kommen, es sich noch einmal anders zu überlegen. Am Ende blieben eine kleine Kamera und 120 Glasplatten übrig, auf denen einige der faszinierendsten Aufnahmen der Antarktis zu sehen sind, die je gemacht wurden. Zugleich halten sie die Erinnerung an einen bedeutenden Fotografen lebendig.

Crean wachte unterdessen darüber, dass die Schlitten jederzeit startklar waren, um für den Fall der Fälle vorbereitet zu sein. Andere wurden losgeschickt, um Jagd auf Pinguine, Robben oder andere Tiere zu machen, deren Fleisch sie essen konnten. Glücklicherweise war ihnen das Jagdglück oft hold, aber Shackleton war darauf bedacht, die Vorräte nicht allzu groß werden zu lassen. Er fürchtete, die Männer könnten falsche Schlüsse daraus ziehen und annehmen, dass sie sich auf das Undenkbare einstellen mussten: einen weiteren Winter im Eis.

Allergrößten Wert legte Shackleton darauf, eine gute Stimmung in der Gruppe aufrecht- und die Hoffnung lebendig zu erhalten. Um Ängsten und Mutlosigkeit vorzubeugen, sprach er mit den Männern häufig über ihre Pläne für die Zeit nach der Rückkehr und über kommende Expeditionen, zu denen sie gemeinsam aufbrechen würden. Und er ließ das Lager an eine Stelle verlegen, an der die Schneedecke etwas fester war, was den Komfort in Maßen erhöhte und das Leben etwas angenehmer machte.

Die Zeit verbrachten die Männer mit einer Mischung aus dienstlichen Pflichten wie der Jagd und der Pflege der Ausrüstung sowie geselligem Beieinandersein, Kartenspielen oder dem Lesen der Handvoll Bücher, die sie von Bord der *Endurance* gerettet hatten, darunter auch einige Bände der *Encyclopaedia Britannica*. An den Abenden ertönte der schnarrende Klang des Banjos, das seinen »Balsam für die Seele« über die unwirtliche Umgebung verströmte.

Anfang November begannen die Temperaturen, allmählich zu steigen, was nur bedingt Anlass zur Freude war. Die Männer mussten zwar nicht mehr so arg frieren, aber die zunehmende Wärme sorgte auch dafür, dass das Ocean Camp sehr bald von einem Sumpf aus angetautem Eis und Schnee umgeben war, in dem die Männer immer wieder tief einsanken. Bald war alles und jeder durchnässt.

Als die *Endurance* am 21. November den Todeskampf aufgab und versank, empfanden die Männer das durchaus als Erleichterung. Gegen 17 Uhr rief Shackleton unvermittelt: »Männer, sie sinkt!« Daraufhin kamen alle angelaufen, um ihrem Schiff das letzte Geleit zu geben. Mit dem Bug voraus versank die *Endurance* im Weddellmeer, das Heck zeigte ein letztes Mal Richtung Himmel, ehe Wasser und Eis über ihm zusammenschlugen.

Mit dem Verlust der *Endurance* war für die achtundzwanzig Männer zugleich die letzte Verbindung zur Zivilisation gekappt. Sie befanden sich auf 68° 38' S, 52° 28' W und trieben auf einem mehrere Millionen Quadratkilometer großen Meer, 1600 Kilometer von der nächsten menschlichen Siedlung entfernt.

Mit dieser Einsicht wurde die Moral der Männer auf eine harte Probe gestellt, und Shackleton erhielt Gelegenheit, sich vom Wert zu überzeugen, den Männer wie Crean und Wild für ihn hatten, die sich mit zunehmender Not als verlässlichste Größen erwiesen. Sie unterstützten Shackleton, wo sie nur konnten, was sich in einer Zeit, die vom Verlust des Schiffes und dem entbehrungsreichen Leben auf dem Eis geprägt war, als besonders wichtig erwies.

Shackleton hatte sich bereits gezwungen gesehen, auf einen ersten Fall von Meuterei zu reagieren, den McNeish sich geleistet hatte. Doch auch andere machten aus ihrem Unmut keinen Hehl, der mit der Sorge um ihre Zukunft noch zunahm. Shackleton hatte angedroht, McNeish zu erschießen, sollte sich der seinen Befehlen widersetzen, und damit indirekt all jene gewarnt, deren Verlässlichkeit unter dem Druck der Verhältnisse zu leiden drohte.

Shackletons Biograf Roland Huntford wertete die Ereignisse so, dass »Crean und Wild zu diesem Zeitpunkt die Einzigen waren, auf die er sich uneingeschränkt verlassen konnte«.[3]

Eine erste Inventur ergab, dass der Proviant noch etwa drei Monate reichen würde, nicht eingerechnet jene Konserven, die für den Marsch durch die Antarktis gedacht gewesen waren. Sie sollten für Notfälle wie eine unerwartet lange Fahrt mit den Booten oder schlimmstenfalls eine weitere Überwinterung zurückbehalten werden. Doch der heraufziehende Sommer ließ hoffen, dass sie genügend Robben und Pinguine erlegen konnten, um sich zu ernähren.

Einmal beteiligte sich Crean mit einer ungewöhnlichen Aktion an der Ergänzung ihrer Vorräte. Der Ire war mit

Worsley und drei weiteren Kameraden auf die Jagd gegangen, als sie einen Kaiserpinguin sahen. Ohne zu zögern, legte sich Crean auf das Eis und ahmte das Platschen eines Fisches nach. »Der Kaiserpinguin reagierte prompt und kam angelaufen«, erinnerte sich Worsley. »Eine Viertelstunde später war er portionsgerecht zerlegt.«[4]

Die größte Sorge galt der Frage, wohin die Drift sie tragen würde. Noch trieben sie in nordwestliche Richtung, sodass sie darauf hoffen konnten, irgendwann der Nordspitze Grahamlands nahe genug zu sein, um die Paulet-Insel oder Snow Hill Island erreichen zu können. Doch die Männer fürchteten, dass die Drift drehen und die langsam schmelzende Eisscholle in nordwestliche Richtung auf den Südatlantik tragen könnte. Dieser Möglichkeit mussten sie unbedingt zuvorkommen und gegebenenfalls rechtzeitig in die Rettungsboote umsteigen.

Der Umbau der drei Boote war weitgehend abgeschlossen, aber noch waren sie nicht getauft. Shackleton wollte seine wichtigsten Förderer ehren und nannte das größte, ein Harpunierboot, *James Caird*. Die beiden kleineren, beides Kutter, taufte er auf die Namen *Dudley Docker* und *Stancomb-Wills*. McNeish, der nur auf ein Minimum an Werkzeug und Material zurückgreifen konnte, hatte ein wahres Wunder vollbracht und an zweien der drei Boote das Schanzkleid so weit erhöht, dass sie gegen eindringendes Wasser geschützt waren. Die Nägel, die er dafür benutzte, stammten aus dem Rumpf der *Endurance*.

Nachdem die Schiffe getauft waren, traf Shackleton die letzten Vorbereitungen für das Verlassen des provisorischen

Lagers auf der Eisscholle. Am 19. Dezember schrieb er in sein Tagebuch: »Ich spiele mit dem Gedanken, Richtung Westen zu gehen.«[5]

Am nächsten Morgen brach er mit Crean, Wild und Hurley zu einer Exkursion auf, um zu erkunden, wie das Eis westlich von ihrem Standort beschaffen war. Mit dem Hundeschlitten legten die vier Männer gut zehn Kilometer zurück, und was sie sahen, machte ihnen Mut.

Um die Stimmung zusätzlich zu verbessern, beschloss Shackleton, der ein großer Menschenkenner war, die Weihnachtsfeier auf den 22. Dezember vorzuziehen, um tags darauf den Marsch nach Westen anzutreten. Um nicht zu viel Gewicht mitzuschleppen, würden sie große Teile des Vorrats zurücklassen müssen. Entsprechend wenig Anlass hatten die Männer, sich zurückzuhalten. Sie labten sich an den verbliebenen Köstlichkeiten wie Schinken, Hasenpfeffer, Sardellen, gebackenen Bohnen, Keksen, Essiggurken und Marmelade, die sie mit Tee und Kaffee hinunterspülten.

Am nächsten Tag, den 23. Dezember, brachen die Männer ein weiteres Mal auf. Vieles erinnerte an den ersten Versuch, den sie wegen der Unmöglichkeit, die Schlitten mit den Booten über das unebene Gelände zu ziehen, aufgegeben hatten. Und wie damals gingen auch jetzt Kameraden, die den Weg bereiten sollten, voran, gefolgt von Hundeschlitten, die die Vorräte mit einem Tempo über das Eis beförderten, das im Vergleich zum Kriechgang der Teams, die die Boote ziehen mussten, geradezu halsbrecherisch war.

Das Vorankommen war qualvoll. Die Boote wurden von achtzehn Männern einzeln und in kleinsten Etappen von

Im Zuggeschirr: Die Schiffbrüchigen, die auf einer Eisscholle trieben, scheuten keine Anstrengung, um die Boote bis ans offene Wasser zu ziehen. Das Bild belegt die Qualen, die sie dabei litten. Dennoch mussten sie den Versuch kurz darauf aufgeben.

circa sechzig Metern gezogen, bis sie kehrtmachten, um das nächste Boot zu holen – was bedeutete, dass die Teams ein Mehrfaches der Strecke zurücklegen mussten. Das Ziehen war extrem anstrengend, und selbst die abgehärtetsten Seeleute gingen nach einigen Hundert Metern im Zuggeschirr in die Knie. Erst zogen sie die größere *Caird*, dann kehrten sie in der Hoffnung zur *Docker* zurück, dass die Schlittenkufen unterdessen nicht festgefroren waren. War dem so, mussten sie drei oder vier Mal ruckartig anziehen, um den Schlitten freizubekommen. Dann erst begann die eigentliche Schufterei.

Trotz allem bestand Einigkeit darüber, dass es richtig gewesen war aufzubrechen, mochte die Arbeit auch noch so anstrengend sein. Alles war besser, als im kalten, nassen Schnee zu sitzen und nichts zu tun. Und dass es um nicht weniger als ihr Leben ging, war ohnehin jedem klar.

Nicht alle waren hingegen damit einverstanden, dass sie für den Versuch, sich in Sicherheit zu bringen, nur auf zwei Boote setzten, die *James Caird* und die *Dudley Docker.* Das dritte, die *Stancomb-Wills,* hatten sie im Ocean Camp zurückgelassen, an Bord eine Nachricht an die Nachwelt mit Angaben zum Datum und der Position. Die Nachricht endete mit den optimistischen Worten: »Alle sind wohlauf.«

Das war eher Wunschdenken, denn die Wirklichkeit sah so aus, dass der Kampf, auf den sich die Männer eingelassen hatten, trotz aller Anstrengungen nicht zu gewinnen war. Denn wie schon beim ersten Versuch schafften sie pro Tag kaum zwei Kilometer. Um das westlich gelegene Land zu erreichen, würden sie dreihundert Tage benötigen – fast zehn Monate. Doch so lange würde ihre Kraft unmöglich reichen.

Am 28. Dezember zerstörte ein flüchtiger Blick auf die Landschaft vor ihnen auch die letzten Hoffnungen. Die vor ihnen liegende Eisfläche war an vielen Stellen aufgebrochen. »Große offene Fahrrinnen durchschnitten die Eisschollen in allen Richtungen«, notierte Shackleton. »Der Anblick war niederschmetternd.« Denn um die Boote zu Wasser zu lassen, waren die Rinnen zu klein. Aber groß genug, um für die Männer zur Falle zu werden, waren sie allemal. Und das umgebende Eis war zu schwach, um die schwer beladenen Boote zu tragen.

Der einzige Ausweg war, umzudrehen und festeres Eis aufzusuchen – für die enttäuschten Männer kam das einer Demütigung gleich. Aber ihnen blieb keine andere Wahl. Also schlugen sie widerwillig ihr Lager auf und warteten ab, was die Drift mit ihnen vorhatte. Ihr waren sie auf Gedeih und Verderb ausgeliefert. Bezeichnenderweise nannte Shackleton das Lager »Patience Camp« – Lager der Geduld.

Der erneute Abbruch des Marsches setzte der Motivation der Männer schwer zu. Während der langen Drift mit der *Endurance* war die Stimmung erstaunlich gut gewesen, und auch wenn sie vor mancher Schwierigkeit gestanden hatten, hatte verbreitet Optimismus geherrscht. Damit es dabei blieb, baute Shackleton auf Männer wie Crean und Wild, die ihm dabei halfen, den Glauben daran hochzuhalten, dass sie es schaffen könnten.

Das Jahr 1916 begrüßte sie mit Neuigkeiten, die hoffen ließen: Das Tempo der Drift nahm zu, sodass sie dem offenen Wasser schneller näher kamen. Am 21. Januar querten sie den südlichen Polarkreis auf 66° 33' S, und die Männer kletterten auf jeden verfügbaren Eiskamm, um nach Land Ausschau zu halten. Grahamland konnte nicht mehr allzu weit entfernt sein. Für einen Moment keimte neue Hoffnung auf.

Der Dämpfer folgte jedoch auf dem Fuß: Der Proviant ging zur Neige. Robben ließen sich nur noch selten blicken, und die eisernen Reserven wollte Shackleton weiterhin für den äußersten Notfall schonen. Die Lösung des Problems konnte nur darin bestehen, den Verbrauch zu senken, und so entschlossen sie sich schweren Herzens dazu, die meisten der verbliebenen fünfzig Hunde zu erschießen. Crean, der im zurückliegenden Jahr viel Zeit mit den Tieren verbracht hatte, kam die traurige Pflicht zu, die Hunde aus dem Lager zu bringen. In einiger Entfernung erwartete Wild ihn, der die Tiere kurzerhand erschoss.

Bald darauf sorgte ausgerechnet ein Sturm für ein Stimmungshoch. Der Wind wehte zwar mit bis zu hundert Stundenkilometern, war aber dennoch höchst willkommen, weil er aus Südwest kam und die Gestrandeten schneller Richtung Norden trieb.

Shackleton nahm den Sturm als gutes Omen. Seinen Schätzungen zufolge waren sie nur mehr 270 Kilometer von der Paulet-Insel entfernt, einem kleinen Eiland vulkanischen Ursprungs mit einem Durchmesser von allenfalls zwei Kilometern. Binnen sechs windumtosten Tagen legten sie 135 Kilometer zurück, jedoch ohne offenes Wasser zu erreichen, in das sie die Boote hätten setzen können. Noch immer waren sie auf ihrer schwimmenden Insel aus Eis gefangen.

Anfang Februar gingen Crean und Macklin mit jeweils einem Team zum Ocean Camp zurück, um alles zu holen, was von Wert sein konnte. Das Lager war nur gut zehn Kilometer entfernt, und sie kehrten mit größeren Mengen an Dosenfisch, Brühwürfeln und Tabak zurück – eine willkommene Bereicherung des Speiseplans der Männer, deren Verdauung durch die ausnahmslos fleischliche Ernährung in Unordnung geraten war. Crean gehörte zu denen, die es besonders arg erwischt hatte. Worsley beschrieb die Situation so:

> Unsere Mägen beginnen gegen den exzessiven Fleischkonsum zu rebellieren. Sicherlich werden wir uns irgendwann daran gewöhnen, aber es wäre wohl besser, wenn wir es mit Tran anreichern würden. Ich selbst leide unter, dezent ausgedrückt, ausgeprägter Flatulenz. Kurzum, ich furze auf Teufel komm raus.[6]

Zur gleichen Zeit wie Crean und Macklin machte sich auch Wild mit einigen Männern auf den Weg, um den Kutter *Stancomb-Wills* wieder flottzumachen – ganz zur Freude von Worsley, der stets die Meinung vertreten hatte, dass sie alle drei Boote benötigen würden, wenn sie das offene Meer erreichten. Er hatte berechtigte Zweifel daran, dass es möglich sein könnte, achtundzwanzig Männer in zwei Rettungsbooten aus der Antarktis herauszubringen.

Nach ihrer Rückkehr brachen Crean, Worsley und Macklin erneut Richtung Ocean Camp auf, wurden aber von tiefen Rissen im Eis gestoppt, in denen das Wasser schwappte. Sie machten in der Gewissheit kehrt, dass sie die *Stancomb-Wills* im allerletzten Moment geborgen hatten. Hätten sie auch nur vierundzwanzig Stunden gewartet, wäre es zu spät gewesen.

Mit jedem Tag, der ins Land ging, schwanden die Vorräte weiter, und die Männer begannen, die Abfälle nach Resten von Robbenfleisch oder -tran zu durchsuchen. Das letzte Stück Käse, das ihnen geblieben war – für jeden ein Würfel mit einer Kantenlänge von nicht einmal drei Zentimetern –, wurde Mitte Februar ausgegeben. Ein paar Tage später konnten sie einige Adeliepinguine schießen, und am 29. Februar – 1916 war ein Schaltjahr – tranken die Männer die letzte Tasse Kakao. Auch vom Tee war kaum mehr etwas übrig. Als letztes einigermaßen nahrhaftes Getränk blieb ihnen leicht gesüßtes Milchpulver.

Einmal erhielten sie Besuch von einem Seeleoparden, der auf die Scholle kletterte und einen der Männer angriff. Wild erschoss das Tier. Als er es aufschnitt, fand er im Magen mehrere unverdaute Fische. Es war der einzige »Fang«, der ihnen auf der langen Drift gelang.

Langsam, aber sicher litten sie Hunger, und die Aussicht, ein drittes Mal den Versuch zu starten, die Boote übers Eis zu ziehen, verbesserte die Stimmung nicht. Nachdem sie viele Monate weitgehend untätig auf der treibenden Scholle verbracht hatten, waren sie körperlich geschwächt und fühlten sich einer solchen Herausforderung weniger gewachsen als je zuvor. Die einzig gute Nachricht war, dass niemand Anzeichen von Skorbut zeigte, was sicherlich dem vitaminhaltigen Robbenfleisch zu verdanken war.

Inzwischen waren die Gestrandeten weniger als 160 Kilometer von der Paulet-Insel entfernt. Die Stimmung in der Gruppe war auf einem Tiefpunkt angelangt, die Gemütsverfassung jedes Einzelnen bedenklich. Die Portionen wurden kleiner, der Hoosh enthielt immer weniger Fleisch, etwas Heißes zu trinken gab es nur noch einmal am Tag.

Obwohl Shackleton alles tat, um Zuversicht zu verbreiten, machte sich Niedergeschlagenheit im Lager breit. Der Geduldsfaden der Männer im Patience Camp war hauchdünn geworden.

Am 11. März kehrte die Hoffnung zurück, als die Männer deutlich spüren konnten, dass das Eis in Bewegung geriet, und dunkle Stellen auf der Oberfläche offenes Wasser ankündigten. Die Boote, die mit einigem Aufwand für diesen Tag gerüstet worden waren, wurden auf den großen Moment vorbereitet, in dem sie zu Wasser gelassen würden. Dafür mussten sie in erster Linie seetüchtig sein, weshalb sich die Männer daranmachten, alle Nähte zwischen den Planken auf Dichtigkeit hin zu überprüfen. Zeigte sich irgendwo ein Leck, wurde es umgehend wieder verschlossen. Und weil sie weder Pech noch Werg hatten, verwendeten sie Robbenfell und -blut.

Am 23. März brandete Jubel auf, als sie am westlichen Horizont zum ersten Mal seit fünf Monaten wieder Land sehen konnten. Doch erneut wurden sie bitter enttäuscht, denn die Insel, die vor ihnen lag – vermutlich handelte es sich um die Joinville-Insel an der Nordspitze von Grahamland –, war geschätzt neunzig Kilometer entfernt. Das bedeutete zugleich, dass die Paulet-Insel, ihr eigentliches Ziel, inzwischen südlich, also in ihrem Rücken lag. Wie ein Schiff bei Nacht waren sie an dem Ort, der ihnen Zuflucht bieten sollte, vorbeigefahren.

Unter normalen Bedingungen wäre Joinville, die größte der drei kleinen Inseln an der Spitze der Antarktischen Halbinsel, in einem oder maximal zwei Tagen erreichbar gewesen. Doch das Eis war zu dünn und brüchig, um die Männer zu tragen, aber gleichzeitig zu scharfkantig, um die Boote ins Wasser zu setzen. Daher mussten sie tatenlos hinnehmen, dass sie mit der Scholle weiter Richtung Norden drifteten und das Land hinter ihnen verschwand.

Der anfängliche Jubel über den Anblick der Joinville-Insel ebbte schlagartig ab, als die Männer erkannten, dass ihre

Lage mehr als kritisch war, weil sie nun das letzte bekannte Stück Land hinter sich ließen und in die Furcht erregende Drakestraße drifteten, die sich nördlich an das Weddellmeer anschließt und es mit dem Südlichen Ozean verbindet. Das nächste realistische Ziel war Südgeorgien, 1500 Kilometer nordöstlich gelegen, aber schwach und demoralisiert, wie die Männer waren, bestand wenig Aussicht, alle achtundzwanzig wohlbehalten in offenen Booten über eines der stürmischsten und gefährlichsten Gewässer der Welt zu bringen.

Deshalb wählten die Männer die ungleich näher gelegenen Elephant Island oder Clarence Island zum Ziel, zwei winzige, mit wenig einladenden Felsen bestandene Punkte in den unendlichen Weiten des Ozeans.

Eine der beiden Inseln zu erreichen, war eine Herkulesaufgabe, die sorgfältigste Navigation erforderte. Doch wenn sie sie verfehlten, war ihr Schicksal besiegelt. Das nächste Land wäre dann erst wieder Kap Hoorn, die Südspitze Südamerikas, und bis dort waren es 800 Kilometer, auf denen die kleinen Boote gegen starke Strömungen und Winde würden ankämpfen müssen, die in der Drakestraße herrschten. Und weil das ein nahezu aussichtsloses Unterfangen wäre, würden sie mit großer Wahrscheinlichkeit in die Weiten des Südatlantiks getrieben.

Während die Männer noch darüber brüteten, wie sie dem Verhängnis am ehesten entgehen könnten, rückte bereits der Winter heran. Es war Ende März, die Temperaturen sanken, das Licht wurde schwächer. Gleichzeitig gingen die Vorräte an Robben- und Pinguinfleisch zur Neige, die Essensrationen reichten kaum mehr, um den größten Hunger zu stillen.

Am 30. März wurden zum Leidwesen vieler die verbleibenden Hunde erschossen, darunter auch Creans Welpe. Kaum waren sie tot, wurden sie zerlegt, gebraten und den ausgehungerten Männern vorgesetzt, die sich vom Duft des Leckerbissens überzeugen und ihn sich schmecken ließen.

Der Verlust der Hunde war gleichbedeutend damit, dass sie nicht den Versuch wagen würden, die Boote über das Eis bis Grahamland zu ziehen. Shackleton war nicht entgangen, in welch schlechter Verfassung seine Männer waren, und ihm war klar, dass sie die Boote unmöglich mehrere Wochen lang über das Eis schleppen könnten. Sie würden sich daher rudernd oder segelnd in Sicherheit bringen und deshalb mit der Drift so lange gen Norden tragen lassen müssen, bis sie offenes Wasser erreichten.

Die Scholle, auf der sie sich befanden, einst gut eineinhalb Kilometer groß, war im Laufe der Zeit erheblich geschrumpft. Der Durchmesser betrug nur mehr 110 Meter, sodass der Platz gerade mal für ihr provisorisches und matschiges Patience Camp reichte.

Das Packeis um sie herum machte derweil keinerlei Anstalten, sich zurückzuziehen. Bei Tag und bei Nacht hielten die Männer Ausschau nach einer Bewegung, die auf Wellengang schließen ließ und so offenes Wasser und ein Ende ihrer Gefangenschaft ankündigte.

Und tatsächlich zeigten sich bald erste Anzeichen dafür, dass ihr Wunsch sich erfüllen würde. Das Meer übernahm das Kommando, die grauen Flächen, die offenes Wasser versprachen, wurden von Tag zu Tag größer, im Gegenzug zog sich das Eis weiter zurück. Und zum Erstaunen aller trieb der einsetzende Nordwind sie nicht ins Weddellmeer, sondern die gegenläufige Drift trug sie weiter nordwärts, was auf starke Strömungen schließen ließ. Über ihren Köpfen waren Vögel zu sehen – ein untrügliches Zeichen, dass Land in der Nähe war.

Am 7. April konnten sie am Horizont in etwa hundert Kilometern Entfernung die Gipfel von Clarence Island erkennen, der kleineren der beiden Inseln, die sie anvisiert hatten. Kurz darauf frischte der Wind auf und trieb die schrumpfende Scholle in ein kleineres Eisfeld, in dem sie wieder und wieder mit anderen Schollen kollidierte. Die Schläge und Stöße, die das zerbrechliche Gefährt erlitt, kündigten Unheil an, und die Männer mussten einsehen, dass der Zeitpunkt gekommen war, in die Boote umzusteigen – ob es ihnen gefiel oder nicht!

Am Sonntag, den 9. April, frühstückten die Männer ausgiebig und bauten anschließend die Zelte ab. Sie waren bereit, die Scholle zu verlassen. Was fehlte, war offenes Wasser.

Gegen Mittag wurde ihr Flehen erhört. Immer größer wurden die eisfreien Abschnitte, und gegen 13 Uhr erging der Befehl, in die Boote zu steigen. Die *Dudley Docker* und die *Stancomb-Wills,* vollgepackt mit Proviant und Ausrüstung, wurden als Erstes zu Wasser gelassen. Während eine Handvoll Männer darüber wachte, dass sie nicht wegtrieben, machten die anderen die deutlich schwerere *James Caird* flott.

Worsleys Logbuch zufolge befanden sie sich auf 61° 56' S, 53° 56' W. Die achtundzwanzig Männer hatten fast sechs Monate auf der zerbrechlichen Eisscholle verbracht. Seit die *Endurance* im Eis stecken geblieben war, hatten sie mit der

Drift 3220 Kilometer zurückgelegt und dabei in einem großen Halbkreis das Weddellmeer durchquert.

Wie durch ein Wunder waren keine Opfer zu beklagen. Doch als sie nun ihre Boote in die eisigen Fluten setzten, lag der gefährlichste Abschnitt ihres Martyriums noch vor ihnen.

# ALLE MANN IN DIE BOOTE!

Am 9. April 1916 ließen die drei Rettungsboote das Patience Camp hinter sich. Die Scholle war nur mehr ein matschiges kleines Inselchen, auf dem der Unrat der Männer zurückblieb, die dort ein knappes halbes Jahr verbracht und versucht hatten, sich das Leben unter den widrigen Bedingungen so angenehm wie möglich zu machen. Während sie nun ruderten, zog sich das Eis wieder zusammen. Rinnen, die eben noch offen gewesen waren, drohten sich wieder zu schließen und ihnen den Weg zu versperren.

Und so teilten sich die Männer die Arbeit: Während die einen ruderten, bemühten sich andere, größere Eisbrocken, die ihnen gefährlich nahe kamen, beiseitezuschieben. Doch sehr bald mussten sie feststellen, dass sie zu geschwächt waren, um der Aufgabe lange gewachsen zu sein. Die Monate der Untätigkeit im Patience Camp und die unzureichende Ernährung hatten deutliche Spuren hinterlassen, und nun fehlte ihnen die Kraft zum Rudern, zumal es durch das erhöhte Schanzkleid zusätzlich erschwert wurde.

Zu ihrer Erleichterung kam der kleine Verband aus drei Booten zunächst gut voran. Das Eis schien sich zurückziehen zu wollen, die Flächen mit offenem Wasser wurden zusehends größer. Und weil den Männern beim Rudern warm wurde, konnten sie den Strapazen sogar etwas Positives abgewinnen.

Die *James Caird*, das größte und stabilste der drei Boote, fuhr voraus. Es war nach Worsleys Vorgaben in London gebaut worden, sieben Meter lang und knapp zwei Meter breit. Das Kommando hatte Shackleton übernommen, mit an Bord waren zehn weitere Männer, darunter Wild, McNeish, Hurley und Hussey. In der Mitte fuhr die *Dudley Docker*, ein nicht ganz sieben Meter langer norwegischer Kutter. Angeführt von Worsley, waren insgesamt neun Mann an Bord, unter ihnen Cheetham.

Das Schlusslicht bildete die *Stancomb-Wills*, ebenfalls ein norwegischer Kutter, aber mit gut sechs Metern Länge geringfügig kürzer als das Schwesterschiff und nur 1,6 Meter breit. Vom Kiel bis zum oberen Abschluss des Dollbords maß sie lediglich siebzig Zentimeter. Auf diesem beengten Raum waren acht Männer untergekommen, darunter Crean als Steuermann.

Kommandiert wurde die *Stancomb-Wills* von Hubert Hudson, einst Navigationsoffizier auf der *Endurance*. Hudson hatte sich mit allerlei Krankheiten herumgeschlagen und massiv unter der Gefangenschaft auf der Eisscholle gelitten. Nun war er ein ziemliches Nervenbündel, und noch bevor die abenteuerliche Reise endete, ging das Kommando über die *Wills* in die Hände des erfahrenen Tom Crean über.

Wieder einmal reagierte der abgeklärte Ire in einer Krisensituation besonnen und konnte so Schlimmeres abwenden. So hatte er es auch schon 1911 gehalten, als er Bowers und Cherry-Garrard von der driftenden Eisscholle befreite, erst

Die drei kleinen Boote treten die gefährliche Reise nach Elephant Island an.

recht 1912 bei seinem bravourösen Alleinmarsch, mit dem er Teddy Evans das Leben rettete. Bei diesen Gelegenheiten hatte sich sein Mut darin erwiesen, dass er sich allein aufgemacht hatte, um andere zu retten. Dieses Mal, und das war der große Unterschied, schwang er sich zum Anführer auf, zum Kapitän eines kleinen Rettungsbootes, das er, auch wenn die Chancen schlecht standen, durch ein Labyrinth aus Eis steuern musste, um das Leben von sieben Kameraden zu retten, für die er die Verantwortung übernommen hatte.

Seine Fähigkeiten als Steuermann hatte Crean bereits beim Abschied von ihrem eisigen Gefängnis unter Beweis stellen können. Hurley, der mit Shackleton auf der *Caird* war, berichtete später, dass die kleine Flotte kurz nach der Abfahrt auf der rauen See in ein Eisfeld geriet, in dem die vergleichsweise labile *Wills* zu kentern drohte,

> als eine Welle das Boot erfasste und das Heck anhob. Die Katastrophe konnte abgewendet werden, weil die Besatzung prächtig reagierte und Crean das Schiff wieder in sicheres Fahrwasser steuerte.[1]

Als die Sonne unterging, waren die Männer elf Kilometer weit gerudert – eine für die Umstände außergewöhnliche Leistung. In der Nacht weiterzufahren war zu gefährlich, um es auch nur in Betracht zu ziehen. Dafür waren noch zu viele kleinere und größere Eisberge in ihrer Nähe. Daher beschlossen sie, die Boote an einem länglich geformten Stück Eis zu befestigen, auf dem sich wundersamerweise auch eine Robbe fand. Die Schiffe wurden aufs Eis gezogen, während die Robbe eine willkommene warme Mahlzeit abgab.

Von zwei Männern abgesehen, die für die Wache eingeteilt waren, lagen sie um 20 Uhr sämtlich in ihren Schlafsäcken. Doch gegen 23 Uhr wurden die Ersten von ihnen wach, weil sie unter ihnen die Wellenbewegung des Meeres spüren konnten. Neues Unheil drohte. Dann hob sich die Scholle unvermittelt und zerbrach. Der Riss ging mitten durch eines der Zelte, in denen noch einige Männer schliefen. Ein klatschendes Geräusch war zu hören – ein sicheres Indiz dafür, dass einer von ihnen ins eisige Wasser gefallen war. Shackleton sprang vor und erkannte in der Dunkelheit eine wie wild zappelnde Gestalt, die in einem Schlafsack steckte und zu ertrinken drohte. Shackleton streckte den Arm aus, bekam die Gestalt zu fassen und zog sie mitsamt dem Schlafsack zurück aufs Eis. Sekunden später stießen die beiden Hälften der Scholle mit einem vernehmlichen Knirschen zusammen. Der begossene Pudel, der dem Tod mit knapper Not entronnen war, erwies sich als Ernie Holness, ein erfahrener Seemann aus Hull, der sich bitter darüber beklagte, dass er seinen Tabak verloren hatte.

Da es für ihn keine trockene Kleidung gab, nahmen ein paar Kameraden ihn in ihre Mitte und liefen in der Dunkelheit auf und ab, damit er nicht erfror. Die Temperatur lag bei –24 °C. Die ganze Nacht hindurch war das Knacken der gefrorenen Kleidung zu hören. Es klang, als liefe er mit einer metallenen Rüstung herum. Keine Einbildung war, dass er dabei vernehmlich seinem geliebten Tabak hinterhertrauerte.

Holness war aber nicht der Einzige, der fror – das galt mehr oder weniger für alle. Aber Holness' Unfall hatte sie daran erinnert, wie schutzlos sie den Elementen ausgesetzt waren. Nur wenige bekamen in dieser Nacht noch ein Auge zu.

Um fünf Uhr morgens standen sie mit dem ersten Licht auf. Was sie sahen, konnte ihnen nicht gefallen. In der Nacht war das Eis in Bewegung geraten und drohte sie erneut in Gefangenschaft zu nehmen. Und von Clarence Island oder Elephant Island war weit und breit nichts zu sehen. Worsley schätzte die Entfernung zu den Inseln auf fünfzig bis sechzig Kilometer. Als sich das Eis nach drei bangen Stunden des Wartens wieder etwas zurückzog, stiegen die Männer in die Boote und machten sich auf den Weg.

Das Rudern war eine beschwerliche Angelegenheit, zumal die Männer gleichzeitig darauf achten mussten, dass sie nicht von einer vorbeitreibenden Eisscholle gerammt wurden. Sie waren erschöpft und durchgefroren, ausgehungert und durchnässt. Die Boote waren überladen und lagen tief im Wasser. Entsprechend schwer ließen sie sich von den Männern bewegen, die zwischen Packkisten und Vorräten eingezwängt waren und kaum wussten, wo sie ihre Füße hinstellen sollten. Immer wieder drang Spritzwasser ins Boot, das auf ihrer Kleidung gefror und sie in einen Nebel aus Eis einhüllte.

Zu ihrem großen Leidwesen erkrankten mehrere Männer an Diarrhoe. Schuld war wohl das Hundefleisch, das sie in ihrer Not roh zu sich genommen hatten. Nicht nur die Krankheit war eine Qual, sondern auch der Versuch, sich zu erleichtern. Dafür mussten sie ihr Hinterteil auf dem schwankenden Boot außenbords bringen, wo die empfindlichste Körperpartie ein Eisbad erwartete, was nicht selten dort, wo man es sich am wenigsten wünscht, schmerzhafte Frostbeulen nach sich zog.

Die *Wills*, deren Schanzkleid nicht erhöht worden war, war der rauen See sicherlich am meisten ausgesetzt. Ständig schlugen die Wellen über das Dollbord, sodass die Männer mitunter bis zu den Knien im eisigen Wasser standen. Manch einer tröstete sich damit, dass das Wasser immerhin wärmer war als die Luft. Aber das Spritzwasser sorgte auch dafür, dass das Segeltuch, mit dem das Vorschiff der *Wills* abgedeckt war, mit einer Eisschicht überzogen war, die das Boot schwerer machte und daher tiefer ins Wasser drückte. Von Zeit zu Zeit musste sich einer der Männer unter Lebensgefahr auf dem schwankenden Boot nach vorn wagen, um das Eis über Bord zu bugsieren.

Blackborrow, der blinde Passagier, hatte mehrere erfrorene Zehen zu beklagen, weil seine Lederschuhe keinen Schutz gegen die Feuchtigkeit boten. Hudson litt unter unerklärlichen Schmerzen in einer Pobacke, wodurch sich seine Stimmung weiter verdüsterte. Einige Männer ließen Anzeichen von seelischer Erschöpfung und der Bereitschaft erkennen, sich aufzugeben.

Shackleton musste anerkennen, dass die *Wills*, bei allem Engagement Creans, das in jeder Hinsicht schwächste Boot war und den Anschluss an die beiden anderen zu verlieren drohte. Crean war auf großen stählernen Kriegsschiffen ausgebildet worden, und auch wenn ihm kleinere Boote nicht unbekannt waren, fehlte es ihm an der erforderlichen Erfahrung. Deshalb ließ Shackleton eine Leine zur *Wills* ausbringen, die sie mit der *Caird* verband und ihr zu einer Rettungsleine werden sollte, weil sie dem einsamen Kampf mit den hohen Wellen, dem eindringenden Wasser und dem Eis, das sich im Bug bildete, nicht gewachsen war.

Diesen Eindruck gewannen auch die Männer in den anderen Booten, deren Sorge Hurley benannte:

> Mehrfach schien es, als müssten wir die Leine kappen und die *Wills* ihrem Schicksal überlassen. Von seinem Platz im Heck des Bootes aus starrte Sir Ernest auf die dunklen Wassermassen und munterte die Kameraden auf der *Wills* immer wieder durch Zurufe auf. »Das war's«, entfuhr es einem der Männer, als genau zwischen

unseren beiden Booten der Wellenkamm eines Brechers durchzog.

Dann tauchte aus der weißen Gischt ein dunkler Schatten auf, und durch das dumpfe Dröhnen der See drang leise, aber doch vernehmlich Tom Creans Stimme: »Alles in Ordnung, Sir.«[2]

Die Eisberge, gleich welcher Größe, waren für alle drei Boote eine permanente Gefahr, und keinem der routinierten Seeleute war entgangen, dass die Boote überladen waren. Auf hoher See wurde das zur echten Gefahr, sodass kein Weg daran vorbeiführte, sich von einigen Dingen zu trennen. Und dafür kamen letztlich nur die Vorräte infrage.

Shackleton traf eine Auswahl, die nur noch zwei statt drei Wochen reichte. Aus dem Rest bereitete Green, der Koch, der unter den gegebenen Umständen wahre Wunder vollbrachte, das beste und üppigste Festmahl zu, das die Männer im letzten halben Jahr vorgesetzt bekommen hatten. Was sie nicht aufaßen, blieb als kleiner Haufen auf einer Eisscholle zurück.

Der nächste Tag empfing sie mit klirrender Kälte und hohen Wellen. Die Scholle, auf der sie eine einigermaßen angenehme Nacht verbracht hatten, zerbrach unter den ständigen Bewegungen der See. Die Risse zogen sich bis unter ihren Lagerplatz, doch die Boote konnten sie nicht ins offene Wasser setzen, weil es keines gab. Panik machte sich breit.

Erst als am späten Nachmittag das Licht schon fahler wurde, entdeckten sie einen Kanal mit offenem Wasser, den sie dazu nutzten, in die Boote umzusteigen. Der Vorfall beunruhigte Shackleton sehr, weil ihn die Sorge umtrieb, dass sie bei der nächsten Rast auf Eis geraten könnten, das sie nicht trug, aber doch zu dicht war, um wieder in die Boote zu kommen. Die Lehre, die er daraus zog, war der Schwur, keine weitere Nacht auf einer Eisscholle zu verbringen.

Bald hatten sie ein größeres eisfreies Gebiet erreicht und konnten endlich Fahrt aufnehmen. Doch wieder einmal erwies sich, dass die *Wills* das Tempo nicht halten konnte und hinter die beiden anderen Boote zurückfiel. Weil nicht auszuschließen war, dass sie auf eine der verbliebenen Eisschollen getrieben wurde, ließ sich die *Docker* zurückfallen und brachte eine Schleppleine aus.

Shackletons Schwur entsprechend, schlugen sie das Lager für die Nacht nicht auf dem Eis auf, sondern sicherten die Boote an einer Scholle. Während sich die Männer die Beine vertraten, bereitete Green eine warme Mahlzeit zu. Die drei »Kapitäne« Crean, Worsley und Shackleton aber blieben zur Sicherheit an Bord des ihnen zugeteilten Bootes, um darüber zu wachen, dass es nicht von einer der vorbeiziehenden Eisplatten aufgeschlitzt wurde.

Als Shackleton sich bei Worsley, einem ebenso fähigen wie erfahrenen Navigator, erkundigte, wie weit sie an diesem Tag gekommen waren, schätzte er die zurückgelegte Distanz auf fünfzig Kilometer. Doch als er die Schätzung durch eine Messung unterlegen wollte, fand er zum allgemeinen Entsetzen heraus, dass sie zwar tatsächlich knapp fünfzig Kilometer zurückgelegt hatten, die aber in die falsche Richtung!

Offenbar waren die kleinen Boote zum Spielball der Strömung geworden, die aus der Bransfieldstraße drängt, einer vergleichsweise flachen Meeresstraße, die zwischen den nördlichen Ausläufern der Antarktis und den Südlichen Shetlandinseln verläuft. In drei arbeitsreichen und qualvollen Tagen hatten sich die Männer gut sechzig Kilometer von ihrem Ziel – Elephant Island oder Clarence Island – wegbewegt. Die Joinville-Insel, die sie auf ihrer Drift gen Norden vor einigen Wochen passiert hatten, war plötzlich nur noch 130 Kilometer weit entfernt.

Shackleton beschrieb die Wirkung von Worsleys Entdeckung als eine »herbe Enttäuschung«[3], doch er verzichtete tunlichst darauf, alle Besatzungsmitglieder in Kenntnis zu setzen. Stattdessen erklärte er ihnen, dass sie nicht so gut vorangekommen waren wie erhofft, und gab als neues Ziel Hope Bay aus, eine winzige und trostlose Bucht am nördlichen Ende von Grahamland. Auch bis dahin waren es noch 130 Kilometer.

In dieser Nacht versuchten die Männer, etwas Schlaf zu finden, während die drei Boote, durch eine Leine miteinander verbunden, im Windschatten eines Eisberges dümpelten. Es schneite, die Temperaturen lagen weit unter dem Gefrierpunkt, und auf der Suche nach etwas Wärme lagen die Männer eng beieinander. Dort, wo die Kleidung den Körper eines anderen berührte, taute sie auf,

> und da schon die kleinste Bewegung diese wenigen vergleichsweise warmen Stellen der beißenden Kälte aussetzte, klammerten wir uns bewegungslos aneinander.[4]

Am 13. April, dem fünften Tag ihrer »Seereise«, brachen die Ersten vor Erschöpfung zusammen. Die Belastungen der Zeit in Gefangenschaft, gefolgt von den Strapazen in den Booten, forderten ihren Tribut. Hinzu kam das deprimierende Wissen, dass warme Getränke oder Mahlzeiten ein Traum bleiben mussten, wenn sie nicht bald ein stabiles Stück Eis erreichten, auf dem sie den Primuskocher in Betrieb nehmen könnten. Ein kaltes Frühstück nach einer Nacht mit nur wenig Schlaf bei klirrendem Frost war nichts, was die Stimmung der hungrigen, erschöpften und frierenden Männer hätte heben können.

Spontan beschloss Shackleton, nicht nach Hope Bay zu fahren. Ihm war klar geworden, dass er die Männer so schnell wie möglich an Land bringen musste. Am geeignetsten erschien ihm Elephant Island, das nun etwa 160 Kilometer entfernt in nordwestlicher Richtung lag. Für seine Entscheidung nicht ganz unerheblich war, dass am Morgen ein kräftiger Südostwind eingesetzt hatte. Damit die *Wills* nicht so tief im Wasser lag, packten sie Teile des Proviants um, setzten ihre kleinen Segel und machten sich auf den Weg, auf den Lippen ein Stoßgebet, dass der Südostwind anhalten und sie nach Elephant Island tragen möge.

Sie kamen sehr gut voran, und gegen Mittag ließen sie auch die letzten Reste von Eisschollen hinter sich. Vor ihnen lag nun vollständig offenes Meer. Das war ihnen zuletzt im Dezember 1914 vergönnt gewesen, und erst jetzt, sechzehn Monate später, konnten sie sich wieder frei bewegen. Shackleton berichtete: »(B)ei herrlichem Sonnenschein genossen wir ein paar Stunden lang das Gefühl der Freiheit und den Zauber des Meeres.«[5]

Das Vergnügen war jedoch nicht von langer Dauer. Der Wind frischte weiter auf, und die *Wills* nahm bedrohlich viel Wasser auf. In der ruppigen, vom Wind aufgepeitschten See bestand die Gefahr, dass die Boote voneinander getrennt würden. Nun kam alles darauf an, schnell einen sicheren Platz für die Nacht zu finden.

Aber woher nehmen? Es gab keinen Ort, an dem sie Zuflucht hätten finden können. Und so wurde es eine entsetzliche Nacht mit Temperaturen jenseits des Gefrierpunktes und einem schneidenden Wind, den ihre verschlissene Kleidung nicht abhalten konnte. Trotzdem versuchten die Männer, in den engen, ungemütlichen und schwankenden Booten ein paar Stunden Schlaf zu finden, obwohl einige von ihnen großen Durst litten, weil das Trinkwasser knapp war und sie auch kein Eis mehr hatten, aus dem sie frisches Wasser hätten herstellen können.

Die Männer gaben ein trostloses Bild ab. Um sich gegenseitig zu wärmen, rückten sie eng zusammen. Einige beschrieben die Nacht später als die härteste der gesamten Reise, und Shackleton musste einräumen, dass einige seiner Begleiter »in einem erbarmungswürdigen Zustand«[6] waren. Später bekannte er, dass er nicht sicher war, ob alle die Nacht überstehen würden. Manch einer wird auch an Selbstmord gedacht haben.

Blackborrow, der Jüngste der Gruppe, war in extrem schlechter Verfassung. Schuld daran waren vor allem die Erfrierungen, die er erlitten hatte. Nun spürte er seine Füße nicht mehr, aber in einem offenen Boot, das in der Dunkelheit auf dem Südlichen Ozean dümpelte, gab es wenig, womit man sein Leiden hätte lindern können.

Unter Erfrierungen litten mehr oder weniger alle, aber Shackleton stellte mit einiger Verwunderung fest, dass die »altgedienten« Crean, Wild, Hurley und er selbst recht glimpflich davongekommen waren. »Offenbar waren wir stärker an die antarktischen Temperaturen akklimatisiert«, notierte er.[7]

Als sie am 14. April bei Tagesanbruch die Augen öffneten, sahen sie in der Ferne die schneebedeckten Gipfel von Clarence Island, und kurze Zeit später tauchten die Umrisse von Elephant Island hinter dem Horizont auf. Worsleys Navigation hatte also gestimmt. Nun waren sie nur noch fünfzig Kilometer von festem Land entfernt.

Es war wieder an der *Caird*, die unterlegene *Wills* zu ziehen, was in der kabbeligen See weder leicht noch ungefährlich war. Shackleton trug Crean auf, das nächste erreichbare Festland, aller Voraussicht nach also Clarence Island, anzusteuern, falls sie getrennt würden. Doch das war eher Wunschdenken. Im Falle der Trennung wäre die *Wills* wohl verloren gewesen. Zu allem Überfluss musste Crean Shackleton berichten, dass Hudson zusammengebrochen war.

Noch hatten sie die verwegene Hoffnung, die Insel bis zum Einbruch der Dunkelheit zu erreichen, doch als die Dämmerung einsetzte, beschlossen sie, das Wagnis, nachts und bei hohem Wellengang eine ihnen unbekannte Insel anzulaufen, nicht auf sich zu nehmen. Die *Docker* war bereits außer Sicht geraten, und auf der *Caird* und der *Wills* hatte sich die Angst breitgemacht, dass die Kameraden verloren waren, weil Wind und Strömung den kleinen Kutter an der Insel vorbei und hinaus in den Südlichen Ozean getragen haben könnten. Doch kurz bevor die Dunkelheit es verhindern konnte, fanden sie den Weg zurück.

Die achtundzwanzig, auf drei Boote verteilten Männer verbrachten eine grauenhafte Nacht. Die Temperatur sank auf –25 °C, der Wind heulte und zwang sie erneut, die Nähe des Nachbarn zu suchen. Selbst der sonst so gleichmütige Wild musste eingestehen, dass es die schlimmste Nacht seines Lebens war.

Am 15. April 1916 ging die Sonne über den drei Booten auf, die wieder vereint waren, aber von einem schweren Sturm gebeutelt wurden. Vor ihnen ragten die Ehrfurcht gebietenden schwarzen Klippen von Elephant Island auf. Die Freude darüber, bald wieder auf festem Land zu stehen, wurde durch die sehr konkrete Befürchtung getrübt, dass sie an den Felsen zerschellen könnten, die zwischen den Männern und der Küste lagen. Obwohl einige von ihnen dem Zusammenbruch nahe waren, suchten sie fieberhaft nach einer Stelle, an der sie an Land gehen konnten.

Crean erhielt die Order, sich mit der *Wills* in der Nähe Shackletons und der *Caird* zu halten, und nachdem sich die beiden kurz beraten hatten, wurde entschieden, dass das kleinere Boot nahe unter Land fahren und dort nach einer geeigneten Stelle zum Anlegen suchen sollte. Dafür stieg Shackleton auf die *Wills* um. Gegen neun Uhr machten sie am Fuße einer Klippe ein zwar steiniges, aber flach abfallendes Uferstück aus, das ihnen passend zu sein schien.

Die Einfahrt zu der Stelle wurde von einem felsigen Riff gesäumt, das knapp über die Wasseroberfläche reichte. An einer Stelle war ein kleiner Kanal zu erkennen, der tief genug zu sein schien, um die *Wills* vorsichtig hindurchzusteuern. Sie passten einen Wellenberg ab, um mit ihm durch das Schlupfloch zu gleiten. Als er das Boot erfasste, erging der Befehl an die Mannschaft, mit voller Kraft zu rudern. Die *Wills* schoss förmlich durch das Riff und surfte mit der nachfolgenden Welle bis ans Ufer, wo sie knirschend zum Stehen kam.

Crean, Shackleton und die anderen Männer an Bord waren die ersten Menschen, die Elephant Island betraten. Zugleich war es das erste Mal seit 497 Tagen, dass sie wieder festen Boden unter den Füßen hatten. So lange war es her, dass sie Südgeorgien verlassen hatten. 170 Tage hatten sie auf einer Eisscholle verbracht, sieben in offenen Booten.

# AM SEIDENEN FADEN

Der kleine Steinstrand auf Elephant Island bot den achtundzwanzig Männern Zuflucht, mehr aber auch nicht. Er war kaum dreißig Meter breit und fünfzehn Meter tief, dafür zu beiden Seiten von großen Felsen und steilen Klippen umgeben, die sich bis auf 600 Meter Höhe erhoben. So war er schutzlos dem Südlichen Ozean ausgeliefert, der unaufhörlich auf ihn einstürmte.

Elephant Island ist kein Ort, an dem man stranden möchte. Es gehört zu den Südlichen Shetlandinseln, die 1819 von dem britischen Kaufmann William Smith entdeckt wurden, der bei dem Versuch, Kap Hoorn zu runden, von einem Sturm nach Süden abgedrängt worden war. Smith verzichtete darauf, die wenig einladende Insel zu betreten, die den nordöstlichen Abschluss der Inselkette bildet und von der Südspitze Südamerikas etwa tausend Kilometer entfernt ist. Sie ist 47 Kilometer lang und maximal 27 Kilometer breit, unbewohnt, abweisend, schroff und gebirgig. Die Küste steigt steil aus dem Wasser auf, flachere Stellen oder gar Strände gibt es nur sehr wenige.

Niemand auf der Welt wusste, dass sie hier gelandet waren, und es bestand auch nicht die geringste Chance, dass ein Schiff des Weges kam. Elephant Island lag fernab aller Routen, und dass jemand gezielt nach ihnen suchen würde, war äußerst unwahrscheinlich. Nach allem, was in der Heimat bekannt war, wurden sie in der Vahselbucht vermutet, gut 1600 Kilometer entfernt auf dem antarktischen Festland. Ohne Funkgerät konnten sie auch keinen Kontakt zur Außenwelt aufnehmen, und so blieb den Gestrandeten nur, sich aus eigener Kraft zu retten.

Doch solche Gedanken spielten keinerlei Rolle, als sie nun an den Strand taumelten und zum ersten Mal seit vielen Monaten festen Boden unter den Füßen spürten. Manch einer sank auf die Knie, andere lasen kleinere Steine auf und ließen sie durch die geschundenen Hände gleiten, als wollten sie sich davon überzeugen, dass sie tatsächlich Land erreicht hatten. Einige torkelten mit weichen Knien herum, als seien sie betrunken, wiederum andere setzten sich stumm auf den harten Untergrund und zitterten vor Erschöpfung am ganzen Körper. Und keiner von ihnen wusste so recht, ob er lachen oder weinen sollte.

Für die Fahrt mit den Booten, die sie von der dahinschwindenden Scholle gerettet hatte, hatten sie einen hohen Preis bezahlt. Das Schiff durch die raue See zu rudern war Schwerstarbeit gewesen, bei der sie Kälte und Nässe nahezu schutzlos ausgesetzt gewesen waren, auf warmes Essen hatten sie weitgehend verzichten müssen, sie hatten zu wenig zu trinken und zu wenig Schlaf bekommen, und zusätzlich hatten sie unter dem psychischen Dauerdruck gestanden, dass ihr Schicksal denkbar ungewiss war. Durch diese unselige Kombination waren sie extrem geschwächt, es gab niemanden, dem das Martyrium nicht anzumerken gewesen wäre. Selbst ihr Anführer, der sonst so unbeugsame Shackleton, sah »ausgemergelt und verhärmt« aus, wie Macklin befand.

Einige der Männer, die mit Crean auf der *Wills* gewesen waren, waren unter der Last der sechs Tage auf dem offenen Meer zusammengebrochen. McNeish kam zu dem Schluss, dass Hudson »den Verstand verloren«[1] hatte. Blackborrows Füße waren so sehr vom Frost gezeichnet, dass er von Bord getragen werden musste, und auch Stevenson schaffte es nicht ohne Hilfe an Land. Auch von den anderen Booten schleppten sich Männer, die dem Zusammenbruch nahe waren, nicht wenige litten massiv unter Erfrierungen.

Das Gros der Männer war so erschöpft oder entmutigt, dass sie nichts tun konnten, als herumzusitzen. Die anderen, die noch bei Sinnen und bei Kräften waren, machten sich daran, Vorräte und Ausrüstung an Land zu holen. Anschließend gelang es ihnen in einer letzten großen Kraftanstrengung, die drei Boote auf den Strand zu ziehen. Dort breiteten sie die vollgesogenen Schlafsäcke aus und hofften, dass sie zumindest halbwegs trocknen würden. Green, verlässlich wie eh und je, zauberte heiße Milch herbei, mit der sie auf ihre Ankunft anstießen, während auf dem Kocher bereits die erste warme Mahlzeit seit Tagen ihrer Vollendung entgegensah.

Der Strand, den die Männer Cape Valentine tauften, hatte den großen Vorteil, dass die umliegenden Gletscher reichlich Vorrat an Trinkwasser boten. Spuren deuteten auch darauf hin, dass es hier Robben und Pinguine gab, mit denen sie ihre Fleischvorräte auffüllen könnten. Doch zunächst begnügten sie sich mit dem warmen Essen, das eine wohlige Wärme in ihren ausgekühlten Körpern verbreitete. Anschließend suchten sie sich in der beruhigenden Gewissheit einen Schlafplatz, dass sie festen Boden unter sich haben würden. Um 15 Uhr lagen fast alle in ihren Schlafsäcken und freuten sich auf die erste Nacht seit einer Woche, in der sie durchschlafen konnten. Dass der Wind regelmäßig an ihren kleinen grünen Zelten rüttelte, nahmen sie gar nicht mehr wahr.

Die Sicherheit, in der sich die Männer wähnten, war jedoch trügerisch. Spuren an den umliegenden Klippen verrieten, dass der Strand bei Flut überspült zu werden drohte, und jeder Sturm aus Nordost, wie er in dieser Region keine Seltenheit war, würde die kleine Bucht mit Brechern drangsalieren. Lange konnten die Männer daher nicht auf dem Strand bleiben, doch eine weitere Bootsfahrt war vielen nicht zumutbar.

Am nächsten Morgen fuhren Shackletons wichtigste Helfer Wild und Crean mit der *Wills* die Küste entlang, um nach einem sicheren Platz zu suchen. Erst gegen 20 Uhr, weit nach Einbruch der Dunkelheit, kamen sie wieder zurück, im Gepäck die gute Nachricht, dass sie in zehn Kilometern Entfernung eine Bucht mit einem 150 Meter langen und dreißig Meter breiten Sandstrand entdeckt hatten. Auch dort gab es Gletscher und Spuren von Wildtieren, sodass die Versorgung gesichert wäre. Am nächsten Tag wollten sie dorthin umziehen.

Schon um fünf Uhr früh standen sie auf und packten ihre Sachen zusammen. Crean wurde die Arbeit dadurch etwas leichter gemacht, dass die stark geschwächten Blackborrow und Hudson nicht auf der *Wills* blieben, sondern auf die beiden anderen Boote verteilt wurden. Doch kaum hatten sie die kurze Fahrt angetreten, zog schlechtes Wetter auf, der Wind erreichte Sturm- und schließlich Orkanstärke. Es war, als wolle die Antarktis ihre Flucht vereiteln. Eine riesenhafte Welle erwischte die *Wills*, die an der Küste zu zerschellen drohte. Im letzten Moment gelang es Crean, sie wieder auf Kurs zu bringen.

In der aufgepeitschten See gingen mehrere Ruder zu Bruch – auf der *Wills* blieben am Ende nur drei übrig. Auch wenn das kleine Boot leichter war als zuvor, fiel es hinter die anderen zurück, sodass Worsley mit der *Docker* auf sie warten musste, um Crean ein Ersatzruder zu reichen.

Nach zwei Stunden harter Arbeit konnten die drei Boote hinter einer felsigen Landzunge Schutz suchen, wo die Männer rasch etwas zu sich nahmen, um sich anschließend gestärkt wieder auf den Weg zu machen. Dabei trotzten sie der Kälte und der Feuchtigkeit und ruderten direkt gegen den Sturm an. Gegen 17 Uhr konnten sie endlich den Strand sehen, den Crean und Wild tags zuvor ausfindig gemacht hatten.

Wie bei der Ankunft auf Elephant Island wagte sich auch jetzt Crean mit der *Wills* als Erster unter Land. Als sie den Strand glücklich erreicht hatten, kletterten jene Männer von Bord, die dazu noch imstande waren. Andere benötigten dafür die Hilfe ihrer Kameraden. Louis Rickinson, der Erste Maschinist, erlitt einen Herzinfarkt, kaum hatte er ein paar Schritte getan – auch er ein Opfer der Strapazen.

Die Bucht bot zwar nur wenig Schutz, war aber immer noch besser geeignet als Cape Valentine. Der Strand war nur ein schmaler Streifen, der nahtlos in die steil ansteigende Küste einer Landzunge überging. Shackleton beschrieb sie als »schroff, öde und abweisend«, der Strand selbst kam Hurley vor wie »der Hof eines Gefängnisses«. Und Macklin fasste seinen Eindruck mit den Worten zusammen: »Ein ungastlicherer Ort ist kaum vorstellbar.«

Benannt wurde die Bucht nach Shackletons Stellvertreter und hieß zunächst Cape Wild; heute wird sie Point Wild genannt.

Auf das Wetter war insofern Verlass, als es sie mit der ihnen schon vertrauten Feindseligkeit begrüßte und sie daran erinnerte, dass sich ihre Lage nur in Nuancen verbessert hatte. Kaum hatte sich der eine Sturm gelegt, zog der nächste heran, und der brachte reichlich Schnee mit. Der Wind war so stark, dass die *Docker* angehoben und um die Hochachse gedreht wurde. Damit sie keinen Schaden nahm, legten die Männer sie so auf dem Strand ab, dass der Kiel gen Himmel zeigte. Auch die Zelte mussten abgebaut werden, damit sie nicht davongeweht wurden. Und einmal wurde Shackleton regelrecht umgeblasen.

Am nächsten Morgen sah die Welt nicht viel freundlicher aus, und dennoch quälten sich einige Männer aus ihren Schlafsäcken, um Jagd auf Robben und Pinguine zu machen – mit Erfolg. Eine arge Plackerei aber war es, die Tiere in der schneidenden Kälte zu häuten. Einer der Beteiligten berichtete anschließend, dass ihn nur das noch warme Blut der Kadaver vor Erfrierungen bewahrt habe.

Der Schneesturm hielt die ganze Nacht und große Teile des folgenden Tages an. In dieser Zeit blieben die Männer nach Möglichkeit in den Schlafsäcken, wo sie ihren Sorgen und Ängsten nachhingen. Immerhin hatte der Sturm nachdrücklich bewiesen, dass der Strand hoch genug lag, um nicht überspült zu werden, und das sollte auch für das Hochwasser gelten. Das war eine nicht zu leugnende Verbesserung und ein Hoffnungsschimmer.

Die Gespräche, die sie führten, drehten sich vor allem um ein Thema: ihre Rettung. Dass sie von außen kam, war ausgeschlossen, ausgeschlossen war auch, dass alle von ihnen die weite Fahrt über den Südlichen Ozean überleben würden. Dafür waren viele zu schwach und verzweifelt. Die Erschöpfung, die ständige Gefahr und der permanente Druck, unter dem sie standen, hatte sie niedergeschlagen, der Lebensmut drohte sie zu verlassen. McNeish sah für die Zukunft besonders schwarz: »Ich glaube kaum, dass viele von uns überleben, sollten wir hier den Winter verbringen müssen.«[2]

Auch Hurley schätzte die Widerstandsfähigkeit zumindest einiger Kameraden eher gering ein. Die ersten Tage auf Elephant Island bezeichnete er drastisch als »Hölle«. Dass alle diese Hölle überlebten, hielt er für unwahrscheinlich. Der Geologe Wordie meinte, dass acht der Männer »Ausfälle und für keine Arbeiten mehr zu gebrauchen« waren. Und da sie sich nicht einmal mehr um sich selbst kümmern konnten, würden sich die anderen um sie kümmern müssen. Deshalb gab es im Grunde nur eine Möglichkeit: Die kräftigsten und belastbarsten Männer müssten ein Boot nehmen und auf der anderen Seite des Ozeans Hilfe organisieren.

Shackleton beschloss, dass sechs Männer und die *James Caird*, das seetüchtigste der drei Boote, diese Aufgabe übernehmen sollten. Nun war nur noch zu entscheiden, wer die Reise antreten und wohin sie gehen sollte.

Es gab drei Optionen. Ein mögliches Ziel war Kap Hoorn beziehungsweise Feuerland an der Südspitze Südamerikas, knapp tausend Kilometer in nordwestlicher Richtung entfernt. Infrage kam auch Port Stanley auf den Falklandinseln, das exakt im Norden von ihnen lag. Bis dort waren es 900 Kilometer. Das dritte und letzte mögliche Ziel war Südgeorgien, 1300 Kilometer Richtung Nordost entfernt. Mit jeder dieser Optionen waren unkalkulierbare Risiken verbunden.

Nach Kap Hoorn und Port Stanley war es weniger weit, aber um dorthin zu gelangen, müsste das kleine Boot die gefürchtete Drakestraße queren, wo es stürmischen Winden und einer starken Weströmung ausgesetzt wäre, die, wie Worsley zu berichten wusste, ein derart kleines Boot um bis zu hundert Kilometer am Tag versetzen konnte.

> Unter diesen Umständen war Kap Hoorn für uns im Grunde nicht zu erreichen. Für die Falklands galt mit Abstrichen das Gleiche. Wind und Strömung sprachen eindeutig für Südgeorgien.[3]

Auf dem Weg dorthin durften die Männer mit Rückenwind rechnen, was die Reise beschleunigen würde. Daher kamen sie zu dem Schluss, dass sie dort Hilfe suchen mussten, wo sie die Reise vor fünfzehn Monaten begonnen hatten: in Südgeorgien.

Shackleton wollte die Besatzung der *James Caird* möglichst mit Freiwilligen bestücken. Fest standen bisher nur er selbst und Worsley, der als versierter Navigator unverzichtbar war. Wild, den manche als erste Wahl ansahen, erhielt hingegen die Aufgabe, auf Elephant Island auszuharren und sich um die dort verbleibenden Männer zu kümmern.

Tom Crean war für beide Aufgaben geeignet – Wild zu unterstützen und mit Shackleton den Südlichen Ozean zu überqueren. Auf Elephant Island könnte er sein Teil dazu beitragen, dass die Stimmung während der langen Wochen des Wartens auf Rettung gut blieb. Einen besseren Stellvertreter hätte sich Wild nicht wünschen können. Doch das galt im selben Maße für Shackleton, der die körperliche und mentale Robustheit des Iren, aber auch dessen Erfahrung als Seemann bei der Überfahrt bestens gebrauchen konnte.

Die Verdienste, die sich Crean auf zwei Expeditionen mit Scott erworben hatte, allen voran die Rettung Evans', waren die denkbar beste Empfehlung für die kommende Aufgabe. Zudem genoss er den Respekt seiner Kameraden. Auf das, was den Männern bevorstand, war keiner so gut vorbereitet wie Tom Crean, gleich ob auf Elephant Island oder auf der *James Caird*.

Ursprünglich wollte Shackleton den Iren bitten, bei Wild zu bleiben. Er wusste, dass der jede Unterstützung brauchen würde. Doch Crean »bat so dringend darum, mitfahren zu dürfen, dass ich es ihm zusagte, nachdem ich mich nochmals mit Wild beraten hatte«, wie Shackleton sich erinnerte.[4]

Neben Crean nahm Shackleton einen weiteren Iren mit an Bord. Timothy McCarthy war ein energiegeladener und erfahrener Seemann und bei seinen Kameraden durchaus beliebt. Dann fragte er Chips McNeish, auch wenn sich der einige Monate zuvor auf der treibenden Scholle einer Befehlsverweigerung schuldig gemacht hatte. Doch Shackleton hatte nicht vergessen, mit welch großem Geschick McNeish die

Boote seetüchtig gemacht hatte. Vor allem aber wollte er vermeiden, dass ein potenzieller Unruhestifter auf Elephant Island blieb, wo er das ohnehin labile Gleichgewicht unter den angeschlagenen Männern hätte empfindlich stören können. Das sechste und letzte Besatzungsmitglied war Jack Vincent, auch er ein erfahrener Matrose, der allerdings nicht immer leicht zu nehmen und deshalb in der Obhut des Expeditionsleiters besser aufgehoben war.

Nachdem Ziel und Besatzung bestimmt waren, machten sich die Männer daran, die *James Caird* für die Überfahrt auszurüsten, von der ihrer aller Leben abhing. McNeish vollbrachte dabei erneut kleinere Wunder. Auf Elephant Island wachsen keine Bäume, weshalb der einfallsreiche Zimmermann den einzigen verbliebenen Schlitten zersägte, Treibholz zusammensuchte, die Deckel einiger Vorratskisten abmontierte, einige Planken der *Dudley Docker* entfremdete und schließlich den Mast der *Stancomb-Wills* abbaute.

McNeishs wichtigste Aufgabe war es, das Deck zu schließen, um das kleine Boot sowie die Besatzung vor den Wellen des Südlichen Ozeans zu schützen. Weil das Holz nur für den Rahmen reichte, verwendete McNeish für die eigentliche Abdeckung Segeltuch. Ohne diese Sicherung, so musste Shackleton später zugeben, hätten sie die Überfahrt niemals geschafft. Der Mast der *Wills*, der nun übrig war, wurde längs in das Schiff montiert, um den Rumpf zu versteifen und zu verhindern, dass das Boot unter dem Andrang des Seegangs zerbrechen würde.

Die Arbeit an dem Boot war kaum weniger strapaziös als das, was sie zuvor durchgemacht hatten. Der Winter war heraufgezogen, die Temperaturen sanken, der Wind frischte auf. Immer wieder musste die Arbeit unterbrochen und am 20. April sogar eingestellt werden, weil ein schwerer Sturm nichts anderes zuließ.

Crean hatte den Auftrag bekommen, das Segeltuch, das die *James Caird* abdecken sollte, auf das richtige Maß zu bringen – unter den herrschenden Bedingungen auf dem Strand ein schmerzhaftes und forderndes Unterfangen. Um die Bahnen zusammennähen zu können, musste er sich Freiwillige suchen, die das Material über den Kocher hielten und es Zentimeter um Zentimeter auftauten, bis es weich genug war, dass Crean loslegen konnte. Doch selbst dann war es noch so widerspenstig, dass er eine Zange benötigte, um die Nadel durch den Stoff zu ziehen.

Um das Boot zu stabilisieren, musste es mit Ballast versehen werden. Wer für andere Arbeiten zu erschöpft war, musste Säcke, die aus nicht mehr benötigten Decken genäht wurden, mit Sand und Kies vom Strand füllen. Andere schleppten kleinere Felsstücke heran, die in der Bilge des Bootes abgelegt wurden. Ein paar Männer machten sich daran, Eis zu schmelzen und mit dem Wasser zwei Fässer zu füllen, aus denen sich die Besatzung unterwegs versorgen wollte. Zur Sicherheit kamen einige Eisblöcke zusätzlich an Bord.

Die Vorbereitungen nahmen fast eine ganze Woche in Anspruch, nicht zuletzt, weil sie wegen schlechten Wetters immer wieder unterbrochen werden mussten. Der Plan sah vor, dass die *Caird*, sofern Wetter und Eisgang es zuließen, am 24. April in See stechen sollte. Die Nacht zuvor war außergewöhnlich kalt und ungemütlich, aber als die Männer aufwachten, schien die Sonne. Für die achtundzwanzig Männer, die in ihrer verzweifelten Lage für jeden Strohhalm dankbar waren, der ihnen ein wenig Hoffnung gab, war das ein gutes Omen.

Doch nicht einmal die Abfahrt lief glatt. Die noch unbeladene *James Caird* wurde auf den Strand gezogen, ins Wasser gesetzt und, um der Brandung zu entgehen, etwa hundert Meter weit hinausgefahren. Dort aber wurde sie von hohem Seegang erwartet, der sie fast umgeworfen hätte, noch ehe der Versuch, Hilfe zu holen, begonnen hatte. Wild berichtete später, dass nur das beherzte Eingreifen von Crean und Worsley verhindern konnte, dass die *James Caird* an der Küste von Elephant Island zerschellte.

Als sich die Lage entspannt hatte, brachte die *Wills* Vorräte und Ausrüstung für dreißig Tage, die auf die *Caird* umgeladen wurden. Bei einer zweiten Transportfahrt wurde die *Wills* auf eine Klippe getrieben, wobei eines der Trinkwasserfässer Schaden nahm. Ohne dass die Männer es merkten, drang Salzwasser in das Fass.

Ebenfalls beim Umladen gingen McNeish und Vincent über Bord, als eine besonders hohe Welle das Boot erfasste. Sie kehrten umgehend an den Strand zurück, um die durchnässte Kleidung gegen trockene ihrer Kameraden einzutauschen. So wurden alle sechs Besatzungsmitglieder unsanft daran erinnert, dass sie die Querung eines der unwirtlichsten Meere der Welt ohne Ölzeug und Gummistiefel antreten mussten.

Gegen Mittag war die *James Caird* bereit, die gefährliche Fahrt zu beginnen. Shackleton verabschiedete sich von den Männern, die auf der Insel zurückblieben, und bedankte sich

Auf Elephant Island treffen die Männer im April 1916 die letzten Vorbereitungen, um mit dem knapp sieben Meter langen Beiboot *James Caird* die gefährliche Fahrt über 1300 Kilometer nach Südgeorgien anzutreten.

ausdrücklich bei Wild, dem er eine schwere Bürde aufgelastet hatte. Die *Wills* kam ein letztes Mal längsseits, und im Versuch, die Stimmung etwas zu heben, riefen sich die Männer den ein oder anderen Scherz zu. Einer der Männer auf der *Wills* forderte Creans Begleiter auf, darauf zu achten, dass er nicht über die Stränge schlug, wenn sie erst Land erreicht hätten. Worsley berichtete:

> Crean musste sich Dinge anhören, bei denen er rot hätte werden müssen. Aber eher lässt der Hund eines Schlachters einen Knochen aus dem Maul fallen, als dass Crean rot wird.[5]

Aufbruch ins Ungewisse: Die kleine *James Caird* spürt am Ostermontag 1916 das Wasser des Südlichen Ozeans unter dem Kiel – der Beginn der unglaublichen Überfahrt nach Südgeorgien.

Schließlich hieß es, Abschied zu nehmen. Die Männer beugten sich vor, reichten sich ein letztes Mal die Hände, dann trennten sie sich. Die Gestrandeten am Ufer gaben ein trauriges Bild ab, auch wenn sie winkten und alles gaben, damit ihre Hurrarufe den Lärm der Brandung übertönten. Die Stimmung auf der Insel beschrieb Hurley später so, dass alle ihr »vollstes Vertrauen in die sechs Salzbuckel setzten, die sehr erfahren waren und sich mehrfach bewährt hatten«. Für die Überfahrt veranschlagte er vierzehn Tage.

Langsam, aber sicher entfernte sich die *James Caird* von Elephant Island, die samt den Männern, die darauf zurückblieben, mit jedem Wellental ab- und mit jedem Wellenberg wieder auftauchte, bis sie schließlich endgültig hinter dem Horizont verschwand.

Noch war nicht entschieden, welche der beiden Gruppen die größeren Qualen erwarteten – die zweiundzwanzig auf der unwirtlichen Insel im Eismeer Gestrandeten oder die sechs Männer, die im Begriff waren, in einem sieben Meter langen, offenen Boot auf den berüchtigtsten Ozean der Welt hinauszufahren, ohne über die erforderlichen Instrumente zur Navigation zu verfügen. Was ihnen bevorstand, brachte Worsley auf den Begriff: »Uns erwartete die Fortsetzung des Martyriums, nur dieses Mal auf See.«

Dieses Kapitel ihrer Reise begann am 24. April, dem Ostermontag des Jahres 1916, um kurz nach zwölf Uhr mittags. Südgeorgien war 1300 Kilometer entfernt. In Creans Heimat begannen militante Republikaner zu dieser Stunde den Osteraufstand gegen die britischen Besatzer.

# EINE HEROISCHE LEISTUNG

Vom ersten Moment an wurde der Südliche Ozean dem schlechten Ruf, der ihm anhaftete, gerecht. Zwar konnten sie das Boot halbwegs sicher durch das Treibeis rund um Elephant Island steuern, aber der Wind wehte mit bis zu fünfzig Stundenkilometern, und je näher die Nacht rückte, desto höher wurden die Wellen. Das einzige Licht, das ihnen in der endlosen Weite des Ozeans treu blieb, war das Glühen in Tom Creans Pfeife.

Die Männer an Bord hatten zwei Wachen gebildet, die sich im Rhythmus von vier Stunden ablösen sollten. Shackleton, Crean und McNeish übernahmen die eine Wache, Worsley, McCarthy und Vincent die andere. Viel kam darauf an, das Eis im Auge zu behalten, denn eine Kollision mit einer größeren Scholle hätte den Untergang bedeuten können. In der Dunkelheit war die Gefahr natürlich besonders groß, weshalb die Wachen extrem aufmerksam sein mussten, damit ihnen eine mögliche Bedrohung nicht entging.

Einer der drei Männer, die gemeinsam Wache gingen, übernahm das Ruder, während die beiden anderen mithilfe der Pumpe oder eines Eimers das Wasser aus dem Boot beförderten, das mit den Wellen hereinkam. Selbst der abgehärtetste unter ihnen konnte den kupfernen Zylinder der Pumpe allenfalls fünf Minuten unter Wasser drücken, dann drohte ihm die Hand abzufallen. Wenn eine Wache beendet war, waren die Männer erschöpft und durchnässt. Was hätten sie nicht für Ölzeug und Gummistiefel gegeben!

So aber waren die Männer für die »Wasserprobe« gänzlich unzureichend gekleidet. Sie trugen lange Unterbekleidung, locker sitzende Pullover, zweiteilige Schutzanzüge sowie Sturmhauben aus Wolle mit Überzügen aus Gabardine. Die Hände steckten in Fausthandschuhen aus Shetlandwolle, über die sie ein weiteres Paar aus Hundefell zogen. An den Füßen trugen sie zwei Paar Wollsocken, Fellschuhe und Überzieher aus Rentierleder. Die Kleidung war für trockene Kälte ausgelegt und nicht wasserdicht – mithin das Gegenteil dessen, was sie benötigt hätten.

Die Freiwache krabbelte in die feuchten Schlafsäcke aus Rentierfell und versuchte, zwischen Kisten sowie den Sandsäcken und Felsbrocken für den Ballast ein wenig Schlaf zu finden. Dafür mussten sich die Männer in den engen Spalt zwischen Ruderbank und Schiffsboden zwängen. Worsley fühlte sich wie in einem Kerker. Mehr als einmal schreckte er panisch hoch, weil er meinte, lebendig begraben zu sein.

An den scharfkantigen Steinen und Ballastsäcken zogen sie sich blaue Flecken zu, die sich zu den eitrigen Geschwüren an Handgelenken, Fußknöcheln und Gesäß gesellten, die sich durch die Mischung aus Salzwasser, Kälte und Reibung an der rauen Kleidung gebildet hatten. Wenn sie sich hinlegen wollten, machten sich die Kameraden gleichzeitig für ihre Wache bereit, sodass es eines Anweisers bedurfte, der die beiden gegenläufigen Bewegungen regelte wie ein Polizist den Verkehr.

Ein besonders heikles Unterfangen war es, auf dem rollenden und stampfenden Boot zu kochen. Wenn es in eine Welle eintauchte, wurde alles, was sich darin befand, geduscht. Und zu verhindern, dass der Hoosh aus dem Topf sprang, war regelrecht eine Kunst. In dieser Kunst üben konnte sich Crean, der zum Koch ernannt worden war. Ihm kam eine Aufgabe zu, die überlebenswichtig war, weil die Männer dringend etwas Warmes zu essen und zu trinken brauchten, um der Kälte und der Nässe etwas entgegensetzen zu können. Doch was an Land ein Leichtes war, konnte auf dem Südlichen Ozean einen einzelnen Menschen rasch überfordern, und so kochten sie schon sehr bald im Team.

Die Enge an Bord brachte es mit sich, dass man nicht aufrecht sitzend kochen konnte, sondern sich tief über den Kocher beugen musste. So kauerte Crean, an die Bordwand gelehnt, auf einer Ruderbank, Worsley ihm gegenüber. Den Kocher hielten sie mit ihren Füßen fest, damit er nicht von einer Welle umgestoßen wurde. Seine Rolle bezeichnete Worsley später als die des »Küchenjungen«, der für den »Chefkoch« den »Topf mit dem heiligen Hoosh« hielt, damit er nicht umkippte.

Oft half noch ein Dritter aus und fischte die Rentierhaare aus dem Essen, die von den altersschwachen Schlafsäcken stammten und sich überall niederließen. Jede Mahlzeit und jedes Getränk war mit Rentierhaaren versetzt. Einmal beobachtete Worsley, wie Crean in seinem Hoosh rührte, als urplötzlich »eine verdreckte schwarze Hand vorschoss, eine

Handvoll Rentierhaare aus dem Brei zog, sie auspresste, damit nichts verloren ging, und schließlich wegwarf«.[1] Vor ein bisschen Dreck im Essen war den Männern nicht bange, aber bei Rentierhaar hörte der Spaß auf.

McCarthy gab einige Eisstücke in den Topf, und in dem Wasser, das so entstand, weichte Crean das getrocknete Fleisch auf. Für jeden gab es etwa ein halbes Pfund Brei. Die Essensausgabe beschrieb Worsley so:

> Vom Rudergänger abgesehen, schauten alle auf den Koch, Becher und Löffel in der Hand. Sobald das Essen fertig war, rief Crean »Hoosh« und löschte die Flamme des Primuskochers. Die Männer reckten ihm ihre Becher entgegen. Crean füllte sie der Reihe nach. Wir schlangen das Essen hinunter, heiß, wie es war. ... Der Erste, der aufgegessen hatte, löste den Rudergänger ab, bevor dessen Essen kalt wurde.[2]

Crean achtete strikt darauf, dass alle gleich viel Hoosh bekamen. Aber für das Amt des Kochs war auch ein gewisser Preis zu zahlen, wie Worsley berichtete:

> Jeder von uns hatte Erfrierungen an den Händen, aber Crean und ich zusätzlich auch zahlreiche Verbrennungen, die vom Primuskocher herrührten.[3]

Wie das Kochen war auch das Essen keine einfache Angelegenheit. Aufrecht konnte man auch dabei nicht sitzen, was Probleme aufwarf, denn »die Brust drückt auf den Magen, das Schlucken fällt schwer, und das Essen findet kaum seinen Weg nach unten«.

Tröstlich wird für die Männer gewesen sein, dass sie trotz solcher Schwierigkeiten auf der Überfahrt nicht Hunger leiden mussten. Denn nach dem Hoosh bekam jeder noch etwas von einer nougatartigen süßen Masse, die zum Verzehr bei der Querung der Antarktis gedacht gewesen war. Zwischen den Mahlzeiten tranken die Männer in regelmäßigen Abständen heiße Milch, dazu gab es wahlweise Zwieback oder Würfelzucker.

Trotz der vergleichsweise guten Ernährung litten selbst »Salzbuckel« wie Crean und Shackleton unter dem permanent hohen Seegang. Außer Worsley und McCarthy wurden alle seekrank, weil das Boot zum Spielball der Wellen geworden war und sich um alle drei Achsen bewegte.

Der Südliche Ozean erstreckt sich zwischen der Antarktis im Süden und den Landmassen von Südamerika, Australasien und Südafrika im Norden, und weil kein Land die Wellen ausbremst, können sie sich »nahezu ungehindert« auftürmen, wie Worsley notierte. Sie erreichen regelmäßig Höhen von bis zu fünfzehn Metern und laufen »in wilder, stolzer Erhabenheit« einmal rund um den Globus.

> Diese Berge aus blauem Wasser erreichen bei Sturm eine Geschwindigkeit von gut vierzig Stundenkilometern, aber wenn sie sich überschlagen, sind sie sicherlich fast hundert Stundenkilometer schnell. Welch ungeheure Kraft hinter diesen Hunderten von Tonnen Wasser steckt, kann man allenfalls erahnen.[4]

Erstaunlicherweise behielten die Männer aber ihren Sinn für Humor, allen voran Crean und Shackleton. Worsley berichtete von einem »kuriosen gespielten Streit«, den sich die beiden Iren lieferten – ganz zur Erheiterung ihrer Begleiter.

> Halb diente es dem Zeitvertreib, halb war es ein witziger Protest gegen die äußeren Bedingungen. Tom Crean hatte schon so viel mit Sir E. erlebt und kannte ihn so gut, dass es keiner Absprache bedurfte, damit die Vorstellung beginnen konnte. Kurz nachdem die beiden abgelöst worden waren, ertönte aus dem Bug, wo die Schlafplätze waren, ein Grummeln, Murren und Knurren, das mal gegen grundsätzlich alles, mal gegen nichts Bestimmtes gerichtet war. Einige ihrer Kommentare waren so urkomisch, und Creans Bemerkungen waren so typisch irisch, dass ich Gefahr lief zu platzen, wenn ich das Lachen weiter unterdrückte. »Leg dich hin, Crean, statt hier wie eine alte Henne rumzuglucken«, hörten wir. »Chef, ich will die alten Rentierhaare nicht essen. Mein Hals sieht innen schon so aus wie der eines Geißbocks außen. Sollen doch Skipper (Worsley) und McCarthy sie essen. Denen ist sowieso egal, was auf den Tisch kommt.« Und so weiter und so fort.[5]

Bei einer anderen Gelegenheit äußerte sich Worsley wenig schmeichelhaft über Creans Gesangskünste, die er vorzugsweise in Momenten größter Anspannung darbot:

> Crean stand am Ruder und gab Töne von sich, die wir dank der detektivischen Detailarbeit eines Sherlock Holmes als *The Wearin' o' The Green* identifizieren konnten. Dann stimmte er eine andere Melodie an, deren Herkunft uns aber ein Rätsel blieb.[6]

Anfangs fuhren sie direkt nach Norden, um so schnell wie möglich die Breiten zu verlassen, in denen sie mit Treibeis rechnen mussten, und in jene zu kommen, in denen sie auf Westwind hoffen durften, der sie nach Südgeorgien bringen würde. Und zunächst kamen sie sehr gut voran. Am 26. April – zwei Tage nach der Abfahrt von Elephant Island – hatte die *James Caird* zur Mittagszeit 206 Kilometer zurückgelegt. Doch wie als Erinnerung an die ständig lauernde Gefahr sichteten sie auch zwei kleinere Wrackteile eines unbekannten, vermutlich unglückseligen Schiffes. Schließlich wähnte Shackleton sie weit genug nördlich, um nicht mehr mit Packeis rechnen zu müssen, und wagte eine Kursänderung nach Nordost. Südgeorgien lag nun voraus.

Durch das »Schießen« der Sonne den genauen Standort zu bestimmen war eine filigrane Aufgabe. Um auf dem schwankenden Boot mit dem Sextanten den Winkel zwischen Sonne und Horizont zu ermitteln, wurden vier Mann benötigt. Weil sich Worsley, der Navigator, bei dem Wellengang kaum auf den Beinen halten konnte, mussten Vincent und McCarthy ihn an der Hüfte umfassen und festhalten, damit er die Sonne ins Visier nehmen konnte. Shackleton, der unter der Segeltuchplane kauerte, kämpfte derweil mit dem Chronometer, Bleistift und Papier, die er gegen Spritzwasser zu schützen versuchte, während er die Werte notierte, die Worsley ihm zurief.

Worsley fuhr seit fast drei Jahrzehnten zur See und war durch diese Lehrzeit selbst für einen Moment wie diesen gerüstet. Sein erstes Kommando war ein Dreimaster gewesen, mit dem er in der Südsee herumgekreuzt war – fraglos in besserem Klima. Nach mehreren Stationen in der Handelsmarine war er schließlich bei der Royal Navy gelandet. Schon in seiner Zeit als junger Unteroffizier galt er als »sorgfältiger und verlässlicher Navigator«.

Zwar erfordert die Positionsbestimmung auf See Genauigkeit, aber unter den gegebenen Bedingungen schlichen sich zwangsläufig Fehler und Ungenauigkeiten ein. Das gilt umso mehr für die ersten Tage, in denen sie ständig Eisplatten ausweichen mussten. Nachts ließ sich Worsley von seinem Gefühl für Wind und Wellen leiten, und um sich abzusichern, blickte er immer wieder zu der Windfahne im Topp hinauf. Auf den Kompass war wenig Verlass, weil der von dem eisernen Kolben der Pumpe beeinflusst wurde, die nur wenige Zentimeter entfernt ihren Dienst verrichtete.

Doch mit der Zeit kam Worsley mit diesen Bedingungen immer besser zurecht. Mitunter staunte er selbst, wie präzise seine Messungen waren. Doch davon hing ungeheuer viel ab, weil selbst ein kleiner Fehler bedeuten konnte, dass sie Südgeorgien verpassten und auf dem Südatlantik endeten, wo eine Umkehr wegen des starken Gegenwindes ausgeschlossen wäre. Für Irrtümer blieb kein Spielraum.

Bislang hatte sich der Südwestwind gnädig gezeigt und sie zügig in die richtige Richtung befördert. Am 29. April schafften sie sage und schreibe 148 Kilometer. Auch wenn es bis zum Ziel noch ein weiter Weg war, war ein guter Teil der Strecke geschafft.

Doch der heraufziehende antarktische Winter zeigte seine Krallen, die Temperaturen sanken mit jedem Tag weiter. In einem Sturm krochen Crean und McCarthy über das Segeltuch zum Bug des Bootes, um die Segel zu bergen, die in der Kälte zu Eis zu erstarren und zu brechen drohten. Worsley beschrieb den Seegang, den der Sturm aufgetürmt hatte, lakonisch als »ziemlich hoch und ruppig«.

Weil permanent Wasser überkam, war das Boot schnell von einer dünnen Eisschicht bedeckt, was neue Gefahren heraufbeschwor. Am 1. Mai stellten die Männer im Morgengrauen fest, dass die Eisschicht über Nacht fünfzehn Zentimeter dick geworden war. Das bloße Gewicht drohte das Boot umzuwerfen. Abwechselnd krochen sie nach vorn und versuchten, das Eis mit einer Axt zu entfernen – selbstverständlich im Sitzen, denn aufzustehen wäre Selbstmord gleichgekommen. So mühten sich die Männer jeweils nur wenige Minuten, ehe sie erschöpft unter die Segeltuchplane schlüpften, um wieder zu Kräften zu kommen. Vincent konnte von Glück sagen, dass er bei einer abrupten Bewegung des Bootes zwar kurz den Halt verlor, aber nicht über Bord ging.

Kaum hatten sie das Eis vom provisorischen Deck der *James Caird* entfernt, bildete sich neues, und so mussten die Männer erneut auf allen vieren nach vorn kriechen und den gefährlichen Ballast über Bord geben.

In der darauffolgenden Nacht zog ein Sturm auf, in dem McNeish auf eine neue und unerwartete Wendung in ihrem

Überlebenskampf stieß. Er war einem eigentümlichen üblen Geruch nachgegangen und hatte festgestellt, dass die Schlafsäcke regelrecht verfaulten.

Und auch die Männer selbst litten zunehmend unter den widrigen Bedingungen. Die Kälte und der ständige Kampf gegen das eisige Wasser, das mit jeder Welle an Bord kam, hatten sie ausgelaugt. Wie Worsley später berichtete, schwollen ihre Beine an, wurden weiß und taub, weil sie ständig feucht waren. Shackleton sprach von »oberflächlichen Erfrierungen«.

Auch ihre Hände boten einen »erbärmlichen Anblick«, so Worsley:

> War ein Finger von den Erfrierungen betroffen, wurde das durch einen Ring angezeigt, der dort entstand, wo sich die Haut abschälte. Um zu ermitteln, wie oft es uns erwischt hatte, mussten wir nur diese Ringe zählen, ungefähr so, wie ein Waldarbeiter die Ringe eines Baums zählt, um sein Alter zu bestimmen.[7]

Mit Unterstützung eines Sturms aus Südwest kam das kleine Boot weiterhin gut voran. Am 3. Mai ergab das Mittagsbesteck, dass sie seit dem Abschied von Elephant Island 403 Seemeilen beziehungsweise 746 Kilometer zurückgelegt hatten – mehr als die Hälfte der Strecke war damit geschafft. Auch der 4. Mai verlief verheißungsvoll, doch auf das, was sich am 5. Mai zutrug, war niemand vorbereitet.

Gegen Mitternacht entdeckte Shackleton am Horizont in süd- bis südwestlicher Richtung einen schmalen hellen Streifen, den er zunächst für eine Lücke in der Wolkendecke hielt.

Er rief Crean und McNeish zu sich, um sie darauf aufmerksam zu machen, dass der Himmel aufklarte. Plötzlich wurde ihm klar, dass sich der vermeintliche Streifen bedrohlich schnell näherte. Da erst begriff er, dass eine gigantische Welle auf sie zurollte.

Shackleton konnte seinen Kameraden noch zurufen, dass sie sich festhalten sollten, dann traf die Welle auf das kleine Boot, das durch die ungeheure Wucht nach vorn katapultiert wurde. Es war viel zu leicht, um der Naturgewalt etwas entgegenzusetzen, und so wurde es »wie ein Korken in der Brandung« Mal um Mal aus dem Wasser gehoben und wieder fallen gelassen. Die Männer fanden sich in einem »siedenden Chaos tobenden Wassers« wieder und wussten nicht zu sagen, ob das Boot bereits kieloben schwamm.[8] Es erbebte zwar, zerbrach aber nicht, und so unvermittelt die Welle gekommen war, so schnell war sie wieder weitergezogen. Sie hatten überlebt.

Das Boot aber war bis auf halbe Höhe vollgelaufen. Crean und McNeish schnappten sich alles, was einem Eimer auch nur entfernt glich, und machten sich daran, das Wasser aus dem Boot zu schöpfen. Die Freiwache um Worsley eilte ihnen zu Hilfe. Allen Männern war klar, dass eine weitere Welle, selbst wenn sie weniger hoch wäre, das heillos überladene Boot zum Sinken bringen würde.

Shackleton bekannte, dass er nie zuvor in seiner sechsundzwanzigjährigen Laufbahn als Seemann eine vergleichbar hohe Welle gesehen hatte. Er beschrieb die Szene plastisch als »Umwälzung des Ozeans«.[9] Worsley stellte die Vermutung an, dass sie durch einen irgendwo in den Weiten des Südlichen Ozeans kalbenden Eisberg ausgelöst worden war.

Am Mittag des nächsten Tages ergab ihre Messung, dass sie nur noch 160 Kilometer von Südgeorgien entfernt waren, doch für die erschöpften Männer drohte selbst das zu viel zu sein. Vincent stand kurz vor dem Zusammenbruch, und auch McNeish, der Älteste der Gruppe, hatte nichts mehr zuzusetzen. Crean hingegen machte den Eindruck, dass ihm auch die größten Strapazen nichts anhaben konnten. Shackleton notierte beeindruckt:

> Eine der prägendsten Erinnerungen aus jenen Tagen ist das Bild von Crean, wie er an der Ruderpinne saß und sang. Er sang immer, wenn er steuerte, doch keiner von uns bekam je heraus, um was für ein Lied es sich handelte.[10]

Auch Shackleton selbst ließ immer öfter erkennen, wie groß der Druck war, der auf ihm lastete. Bei einer Gelegenheit fuhr er Crean in einer Weise an, die verriet, dass seine Nerven blank lagen Beim Zubereiten des abendlichen Essens hatte Crean dem beschädigten Fass Wasser entnommen und festgestellt, dass es salzig schmeckte. Daraufhin rief er Shackleton zu sich, um ihn zu fragen, was er nun tun solle. Doch Shackleton reagierte ausgesprochen unwirsch und fuhr Crean an, er solle ihn in Ruhe lassen und sich lieber um den Hoosh kümmern. Crean tat, wie ihm befohlen, doch als er später das Essen austeilte, erwies es sich als nahezu ungenießbar.

Die Panne mit dem Wasserfass war das letzte in einer ganzen Reihe von Missgeschicken, die die Expedition von

Beginn an ereilt hatten. Und die Männer auf dem kleinen Boot sahen sich nun dem Problem gegenüber, dass sie zwar für zwei Wochen Proviant hatten, aber kaum noch sauberes Trinkwasser. Mit dem Seegang und dem widrigen Wetter hatten sie unterdessen halbwegs umzugehen gelernt, aber ohne Wasser wären sie verloren. Es wurde daher höchste Zeit, dass sie Südgeorgien erreichten.

Ursprünglich hatten sie Willis Island oder Bird Island anlaufen wollen, die beide ein Stück westlich von Südgeorgien liegen, um von dort aus die Walfangstation Leith Harbour auf der Nordseite der Insel anzusteuern. Dort gab es Menschen und Schiffe, die ihnen weiterhelfen würden. Doch diese Überlegungen verloren nun an Bedeutung – alles hing davon ab, dass sie schnell an Land kamen und ihren Durst stillen konnten. Einstweilen ordnete Shackleton an, die tägliche Ration auf einen Viertelliter pro Mann zu reduzieren. »Als Folge davon quälte uns ein wahnsinniger Durst«, notierte er.[11]

Der 8. Mai begrüßte sie mit Starkwind und schlechter Sicht, doch am meisten quälte die Männer der Wassermangel. Ihre Lippen waren aufgerissen, die Zungen geschwollen, die Münder trocken. Zu ihrer Qual trug zusätzlich der Umstand bei, dass es um sie herum Wasser im Überfluss gab – Wasser, von dem sie nicht trinken durften.

Doch Worsley war zuversichtlich, dass sie ihr Ziel sehr bald erreichen würden, und als sie über sich einige Vögel entdeckten, nahmen sie es als ein Zeichen des Himmels: Wo Vögel sind, ist auch Land. Die Männer suchten den Horizont ab, bis die Augen brannten, immer in der Hoffnung, trotz des wolkenverhangenen Himmels die Küste sehen zu können.

Kurz nach Mittag entfuhr McCarthy ein gellender Schrei: »Land in Sicht!« Dann riss für einen Moment die Wolkendecke auf und legte den Blick auf die schwarzen und schroffen Berge Südgeorgiens frei, ehe der Vorhang sich wieder schloss und den wundersamen Anblick vor den Augen der Männer verbarg.

Worsleys Navigation hatte sie zu ihrem Ziel gebracht, und mit erkennbarem Stolz notierte er:

> Wir sahen uns mit einem breiten Grinsen an, in dem sich Erleichterung und Überschwang mischten. Auf einen Nenner gebracht, wollte es besagen: »Wir haben es geschafft!«[12]

Shackleton beschrieb die Szene so:

> Das war ein glücklicher Augenblick. So durstgeplagt, durchfroren und schwach wir waren, überkam uns doch Freude. Unsere Aufgabe war beinahe erfüllt.[13]

Fast am Ziel waren sie in der Tat, allerdings hatte es sie weiter südlich verschlagen als geplant, was den Weg nach Leith Harbour oder in eine der anderen Buchten an der Nordküste, in denen sie auf Hilfe hoffen durften, weiter und beschwerlicher machte. Zudem war das Wetter nicht gewillt, ihnen auf den letzten Metern der Reise entgegenzukommen. Kurz bevor sie die Küste erreichten, nahm der Wind wieder zu und steigerte sich bald zum Sturm. Die Männer liefen Gefahr, auf die vorgelagerten Felsen gedrückt zu werden. Worsley entdeckte voraus Turbulenzen im Wasser, die von Untiefen und Riffen kündeten, an denen die *James Caird* unweigerlich zerschellen würde, käme sie ihnen zu nahe. Unter diesen Bedingungen einen Landfall zu wagen kam nicht infrage, und so steuerten sie das Boot zurück auf das offene Meer, wo sie warten wollten, bis der Sturm sich gelegt hatte. Die Rettung war mit Händen greifbar und lag doch so fern.

Die Sonne ging früh wieder unter, der Wind nahm weiter zu. Die ganze Nacht hindurch mussten die leidgeprüften Männer die Pumpe bedienen und per Hand Wasser schöpfen, damit die *James Caird* nicht volllief. Einmal wurde sie von einer Kreuzsee getroffen und brutal von einer Seite auf die andere geworfen. Die Männer litten unter dem Durst, der durch das abendliche Essen noch verstärkt worden war, weil sie den Hoosh mit dem verbliebenen brackigen Rest aus dem verdorbenen Fass zubereiten mussten.

Shackleton war sich insgeheim noch immer nicht sicher, dass sie die Insel lebend erreichen würden. Dafür würden sie die Nacht überstehen müssen, die zur längsten der gesamten Reise werden sollte – und wohl auch zur längsten ihres Lebens.

Als der Morgen des 9. Mai anbrach, legte der Wind auf Orkanstärke zu, die Wellen waren bis zu zwölf Meter hoch. Keiner der Männer hatte bisher Vergleichbares erlebt. Worsley kam zu dem bitteren Schluss, dass ein solches Wetter »direkt aus der Hölle« stammen musste.

Doch noch war der Höhepunkt nicht erreicht, denn zur Mittagszeit wehte der Sturm mit 130 Stundenkilometern, als wolle er um jeden Preis verhindern, dass die Männer ihr Ziel erreichten. Zur selben Zeit ging wenige Meilen entfernt das argentinische Schiff *Argos* vor der Küste Südgeorgiens mit Mann und Maus unter.

An warmes Essen war nicht mehr zu denken, sodass die Männer sich mit dem Proviant zufriedengeben mussten, der für die Querung der Antarktis gedacht gewesen war. Und selbst den bekamen sie kaum hinunter, weil ihnen zum Schlucken der Speichel fehlte. Von dem Brackwasser war nur noch ein halber Liter übrig, den sie, um ihn trinken zu können, zunächst seihen mussten, um die Rentierhaare herauszubekommen.

Der Sturm wütete zehn Stunden lang. Einmal riss immerhin die Wolkendecke auf, sodass die Männer sich orientieren und den Küstenverlauf erkennen konnten. Das Ufer mochte knapp zwei Kilometer entfernt sein, und damit kamen sie in einen Bereich, in dem wieder Untiefen und Riffe lauerten. Vorsichtshalber drehten sie erneut ab und fuhren ein Stück weiter hinaus.

Das Wetter blieb grauenhaft, wie die Einträge im Logbuch, die Worsley vornahm, nachdrücklich belegen: »Schwerer Sturm aus West, extrem hoher Seegang. Wind erreicht Orkanstärke.«[14]

Auf dem Höhepunkt des Unwetters sahen Crean und Worsley sich gezwungen, auf dem Bauch zum Bug zu kriechen und das Sturmsegel zu setzen, damit das Boot nicht zum Spielball der Wellen und auf die Felsen getrieben wurde. Für eine solche Aktion war viel Mut erforderlich, aber nur so konnte verhindert werden, dass die *Caird* zerschellte.

Gegen 16 Uhr riss die Wolkendecke so weit auf, dass die Männer Annenkov Island erkennen konnten, eine kleine, steil aufragende unbewohnte Insel, die etwa zehn Kilometer vor der Küste Südgeorgiens liegt. Wieder liefen sie Gefahr, auf

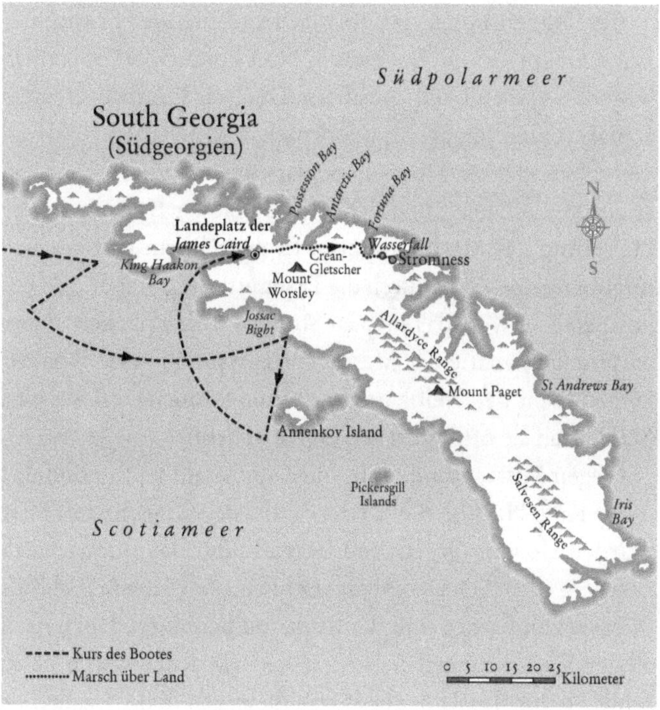


Südgeorgien war noch weitgehend unerforscht, als Shackleton, Worsley und Tom Crean 1916 die Insel zu Fuß durchquerten. Die Karte zeigt den Kurs, auf dem sich die *James Caird* der Insel genähert hat, und den Weg, den die drei Männer genommen haben.

Riffe aufzulaufen, doch wie durch ein Wunder gelang es den Männern, das kleine Boot durch die Gefahrenstelle hindurchzusteuern. Zum Lohn mussten sie eine weitere Nacht auf dem offenen Meer verbringen, wo sie, wie Worsley notierte, »starker Seegang« erwartete.

Bei Tagesanbruch des 10. Mai legte sich der Sturm, der Wind wehte nur noch schwach. Nun konnten sie es endlich wagen, sich dem Land zu nähern. Doch als Crean aus seinem Schlafsack im Vorschiff hervorkroch, erlebten die Männer einen schreckhaften Moment. Schlaftrunken, wie er war, stieß er gegen die Ducht, und dabei löste sich der Bolzen, der die Halterung des Mastes sicherte. In dem Sturm hatte er sich offenbar gelöst, und durch die Erschütterung war er nun herausgefallen. Wäre das ein paar Stunden früher passiert, dann, so Worsley, »hätte der Mast nachgegeben wie eine Karotte, keine Macht der Welt hätte uns retten können«. Dieses eine Mal hatten sie offensichtlich Glück gehabt.

Gegen Mittag standen sie vor Kap Demidov, der Einfahrt in die King Haakon Bay an der Südküste Südgeorgiens. Hier wurden sie von Gegenwind begrüßt, der das Boot zurück aufs Meer drückte. Den Männern blieb keine andere Wahl, als die Segel zu bergen und die Ruder zu benutzen. Doch nach all den Entbehrungen der vergangenen Wochen waren sie zu schwach, um das Boot vorwärtszubewegen. Bald brachen sie das aussichtslose Unterfangen ab und stellten sich darauf ein, eine weitere Nacht auf See zu verbringen.

Siebzehn Tage dauerte ihr Martyrium nun bereits, und allmählich waren sie am Ende ihrer Kräfte. Eine weitere Nacht auf dem eisigen Ozean, ohne Wasser und warmes Essen, wäre für manchen von ihnen wohl die letzte Nacht gewesen.

Am späten Nachmittag aber, das Licht wurde schon schwächer, entdeckten sie eine schmale Durchfahrt durch das vorgelagerte Riff. Um hineinzusegeln, war sie zu eng, und so ruderten sie mit letzter Kraft bis zur Passage, um im letzten

Moment die Ruder einzuholen und hindurchzugleiten wie ein Faden durch ein Nadelöhr.

Mit dem Wellenschlag trieb das Boot in eine kleine Bucht, in der es schließlich auf Grund lief. Shackleton ging als Erster an Land und hielt das Boot fest, damit die anderen ihm folgen konnten. Zu ihrer großen Erleichterung verlief in unmittelbarer Nähe ein Bach, der vermutlich von einem Gletscher gespeist wurde. Die Männer fielen auf die Knie und tranken.

Die Bucht war etwa hundert Meter tief und fünfzig Meter breit. An ihren Seiten ragten schneebedeckte Felsen auf. Am Ende der Bucht wartete ein kleiner Steinstrand, und Crean entdeckte gar eine Höhle, die ihnen in der Nacht Schutz bieten konnte.

So endete der 10. Mai 1916. Seit die Männer zuletzt in Südgeorgien gewesen waren, waren 522 Tage vergangen.

# DIE QUERUNG SÜDGEORGIENS

So recht wollte keine Freude aufkommen, als sie sich am Ende ihrer bemerkenswerten Seereise auf den Strand gerettet hatten. Nie zuvor hatten Menschen eine solche Fahrt auf dem Südlichen Ozean hinter sich gebracht, aber daran verschwendeten sie keinen Gedanken, als sie sich nun erschöpft und halb verdurstet den Steinstrand hinaufbewegten.

Die sechs Männer gaben ein Bild des Jammers ab. Die siebzehn Tage in dem offenen Boot hatten tiefe Spuren hinterlassen, wie sie daran erkennen konnten, dass es ihnen große Mühen bereitete, sich auch nur auf den Beinen zu halten. Durch die ständige Nässe und die Enge an Bord, in der sie sich nicht einmal hatten aufrichten können, waren ihre Gliedmaßen unbeweglich geworden.

Zunächst hatten sie den verbliebenen Proviant und die Ausrüstung von Bord holen wollen, aber schnell gemerkt, dass sie zu schwach waren, um das Boot auf den Strand zu ziehen, wo es vor dem Zugriff des Meeres geschützt wäre. Damit es leichter wurde, entfernten sie die Sandsäcke und Steine, die als Ballast gedient hatten, aber auch danach kamen sie nicht weiter. Unter normalen Umständen wäre es den sechs Männern ein Leichtes gewesen, ein kleines Boot wie die *James Caird* auf den Strand zu ziehen, aber nach den Strapazen und Entbehrungen der letzten siebzehn Tage waren sie zu schwach, um es auch nur ein Stück weit zu bewegen. Deshalb gaben sie den Versuch auf und brachten stattdessen eine Leine aus, die sie an einem Felsen befestigten. Sie sollte das Boot sichern, während die Männer sich etwas Warmes zu essen und ein wenig Ruhe gönnten.

Die kleine, knapp vier Meter tiefe Höhle am Ende der Bucht war letztlich nicht mehr als eine Aushöhlung in den Klippen. Der Eingang war durch große Eiszapfen versperrt, ein jeder gut vier Meter lang und dazu angetan, Eindringlinge abzuschrecken. Doch nach siebzehn Tagen auf dem Südlichen Ozean verhieß die Höhle den Komfort eines Luxushotels.

Crean kam seinen Pflichten als Koch nach und bereitete die erste warme Mahlzeit seit Tagen zu. Nach dem Essen krochen die Männer in ihre Schlafsäcke. Shackleton brachte die Energie und den Willen auf, die erste Wache zu übernehmen und die *James Caird* im Auge zu behalten. Noch stand ihnen die Fahrt auf die andere Seite der Insel bevor, und dafür brauchten sie das kleine Boot. Doch wie sich gezeigt hatte, lauerte hinter jeder Ecke ein Unglück.

Gegen zwei Uhr früh übernahm Crean die Wache. Kaum hatte sie begonnen, griff eine überraschend hohe Welle nach dem Boot und riss es aus seiner Verankerung. Ohne Rücksicht auf seine Gesundheit lief Crean in das eisige Wasser, um die Leine zu fassen zu bekommen, ehe das Boot auf dem Meer verschwand. Erst als ihm das Wasser bis zum Hals stand, konnten ihm die Kameraden zu Hilfe eilen.

Doch noch immer sahen sie sich außerstande, das Boot auf den Strand zu ziehen, und das bedeutete, dass sie die ganze Nacht wach bleiben mussten, um sicherzustellen, dass es am nächsten Morgen noch da war. Nicht einmal ein paar Stunden Schlaf war ihnen in der menschenfeindlichen Umgebung vergönnt.

Um Gewicht zu sparen, bauten sie am nächsten Morgen die Erhöhung des Schanzkleides und das provisorische Deck ab, das McNeish vor drei Wochen mit einiger Mühe eingebaut hatte. Doch auch dann dauerte es einige zähe Stunden, bis sie die *James Caird* endlich so weit auf den Strand gezogen hatten, dass die Brandung nicht mehr an sie heranreichen konnte.

Zum Tagesabschluss begaben sich Crean und Shackleton auf die Suche nach Frischfleisch. Sie erlegten einen Albatros und dessen Küken, was den Männern ein schmackhaftes Abendessen und das wohlige Gefühl bescherte, etwas Warmes im Bauch zu haben. McNeish empfand es als »Leckerbissen«, und zum ersten Mal seit vielen Wochen konnten sich die Männer etwas entspannen. Die *Caird* lag hoch und trocken, und so krochen die Männer in ihre Schlafsäcke und gönnten sich eine zwölfstündige Nachtruhe, ohne durch hohen Seegang oder Spritzwasser geweckt zu werden. Für einen kurzen Moment bot ihnen ihr ärmlicher Zufluchtsort alles, was sie sich nur wünschen konnten.

Der kleine Strand, den Shackleton Cape Rosa taufte, war aber nicht der Endpunkt ihrer Odyssee – er war nur eine Zwischenstation auf dem Weg nach Leith Harbour oder zu einer der anderen Walfangstationen auf der Nordseite der Insel.

Vincent und McNeish hatten während der nervenaufreibenden Überfahrt besonders gelitten und waren nicht imstande, noch einmal in See zu stechen. Doch die Absicht, um die Insel herumzusegeln, um so auf die Nordseite zu gelangen, hatte sich ohnehin zerschlagen, als sie am nächsten Morgen aufwachten. Jetzt erst stellten sie fest, dass die *James Caird*, als sie sich am Vortag losgerissen hatte, das Steuerruder verloren hatte. Das kleine Schiff, das auf einem der gefürchtetsten Meere der Welt 1300 Kilometer zurückgelegt hatte, war nur mehr ein ärmliches und steuerloses Ruderboot.

Ein neuer Plan musste her. Leith Harbour, ihr bevorzugtes Ziel, war auf dem Seeweg gut 200 Kilometer entfernt. Nicht verbrieft war, ob die dortige Walfangstation im Winter besetzt war. Als Alternativen boten sich Stromness und Husvik an, die zwar etwas weiter weg waren, aber mit Sicherheit besetzt.

Auf dem Landweg mochten es bis zur Nordseite etwa fünfzig Kilometer sein – Luftlinie, wohlgemerkt. Doch noch hatte niemand versucht, Südgeorgien zu Fuß zu durchqueren, das Landesinnere war allenfalls grob kartiert und weitgehend unbekannt. Aber Shackleton wusste, dass ihm kaum eine Wahl blieb. Sie mussten einen Weg nehmen, der noch nie begangen worden war. Dass sie weder über die erforderliche Ausrüstung noch über genügend Proviant verfügten, geriet darüber fast zur Nebensache. Allein die Willenskraft der erschöpften Männer würde über Erfolg und Misserfolg ihres Vorhabens entscheiden.

Südgeorgien ist ein ödes, unwirtliches und abschreckendes Stück Land, das von einem im Durchschnitt 1500 Meter hohen Gebirgsrücken namens Allardyce Range durchzogen wird, dessen höchste Erhebung, der Mount Paget, bis auf 2750 Meter reicht. Durchzogen ist das Gebiet von nacktem Fels, Schneefeldern, gefährlichen Schluchten und eisigen Abhängen. Die Hälfte der Insel, die gut 160 Kilometer lang und bis zu dreißig Kilometer breit ist, ist von Gletschern bedeckt.

Ohne lange nachzudenken, entschied Shackleton, dass Tom Crean und Frank Worsley ihn auf dem extrem schwierigen Marsch auf die andere Seite der Insel begleiten sollten. McCarthy, der von den verbleibenden Männern der fitteste war, bekam die Aufgabe, sich derweil um die arg geschwächten McNeish und Vincent zu kümmern.

Worsley stellte sich auf eine neue Herausforderung ein. Dass er die *James Caird* sicher über den Südlichen Ozean navigiert hatte, zählt zu den herausragenden Leistungen in der Geschichte der Seefahrt. Nun hingen Wohl und Wehe der Truppe auch an Land von seinen Fähigkeiten ab, ohne die der Marsch quer über die Insel undenkbar war. Glücklicherweise hatte er in den Alpen Erfahrungen mit der Positionsbestimmung in den Bergen sammeln können, und die Entbehrungen der zurückliegenden Wochen hatte er vergleichsweise gut weggesteckt.

Dass Shackletons Wahl auf Crean fiel, kann nicht verwundern, auch wenn sich dessen Klettererfahrung auf die sanften Hügel seiner irischen Heimat beschränkte. Aber dass er gut zu Fuß war, hatte er auf dem Eis mehrfach eindrucksvoll bewiesen.

Crean, der auf seinen 39. Geburtstag zusteuerte, hatte von den letzten fünfzehn Jahren gut sieben in der Antarktis verbracht und war für die bevorstehenden Herausforderungen und Mühen besser gerüstet als die meisten anderen. Ausdauer und Hartnäckigkeit hatte er genügend unter Beweis gestellt, und Shackleton wusste, dass Crean unterwegs nicht schlappmachen würde. Das würden seine physische und seine mentale Kraft verhindern. Fast genauso wichtig war, dass er auch in Krisensituationen die Ruhe behielt.

Doch um für den Marsch gerüstet zu sein, mussten die Männer zunächst wieder zu Kräften kommen. Deshalb aßen sie viel und regelmäßig, und auch die für die Querung der Antarktis bestimmte Notration wurde angebrochen.

Auch wenn die Überfahrt sie ausgelaugt hatte, achteten die Männer darauf, dass sie nicht untätig blieben. Einige begaben sich auf die Suche nach Gras und anderen Pflanzen, die als Unterlage in der Höhle dienten, andere machten Jagd auf Vögel und alles, was essbar war. McNeish und McCarthy zersägten derweil das Holz, das einst die erhöhten Flanken der *James Caird* gebildet hatte. McNeish notierte in sein Tagebuch: »So gut hatten wir es schon seit fünf Wochen nicht mehr.«[1]

Und doch war allen klar, dass der Ort, an dem sie sich befanden, nicht geeignet war, um McNeish und Vincent, die beiden geschwächten Kameraden, zurückzulassen. Dafür musste ein anderer her, und den fanden sie in etwa zehn Kilometern Entfernung im Inneren der King Haakon Bay, wo ihren Karten zufolge die Umgebung ein wenig freundlicher war. Und so wurde beschlossen, so bald wie möglich »umzuziehen«.

Während sie das Boot beluden, sprang Crean unvermittelt auf und lief ins Wasser, weil ihm dort ein Gegenstand aufgefallen war, der auf den Wellen tanzte. Zu ihrer großen Verwunderung handelte es sich um das Steuerruder, das sie seit sechs Tagen vermissten. Nun hatte es offenbar beschlossen, wieder zu ihnen zurückzukehren, statt sich in den endlosen Weiten des Südlichen Ozeans umzusehen.

Auch das Wetter hatte ein Einsehen, als sie kurz darauf das Boot durch die schmale Durchfahrt lenkten und Cape Rosa hinter sich ließen, um die King Haakon Bay zu queren. Kurz nach Mittag weckte ein sanft geschwungener Sandstrand ihre Aufmerksamkeit. Als sie sich ihm näherten, entdeckten sie zahllose See-Elefanten. Einer würde genügen, um sie für lange Zeit mit Fleisch und Tran zu versorgen. Die Aussicht ließ sie auf den Strand zuhalten, den Shackleton spontan »Peggoty Camp« nannte – eine Reverenz an die gleichnamige Figur aus Charles Dickens' Roman *David Copperfield*, deren Haus aus den Resten eines Bootes besteht.

Mit einiger Mühe zogen sie die *Caird* auf den Strand und drehten sie auf die Seite, damit sie ihnen Schutz vor dem starken Wind bieten konnte. Mit einigen Steinen stützte McCarthy sie ab, anschließend wurde die Ausrüstung wieder verstaut. Als das erledigt war, bot die Unterkunft einen Hauch von Luxus, auf den sie in den zurückliegenden Monaten auf dem Eis und dem offenen Meer hatten verzichten müssen.

Zeit zu verlieren hatten sie jedoch nicht. Shackleton, Worsley und Crean brannten darauf, den Marsch über die Insel zu beginnen. Immerhin war es mehr als drei Wochen her, dass sie die Kameraden auf dem Strand von Elephant Island zurückgelassen hatten. Doch zunächst spielte ihnen mal wieder das Wetter einen Streich. Den 16. Mai verbrachten die Männer fast vollständig in ihrem Unterstand. Besser wurde es erst am Nachmittag des 18. Mai, und so beschloss Shackleton, am nächsten Tag aufzubrechen.

Der 19. Mai war ein Freitag, und gegen zwei Uhr morgens aß jeder der drei Männer eine große Portion Hoosh und bereitete sich auf den Abmarsch vor. Die Nacht war mondhell – ein gutes Omen.

Ursprünglich wollten sie den Schlitten mitnehmen, den McNeish aus Holzresten gebaut hatte, um mit ihm auf der ersten Hälfte der Strecke den Proviant für fünf Tage und die Schlafsäcke zu transportieren. Doch für das unwegsame Gelände, die Schneefelder, Gletscher und Berge, die sie überqueren mussten, war der Schlitten letztlich zu schwer und unhandlich.

Nach einer kurzen Besprechung beschlossen sie, so wenig Gepäck wie möglich mitzunehmen, um schneller voranzukommen. Sie steckten Proviant für nur drei Tage ein, und um Gewicht zu sparen, nahmen sie nicht einmal die Schlafsäcke mit. Das war überaus riskant, denn ein Zelt besaßen sie nicht, und so wären sie einem Naturereignis wie einem Schneesturm schutzlos ausgeliefert. Und dass sie in schlechtes Wetter geraten würden, damit mussten sie zu dieser Jahreszeit in dieser Gegend der Welt jederzeit rechnen.

Der Proviant für drei Tage steckte in Strümpfen, von denen jeder der Männer einen bei sich trug. Der Primuskocher verfügte über genügend Brennstoff, um sechs Mahlzeiten zuzubereiten. Hinzu kamen zwei Kompasse, ein Fernglas, fünfzehn Meter Leine, eine halb volle Schachtel Streichhölzer sowie ein Querbeil, das als Eisaxt dienen sollte. McNeish hatte noch einmal tief in die Wunderkiste gegriffen und einige Kupferschrauben aus dem Rumpf der *James Caird* herausgedreht, um sie anschließend unter den Schneeschuhen der Männer zu befestigen, damit sie auf Eis und Schnee Halt fanden. Der einzige Gegenstand, der nicht lebensnotwendig war, war das Logbuch, das Worsley auf der *Endurance* geführt hatte.

Die Kleidung der Männer war unzureichend und zudem nach fünf Monaten pausenloser Benutzung abgetragen. Die einst robuste Unterwäsche taugte inzwischen allenfalls für eine kühle Sommernacht. Darüber zogen die Männer eine gewöhnliche Hose und einen Wollpullover. Gegen schlechtes Wetter schützte sie eine winddichte Jacke. Um Kälte und Feuchtigkeit abzuhalten, schlangen sie Hosen beziehungsweise Hemden um Hals, Taille, Hand- und Fußgelenke. Die Köpfe waren mit einer Wollmütze geschützt, die Hände steckten in Fausthandschuhen. An den Füßen trugen sie zwei Paar Wollsocken und Fellstiefel.

Um ihre persönliche Habe mitnehmen zu können, hatten die drei Männer ein Stück Stoff in ihren Jacken befestigt, das nun als Tasche für Löffel, Tabak, Papiere und ein paar Zwiebäcke diente – wahre Schätze für jemanden, dem nur noch das nackte Leben geblieben war. Seinen ganz persönlichen Schatz, das Skapulier, trug Crean wie immer um den Hals.

Shackleton hinterließ in McNeishs Tagebuch eine Notiz, aus der hervorging, dass sie nach Husvik wollten. Für den Fall, dass er nicht zurückkommen sollte, legte er den drei Männern nahe, in einigen Monaten, wenn der Winter vergangen war, mit dem Boot die Nordspitze von Südgeorgien zu runden. Die Nachricht endete mit den Worten: »Ich bin zuversichtlich, dass wir in wenigen Tagen zurück sind.«[2]

Zum Abschied reichten sie sich die Hände, dann traten die drei Männer den Marsch ins Ungewisse an. McNeish begleitete sie ein kurzes Stück, ehe er ihnen zum zweiten Mal die Hand reichte und beobachtete, wie sie über verschneite Hänge den Aufstieg zu den schwarzen Bergen begannen, deren Gipfel weiß schimmerten. Es war kurz nach drei Uhr, der Mond ließ es sich nicht nehmen, den drei Wanderern auf den ersten Schritten etwas Licht zu spenden.

Auch das Wetter zeigte sich gnädig, als sie den ersten schweren Anstieg bewältigen mussten, um schließlich nach zwei Stunden auf fast 800 Metern über Meereshöhe anzukommen. Das Gelände, das unmittelbar vor ihnen lag, war eben, aber dahinter taten sich fünf hohe Berge mit unpassierbaren Vorsprüngen, abschüssigen Schneefeldern und steil abfallenden Gletschern auf. Das Landesinnere, so Shackletons Schlussfolgerung, würde sie mit »gewaltigen Herausforderungen« und Gipfeln konfrontieren, die hervortraten wie die Knöchel einer geballten Faust.

Gegen Abend zog Nebel auf, und die Männer konnten zum ersten Mal von Glück sagen, dass ihr Marsch nicht ein jähes Ende nahm, als sie in der Dämmerung erst im letzten Moment merkten, dass sie auf eine tiefe Schlucht zuliefen. Nicht einmal ihren Nebenmann konnten sie richtig sehen, so dicht war der Nebel, und so waren sie sich eine Zeit lang auch nicht sicher, ob nicht doch einer von ihnen unbemerkt zu Tode gestürzt war. Plötzlich fühlten sie sich klein und schutzlos, und Worsley konnte noch Jahre später die Erleichterung nachempfinden, die sich einstellte, als feststand, dass alle wohlauf waren.

> Shackletons Stimme zu hören, dann die von Crean, der leise vor sich hin fluchte, war eine unbeschreibliche Wohltat. Nie zuvor hatte ich mich so kläglich gefühlt, nie so deutlich die Hilflosigkeit des Menschen gegenüber der Natur empfunden. Für einen kurzen Moment stellte sich ein, was man umgangssprachlich »weiche Knie« nennt – ein Gefühl, das einen befällt, wenn man mit knapper Not einer akuten Bedrohung entkommen ist.[3]

Doch die Männer zogen die richtigen Schlüsse und bildeten fortan eine Seilschaft, um zu verhindern, dass einer von ihnen im dünnen Eis einbrach oder in einen Abgrund stürzte. So wie Evans, Crean und Lashly auf dem Rückmarsch vom Polarplateau im Jahr 1912, so waren nun auch diese drei Männer auf Gedeih und Verderb miteinander verbunden.

Shackleton ging voraus und bahnte ihnen den Weg durch den dichten Nebel, gefolgt von Crean und Worsley. Viel kam darauf an, auf möglichst direktem Weg Richtung Husvik oder Stromness zu gehen, und so wurde Shackleton durch Zurufe, wie sie auf See üblich sind – »nach backbord«, »nach steuerbord«, »voraus« –, von den beiden Hintermännern dirigiert.

Dann lichtete sich der Nebel etwas, und die Männer konnten »voraus« einen schneebedeckten Binnensee erkennen, der mit der erfreulichen Aussicht verbunden war, dass sie auf der vereisten Oberfläche leichter vorankämen. Um das gute Wetter zu nutzen, beeilten sie sich, zu dem See zu kommen, und tatsächlich erfüllte sich der Wunsch: Es ging sich deutlich bequemer. Doch sehr schnell sollte sich erweisen, dass sie sich schwer getäuscht hatten.

Der See streckte sich bis an den Horizont aus, und die Verwunderung darüber ging bald in die Gewissheit über, dass vor ihnen das offene Meer lag. Der »Binnensee« war in Wirklichkeit Possession Bay, eine Bucht an der Nordküste Südgeorgiens. Das bedeutete aber auch, dass sie die Insel zwar an ihrer schmalsten Stelle gequert hatten, dabei aber zu weit nach Norden geraten waren. Und noch war weder die Küste zu sehen noch ein Hauch von einer menschlichen Ansiedlung.

Deshalb mussten sie in den sauren Apfel beißen, umkehren und auf eine Anhöhe zurückkehren, von der aus sie die Gegend überblicken und herausfinden konnten, welcher Weg sie zu den Walfangstationen weiter östlich führen würde. Der Irrtum, dem sie aufgesessen waren, war ärgerlich, aber zu ihrer Entschuldigung konnten sie vorbringen, dass sie den kürzesten und schnellsten Weg gesucht hatten. Und doch hatten sie wertvolle Zeit verloren – Zeit, die sie im Grunde nicht hatten.

Gegen neun Uhr – sie waren seit sechs Stunden unterwegs – legten sie die erste Pause ein, um etwas zu essen. Dazu gruben sie ein Loch in den weichen Schnee und stellten den Kocher hinein. Damit der Wind die Flamme nicht ausblies, schützten Crean und Worsley sie abwechselnd mit ihren Körpern. Als das Essen warm war, tauchten sie ihre Löffel in den dampfenden Topf mit dem Hoosh und führten ihn direkt zum Mund, damit der Brei nicht kalt wurde. Die Wärme durchströmte die ermatteten Körper und weckte die Lebensgeister.

Trotz ihrer heiklen Lage hatten sich die Männer den Humor bewahrt, wie die Scherze bewiesen, mit denen sie sich

Südgeorgien. Bis Tom Crean, Shackleton und Worsley es 1916 wagten, um ihre Kameraden auf Elephant Island zu retten, hatte nie zuvor ein Mensch die gebirgige und weitgehend unerforschte Insel überquert.

während des Essens neckten. Sie schienen entschlossen, sich die Laune nicht verderben zu lassen, was immer die Natur ihnen auch für Schwierigkeiten in den Weg stellen mochte.

Weil die Zeit drängte, geriet die Pause nur kurz, denn schon nach einer halben Stunde setzten sie den Marsch fort. Ihnen war schmerzlich bewusst, dass das Wetter jederzeit umschlagen konnte.

Vor ihnen erstreckte sich das eindrucksvolle Gebirge, aus dem fünf Gipfel hervorragten. Um den ersten zu überqueren, entschieden sie sich für den Pass, der aus der Ferne am leichtesten begehbar aussah. Doch auch dort musste McNeishs Querbeil zum Einsatz kommen. Als sie nach drei Stunden

den steilen Anstieg bewältigt und den Gipfel auf 450 Metern Höhe erreicht hatten, wartete eine bittere Enttäuschung auf sie.

Die Flanke, auf der sie wieder absteigen wollten, war mit tiefen Spalten und vereisten Felsvorsprüngen überzogen, die ein unüberwindliches Hindernis bildeten. Und da ein Weitergehen ausgeschlossen war, mussten sie zum zweiten Mal an diesem Vormittag kehrtmachen. Der Umstand selbst war bitter genug, aber besonders schmerzte die Männer, dass sie erneut kostbare Zeit verloren.

Wenigstens das Wetter war ihnen gewogen. Doch dass sie sich im tiefsten südgeorgischen Winter nicht darauf verlassen konnten, dass es so blieb, war ihnen schmerzlich bewusst.

Am Fuß des Berges angekommen, wärmten sie sich mit einer weiteren Mahlzeit, was dabei half, den Ärger über den Zeitverlust hinunterzuschlucken. Und so machten sie sich wieder auf den Weg, dieses Mal über einen anderen Pass und in der Hoffnung, auf dem nächsten Gipfel nicht erneut eine Pleite zu erleben.

Das Gelände war steiler als zuvor, der Schnee war weich, was das Vorankommen erschwerte, weil sie bei jedem Schritt bis zu den Knien in der weißen Masse versanken. Nun zeigte sich wieder, wie geschwächt sie waren. Die Pause am Cape Rosa und im Peggoty Camp hatte ihnen gutgetan, aber um sich wirklich zu erholen, hätten die drei Männer, die sich nun durch den Schnee schleppten, mehr Zeit benötigt. So aber mussten sie auf ihrem Weg bergauf alle zwanzig Minuten Rast machen, sich flach auf den Boden legen und nach Luft schnappen, die mit zunehmender Höhe immer dünner wurde.

Auf dem zweiten Gipfel wartete eine weitere herbe Enttäuschung auf sie. Vor ihnen erstreckte sich ein Gelände, das noch tückischer wirkte als jenes, das sie gerade hinter sich gelassen hatten. Sich dorthin zu begeben war mehr als gewagt. Die Alternative wäre, in den eigenen Spuren zurückzugehen und sich einen anderen Weg zu suchen, der über die Berge führte. Worsley plädierte dafür, es zu riskieren, doch Shackleton legte sein Veto ein. Und so blieb ihnen nichts anderes übrig, als erneut umzukehren. Es war der dritte schmerzhafte Schlag in die Magengrube der Männer, die mit dem Versuch, die Bergkette zu überqueren, fast einen ganzen Tag vergeudet hatten.

Unterdessen waren sie auf einer Höhe von 1400 Metern angelangt, und von allen Seiten zog Nebel auf. Die Dämmerung kündete die Dunkelheit der Nacht an, deren Kälte die Männer schutzlos ausgeliefert wären. Die Gefahr, ohne Zelt oder Schlafsack zu erfrieren, war nicht von der Hand zu weisen.

So schnell sie konnten, stiegen die entmutigten Männer von dem Berg, der zur Sackgasse geworden war, wieder herunter, um den nächsten Pass in Angriff zu nehmen. In ihrem Rücken drohte die Sonne derweil hinter den schneebedeckten Bergen zu verschwinden. Nach einer halben Stunde, in der sie wegen des weichen Untergrunds nur quälend langsam vorangekommen waren, dämmerte ihnen, dass es noch Stunden dauern konnte, bis sie eine Stelle erreichten, an der sie sich halbwegs sicher fühlen könnten. Doch bis dahin wäre die Sonne sicherlich längst untergegangen.

Sie waren zu langsam, wie Shackleton einsehen musste, und die Gefahr, von der Dunkelheit und rasch sinkenden

Temperaturen in der Höhenlage eingeholt zu werden, nahm mit jeder Minute zu. Sie mussten so schnell wie möglich tiefere Regionen erreichen.

Die drei Männer versammelten sich auf einem Felsvorsprung, den sie mit der Eisaxt von Schnee und Eis befreit hatten. Während der Nebel sich senkte, trug sich ein Wortwechsel zu, der ihr Elend treffend beschreibt. Worsley schilderte ihn wie folgt:

> Crean sagte zu mir: »Deine Navigationskünste helfen uns hier auch nicht weiter, Skipper«, aber Shackleton, der sonst für jeden Scherz dankbar war, verzog keine Miene. Stattdessen erwiderte er ernüchtert: »Mir gefällt das ganz und gar nicht. Wir müssen sehen, dass wir hier wegkommen. Wenn wir warten, bis sich der Mond zeigt, sind wir erfroren.«[4]

Die Situation war zum Verzweifeln, und Shackleton, der normalerweise keine Risiken einging, entschied aus der Not heraus anders und machte einen geradezu verwegenen Vorschlag: Sie würden den vereisten Abhang hinunterrutschen.

Unter ihrem Standort ging das Gelände in ein starkes Gefälle über, und wegen der hereinbrechenden Dunkelheit war nicht zu erkennen, was sie am Fuß des Abhangs erwartete. Sollten sich dort Felsen befinden, so wäre ihr Schicksal besiegelt, aber möglicherweise endete das Gefälle auch in einer tiefen Schlucht, aus der es kein Entkommen gäbe. Allein die Verzweiflung rechtfertigte ein derart gewagtes Unterfangen.

Crean mag in diesem Moment an das haarsträubende Erlebnis mit Evans und Lashly vier Jahre zuvor am Beardmore-Gletscher zurückgedacht haben. Damals waren sie wider bessere Einsicht den Gletscher mit einem Schlitten hinuntergefahren, hatten aber trotz einer Geschwindigkeit von hundert Stundenkilometern mit viel Glück überlebt.

Wie damals war Crean klar, dass sie im Grunde keine Wahl hatten. Und so schlossen sich er und Worsley Shackletons Vorschlag an, obwohl Worsley freimütig eingestand, dass es »ein ziemlich aussichtsloses Vorhaben« war.

Die fünfzehn Meter lange Leine rollten sie so auf, dass drei kreisrunde »Matten« entstanden, die sie als Rodel verwenden wollten. Shackleton setzte sich an die Spitze, hinter ihm folgten Worsley und Crean. Worsley schlang die Beine um Shackletons Hüfte und hielt sich mit den Armen an den Schultern des Vordermannes fest. Crean tat dasselbe bei Worsley. Nun glichen sie der Besatzung eines Bobs.

Dann drückte sich Shackleton ab, und das Trio trat die rasende Abfahrt an. Der Fahrtwind zischte in den Ohren, die schneebedeckte Landschaft verschwamm zu einem weißen Schleier. Als Schlussmann hatte Crean das Querbeil übernommen, und nun hatte er große Mühe zu verhindern, dass es aufsetzte, versprang und zum Fallbeil wurde. Gleichzeitig musste er sich an seinem Vordermann festhalten, um auf der Schussfahrt ins Tal nicht verloren zu gehen. Worsley berichtete:

> Es fühlte sich an, als würden wir jeden Moment abheben. Mir sträubten sich die Nackenhaare. Doch dann wur-

de mir plötzlich warm ums Herz, und ich begriff, dass ich strahlte. Ich genoss es regelrecht. Es war ein berauschendes Gefühl. Wir stürzten mit hundert Sachen einen Steilhang hinab. Ich schrie vor Begeisterung, Shackleton und Crean stimmten mit ein. Wir fühlten uns so sicher wie in Abrahams Schoß. Zum Teufel mit Felsen und Schluchten![5]

In tieferen Lagen wurde der Schnee weicher, der imaginäre Bob wurde langsamer und kam schließlich in einer Schneebank abrupt, aber doch gut abgefedert zum Stillstand. Benommen, desorientiert, aber erleichtert rappelten sich die Männer auf und reichten sich feierlich die Hände. Eine kritische Prüfung ergab, dass allein die Hosen Schaden genommen hatten, die in Fetzen an ihnen herunterhingen.

Die Abfahrt hatte nur zwei oder drei Minuten gedauert, und in der Dunkelheit konnten sie nicht abschätzen, wie lang die Strecke war, die sie dabei zurückgelegt hatten. Shackleton schätzte sie auf knapp 300 Meter, aber Worsley ging davon aus, dass es nahezu ein Kilometer gewesen sein musste. Entscheidend war ohnehin etwas anderes: Ihr Vorhaben war mehr als tollkühn gewesen, aber es hatte funktioniert. Das Glück war auf ihrer Seite gewesen.

Zutiefst erleichtert, stärkten sich die drei Männer mit einer warmen Mahlzeit, ehe sie wieder den Marsch durch den weichen Schnee antraten, immer auf der Hut vor versteckten Gletscherspalten, die mit zunehmender Dunkelheit eine ständige Gefahr bedeuteten. Dann tauchte der Mond am nächtlichen Himmel auf und goss sein fahles Licht über die gefährliche, aber auch faszinierende Landschaft, was den Männern die Orientierung in der, wie Worsley sich ausdrückte, »majestätischen Szenerie« deutlich erleichterte.

Zu Ehren des Iren, der sie gemeinsam mit Shackleton und Worsley als Erster durchquerte, trägt diese »majestätische Szenerie« heute den Namen Crean-Gletscher.

Um Mitternacht waren die Männer einundzwanzig Stunden auf den Beinen, abgesehen von den kurzen Pausen, die sie regelmäßig einlegten, um etwas zu essen. Noch befanden sie sich auf 1200 Metern Höhe, doch vor ihnen sank das Gelände langsam, aber beständig ab, und weil es immer kälter wurde, durften sie damit rechnen, dass der Schnee härter und das Gehen leichter würde. Am Fuße des Hangs, so hofften sie, lag die Bucht von Stromness.

Die Freude über ihre Entdeckung war groß, und so gönnten sich die Männer eine warme Mahlzeit. Beim Essen unterhielten sie sich über ihre Chancen auf baldige Rettung. Shackleton beschrieb die Stimmung so:

> Nach 1 Uhr gruben wir ein Loch in den Schnee, häuften lockeren Schnee darum herum und warfen den Primuskocher an. Worsley und Crean sangen ihre alten Lieder, während der Primuskocher fröhlich zischte. In unseren Herzen war ein Lachen, wenn auch nicht auf unseren trockenen, aufgesprungenen Lippen.[6]

Nach einer halben Stunde machten sie sich wieder auf den Weg, doch der hielt erneut eine »herbe Enttäuschung«[7] bereit, wie Shackleton sich ausdrückte. Zahllose Risse und Spalten im Eis erschwerten nicht nur das Vorankommen, sondern gaben den Männern auch zu denken: Alles sprach dafür, dass sie sich auf einem Gletscher befanden, doch in der Bucht von Stromness gab es keine Gletscher.

Wieder einmal mussten die erschöpften Männer kehrtmachen und ihre eigenen Spuren zurückverfolgen. Nach zwei Stunden – es war fünf Uhr morgens, und die Dämmerung zog herauf – legten sie eine Verschnaufpause ein. Seit sechsundzwanzig Stunden waren sie unterwegs, und es wurde höchste Zeit, dass die Qualen ein Ende nahmen.

Zu ihrer Erschöpfung trug sicherlich bei, dass sie nicht genug tranken. Weil sie nur wenig Petroleum mitgenommen hatten, verzichteten sie darauf, Schnee zu schmelzen, um frisches Trinkwasser zuzubereiten. Unter den klimatischen Bedingungen der Antarktis bedeutet der Mangel an Flüssigkeit eine große Gefahr. Heute empfehlen Ärzte, bei großer Kälte am Tag mindestens fünf Liter zu trinken. Als Crean, Worsley und Shackleton im Jahr 1916 Südgeorgien durchquerten, nahmen sie nur einen Bruchteil dieser Menge zu sich.

Nun kauerten sie sich hinter einen Felsen, um sich ein wenig aufzuwärmen. Crean und Worsley ergaben sich ihrer Müdigkeit und schliefen augenblicklich ein. Auch Shackleton konnte die Augen kaum noch offen halten, aber er zwang sich dazu, im Wissen, dass es tödlich enden könnte, wenn er dem Verlangen nachgab, weil sie im Schlaf zu erfrieren drohten. Nach fünf Minuten weckte er seine Kameraden, ließ sie aber in dem Glauben, dass sie eine halbe Stunde geschlafen hätten. Das war zwar gelogen, verfehlte aber nicht seine Wirkung.

Vor ihnen erhob sich ein weiterer Anstieg, der circa 300 Meter bergauf führte. Mit Spannung erwarteten die Männer, was vom Gipfel aus zu sehen sein würde. Als sie oben ankamen, goss die Sonne gerade ihr erstes Licht über die gefrorene Landschaft aus. Der Anblick war überaus ermutigend: Unter ihnen lagen weder gefährliche Gletscherspalten noch unpassierbare Steilwände, sondern ein sanft abfallender Hang, der in ein Tal führte, an dessen Ende jene hohen Berge zu sehen waren, die, wie sie sich erinnerten, die Walfangstationen von Stromness und Husvik umgaben. Ihr Ziel war mit Händen greifbar.

Um für die letzte Etappe gerüstet zu sein, ordnete Shackleton eine Pause an, in der sie sich mit einer Portion Hoosh stärkten. Während Crean das Essen zubereitete, ging der Expeditionsleiter allein los, um sich die Beschaffenheit des Untergrunds anzuschauen, den sie zu erwarten hatten. Es war 6:30 Uhr, die Dunkelheit fast ganz gewichen, als Shackleton plötzlich ein Geräusch zu hören glaubte. Es klang wie ein Heulen in großer Entfernung, aber so recht konnte er es nicht identifizieren, zumal er auch nicht ausschließen mochte, dass ihm die Fantasie einen Streich spielte. Immerhin meinte er sich jedoch zu erinnern, dass die Männer in den Walfangstationen um 6:30 Uhr geweckt wurden – womöglich ja mit dem Heulen einer Sirene!

Die Männer frühstückten hastig, ehe sie sich um Worsleys Chronometer versammelten und stumm beobachteten, wie der Zeiger auf sieben Uhr vorrückte – die Zeit, in der die Sirene zum Zeichen des Arbeitsbeginns ein zweites Mal erklingen würde. Die Spannung war förmlich mit Händen zu greifen.

Als die Zeiger um Punkt sieben Uhr umsprangen, ertönte tatsächlich das Geräusch, auf das sie gewartet hatten. Sie sahen sich an, lächelten zufrieden und reichten sich die Hände. Seit achtzehn Monaten war zum ersten Mal wieder ein Zeichen der Zivilisation zu ihnen vorgedrungen.

Worsley begann vor Erleichterung zu brüllen, und Shackleton sprach später von einem Moment, der »unmöglich zu beschreiben« war. All die Schmerzen und Qualen, der Fußmarsch, die Bootsfahrt, Hunger, Durst und Müdigkeit begannen im Angesicht der bevorstehenden Rettung an Bedeutung zu verlieren.

Doch noch waren sie nicht in Sicherheit, weshalb sich die Männer ein letztes Mal am Riemen reißen und der Wirklichkeit stellen mussten. Zwischen ihnen und Stromness lagen ihnen unbekannte Schneefelder, und die mussten sie trotz ihrer Erschöpfung, trotz Hunger und Durst noch überwinden.

Der Primuskocher, der sie in den letzten Tagen mit warmem Essen versorgt hatte, hatte ausgedient – das Petroleum war aufgebraucht. Deshalb ließen sie ihn liegen, als sie nun begannen, ihre letzten Vorräte einzupacken. Für jeden der drei Männer war noch genau eine Portion vom Notvorrat für die Querung der Antarktis übrig geblieben.

Mehr als der Hunger machte ihnen ohnehin die Müdigkeit zu schaffen. Seit dreißig Stunden hatten sie nicht oder allenfalls wenige Minuten geschlafen, ihr Gang geriet mehr und mehr zum Trott. Auf dem nun wieder weichen Schnee war jeder Schritt eine Herausforderung, die von der Sorge begleitet wurde, das Wetter, das ihnen bislang gewogen gewesen war, könnte sich auf den letzten Metern noch dramatisch verschlechtern. Dem hätten sie nichts mehr entgegenzusetzen.

Bald standen sie vor einem vereisten Abhang, der sie auszubremsen drohte, bis Crean und Worsley auf die Idee kamen, Shackleton mit der Leine hinunterzulassen, damit er mit der Eisaxt in regelmäßigen Abständen Trittstufen in das Eis schneiden konnte. War die Leine zu Ende, formte er einen Absatz, bis zu dem die anderen ihm folgten. Dann begann das Spiel von vorn.

In seinen Aufzeichnungen verglich Worsley den Abhang mit der Mauer eines Kirchturms und beschrieb die Angst, die er davor hatte, dass sie mitten im Abstieg von einem Wetterumschwung überrascht würden, dem sie schutzlos ausgeliefert gewesen wären. Dieses Unheil blieb zu ihrer Erleichterung aus, doch auch so dauerte es geschlagene zwei Stunden, um 150 Meter Höhenunterschied zu überwinden.

Am Fuße des Abhangs ging das Gelände in ein Tal über, in dem sie gut vorankamen, bis sie vor einem Hang standen, der wieder nach oben führte – dieses Mal aber nicht 150, sondern 1000 Meter.

Der Anstieg war extrem beschwerlich – und nicht minder gefährlich. Das wurde ihnen schmerzlich bewusst, als sie ein kleines Plateau erreichten, auf dem sich erstaunlich gut gehen ließ. Dass sie sich auf einem zugefrorenen See befanden, wurde ihnen erst klar, als Crean durch das Eis brach und bis zur Hüfte im Wasser verschwand. Worsley notierte beeindruckt: »Crean fror ein bisschen, aber ansonsten hatte er keinerlei Blessuren davongetragen.«[8]

Trockene Kleidung konnten sie ihm nicht anbieten, weshalb ihnen nichts anderes übrig blieb, als ihren Marsch fortzusetzen und darauf zu hoffen, dass die Bewegung ihren Kameraden wärmen und der Wind die Kleidung trocknen würde. Gegen 13:30 Uhr war der Hang erstiegen, und von oben sahen sie etwas, was ihre Herzen leichter machte: Direkt vor und knapp 800 Meter unter ihnen lag die Walfangstation von Stromness.

Schiffe waren zu sehen, Häuser und Menschen, auch wenn sie aus der Entfernung winzig waren. Instinktiv begannen die drei Männer zu rufen und zu winken, aber ihre Stimmen wurden vom Wind verweht, und natürlich blickte keiner der Gestalten, die dort unten ihrer Arbeit nachgingen, in ihre Richtung. Niemand, der seine fünf Sinne beisammenhatte, konnte damit rechnen, dass aus dem Landesinneren unangemeldeter Besuch im Anmarsch auf Stromness war.

Dann begannen sie den, wie sie hofften, letzten Abstieg. Der war überraschend steil, und so mussten sie Zuflucht in einem Flussbett suchen, in dem ihnen das eiskalte Wasser bis zu den Knien stand und sie weiter auskühlte. Dann endete das Flussbett unvermittelt, während das Wasser sich in einer rauschenden Kaskade über einen Felsvorsprung ergoss.

Durchgefroren und erschöpft starrten die Männer ungläubig auf die erneute Kapriole der Natur. Der Wasserfall endete gut zehn Meter unter ihnen, zu beiden Seiten standen unüberwindbare Felsen. Fast schien es, als müssten sie ein weiteres Mal zu jenem Mittel greifen, das ihnen allzu vertraut war: umkehren.

Doch der Weg bergauf war für Männer in ihrem Zustand zu beschwerlich, zudem ging es auf 15 Uhr zu, die Sonne näherte sich dem Horizont, die Temperaturen begannen bereits zu sinken. Seit sechsunddreißig Stunden waren sie nun unterwegs, und nicht einmal eine warme Mahlzeit konnten sie sich noch zubereiten. Eine weitere Nacht im Freien würden sie kaum überstehen.

»Wieder aufzusteigen war in unserem entkräfteten Zustand so gut wie ausgeschlossen«, befand Shackleton. »Der einzige Weg hinunter führte mitten durch den Wasserfall.«[9]

Sie suchten nach einem Felsen, an dem sie die Leine befestigen konnten. Dann war es an Crean, dem Schwersten der drei, sich als Erster abzuseilen. Behutsam ließen ihn Worsley und Shackleton hinab. »Er verschwand völlig in dem strudelnden Wasser und kam kurz darauf, nach Luft ringend, am Fuß des Wasserfalls wieder zum Vorschein.«[10]

Auch den beiden anderen blieb eine kalte Dusche nicht erspart. Schließlich aber waren sie am Fuß des Wasserfalls wieder wohlbehalten vereint. Nur die Leine hing noch am Felsen, und es gab keine Möglichkeit, sie von dort zu lösen. Also blieb sie als Mahnung an die abenteuerliche Querung Südgeorgiens zurück.

Die Walfangstation war keine zwei Kilometer mehr entfernt, und die Aussicht, schon sehr bald dort anzukommen, ließ die Männer Kälte, Müdigkeit und Durst vergessen. Das Ende ihrer Leidenszeit war in Sicht.

Eine letzte Schwierigkeit galt es noch zu überwinden. Die Kupferschrauben, die McNeish im Peggoty Camp unter ihren Schuhen befestigt hatte, hatten sich unter der starken Belastung des Gehens auf Felsen und Eis abgenutzt. Damit verloren die Männer auch den Halt, den sie verliehen hatten, und so mussten sie auf der letzten Etappe über blankes Eis einige schmerzhafte Stürze über sich ergehen lassen, die ihnen arg zusetzten. Crean fiel gar auf die Klinge der Eisaxt und konnte von Glück sagen, dass er keine schweren Verletzungen erlitt. Seine Kameraden halfen ihm auf die Beine, und weiter ging's.

Jetzt, da ihr Marsch auf die Zielgerade einbog, begannen sie sich zu fragen, wie die Menschen in Stromness wohl reagieren würden, wenn ihnen drei zerlumpte Gestalten gegenüberträten, die aussahen, als wären sie soeben dem Grab entstiegen. Insbesondere Worsley sorgte sich, dass dort Frauen lebten, bei denen der Anblick einen Schock auslösen könnte.

In der Tat waren die drei erschöpften, verdreckten Männer alles andere als eine Augenweide. Seit drei Monaten hatten sie sich nicht gewaschen, ihr zottiges Haar reichte bis zu den Schultern, in den rauschenden Bärten hingen Ruß und Tran. Die ausgemergelten, dunklen, wettergegerbten Gesichter waren durch Erfrierungen zusätzlich verunstaltet. Die Männer verströmten einen penetranten Geruch, ihre Kleidung, die sie seit mehr als einem Jahr am Leib trugen, war nass und zerrissen. Der letzte Marsch über gut sechzig Kilometer hatte sechsunddreißig Stunden gedauert, und nun, da das Ziel vor Augen lag, sahen sie, wie Worsley bekannte, aus »wie drei heruntergekommene Vogelscheuchen«.

Vor achtzehn Monaten hatten sie mit achtundzwanzig gesunden Besatzungsmitgliedern und einem voll beladenen Schiff Südgeorgien verlassen. Nun kehrten drei von ihnen – Crean, Worsley und Shackleton – mit nichts als den Lumpen, die sie am Leibe trugen, in die Zivilisation zurück.

Die Drift der *Endurance* durch das Weddellmeer und die anschließende Odyssee der Besatzung nach Elephant Island und Südgeorgien.

Als sie ein letztes Mal die Richtung änderten und auf die Wirtschaftsgebäude der Walfangstation zugingen, konnten sie nicht abschätzen, wie der Empfang ausfallen würde, der sie erwartete. Die ersten Menschen, die sie sahen, waren zwei

Jungen von zehn oder elf Jahren. Als sie die Vogelscheuchen erblickten, nahmen sie Reißaus. Schließlich betraten die drei Männer auf Verdacht eines der Gebäude. Der Mann, den sie dort antrafen, tat es den Jungen gleich. Er machte auf dem Absatz kehrt und lief davon.

So gingen die Männer weiter bis zum Kai, wo sie auf einen Mann trafen, der aussah, als hätte er etwas zu sagen. Ihn bat Shackleton mit brüchiger Stimme darum, mit Anton Anderson sprechen zu dürfen, dem Leiter der Walfangstation.

Es war der 20. Mai 1916, von den Kameraden der *Endurance* abgesehen, hatten sie seit 532 Tagen mit keinem Menschen mehr gesprochen. Matthias Anderson, so der Name des Mannes am Kai, schüttelte den Kopf und erwiderte, dass Anton abgereist und durch Thoralf Sørlle ersetzt worden war. Der Zufall wollte es, dass Shackleton Sørlle kannte.

Anderson kamen die drei Männer zwar verdächtig vor, aber er machte sich auf den Weg in Sørlles Büro und berichtete ihm, dass »drei seltsam aussehende Männer« auf ihn warteten, die behaupteten, Südgeorgien zu Fuß durchquert zu haben. Weil er dem Braten nicht recht traute, so Anderson, habe er sie gebeten, draußen zu warten.

Sørlle war ein groß gewachsener, stattlicher Mann mit einem eindrucksvollen Schnurrbart. Nun verließ er sein Büro und betrachtete ungläubig die drei verwahrlosten Gestalten, die allenfalls entfernt an Menschen erinnerten. Und so erkannte er sie auch nicht.

Aber sie waren ja auch nicht zu erkennen, und das, obwohl Sørlle Shackleton vor der Abreise in die Antarktis in Südgeorgien empfangen und bewirtet hatte. Doch das war

Tom Crean (1. von links) kann auch nach dem Abenteuer der Querung Südgeorgiens noch lächeln. Die anderen Männer sind Shackleton, Captain Ingmar Thom (ein norwegischer Seemann) und Frank Worsley (von links nach rechts).

achtzehn Monate her, und alle Welt ging davon aus, dass die *Endurance* mit Mann und Maus untergegangen war. Shackleton beschrieb später den ersten Wortwechsel mit Sørlle:

> Mr Sørlle kam aus seinem Büro und sagte: »Ja, bitte?«
> »Erkennen Sie mich nicht?«, fragte ich.
> »Ihre Stimme kommt mir bekannt vor«, antwortete er unsicher. »Sie sind der Steuermann der *Daisy.*«
> »Mein Name ist Shackleton«, sagte ich.
> Sofort streckte er die Hand aus und sagte: »Kommen Sie doch herein, kommen Sie herein.«[11]

Anderson, der die Unterhaltung mit angehört hatte, wandte sich um und weinte.

# EINE EIGENTÜMLICHE ERFAHRUNG

Die Leistung, die Shackleton, Worsley und Crean vollbrachten, ist auch nach heutigen Maßstäben atemberaubend. Und sie mutet geradezu unglaublich an, ruft man sich in Erinnerung, wie schlecht die drei Männer sowohl für die 1300 Kilometer weite Fahrt in einem Rettungsboot über den Südlichen Ozean als auch für den Marsch durch das unkartierte Landesinnere Südgeorgiens ausgerüstet waren.

Selbst am notdürftigsten Schutz gegen die Elemente mangelte es ihnen, ihre Kleidung und ihr Proviant waren auch für ungleich geringere Anstrengungen untauglich. Und doch mussten sie mit ihnen die Querung eines Ozeans und den sechsunddreißigstündigen Marsch über die Gletscher und Eisfelder Südgeorgiens bestreiten. Zu den körperlichen Strapazen, die das Martyrium ihnen auferlegte, kamen nicht minder große seelische Belastungen hinzu.

Duncan Carse, ein Forscher und Entdecker, der 1955 den Spuren der drei Männer folgte, staunte noch vierzig Jahre später darüber, was ihnen gelungen war. Seine Bewunderung kannte keine Grenzen. Ihm war unbegreiflich, wie sie den Marsch hatten überleben können, und seinen Respekt fasste er in denkwürdigen Worten zusammen:

Man kann von der King Haakon Bay zur Walfangstation von Stromness laufen und sich dabei zwischen zwei Wegen entscheiden – einem oberen und einem unteren. Der obere führt in Schleifen zunächst stetig bergan bis auf die Höhen des Kohl-Larsen-Plateaus und von dort wieder in Schleifen stetig bergab. Der untere macht zwar weniger Umwege, gleicht aber den Zähnen eines Sägeblattes. Er führt durch die wie achtlos hingeworfenen Berge und Gletscher, die in einem heillosen Chaos zur Nordküste hin abfallen. Auch hinsichtlich ihrer Entfernung sind beide Wege nicht miteinander vergleichbar.

Heute kommen wir flott und problemlos voran. Wir sind ausgeruht und bei Kräften, verfügen über Schlitten, reichlich Proviant und viel Zeit. Wir betreten Neuland, aber ohne jeden Druck und im Wissen, jederzeit abbrechen und es bei anderer Gelegenheit erneut versuchen zu können. Wir wägen die Risiken genau ab und lassen uns nur auf das ein, was wir verantworten zu können glauben. Von unseren Entscheidungen hängt kein Menschenleben ab – nur unser eigenes. Wir entscheiden uns für den oberen Weg.

Die drei Männer – Shackleton, Worsley und Crean – waren verzweifelte Schiffbrüchige, deren Kameraden Hilfe benötigten. Ihre einzige Habe war ein Boot, das nicht seetüchtig war. Sie standen unter großem Zeitdruck, obwohl sie durch lange Entbehrungen längst selbst erschöpft und halb verhungert waren und nichts mehr besaßen als die Kleidung, die sie am Leib trugen – keine Schlitten, keine Zelte, wenig Proviant und noch weniger Zeit. Im

Kampf gegen schwindende Kräfte stellten sie einen neuen Rekord auf. Rettung verhießen einzig Schnelligkeit und die Gleichgültigkeit gegenüber jeglicher Gefahr. Sie konnten es sich nicht leisten, zu scheitern, weil »22 Männer darauf warteten, dass wir ihnen zu Hilfe kamen«. Sie entschieden sich für den unteren Weg.

Ich weiß nicht, wie sie es geschafft haben – vermutlich nur, weil sie es schaffen mussten, die drei Männer des Goldenen Zeitalters der Antarktisforschung, ausgerüstet mit einer fünfzehn Meter langen Leine und einem zur Eisaxt umfunktionierten Querbeil.[1]

Wie genau sich monatelange Entbehrungen, Einsamkeit und Anstrengungen, die ihren Höhepunkt in der Querung Südgeorgiens im Winter fanden, körperlich ausgewirkt haben, können wir allenfalls erahnen. Fotos, die unmittelbar nach der Ankunft entstanden und uns daher eine Antwort geben könnten, gibt es nur sehr wenige, doch auch von den Bildern, die in den darauffolgenden Wochen entstanden, schauen uns ausgezehrte, hagere Gesichter entgegen.

Der beispiellose Marsch hatte seinen Tribut gefordert, und es sagt viel über die Verfassung der Männer, dass der Stationsleiter Sørlle keinen von ihnen erkannte und ein norwegischer Walfänger beim Anblick der heillos verdreckten Männer spontan in Tränen ausbrach.

Wenig bis nichts ist über die seelischen Folgen bekannt, die die körperlichen Anstrengungen und das Wissen hinterließen, dass der Tod ihr ständiger Begleiter war, und sie sind auch schwer zu erahnen. Die drei Männer verfügten offenbar über eine besondere psychische Disposition, die sie auch dann nicht verzweifeln ließ, als sich Rückschlag an Rückschlag reihte. Ohne Wirkung wird ein solches Erlebnis aber sicherlich nicht geblieben sein.

Shackletons Durchhaltevermögen und Entschlusskraft waren von zwei früheren Expeditionen in den Süden her bekannt. Doch auch Crean besaß besondere Fähigkeiten hinsichtlich Zähigkeit und Belastbarkeit, die ihn aus der Masse heraushoben. Das war letztlich der Grund, warum Shackleton, der über eine ausgeprägte Menschenkenntnis verfügte, den Iren auf der Fahrt über den Südlichen Ozean und dem Marsch durch Südgeorgien an seiner Seite wissen wollte.

In den Aufzeichnungen Shackletons und Worsleys findet sich nicht der leiseste Hinweis darauf, dass Crean Schwächen gezeigt hätte, seien sie physischer oder psychischer Natur. Im Gegenteil bewahrte er sich sogar seinen Sinn für Humor und hatte, nicht immer zur Freude seiner stressgeplagten Kameraden, auch in Situationen, in denen es unpassend schien, ein Lied auf den Lippen.

Zu den genannten Aspekten, die die Querung Südgeorgiens zu einem staunenswerten Ereignis machen, gesellt sich ein weiterer, der ebenso überraschend wie schwer nachzuvollziehen ist – eine spirituelle Dimension, die mehr über die Folgen des Martyriums auf die Psyche der Männer erzählt, als das den körperlichen Schäden, die die Männer davontrugen, möglich wäre. Unabhängig voneinander haben alle drei Männer über eine Erfahrung berichtet, die ebenso ungewöhnlich wie unerklärlich ist. Alle drei beteuerten, dass sie auf der Querung Südgeorgiens von einer vierten Person begleitet wurden.

In seinem Buch über die *Endurance*-Expedition schrieb Worsley:

> Als Shackleton und ich drei oder vier Wochen später unsere Erinnerungen verglichen, stellten wir fest, dass in seinen wie in meinen Aufzeichnungen von dem eigentümlichen Gefühl die Rede war, dass wir zu viert gewesen wären, und Crean berichtete uns kurz darauf, dasselbe empfunden zu haben.[2]

In einem weiteren Buch Worsleys, das 1931 erschien, kam dieser Punkt etwas ausführlicher zur Sprache:

> Es kann kein Zweifel daran bestehen, dass die Vorsehung mit uns war. Das zeigte sich besonders auf der Querung Südgeorgiens, bei der sich etwas zutrug, das ich bis heute nicht erklären kann. Wann immer ich an die mit dem Marsch zusammenhängenden Ereignisse zurückdenke, ertappe ich mich dabei, dass ich vier Männer im Sinn habe, nicht drei. Und gänzlich unerklärlich ist, dass auch Shackleton und Crean sich an vier Personen zu erinnern meinen.[3]

Shackleton beschrieb in seinem Buch den gleichen Vorgang:

> Wenn ich an diese Tage zurückdenke, so habe ich keinen Zweifel daran, dass die Vorsehung uns geleitet hat, nicht nur über die Schneefelder, sondern auch durch das sturmgepeitschte, schäumend weiße Meer zwischen

> Elephant Island und der Küste von Südgeorgien. Während jenes langen sechsunddreißigstündigen Marsches über die namenlosen Berge und Gletscher von Südgeorgien hatte ich oft das Gefühl gehabt, wir seien zu viert, nicht zu dritt. Und Worsley und Crean empfanden dasselbe. Man spürt das Fehlen menschlicher Worte, die Armut der Sprache der Sterblichen, wenn man versucht, das Unaussprechliche zu beschreiben. Doch ein Bericht über unsere Irrfahrten wäre unvollständig ohne die Erwähnung dieses Unbegreifbaren, das uns im Innersten berührte.[4]

Dass Crean die Überzeugung, ein vierter Mann habe sie begleitet, tatsächlich teilte, ist eine Behauptung, für die es leider keine Belege gibt. Aber Jahre später berichtete er Freunden von der eigentümlichen Erfahrung seiner beiden Begleiter und gab dabei zu erkennen, dass er sehr genau wusste, was sie meinten. Seinem Freund Bob Knightly zufolge brachte er es auf den Nenner: »Der Herr hat uns nach Hause geleitet.«

Auffällig ist auch, dass Shackleton und Worsley sich darin einig waren, dass Crean ihre Erfahrung teilte. Wäre es anders gewesen, hätten sie die Anwesenheit einer vierten Person sicherlich ausführlicher kommentiert.

Shackleton lieferte uns auch einen Einblick in die Folgen, die der Marsch auf die Psyche der Männer hatte. Die Bücher, die er über seine Reisen in die Antarktis veröffentlichte, verfasste er nicht selbst, sondern er diktierte seine Erlebnisse einem neuseeländischen Journalisten namens Edward Saunders, der sie sorgfältig und gewissenhaft aufschrieb. Bei jener

Sitzung, in der das Thema der vierten Person zur Sprache kam, war auch Shackletons Berater Leonard Tripp anwesend, dem auffiel, dass Shackleton bei dem Thema eine unerklärliche Anspannung befiel.

1922, kurz nach Shackletons Tod, sprach Tripp mit dessen Freund und Biograf Dr. Hugh Robert Mill über diese Sitzung und den emotionalen Druck, unter dem Shackleton stand. Mill fasste den Bericht wie folgt zusammen:

> Ich werde diesen Tag nie vergessen. Ich hatte auf einem Stuhl Platz genommen und hörte zu. Shackleton lief rauchend im Zimmer auf und ab, und ich staunte, wie geschliffen er sich ausdrückte. Er sprach flüssig, mit nur wenigen Pausen, doch dann und wann bat er Saunders, auf dem Papier eine Lücke zu lassen, weil ihm das richtige Wort gerade nicht einfiel. Als ich ihn ansah, wirkte sein Gesicht stark geschwollen, man konnte ihm ansehen, dass er ungeheuer litt. Nach ungefähr einer halben Stunde stellte er sich vor mich hin und sagte mit Tränen in den Augen: »Tripp, Sie ahnen nicht, was ich durchgemacht habe. Wenn ich jetzt darüber spreche, erlebe ich alles noch einmal, und das schaffe ich nicht.« Ich erwiderte: »Aber wir müssen alles festhalten.«
>
> Daraufhin machte er eine Stunde lang weiter, bis er plötzlich sagte: »Es geht nicht. Ich muss hier raus, mich mit den Mädchen unterhalten oder Tennis spielen.« Er verließ den Raum, als sei das Thema für ihn beendet, zündete sich eine Zigarette an, kam nach fünf Minuten zurück und machte weiter. Nach einer weiteren Stunde wieder-

holte sich das Ganze. Es war nicht zu übersehen, wie sehr er litt, als er auf die vierte Person zu sprechen kam, die sie auf dem Weg über die Berge begleitet habe. Er drehte sich zu mir um und sagte: »Tripp, das habe ich auch Ihnen noch nicht erzählt.« Wenn ich es richtig sehe, ist der Bericht über die Querung Südgeorgiens unverändert im Buch erschienen.[5]

Auch wenn es keine schriftlichen Belege dafür gibt, dürfte die Erfahrung Crean und Worsley kaum weniger nahegegangen sein, hatten sie doch dieselben Strapazen hinter sich.

Die Geschichte vom ominösen vierten Mann wurde von der Öffentlichkeit unterschiedlich aufgenommen. Manche hielten es für einen Werbegag, andere schlicht für eine Ente. Manche fühlten sich an die Engel von Mons erinnert, jene berittenen und mit Flammenschwertern ausgerüsteten Geisterwesen, die der Legende nach britischen Frontsoldaten während des Ersten Weltkriegs erschienen.

Wahr oder nicht – die Berichte von der vierten Person inspirierten T.S. Eliot zu seinem Gedicht *Das öde Land*, in dem ebenfalls eine unerklärliche Erscheinung vorkommt. Wer die Tortur der drei Männer in Erinnerung hat, wird bei dem Gedicht unweigerlich an den monumentalen Marsch von Shackleton, Worsley und Crean denken müssen. Der entsprechende Abschnitt klingt so:

Wer ist der dritte, der immer neben dir geht?
Wenn ich zähle, bekomm ich nur dich und mich zusammen

Doch wenn ich nach vorn die weiße Straße hoch schaue
Ist immer noch einer, der neben dir geht
Heimlich im braunen Kapuzenmantel
Ich kann nicht sagen, ob Mann oder Frau
– Aber wer ist das da, zu deiner andern Seite?[6]

Was genau sich hinter dieser vierten Person verbirgt, werden wir wohl nie erfahren. Vielleicht war es schlicht Wunschdenken dreier erschöpfter Männer, die am Ende ihrer Kräfte waren und in der dunkelsten Stunde den Trost ihres Herrgotts suchten. In ihrem Elend waren sie für alles dankbar, was sie die Kraft aufbringen ließ, das Unternehmen zu einem guten Ende zu bringen. Und in der größten Not vollbringt der Selbsterhaltungstrieb seine größten Leistungen.

Bekannt ist aber auch, dass durch Erschöpfung, Hunger, Durst und falsche Ernährung Halluzinationen ausgelöst werden. Es kann also gut sein, dass die stark geschwächten, ausgehungerten, dehydrierten und leicht desorientierten Männer schlicht unter Einbildungen litten.

Aber wahrscheinlich gibt es keine befriedigende Erklärung.

# RÜCKKEHR NACH ELEPHANT ISLAND

Die Begrüßung der beiden Iren und des Neuseeländers hatte etwas sehr Britisches, denn nachdem der norwegische Stationsleiter sie in ihr Quartier geführt hatte, ließ er als Erstes Tee servieren.

Shackleton war noch geistesgegenwärtig genug, um Sørlle zu bitten, ein Foto von den drei Männern zu machen. Allerdings fand sich nirgends ein Film, und so wurde die Nachwelt der Möglichkeit beraubt, sich einen Eindruck von dem historischen Moment zu verschaffen, in dem Shackleton, Worsley und Crean dem Tod von der Schippe sprangen – oder, wie Worsley es ausdrückte, sich »drei vor Schmutz starrende Männer« vor Augen zu führen.

Ihre erste Nachfrage galt dem Krieg. Shackleton erkundigte sich, wann er geendet hatte, doch Sørlle schockierte sie mit der Nachricht, dass noch immer Millionen von Menschen auf den Schlachtfeldern starben. Die Männer waren maßlos erstaunt, aber sie waren ja auch seit Dezember 1914 ohne jeden Kontakt zur Außenwelt gewesen. Selten haben Menschen von weltbewegenden Ereignissen so wenig mitbekommen wie sie.

In Stromness wurden die Männer auch mit der Nachricht konfrontiert, dass ihr Schwesterschiff, die *Aurora*, auf der anderen Seite der Antarktis in Schwierigkeiten geraten war. Laut den Walfängern hatte sie sich von ihrem Ankerplatz im McMurdo-Sund losgerissen und war mit dem Eis nach Norden gedriftet. Schließlich und endlich hatte sie sich nach Neuseeland durchgeschlagen. Befremdlicherweise gab es keine Hinweise auf den Verbleib jener Männer, die in Scotts alter Unterkunft am Kap Evans überwintern wollten, um im Frühjahr auf dem Schelfeis Vorratsdepots anzulegen, aus denen sich die Männer auf dem Marsch quer durch die Antarktis bedienen könnten.

Nach dem Tee erhielten die drei Männer die Möglichkeit, das herbeigesehnte und dringend benötigte Bad zu nehmen. Shackleton hatte ihre Gastgeber davor gewarnt, dass die drei Männer nach Monaten ohne Kleiderwechsel und die Möglichkeit, sich zu waschen, nicht eben angenehm rochen. Doch als er und seine Begleiter sich nun aus den abgetragenen und zerfetzten Sachen schälten und in den Spiegel schauten, wurde ihnen erst richtig klar, in welch erbärmlichem Zustand sie waren. Sie waren regelrecht verdreckt, die Haare verfilzt, die Bärte gewuchert. Der eigentliche Schrecken aber verbarg sich unter den Äußerlichkeiten.

Denn trotz der Schmutzschicht, mit der sie überzogen waren, wurde erkennbar, dass sie ausgemergelt und abgemagert waren. Ihnen war anzusehen, dass sie dem Tod ins Auge gesehen hatten.

Nach einem heißen Bad stärkten sie sich mit einem herzhaften Essen und stellten sich innerlich darauf ein, die erste Nacht seit zwei Jahren in einem Bett mit sauberen Laken zu verbringen. Shackleton und Crean bezogen ein Zimmer in Sørlles Haus, und Shackleton berichtete später, dass der ungewohnte Luxus sie so sehr irritierte, dass sie kaum in den Schlaf fanden.

Während Crean und Shackleton sich allmählich an den Komfort bezogener Betten gewöhnten, schloss sich Worsley dem Rettungstrupp an, der sich aufmachte, McCarthy, McNeish und Vincent zu Hilfe zu eilen, die noch immer in der King Haakon Bay festsaßen, unter der *Caird* Schutz suchten und auf Rettung warteten. Also ging er an Bord des Dampfschiffes *Samson* und trat die elfstündige Fahrt zum Peggoty Camp auf der anderen Seite Südgeorgiens an, wo McCarthy, McNeish und Vincent sicherlich schon ungeduldig wurden.

Worsley war jedoch so erschöpft, dass er einen Sturm, in den sie auf der Überfahrt gerieten, glatt verschlief. Als sie schließlich die Bucht erreichten, erlebte er eine eigentümliche Überraschung. Die drei Kameraden, mit denen er zwei Jahre lang quasi Tag und Nacht zusammen gewesen war, erkannten den gut gekleideten, frisch rasierten Mann nicht, der vor ihnen stand. Sie hielten ihn für einen Fremden und fragten besorgt, warum weder Shackleton noch Crean noch Worsley mitgekommen war, um sie abzuholen.

Nachdem er den Irrtum aufgeklärt hatte, sorgte Worsley dafür, dass neben den drei Männern auch die *James Caird* an Bord genommen und nach Stromness gebracht wurde. Dort wurden die Rückkehrer mit einer bewegenden kleinen Feier begrüßt. Die norwegischen Walfänger – allesamt abgebrühte und erfahrene Seeleute – waren von den Erlebnissen der drei Männer sichtlich gerührt. Deren Reise, insbesondere die Querung des Südlichen Ozeans, nötigten noch dem fähigsten Seemann großen Respekt ab. Als sichtbares Zeichen der Anerkennung ließen sie es sich nicht nehmen, die *James Caird* eigenhändig vom Schiff zu holen. Alle wollten bei dieser ehrenhaften Aufgabe mit anfassen und persönlich dazu beitragen, dass sie sicher an Land kam.

Die Männer der *Endurance* durften derweil nur zusehen und sich an der Geste erfreuen, die Worsley als »ziemlich bewegend« beschrieb.

Am Abend versammelten sich die Männer in der schäbigen und verrauchten Bar der Walfangstation, die aus allen Nähten zu platzen drohte, weil keiner es versäumen wollte, jenen Männern Respekt zu zollen, die den Südlichen Ozean in einem offenen Boot bezwungen und Südgeorgien zu Fuß durchquert hatten. Worsley zufolge war der Raum »mit Kapitänen, Offizieren, Matrosen und Rauchschwaden gefüllt«.

Einer der älteren Norweger trat vor und berichtete, dass er seit vierzig Jahren im stürmischen Südmeer unterwegs sei, aber nie zuvor von einer vergleichbaren Leistung gehört habe. Er fügte hinzu, dass es ihnen eine Ehre sei, Shackleton und seine Begleiter kennenzulernen. Er schloss mit den pathetischen Worten: »Das sind echte Männer!«[1]

Dann traten die Norweger einzeln vor, um Shackleton, Worsley und Crean die Hand zu reichen. Es war eine eher schlichte, zwanglose Gratulation, und anders als die Ehrungen, die den dreien noch zuteilwerden sollten, kam sie ohne Orden und Fanfaren aus. Doch den drei Männern bedeutete die Anerkennung durch die norwegischen Kollegen sicherlich mehr als manche Lobhudelei, die sie später über sich ergehen lassen mussten. Das zumindest legten Worsleys Worte nahe, die wohl auch für seine Kameraden galten:

> Dass die Anerkennung von Brüdern im Geiste kam, von Männern unseres Schlages, Angehörigen der großen Seefahrernation Norwegen, machte sie besonders wertvoll und erfüllte uns mit großem Stolz.[2]

An anderer Stelle schrieb er:

> Diese Ehrung war mir wichtiger als alle, die uns später zuteilwurden, weil sie von erfahrenen Seeleuten kam, von Nachfolgern der Wikinger, die seit vielen Jahren jenen Stürmen getrotzt hatten, die wir in unserem kleinen Boot durchstehen mussten. Wenn solche Männer einem gratulieren, dann hat das etwas zu bedeuten.[3]

Doch Zeit, ihre Rettung und die damit einhergehende Anerkennung auszukosten, blieb ihnen nicht, denn noch warteten ihre Kameraden darauf, aus ihrem 1300 Kilometer entfernt liegenden Gefängnis befreit zu werden. Während Worsleys Abwesenheit hatte Shackleton in Husvik das englische Walfangschiff *Southern Sky* aufgetan, das nun mit norwegischen Freiwilligen bestückt wurde, um die zweiundzwanzig Männer von Elephant Island abzuholen. Crean, Worsley und Shackleton gingen selbstverständlich auch an Bord. Schließlich wollten sie die Rettung ihrer Kameraden zu einem guten Ende führen. McCarthy, McNeish und Vincent hingegen begaben sich derweil auf ein anderes Schiff, das sie zurück nach England brachte.

1916 gab es in Südgeorgien noch keine Telegrafenstation, weshalb Shackleton weder die Heimat über das Los der *Endurance* informieren noch den Eigner der *Southern Sky* um die Erlaubnis bitten konnte, mitten im Winter die gefährliche Reise nach Elephant Island antreten zu dürfen. Doch für Formalitäten und Höflichkeiten war ohnehin keine Zeit, und so übernahm Shackleton kurzerhand die Verantwortung für das Schiff und seine Besatzung.

Die *Southern Sky* war mit Kohle für die 2600 Kilometer weite Reise vollgestopft, als sie am 23. Mai 1916 in Husvik die Fahrt über den Südlichen Ozean begann. Verabschiedet wurde sie vom Tuten der Fabriksirenen und den Rufen der Seeleute, die sich am Kai versammelt hatten. Seit Shackleton und seine Begleiter Elephant Island mit den Hoffnungen ihrer Kameraden im Gepäck verlassen hatten, war fast ein Monat vergangen.

Nach einer weitgehend ereignislosen Überfahrt traf die *Southern Sky* etwa hundert Kilometer vor Elephant Island auf Packeis. Der Versuch, sich einen Weg hindurch zu bahnen, musste aufgegeben werden, weil das Schiff dafür nicht stabil genug gebaut war. Also machten sich die Männer daran, die Eiskante abzufahren und nach einem Durchlass zu suchen. Sie hatten keinen Erfolg und verbrauchten dabei wertvolle Kohle. Aber selbst wenn sie eine Passage gefunden hätten, durch die sie sich Elephant Island hätten annähern können, wäre die Gefahr groß gewesen, dass das Eis ihnen den Rückweg abschnitt. Und so rang sich Shackleton widerwillig dazu durch, das Vorhaben aufzugeben, den Kurs zu ändern und Richtung Norden zu fahren.

Das Ziel waren die Falklandinseln, wohin der Weg nicht ganz so weit war wie nach Südgeorgien. Dort gab es eine Telegrafenstation, mit deren Hilfe die verbliebene Besatzung der *Endurance* Kontakt zur Außenwelt aufnehmen könnte.

Die *Southern Sky* erreichte am 31. Mai den Hafen von Port Stanley, wo Shackleton ein Telegramm nach London aufgab, in dem er den Verlust der *Endurance* und die wohlbehaltene Rückkehr der Männer aus dem Süden meldete. Die Nachricht war in London überaus willkommen, bot sie doch eine Ablenkung vom Kriegsalltag. Sogar der König nahm sich Zeit, Shackleton eine Antwort zu schicken: »Mit großer Freude höre ich von Ihrer sicheren Ankunft auf den Falklandinseln und hoffe sehr, dass auch Ihre Kameraden auf Elephant Island bald gerettet werden.«[4]

Auch an seine Frau Emily schickte Shackleton eine Nachricht, in der er die Erlebnisse aus »achtzehn Monaten in der Hölle« und die unverzichtbare Unterstützung durch seine Mitstreiter kurz umriss. Das Telegramm schloss mit den Worten:

> Die Natur schien sich gegen uns verschworen zu haben … Wild und Crean haben sich großartig geschlagen, die Disziplin war durchgehend vorbildlich. Gegen Ende des Marsches waren zehn von uns allerdings nicht mehr recht bei Verstand.[5]

In Port Stanley bot der Gouverneur der Falklandinseln, Douglas Young, Shackleton, Worsley und Crean an, in seiner Residenz zu wohnen, bis sie ein neues Schiff gefunden hätten, um nach Elephant Island aufzubrechen. Die Bewohner der Falklands hingegen interessierten sich für die bemerkenswerte Geschichte der *Endurance*-Expedition allenfalls am Rande. In einem Bericht der Lokalzeitung *John Bull* hieß es:

> Shackletons Ankunft auf den Falklandinseln lässt sich auf folgenden Nenner bringen: Niemand in Port Stanley schien sich dafür zu interessieren, keine Flagge wurde zur Begrüßung gehisst, niemand nahm Anteil am Schicksal der Rückkehrer.[6]

In derselben Ausgabe wurde ein Einheimischer mit der Aussage zitiert, »die Männer hätten längst in den Krieg ziehen sollen, statt sich auf Eisbergen herumzutreiben«.[7]

Ganz in der Nähe besagter Eisberge saßen zweiundzwanzig Männer unter der Führung von Frank Wild noch immer auf einem Steinstrand und versuchten, irgendwie mit dem antarktischen Winter zurechtzukommen.

Um an ein geeignetes Schiff zu gelangen, schickte Shackleton Telegramme nach London und in mehrere südamerikanische Staaten. Zu den Ersten, die absagten, gehörte ausgerechnet die britische Admiralität. Wegen des Krieges sei derzeit kein Schiff verfügbar, ließ sie verlauten, frühestens im Oktober könne sich eines auf den Weg machen. Was im Umkehrschluss bedeutete, dass die Männer noch mindestens fünf Monate auf Elephant Island ausharren müssten.

Schließlich erklärte sich die Regierung Uruguays bereit, ein Schiff zur Verfügung zu stellen. Am 10. Juni traf das Dampfschiff *Instituto de Pesca No 1* in Port Stanley ein, um am 16. Juni wieder in See zu stechen. Mit an Bord waren Shackleton, Worsley und Crean, die sich zunehmend Sorgen um ihre Kameraden auf Elephant Island machten. Doch ihre Hoffnungen, sie endlich befreien zu können, wurden sehr bald zerstört.

Auf der Südhalbkugel steuerte der Winter auf seinen Höhepunkt zu, und das Wetter auf dem Südlichen Ozean war schlecht. Am dritten Tag zeigte sich bei Sonnenaufgang Elephant Island am Horizont, bald darauf stand das Schiff nur noch dreißig Kilometer vor der Küste der Insel. Doch wieder einmal erwies sich das Eis als undurchdringlich, und wieder einmal wurde mit der Suche nach einem Durchlass zwar viel Kohle verbraucht, jedoch letztlich nichts erreicht, sodass die Retter umdrehen mussten. Die Enttäuschung war mit Händen greifbar.

Am 25. Juni waren sie zurück in Port Stanley, wo Shackleton, Worsley und Crean einen Dampfer bestiegen, der sie nach Punta Arenas brachte, einer Hafenstadt an der Magellanstraße im chilenischen Teil Patagoniens. Punta Arenas war zu jener Zeit ein beliebter Anlaufpunkt für Schiffe, die Südamerika runden wollten. Die Eröffnung des Panamakanals zwei Jahre zuvor hatte den Niedergang der Stadt bereits eingeleitet. Noch aber diente der kleine Hafen zwischen Atlantik und Pazifik als Umschlagplatz für Woll- und Fischprodukte, und Shackleton wusste, dass er hier ein geeignetes Schiff für die Fahrt nach Elephant Island finden würde.

In Punta Arenas wurden die drei Männer wie Prominente empfangen. Insbesondere der stattlichen Zahl von Briten, die dort lebten, galten sie als Helden. Sie wurden zu unendlich vielen Partys und Empfängen eingeladen, und die örtliche Zeitung berichtete fast täglich. Aber auch die Chilenen empfingen sie warmherzig und mit offenen Armen. Großbritannien und Chile waren seit vielen Jahren eng miteinander verbunden, und das nicht nur durch einen regen Handel, sondern auch durch ähnliche Ansichten und Überzeugungen, die sich so sehr glichen, dass Chilenen auch »die Engländer Südamerikas« genannt wurden.

Shackleton, der sehr genau wusste, wie wichtig Werbung in eigener Sache war, trug auf seine Weise dazu bei, dass ihre Namen – und mit ihnen das Los der Kameraden auf Elephant Island – nicht aus den Schlagzeilen verschwanden. Das Gelingen der Rettungsaktion hing nicht zuletzt davon ab, dass sie im Gespräch blieb, und so suchten die drei Männer förmlich das Rampenlicht. Shackleton hielt Vorträge, und zusammen mit seinen Begleitern besuchte er zahllose Empfänge und Zusammenkünfte, die dazu beitrugen, dass ihr Hauptanliegen nicht in Vergessenheit geriet.

Das Interesse der Zeitungen war ungebrochen, allen voran das der englischsprachigen *Magellan Times*, die über jeden ihrer Schritte auf dem Gesellschaftsparkett berichtete. Und obwohl es den drei Männern um eine überaus ernste Angelegenheit zu tun war, bewahrten sie sich doch ihren Sinn für Humor.

Bei einer öffentlichen Veranstaltung dankte Shackleton den Norwegern von Südgeorgien für deren Gastfreundschaft und Großzügigkeit, die er unter anderem daran festmachte, dass Crean noch immer jenen Anzug trug, den einer der Walfänger ihm überlassen hatte. Crean hatte die Lacher auf seiner Seite, als er die Blicke des Publikums auf Shackletons Schuhe lenkte, für die das Gleiche galt. Nun waren die beiden Männer quitt.

Shackletons Taktik ging auf, und kaum hatte er 1500 Pfund eingesammelt, charterten die drei Männer für eine Leihgebühr von achtzehn Pfund pro Tag einen vierzig Jahre alten Schoner namens *Emma*, mit dem sie den dritten Rettungsversuch angehen wollten. Die chilenische Marine stellte zusätzlich die *Yelcho* zur Verfügung, ein Dampfschiff, das die *Emma* so weit wie möglich Richtung Süden schleppen sollte. So konnte sich die *Emma* der Antarktis nähern, ohne allzu viel Kohle zu verbrauchen, die sie bei der Fahrt durch das Packeis noch dringend benötigen würde.

Vor der Abfahrt wurde Shackleton noch in aller Förmlichkeit zum Kapitän ernannt, Worsley zum Ersten Offizier und Crean zum Zweiten Offizier. Die Besatzung gehörte acht verschiedenen Nationalitäten an. Ein Matrose stammte gar aus Andorra, das weder über eine Küste noch über Schiffe verfügte. Der Mann war erst vor Kurzem aus dem Gefängnis entlassen worden, wo er eine Strafe abgesessen hatte, weil er illegalerweise Jagd auf Robben gemacht hatte. Das wiederum verband ihn mit den drei Polarfahrern, die nur überlebt hatten, weil sie gewildert hatten.

Im Morgengrauen des 21. Juli kam die *Emma* etwa 150 Kilometer vor Elephant Island abrupt zum Stillstand. Wie Shackleton später berichtete, wurde sie von den Wellen zwar nach

Belieben hin und her geworfen, kam aber dem Ziel nicht näher. Das wusste das Packeis zu verhindern, und so traten die Männer widerwillig den Rückzug nach Port Stanley an.

Als sie am 8. August nach dem dritten gescheiterten Versuch, die Kameraden zu befreien, die Falklandinseln erreichten, warteten dort Nachrichten auf sie, die zumindest hoffen ließen. Die *Discovery*, Scotts altes Schiff, war im Begriff, von London aus in See zu stechen. Doch vor Mitte September würde sie nicht in Port Stanley eintreffen. Seit Shackleton, Worsley und Crean dem Strand von Elephant Island den Rücken zugekehrt hatten, waren mehr als drei Monate vergangen. Die Männer, die zurückgeblieben waren, hatten einen antarktischen Winter ertragen müssen, vor den Unbilden der Natur nur durch ein umgedrehtes Rettungsboot geschützt. Sechs oder gar acht zusätzliche Wochen des Wartens waren ihnen kaum zuzumuten.

In den langen Wochen, die mit der Suche nach einem für die Befreiung ihrer Kameraden passenden Schiff angefüllt waren, spielte Crean eine wichtige Rolle, gleich ob auf den Falklandinseln oder auf dem südamerikanischen Kontinent. Während Shackleton im Licht der Öffentlichkeit stand und Verhandlungen mit den Behörden führte, betätigte sich Crean – aber auch Worsley – im Hintergrund.

Für Shackleton war Crean wie ein Fels in der Brandung, auf den er sich verlassen konnte. Er begleitete seinen Kapitän überallhin und bewahrte ihn davor, aus Wut über Rückschläge und Verzögerungen die Beherrschung zu verlieren oder seinen Missmut in Alkohol zu ertränken. Tom P. Jones, ein englischer Geschäftsmann, der in Südamerika lebte, wurde zum Zeugen des mäßigenden Einflusses, den Crean auf Shackleton ausübte. Während ihres Aufenthalts in Punta Arenas lernte er sie ziemlich gut kennen, und so konnte er in seinem Buch über Patagonien schreiben:

> Tom Crean war für Shackleton wie ein Leibwächter, der ihn auf jeden Empfang begleitete und beschützte, gegebenenfalls auch davor, dass er zu viel Alkohol trank.[8]

Crean, der eindrucksvoll bewiesen hatte, dass er über herausragende Fähigkeiten als Polarreisender verfügte, zeigte nun eine andere Facette seines Charakters – die Gabe, andere zu unterstützen und dabei selbst im Hintergrund zu bleiben.

Crean war ein einfach gestrickter, geradliniger Mann, für den Loyalität und Gehorsam keine leeren Worte waren – Eigenschaften, die schon fünfzehn Jahre zuvor Scott veranlasst hatten, auf Crean zu zählen. Nun waren sie Shackleton eine wichtige Stütze bei der Suche nach einer Möglichkeit, die Männer von Elephant Island zu befreien. Ohne Creans Rückendeckung hätte Shackleton, dem die Anstrengungen der Fahrt über den Südlichen Ozean und der Querung Südgeorgiens noch in den Knochen steckten, kaum die Kraft aufgebracht, sich dem frustrierenden Kampf mit der Bürokratie auszusetzen, den er führen musste, um an ein geeignetes Schiff zu kommen. Während des Martyriums, das sie in den zurückliegenden Monaten durchlitten hatten, war Crean unverzichtbar gewesen. Nun war er es für den nicht minder verzweifelten Versuch, durch diplomatisches Auftreten und Verbindlichkeit ein Schiff zu organisieren, mit dem sie die Kameraden retten könnten.

Crean ließ es sich auch nicht nehmen, einen tröstenden Brief an Hazel Marston zu schreiben, die Frau von George Marston, der auf Elephant Island ausharrte.

Der Brief ist auf den 3. Juli datiert. Zu dieser Zeit befanden sich Crean, Shackleton und Worsley an Bord des britischen Postschiffes *Orita*, das sie von Port Stanley nach Punta Arenas brachte, wo sie die Suche nach einem Schiff fortsetzen wollten. Seit sie Marston und die anderen auf Elephant Island zurückgelassen hatten, waren zehn Wochen vergangen, aber Crean ließ keinen Zweifel daran aufkommen, dass sie die Kameraden retten würden. Im Brief an Mrs Marston schrieb er:

> Ich schicke Ihnen diese Zeilen, um Ihnen vom Befinden Ihres Mannes zu berichten, worauf Sie sicherlich schon sehnsüchtig warten. Es besteht kein Anlass, sich Sorgen zu machen, denn wir tun alles, um sie wohlbehalten zurückzuholen.
>
> Wissen sollten Sie auch, dass er, als ich mich von ihm trennen musste, gesund und munter wirkte und uns am liebsten begleitet hätte. Aber mit Gottes Hilfe werden wir bald wieder zu Hause sein.[9]

Ein weiteres Mal fuhren die drei Männer durch die Magellanstraße nach Chile, wo Shackleton die Regierung darum ersuchte, ihm die *Yelcho* für einen erneuten Rettungsversuch zur Verfügung zu stellen. Die Chilenen, die Shackletons Unbeirrbarkeit zu schätzen wussten, sagten es ihm bereitwillig zu.

Am 25. August 1916 verließ das 36 Meter lange Dampfschiff den Hafen von Punta Arenas. Von dort führte der Weg durch die Magellanstraße und weiter Richtung Süden. Die Besatzung, überwiegend Freiwillige, waren Angehörige der chilenischen Marine, und der Kapitän Luis Pardo schätzte sich glücklich, einen so erfahrenen Navigator wie Worsley an Bord zu haben. Shackleton, der als Expeditionsleiter fungierte, hielt sich im Hintergrund, sagte den Chilenen aber zu, nichts zu unternehmen, was die Sicherheit der *Yelcho* gefährden würde. Die Fahrt ins Packeis war damit ausgeschlossen.

Zum ersten Mal in den zwei Jahren, die die *Endurance*-Expedition nun schon dauerte, stand ihnen das Glück zur Seite. Auf der Fahrt nach Süden zeigte sich das Meer gnädig, und als sie sich Elephant Island näherten, begann das Packeis gerade, sich zurückzuziehen. Selbst eine Nebelbank, in die sie gerieten, konnte sie nicht aufhalten, und so gelangten sie ungehindert in das eisfreie Wasser, das in unmittelbarer Nähe zum Land in aller Regel anzutreffen ist.

Wie auf ein geheimes Kommando hin verzog sich der Nebel und gab den Blick auf die schwarzen Klippen und weißen Gletscher von Elephant Island frei. Shackleton und Worsley suchten die Küste nach vertrauten Landmarken und Hinweisen auf den Verbleib ihrer Kameraden ab. Nach bangen Augenblicken entdeckte Worsley in etwa zwei Kilometern Entfernung endlich das Lager, das unter einer Schneedecke lag und deshalb kaum zu erkennen war.

Nahezu im selben Moment wie die Retter das Lager entdeckten die Gestrandeten das Schiff. Durch die Ferngläser konnten Shackleton und Worsley beobachten, dass die Männer aufsprangen, am Ufer hin- und herliefen und winkten. Mit bangem Herzen zählte Shackleton die Gestalten, die verzweifelt versuchten, auf sich aufmerksam zu machen. Als er die Zahl Zweiundzwanzig erreichte, wusste er, dass alle überlebt hatten.

Shackleton, Worsley und Crean versammelten sich auf dem schwankenden Deck und sahen sich an. Auf diesen Moment hatten sie lange gewartet, und mit diesem Moment war ihr Martyrium beendet, auch der Letzte von ihnen gerettet. Um das zu erreichen, hatten sie Außergewöhnliches leisten müssen, doch nun verschlug es ihnen die Sprache. Einige Matrosen der *Yelcho* waren so ergriffen, dass sie sich auf die Knie fallen ließen und zu weinen begannen.

Binnen weniger Minuten wurde ein Beiboot ins Wasser gesetzt, mit dem einige Männer, darunter Crean und Shackleton, an Land ruderten. Die beiden verbrachten die Fahrt stehend und versuchten, die dunklen Schatten, die sich am Ufer versammelt hatten, zu identifizieren. Als sie nah genug herangekommen waren, rief Shackleton: »Alles wohlauf?« Wild, der Leutnant, der sich all die Monate vorbildlich um seine Männer gekümmert hatte, antwortete: »Alles wohlauf, Boss.«[10]

Als das Ruderboot den Strand erreichte, warf einer der chilenischen Matrosen eine Schachtel Zigaretten an Land. Shackleton zufolge machten sich die Männer »wie hungrige Löwen« darüber her. Das war am 30. August 1916. Seit Shackleton, Worsley, Crean und die drei anderen Männer mit der *James Caird* losgefahren waren, um Hilfe zu holen, waren 128 Tage vergangen.

# LEBEN UND TOD

Als sich das Schiff näherte, das sie befreien sollte, war den zweiundzwanzig Männern das Leben am Ufer von Elephant Island längst zur Qual geworden. Die Hoffnung auf Rettung war mit der Zeit gewichen, der Proviant zusammengeschmolzen, die Moral lag am Boden. Die Ersten hatten sich aufgegeben, andere waren körperlich am Ende.

Jeden Morgen hatte Wild die Männer mit dem Ruf geweckt: »Reise, reise, aufstehen. Der Boss kann jeden Augenblick hier sein.« Anfangs tat das Festhalten an der gewohnten Routine allen gut, aber mit der Zeit nahm der Elan ab, bis er schließlich in Depression umschlug.

Aber anfangs herrschte auch noch große Zuversicht, dass Shackleton, Worsley und Crean Südgeorgien erreichen und rasch Hilfe schicken würden. Hurley hatte vorausgesagt, dass die Überfahrt höchstens zwei Wochen dauern könnte, was ja in gewisser Weise auch stimmte. Tatsächlich war die *James Caird* siebzehn Tage unterwegs, aber mit Erholung sowie Vorbereitung und Durchführung der Querung Südgeorgiens vergingen weitere zehn Tage.

Je mehr Zeit verstrich, desto trüber wurde die Stimmung, und im August, nach drei Monaten vergeblichen Wartens, herrschte umfassende Mutlosigkeit. Viele gingen davon aus, dass jene, die sie retten sollten, vom Südlichen Ozean verschluckt worden waren und sich die, die auf Elephant Island unter ihren Rettungsbooten ausharrten, nach Deception Island durchschlagen müssten, wo sich während der Sommermonate Walfänger aufhielten. Die Aussicht, sich auf einem offenen Boot aufs Meer zu wagen, war für die geschwächten Männer der blanke Horror.

Die beiden Boote, die *Dudley Docker* und die *Stancomb-Wills,* lagen kieloben und boten den Männern etwas Schutz. Um den eisigen Wind abzuhalten, der nahezu pausenlos wehte, hatten sie Reste der Zeltplanen befestigt und mit Steinen beschwert. Schneestürme mit Windgeschwindigkeiten bis zu 160 Stundenkilometern zwang sie oft mehrere Tage hintereinander in ihre Schlafsäcke.

Fünf Männer schliefen im »Obergeschoss«, also auf den Duchten der *Wills*, auf der *Docker* waren es vier. Die anderen dreizehn lagen Seite an Seite auf dem Boden. Die Enge brachte es mit sich, dass sich die Gerüche von ungewaschenen Männern, verdreckter Kleidung, ranzigem Fleisch und Ausscheidungen aller Art zu einem üblen Gestank vermischten, dem sich keiner entziehen konnte. Der Qualm des Ofens, der im Dauerbetrieb lief, stach in den Augen, bis der einfallsreiche Maschinist Kerr auf die Idee kam, aus nicht mehr benötigten Zwiebackdosen einen Abzug zu bauen, wodurch sich die Luft ein wenig verbesserte.

Die Essensrationen waren noch bis Anfang August ausreichend groß. Dann aber sahen sich die Männer gezwungen, einst achtlos weggeworfene Robbenknochen wieder

Die Schiffbrüchigen. Diese zweiundzwanzig Männer blieben unter dem Kommando von Frank Wild (vorn, 2. von links) auf Elephant Island zurück.

auszugraben. Eine Zeit lang hatten sie ein stark berauschendes Gebräu aus heißem Wasser, Zucker und Brennspiritus zusammengemischt, das ihnen über Not und Entbehrungen hinweghalf. Doch dann war der Spiritus alle, und die Männer mussten sich mit einem Sud von Seegras zufriedengeben.

Wild, der Shackletons Führungsstil nacheiferte, achtete strikt darauf, dass die Männer beschäftigt waren, aber selbstverständlich gab es auch Phasen, in denen nichts zu tun war. Dann saßen sie zusammen und unterhielten sich über eines von zwei Themen, die sie mehr als alles andere beschäftigten: ihre baldige Rettung und die nächste Mahlzeit.

Den meisten Männern waren die Strapazen und Entbehrungen deutlich anzusehen, aber drei von ihnen waren besonders betroffen. Hudson war dem Zusammenbruch nahe. Zudem zierte seine linke Gesäßhälfte ein eitriges Geschwür, das eines Tages geöffnet und von einem knappen Liter einer stinkenden Flüssigkeit befreit werden musste. Rickinson hatte unmittelbar nach der Ankunft auf Elephant Island einen Herzinfarkt erlitten. Am schlechtesten dran war aber Blackborrow, der junge Waliser, der als blinder Passagier auf die *Endurance* gekommen war. Seine Füße waren mittlerweile von Erfrierungen schwer gezeichnet. Mitte Juni mussten die beiden Ärzte der Gruppe, McIlroy und Macklin, einen Fuß amputieren. Glücklicherweise hatten sie genügend Chloroform dabei, um Blackborrow für die eine knappe Stunde dauernde Operation im Dämmerlicht unter den Rettungsbooten in Tiefschlaf zu versetzen.

Der 30. August begann, wie jeder andere Tag auf Elephant Island begonnen hatte. Nach dem Frühstück suchten einige der Männer das Ufer nach Napfschnecken ab, mit denen sich der Hoosh anreichern ließe. Andere mühten sich, die Schneewehen zu entfernen, die sich in der Nacht gebildet hatten. Der Proviant war arg geschrumpft, Robben und Pinguine ließen sich zu dieser Jahreszeit nur selten blicken. Und so stellten sich die Männer allmählich darauf ein, schon bald nach Deception Island aufzubrechen.

Marston und Hurley waren auf die nahe gelegenen Felsen geklettert, wo sie nach Schnecken suchten, als ihr Blick zufällig auf den Horizont fiel. Plötzlich rief Marston: »Schiff ahoi!« Im selben Moment setzten hektische Aktivitäten ein.

Macklin lief zu dem Flaggenmast, um Signal zu geben, und Wild nahm den verbliebenen Rest Petroleum und zündete damit ein Feuer an, das er mit alten Wollsocken und Handschuhen fütterte. In dem Durcheinander, das die Sichtung der *Yelcho* ausgelöst hatte, machte sich der Topf mit Hoosh selbstständig, der für das Mittagessen vorgesehen gewesen war. Der hartgesottene Wild sah derweil mit feuchten Augen hinaus aufs Meer.

Macklin berichtete, dass von der *Yelcho* ein Beiboot ausgebracht wurde, das auf die Insel zuruderte, an Bord die beiden vertrauten Gesichter von Crean und Shackleton, die den verzückten Schiffbrüchigen strahlend entgegenkamen. Die beiden Männer, so Macklin, »sahen gesund und für unsere Verhältnisse ungeheuer sauber aus«.

Auch wenn es zur allgemeinen Hochstimmung nicht recht passen wollte, nahmen sich die Männer für die Begrüßung nur wenig Zeit, um dem Eis keine Gelegenheit zu geben, sich wieder zusammenzuziehen und sie einzuschließen. Die Geretteten wurden an Bord der *Yelcho* gebracht. Das Ruderboot fuhr unter den wachsamen Augen von Shackleton und Crean binnen einer Stunde dreimal hin und her, um die zweiundzwanzig Männer von der Insel zu holen. Gegen 14 Uhr war die Besatzung der *Endurance* wieder vereint, nun an Bord der *Yelcho*.

Kurz darauf traten sie die Heimreise an, um die wertvolle Fracht sicher abzuliefern. Die ließ sich als Erstes eine herzhafte Mahlzeit schmecken. Shackleton, Worsley und Crean klärten sie derweil über den Fortgang des Krieges auf. Manche Männer griffen auch zu den Zeitungen, die irgendjemand klugerweise mitgenommen hatte, damit sich die Verschollenen informieren konnten.

Auf dem Rückweg in die Zivilisation geriet das chilenische Schiff in schweres Wetter, aber so recht mochte sich niemand darüber aufregen. Am 2. September erreichte die *Yelcho* die Magellanstraße, und am nächsten Morgen ankerte sie vor Rio Seco, wenige Kilometer von Punta Arenas entfernt. Shackleton, der um den Wert guter Öffentlichkeitsarbeit wusste, ging von Bord und informierte die lokale Presse, dass die Vermissten im Anmarsch waren.

Die Ankunft in Chile verlief nicht ohne Zwischenfall. Als Shackleton und Crean an Land ruderten, drängte sich auf dem Kai ein Schaulustiger vor, der ihnen zurief: »Herzlich willkommen, Captain Scott.«

Augenzeugen zufolge war Shackleton ganz und gar nicht amüsiert. Schließlich war Scott im ewigen Eis geblieben, während er, Shackleton, nicht nur denkbar große Qualen überlebt, sondern auch seine Kameraden gerettet hatte. Dank Jones, der in seinem Buch von dem Vorfall berichtete, ist auch Shackletons Erwiderung überliefert: »Shackleton antwortete«, hieß es da, »Ihr Captain Scott kann mich mal. Er ist seit vielen Jahren tot.«[1]

Einige Stunden später dampfte die *Yelcho* in den Hafen von Punta Arenas, wo sie begeistert empfangen wurde. Es schien, als wäre die komplette Bewohnerschaft der Stadt an die Kais gekommen, um Flaggen zu schwenken, Sirenen heulen zu lassen und vor Begeisterung laut aufzuschreien. Macklin sprach von »ohrenbetäubendem Lärm«. Die Chilenen erklärten den Tag kurzerhand zum Feiertag. Im Hafen lagen mehrere deutsche Schiffe, und auch die hissten zu Ehren der Heimkehrer Flaggen. Unter der Überschrift »Unbeschreiblicher Jubel« berichtete die *Magellan Times* über den Empfang und schrieb:

> Nie zuvor in der Geschichte der Anwohner der Magellanstraße sind so viele Menschen zusammengekommen wie nun aus Anlass der Rückkehr der *Yelcho*.[2]

Die Männer, nach so vielen Wochen in der Abgeschiedenheit der Antarktis vom Lärmpegel verwirrt, gingen von Bord und in die kleine Stadt, begleitet von den flotten Rhythmen einer örtlichen Blaskapelle. Worsley, der wie Crean und Shackleton bereits Bekanntschaft mit der chilenischen Lebensart gemacht hatte, beschrieb die Gastfreundschaft als grenzenlos.

Die Männer wurden ins Royal Hotel geführt, wo sie sich den Massen aus einem Fenster im Obergeschoss zeigten. So rasch, wie die Feierlichkeiten es zuließen, wurden sie mit sauberer Kleidung ausgestattet. Zuvor wurden sie rasiert und bekamen einen frischen Haarschnitt verpasst. Abends fand in den Räumen der British Association ein Empfang statt, auf dem es eng und laut zuging.

Auch hier ergriff Shackleton die Gelegenheit, den Menschen für ihre Unterstützung und Gastfreundschaft zu danken. Ein besonderes Lob aber hob er sich für seine beiden Begleiter auf, die mit ihm durch dick und dünn gegangen waren. Seinen Dank brachte er auf folgenden Nenner:

> Ich kann nicht hoch genug von Crean und Worsley sprechen, die das alles gemeinsam mit mir durchgestanden haben.

> Mein Name ist der Öffentlichkeit seit geraumer Zeit bekannt, meist verbunden mit der Rolle des Anführers. Aber dieser Titel täuscht darüber hinweg, welchen Anteil am Erfolg diese Männer haben. Ich hätte wenig bewerkstelligen können, hätte ich sie nicht an meiner Seite gehabt. Mein Respekt gilt den Männern, die auf Elephant Island ausgeharrt haben, und die beiden Männer, die hier zu meiner Rechten stehen, sind großartige Kerle.[3]

Die Einwohner von Punta Arenas waren entschlossen, die Rückkehr der Männer von Elephant Island ausgiebig zu feiern. Schließlich war ein chilenisches Schiff mit einer weitgehend chilenischen Besatzung maßgeblich beteiligt. Ihr Stolz verlangte es von ihnen, beim Feiern denselben Einsatz zu zeigen wie ihre Landsleute bei der Rettungsaktion. Bei einem opulenten Dinner ging Worsley vor die Tür, um Luft zu schnappen, als er sich unvermittelt von mehreren Bewaffneten umringt sah, auf deren Gewehren Bajonette steckten. Als Worsley fragte, was sie von ihm wollten, erhielt er zur Antwort: »Kein Gringo verlässt nüchtern das Gebäude.«

Die Gastfreundschaft der Chilenen, aber auch der Vertreter anderer hier lebender Nationen hielt die Heimkehrer zwölf Tage lang auf Trab. Dann gingen sie wieder an Bord der *Yelcho* und fuhren weiter nach Valparaiso unweit der chilenischen Hauptstadt Santiago. Als sie dort am 27. September eintrafen, erwartete sie ein ähnlich pompöser Empfang, den ihnen Heerscharen von begeisterten Menschen bereiteten. Für die fünfzig Meter vom Schiff zum örtlichen Marineclub benötigten die Männer eine halbe Stunde, so dicht gedrängt standen die Menschen.

Selbst der Präsident Chiles ließ es sich nicht nehmen, Shackleton und seine Begleiter zu empfangen. Einige Tage danach bestiegen sie einen Sonderzug, der sie über die Anden nach Buenos Aires brachte, der Hauptstadt Argentiniens. Von dort aus reisten sie nach Montevideo, um sich bei der Bevölkerung Uruguays für die wertvolle Unterstützung zu bedanken.

Mit der Zeit aber wurden die Männer der vielen Feiern überdrüssig, und ohnehin gab es Wichtigeres zu tun. Viele, vor allem die einfachen Seeleute, wollten so schnell wie möglich zurück nach England, um sich am Krieg gegen Deutschland zu beteiligen. Shackletons Gedanken waren vor allem bei den Männern der *Aurora*, die im Rossmeer ausharrten. Es war an der Zeit, sie zu erlösen.

Am 8. Oktober 1916 endete auf dem Bahnhof von Buenos Aires für die Besatzung der *Endurance* die Expedition in die Antarktis mit einem kräftigen Händedruck, mit dem sich die Männer voneinander verabschiedeten. Shackleton und Worsley wollten gemeinsam über San Francisco und Neuseeland zum McMurdo-Sund fahren, wohingegen Crean, Wild und die meisten anderen in die Heimat zurückkehrten.

Die blieb für die Männer am Kap Evans einstweilen unerreichbar. Seit über zwei Jahren waren sie von der Außenwelt abgeschnitten und litten zunehmend unter den Bedingungen, unter denen sie ihrem Auftrag nachgingen, Vorratslager anzulegen, die niemand mehr brauchte.

Die zehn Eingeschlossenen wussten nichts vom Verlust der *Endurance* und gingen unverdrossen ihrer Arbeit nach, die darin bestand, den Männern, die die Antarktis hatten überqueren wollen, den Weg zu bereiten. Dem Auftrag gemäß hatten sie auf dem Schelfeis bis hin zum Fuß des Beardmore-Gletschers Depots angelegt, damit Shackleton und sein Team auf ihrem Weg von der Vahselbucht über den Südpol bis Kap Evans versorgt wären.

Für die gewaltige Aufgabe waren die Männer nur unzureichend gerüstet. Joyce, der schon die *Discovery*- und die *Nimrod*-Expedition mitgemacht hatte, war der Einzige, der Erfahrungen mit den großen, von Menschen gezogenen Schlitten hatte. Trotzdem legten sie in 169 Tagen die erstaunliche Distanz von 2400 Kilometern zurück, eine der größten Leistungen, die je unter derartigen Bedingungen vollbracht wurde.

Einige der Männer schufteten bis zu fünf Monate am Stück, ohne frische Lebensmittel zu sich zu nehmen, und litten erheblich unter Skorbut. Der Fotograf und Pfarrer Arnold Spencer-Smith war in Sichtweite der alten *Discovery*-Unterkünfte am Hut Point gestorben. Zwei weitere, Mackintosh und Hayward, waren bei dem Versuch umgekommen, das noch dünne Eis zwischen Hut Point und Kap Evans zu überqueren.

Die Männer hatten Erstaunliches erreicht, und hätte nicht das Schicksal der *Endurance* und ihrer Besatzung das Interesse der Öffentlichkeit auf sich gezogen, wäre ihnen sicherlich größere Aufmerksamkeit zuteilgeworden. So aber gerieten die Männer im Rossmeer, deren Plackerei auf dem Schelfeis letztlich von keinerlei Nutzen war, unverdientermaßen in Vergessenheit.

Nichtsdestotrotz war ihr Abenteuer eine der letzten großen Unternehmungen des Goldenen Zeitalters der Antarktisforschung.

# KRIEG, EHRUNGEN UND HEIRAT

Als Tom Crean in England eintraf, war sein Haar ergraut. Doch das war die einzige sichtbare Spur, die das zweijährige Martyrium der *Endurance*-Expedition hinterlassen hatte. Der Ire hatte die Strapazen in erstaunlich guter Verfassung überstanden und zeigte keinerlei Verschleißerscheinungen.

Die Überfahrt von Buenos Aires nach England verbrachte Crean an Bord des Linienschiffes *Highland Lassie*, das Anfang November 1916 eintraf. Auf der anderen Seite des Ärmelkanals, in Nordfrankreich, ging die Schlacht an der Somme nach fünf Monaten Blutvergießen ihrem Ende entgegen.

Crean war entschlossen, für England in den Krieg zu ziehen, und schon am 8. November meldete er sich in der Marinebasis von Chatham zurück. Sechs Wochen später wurde er mit der Polarmedaille in Silber ausgezeichnet. Es war seine dritte.

Doch wenn es um seinen Beitrag zum Gelingen der Expedition ging, blieb Crean wie gewohnt bescheiden. Ein Paradebeispiel dafür ist ein Brief, den er an Apsley Cherry-Garrard schrieb, der wie Crean Scotts letzte Expedition mitgemacht hatte. Darin hieß es:

> Die zwölf Monate, die sich an den Verlust der *Endurance* anschlossen, waren nicht einfach, und ich kann nur betonen, dass der Boss ein wirklicher Ehrenmann ist. Ich habe ihm bis zuletzt treu gedient.[1]

Eine angemessene Würdigung seines Beitrages zur *Endurance*-Expedition erfuhr er durch Shackleton selbst, der sehr genau wusste, was er in zahllosen kritischen Situationen der letzten zwei Jahre an Crean gehabt hatte. Er war ihm dafür aufrichtig dankbar.

Wie hoch Shackletons Wertschätzung für Crean war, geht aus einem Brief an Ernest Perris hervor, seinen engen Freund und Förderer, der 1916 entstand, als Shackleton auf dem Weg nach Kap Evans war, wo er sich der Männer annehmen wollte, die die *Aurora* dort abgesetzt hatte.

Die Beurteilung Creans fällt ebenso kurz und offenherzig aus. Fast wird ein bisschen Neid auf den Beitrag des Iren erkennbar, insbesondere wenn es um die Rettung der auf Elephant Island gestrandeten Männer geht. Shackletons stenografisch gehaltenes Urteil klingt so:

> Loyal und zuverlässig. Unentbehrlich in den Booten und auch sonst. Extrem dünnhäutig.
> Ich habe Balfour geschrieben und ihm die Beförderung zum Deckoffizier vorgeschlagen. Vielleicht kannst du da ein bisschen Druck machen.
> Wenn es dir an Geld fehlt, ihn zu bezahlen, kannst du ihn getrost bitten, dass er die Summe stundet.[2]

Tom Crean im Alter von etwa vierzig Jahren.

Shackletons bündige Beurteilung ist selbstverständlich nicht von der Zeit zu trennen, in der sie entstand. Er hatte ein monatelanges Martyrium hinter sich, nun bedrückten ihn die Sorgen um seine Kameraden, die am Kap Evans gefangen waren und von dem Drama der *Endurance* nicht die geringste Ahnung hatten. Shackleton stand zweifelsohne unter einem gigantischen Druck, und doch hätte er über den Mann, der ihm treu gedient und ihn jederzeit unterstützt hatte, wohl etwas freundlicher sprechen können.

Zu den Fragen, auf die Shackleton eine Antwort finden musste, um die Expedition abschließen zu können, gehörte die, wie er die Männer bezahlen wollte. Sein Geld war so gut wie verbraucht. Wild und Worsley hatten angeboten, ihre komplette Heuer zu stunden, und Shackleton hatte die Wissenschaftler gebeten, es ihnen nachzutun. Die Mannschaft, die das Geld sicherlich dringender benötigte als alle anderen, sollte ausbezahlt werden, auch wenn das für jene, mit denen Shackleton nicht zufrieden gewesen war, hieß, dass sie nur bis zu jenem Tag Geld bekamen, an dem sie die *Endurance* aufgegeben hatten. Crean bildete gewissermaßen eine eigene Kategorie. Shackleton wollte nichts versprechen, was er nicht halten konnte, aber in Anerkennung der Leistung des Iren sagte er zu, ihn auszubezahlen, sobald er dazu in der Lage wäre. Wie sein Brief an Perris belegt, zählte er darauf, dass Crean die Summe bis dahin stunden würde. Margery und James Fisher, Shackletons Biografen, die mit vielen Überlebenden der Expedition gesprochen haben, kamen zu dem Schluss, dass dieses Vorgehen eine leicht irregeleitete Art der Respektbezeugung war.[3]

Shackleton setzte großes Vertrauen in Crean, und das nicht nur in seiner Rolle als Begleiter auf Reisen, sondern überraschenderweise auch als Repräsentant der Expedition nach der Rückkehr nach England. Ihm war vor allem wichtig, dass seine Frau Emily einen Bericht aus erster Hand bekam, statt auf Spekulationen und Gerüchte angewiesen zu sein, die sich rund um die Expedition rankten. Während er auf dem Weg zum Kap Evans war, schrieb Shackleton an Emily: »Ich möchte, dass du dich mit Wild, McIlroy und Crean triffst – Letzteren möglichst ohne die anderen.«[4]

Die Sonderrolle, die Shackleton Crean zudachte, deckte sich mit dessen Bedürfnis nach Anerkennung und Bestätigung. Bei seiner Rückkehr war er neununddreißig Jahre alt, seine Zeit bei der Marine ging dem Ende entgegen. Zum einen wollte er die Heuer ausbezahlt bekommen, die ihm für seine Beteiligung an der *Endurance*-Expedition zustand, zum anderen wollte er befördert werden, wodurch sich auch sein Sold erhöhen würde. Crean plante für die Zukunft, für die Zeit nach der aktiven Laufbahn, und in Sir Ernest Shackleton hatte er einen einflussreichen Fürsprecher.

Shackleton stand hinter Creans Wünschen, und wider alle Gewohnheiten machte er seinen Einfluss in den höchsten Kreisen geltend, um Unterstützung für seinen Kameraden zu organisieren. Er schrieb einen Brief an Lord Balfour, der in den Jahren 1915/16 Erster Lord der Admiralität war, ehe er als Außenminister Großbritanniens auch international bekannt wurde. In seinem Brief schlug er Crean zur Beförderung vor. Auch Perris hatte er kontaktiert, einen versierten Journalisten, der später Herausgeber des *Daily Chronicle* wurde, und ihn gebeten, mit seinen Mitteln dazu beizutragen, dass Creans Fall vordringlich behandelt wurde.

Das Ziel hieß fürs Erste Deckoffizier, ein Rang, der zwischen Offizier und Unteroffizier einzuordnen ist. Doch Crean hatte ein Problem. Ihn trieb die Sorge um, dass er die schriftliche Prüfung, die er ablegen musste, nicht bestehen würde. Er war ein erfahrener Seemann und an mehreren Waffensystemen ausgebildet, aber seine Allgemeinbildung war eher bescheiden.

Crean war ein praktisch denkender und handelnder Mensch, jemand, der es verstand, handfeste Probleme zu lösen. Die Schule seines Heimatortes Anascaul hatte er mit vierzehn Jahren verlassen, und bis dahin hatte er nicht viel mehr gelernt als Lesen und Schreiben. Um eine schriftliche Prüfung zu bestehen, die, wie es bei der Navy der Fall war, komplizierte Mathematikaufgaben enthielt, war das zu wenig.

Fragen, die auf ihn hätten zukommen können, lauteten: »Rechnen Sie den Wert von 7,5 Pence in Half-Sovereign um (einschließlich Nachkommastellen).« Oder: »Wenn fünfzig Fass Mehl genügen, um vierhundert Männer dreißig Tage lang zu ernähren, wie lange reichen dann fünfzehn Fass für zweihundert Männer, wenn die Rationen um ein Viertel gekürzt werden?«[5]

Die mangelnde Schulbildung hätte sich womöglich schon in der Antarktis als Problem erwiesen, wäre Crean gezwungen gewesen, monatelang auf engstem Raum mit Offizieren, Wissenschaftlern, Ärzten und anderen studierten oder gut ausgebildeten Männern zusammenzuleben. Die Dünnhäutigkeit, die Shackleton ihm in seinem Brief an Perris bescheinigt hatte, mag nur ein anderer Ausdruck dafür sein, das Crean sich in Gesellschaft gebildeter Menschen minderwertig vorkam.

Da er nicht wusste, wie er sich verhalten sollte, suchte er Rat und Bestätigung bei Shackleton. Der war zwar noch mit der Aufarbeitung der *Endurance*-Expedition befasst, nahm sich aber die Zeit, Crean zu ermutigen. In einem Brief vom Juni 1917 betont Shackleton, dass Crean »die leichte Prüfung« unbedingt hinter sich bringen müsse, um befördert zu werden. Gleichzeitig spürte er, dass sein Kamerad eine Aufmunterung benötigte, und fügte hinzu:

> Sie werden es schaffen, wenn Sie es nur schaffen wollen. Also Kopf hoch und an die Arbeit! Geben Sie sich einen Ruck, alter Freund, es bedeutet Ihnen doch einiges. Sie verweisen auf Kameraden vom Heer, die ohne Prüfung befördert wurden, aber die sind ja auch nicht bei der Navy. Ein Soldat wird man in wenigen Monaten, ein Seemann erst nach vielen Jahren. Auf See haben Sie vor nichts Angst, also lassen Sie sich auch nicht von einer kleinen Prüfung einschüchtern.[6]

Auch Emily Shackleton unterstützte Crean nach Kräften. Sie hatte mitbekommen, was er ihrem Mann während dessen Abwesenheit geschrieben hatte. Und auch sie spürte, dass Crean Bestätigung brauchte. Also schrieb sie ihm aufmunternde Worte: »Niemand auf der großen weiten Welt hat es mehr verdient, und alle Welt weiß, dass die Admiralität Männer wie Sie sucht.«[7]

Crean stellte sich der Prüfung und – bestand sie. Am 11. August 1917 wurde er zum Deckoffizier befördert.[8]

Unterdessen hatte Shackleton Geld aufgetrieben, mit dem er seine Schulden bei Crean begleichen konnte. Der Ire hatte ursprünglich für 166 Pfund pro Jahr auf der *Endurance* angeheuert. Während der langen Monate auf dem Eis hatte Shackleton den Betrag von sich aus auf 260 Pfund (8000 Pfund) erhöht. Im Juni hatte er Crean 100 Pfund geschickt und versprochen, dieselbe Summe bald noch einmal anzuweisen.[9]

Crean staunte nicht schlecht, als Apsley Cherry-Garrard, sein alter Kamerad von der *Terra Nova*, ihn kontaktierte und ihm eine kleinere Summe zukommen ließ. Wie Evans hatte wohl auch Cherry-Garrard das Bedürfnis, Creans vorbildliches Verhalten auf Scotts letzter Expedition zu würdigen, nicht zuletzt, weil der 1911 besonderen Mut bewiesen und Scott alarmiert hatte, als Cherry-Garrard und Bowers zusammen mit den Ponys hilflos auf einer Eisscholle im Polarmeer trieben. Crean war von der Geste sehr gerührt und versprach Cherry-Garrard, von dem Geld »etwas Schönes zu kaufen«.

Das Geld von Shackleton und Cherry-Garrard hatte Crean in einem denkbar günstigen Moment erreicht, denn er war im Begriff zu heiraten.

Weil er früh zur Navy gegangen war und viele Jahre in der eisigen Antarktis verbracht hatte, hatte er bislang kaum Gelegenheit gehabt, eine längere Beziehung zu führen. Seit er als Junge die Heimat verlassen hatte, um zur See zu fahren, waren vierundzwanzig Jahre vergangen, und die kurze Zeit, die er an Land gewesen war, hatte er meist in Anascaul verbracht. Insofern war es keine Überraschung, dass seine Braut ebenfalls von dort kam.

Ihr Name war Eileen Herlihy, sie war sechsunddreißig Jahre alt und die Tochter eines Gastwirts aus Anascaul, der Crean seit dessen Kindertagen kannte. So waren die Brautleute auch in diesem Punkt verbunden: Eileen, die von allen Nell gerufen wurde, war in einer Gastwirtschaft im Ortskern von Anascaul aufgewachsen, und Tom Crean hatte mehrfach durchblicken lassen, dass er für die Zeit nach seiner aktiven Laufbahn gern eine Schanklizenz erwerben würde. 1913 hatte er den Wunsch in die Tat umgesetzt und einen recht heruntergewirtschafteten Pub in Anascaul gekauft. Das erwies sich nun als weise Voraussicht.

Tom Crean mit seiner Braut Eileen Herlihy am Tag der Hochzeit im September 1917. In ihrem Heimatort Anascaul wurden sie respektvoll »Tom und Nell vom Pol« genannt.

Tom und Nell wurden am 5. September 1917 in Anascaul getraut. Für das kleine Dorf war die Hochzeit ein großes Ereignis, und Shackleton stellte seine Anteilnahme unter Beweis, indem er dem Brautpaar ein silbernes Teeservice zukommen ließ, in das die Namen des Spenders und dessen Frau eingraviert waren. Creans Kameraden aus Chatham überreichten ihm ein Rapier.

Die Hochzeit bot eine willkommene Atempause vom Krieg, der im Herbst 1917 in einem tödlichen Patt steckte. Und doch hatte Crean mehr Glück als viele andere, denn die Schrecken der Westfront blieben ihm erspart, und die zwei Jahre, die er nach der Rückkehr aus der Antarktis am Krieg teilnahm, konnte er in dem vergleichsweise ruhigen Fahrwasser der Navy verbringen. Aus seinen Dienstunterlagen geht hervor, dass er nie in eine Kampfhandlung verwickelt war.

Von November 1916 bis zum 2. März 1917 war er in Chatham stationiert, wo er meist banale Aufgaben zu erledigen hatte, die nur am Rande mit dem Krieg zu tun hatten. Anfang Februar musste der Schlepper *St. Giles* von Immingham an der englischen Ostküste nach Rosyth in Schottland gebracht werden. Mit den Herausforderungen an Bord der *Endurance* oder der *James Caird* war das nicht zu vergleichen, aber nach zwei entbehrungsreichen Jahren im ewigen Eis kam ihm eine vergleichsweise harmlose Aufgabe durchaus gelegen.

Im März 1917 wurde er auf das Patrouillenboot *HMS Colleen* abkommandiert, das in Queenstown in der irischen Provinz Cork stationiert war. Auch in seinem Heimatland verbrachte Crean eine eher ruhige Zeit. Von dort ging es weiter an den Marinestandort Bere Haven in der Bantry-Bucht an der Südwestküste Irlands, wo ihn keinerlei Herausforderungen erwarteten.

Trotzdem wurde ihm in dieser Zeit eine weitere Auszeichnung zuteil. Im Februar 1918 wurde ihm die Spange zur Polarmedaille verliehen. Seine nächste Versetzung, dieses Mal auf das Schlachtschiff *HMS Inflexible*, war auf den 14. November 1918 datiert – drei Tage nach Ende des Krieges, der für Crean ein ziemlich stiller gewesen war.

Weniger Glück war einigen seiner Kameraden von der *Endurance* beschieden. Tim McCarthy, der fröhliche und beliebte Ire, der bei der Querung des Südlichen Ozeans an Bord der *James Caird* gewesen war, kam bei einer Schlacht im Ärmelkanal ums Leben, Frank Wilds Bruder Ernest, der zu den Männern gehörte, die im Rossmeer ausgeharrt hatten, starb während seines Dienstes im Mittelmeer an Typhus. Alf Cheetham, der an vier Reisen in die Antarktis teilgenommen und viele Monate unter den umgekippten Beibooten auf Elephant Island verbracht hatte, ging mit dem Minensuchboot unter, auf dem er Dienst tat und das wenige Wochen vor Kriegsende von einem feindlichen Torpedo getroffen wurde. Fünf weitere Mitglieder der Expedition wurden verwundet, einige davon schwer.

Einen Monat nach Kriegsende, im Dezember 1918, brachte Nell ihr erstes Kind auf die Welt. Das Mädchen erhielt den Namen Mary. Wenig später, am 14. März 1919, wurde Crean auf den Kreuzer *Fox* abkommandiert.[10] Es sollte die letzte wichtige Berufung seiner Zeit als Marinesoldat werden.

Im April 1919 stach die *Fox* in Chatham zu einer Routinefahrt in See, Crean war als Bootsmann dabei. Ziel der Reise waren Murmansk und Archangelsk im nördlichen Russland, wo Briten und andere Nationen noch immer versuchten, die anrückenden Bolschewisten zurückzudrängen. Der Zufall wollte es, dass Crean wenige Monate zuvor im Rahmen einer britischen Mission in dem Seegebiet gewesen war, seinerzeit mit dem Auftrag, den Deutschen die Kontrolle über den

Hafen von Murmansk streitig zu machen, dem als einzigem ganzjährig eisfreien Hafen im nördlichen Russland eine besondere strategische Bedeutung zukam.

Die *Fox* verließ Chatham am 27. April und traf nach einer ereignislosen Fahrt entlang der englischen Ostküste in Rosyth ein. Was genau dort geschah, ist umstritten, weil die Logbücher der *Fox* aus diesen Tagen zum Großteil verschollen sind. Verbrieft ist jedoch, dass am 28. April 1919 im Hafen von Rosyth das Ende der militärischen Laufbahn Tom Creans eingeleitet wurde.

Während das Schiff dort vor Anker lag, stürzte Crean aus unbekannten Gründen und erlitt dabei schwere Verletzungen. Laut Angaben des Bordarztes fiel er in den Ankerkasten und zog sich dabei über der linken Schläfe eine vier Zentimeter lange Wunde zu, die mit drei Stichen genäht werden musste. Hinzu kamen Prellungen an beiden Beinen und der linken Körperhälfte. Der Unfallbericht enthält keine weiteren Angaben zu den Verletzungen, betont aber, dass Crean zum Zeitpunkt des Unfalls nüchtern gewesen sei.[11]

Die *Fox* setzte die Fahrt in arktische Gewässer fort, aber Crean war nicht mehr der, der er bis zu dem Unfall gewesen war. Durch die Kopfverletzung, worin auch immer sie bestanden haben mag, hatte seine Sehkraft gelitten. Obwohl er dadurch stark eingeschränkt war, leistete er gewohnt zuverlässig seinen Dienst. Als Crean am 31. Oktober 1919 abmusterte, nannte der Kapitän der *Fox* ihn einen »fähigen Seemann und vorbildlichen Deckoffizier«.[12]

Gegen Ende des Jahres tat er auf dem Torpedoschiff *HMS Hecla* Dienst, das der sogenannten Nore Reserve zugeordnet war. Es wurde sein letztes Engagement bei der königlichen Marine. Die Folgen des Sturzes erwiesen sich als gravierender als vermutet, zumal für einen Mann vom Schlage Tom Creans, der in der Antarktis, wo jeder Schritt eine Herausforderung gewesen war, mehrfach gestürzt, aber noch jedes Mal mit einem Lächeln aufgestanden war. Nur wenige Monate später wurde Crean wegen »eingeschränkter Sehfähigkeit« für dienstunfähig erklärt und aus der Royal Navy verabschiedet. Die Entlassungspapiere waren auf den 24. März 1920 datiert. Bis zur Vollendung des 27. Dienstjahres fehlten nicht einmal vier Monate.

In Creans Akte befindet sich ein Schreiben des Kommandeurs der *Hecla*, in dem er dem Iren bescheinigt, sich »zu meiner vollsten Zufriedenheit« verhalten zu haben. Wohl im Wissen, dass mit Crean ein Seemann von besonderem Schrot und Korn den Dienst quittierte, fügte er hinzu:

> Ein durch und durch fähiger und zuverlässiger Offizier, der sich in allen dienstlichen Belangen große Verdienste erworben hat. Dass er nun aufgrund einer Verletzung vorzeitig ausscheiden muss, ist ein großer Verlust.[13]

# TOM VOM POL

Tom Crean ließ die Laufbahn als Marinesoldat hinter sich und tauschte das gewohnte Leben auf See gegen ein festes Zuhause und eine Familie ein. Auch wenn das für einen Mann, der fast drei Jahrzehnte fern der Heimat verbracht hatte, eine Herausforderung war, fühlte er sich für ein solches Leben gewappnet.

Mit dem Abschied von der Navy standen ihm zwei Pensionen zu – die üblichen Altersbezüge sowie eine Versehrtenrente wegen des Unfalls in Rosyth. Letztere belief sich ab 1922 auf jährlich 72 Pfund, nach heutiger Kaufkraft 1740 Pfund.[1] Und diese Gelder erhielt er unabhängig davon, was er gegebenenfalls dazuverdiente, etwa durch das Betreiben eines Pubs.

Auch die hundert Pfund, die er für seinen Beitrag zur Rettung seines Kameraden Evans bekommen hatte, besaß er noch. Die Summe sollte ihm dabei behilflich sein, ein neues Leben zu beginnen. Im August 1920, fünf Monate nach seiner Verabschiedung vom aktiven Dienst, schrieb er an Scotts Witwe Kathleen, um sich für die großzügige Unterstützung zu bedanken. In dem Brief hieß es:

> Ich werde Ihre Hilfsbereitschaft stets in dankbarer Erinnerung behalten. Über den Sekretär der Expedition hat mich die Summe von hundert Pfund erreicht. Sie wird mir eine große Hilfe sein.[2]

Etwa zur selben Zeit beschloss Crean, sich vom Leben als Entdecker und Abenteurer endgültig zu verabschieden. Manch einem seiner Kameraden fiel es schwer, sich nach Abschluss einer großen Reise an das Leben an Land zu gewöhnen. Crean war eher froh, einen Schlussstrich ziehen zu können. Seine Zeit als Weltenbummler war abgelaufen. Selbst Werbungsversuche Shackletons, den er mehr schätzte als irgendjemanden sonst, ließ er an sich abprallen. Das Kapitel Antarktis war für ihn abgeschlossen.

Nach allem, was wir heute wissen, wogen die Liebe zu seiner Frau, der Reiz einer Familie und das beschauliche Leben in Anascaul die Begeisterung für den Süden, der einst seine zweite Heimat gewesen war, mehr als auf. Als Crean die Navy verließ, stand er vor seinem 43. Geburtstag. Damit war er drei Jahre jünger als Shackleton, der jedoch ein unruhiger Geist war und bereits seine nächste Expedition plante. Bei Creans Entscheidung wird auch die Augenverletzung eine Rolle gespielt haben, auch wenn die ihn im Alltag kaum einschränkte. Kurz nach seinem Abschied von der Navy berichtete er Kathleen Scott, mit seinen Augen sei »alles in Ordnung«.[3]

Wir dürfen daher davon ausgehen, dass Nell, die eine willens- und durchsetzungsstarke Frau war, für Creans Entschluss, bei der Familie zu bleiben, eine entscheidende Rolle spielte. Immerhin war die durch die Ankunft des mittlerweile dritten Kindes weiter gewachsen. Zu Mary, im Dezember 1918 geboren, hatten sich unterdessen Katherine, Jahrgang 1920, und Eileen gesellt, die 1922 das Licht der Welt erblickte.

Gleichwohl bedeutete der Entschluss, sich keiner Polarexpedition mehr anzuschließen, eine Kehrtwende in Creans Leben. Bis dahin hatte er sich trotz aller Gefahren regelrecht darum gerissen, sich an einer Expedition unter der Führung von Scott oder Shackleton beteiligen zu dürfen. Und nicht einmal nach den Erlebnissen im Rahmen der *Endurance*-Expedition war seine Abenteuerlust gestillt.

Kurz nach der letzten Rückkehr aus der Antarktis hatte Crean seinem Freund Captain Dodds, der zu dieser Zeit in Bere Haven stationiert war, einen Brief geschrieben, in dem er aus seiner Bereitschaft, jederzeit wieder in den Süden zu ziehen, keinen Hehl machte: »Ich war nun an drei Expeditionen beteiligt, aber ich freue mich schon auf die vierte.«[4] Das schrieb er circa 1918.

Doch bereits 1920 dachte er gänzlich anders darüber, und das, obwohl Shackleton, der eine neue Polarexpedition vorbereitete, persönlich um ihn warb.

Als Crean im März 1920 die Navy verließ, war Shackleton mit der undankbaren Aufgabe beschäftigt, in der Philharmonic Hall von London zweimal täglich Vorträge über die *Endurance*-Expedition zu halten. Im Februar hatte Crean am 100. Vortrag teilgenommen und wusste daher fraglos von Shackletons Plänen.

Gemeinsam mit einigen früheren Kameraden – Wild, Worsley, James, Wordie, Hussey, Orde-Lees – beteiligte sich Crean auch selbst an solchen Vortragsabenden, bei denen Hussey

Banjo spielte. Die Zeitungen wussten von einer »überaus positiven Reaktion« der Besucher zu berichten.

Wer die Polarreisenden erleben und ihnen Fragen stellen wollte, musste zwischen einem Shilling, drei Pence und acht Shilling, sechs Pence Eintritt bezahlen. Shackleton berichtete empört von einem Besucher, der sich zu der Frage verstieg: »Hätten Sie nicht eine gut ausgebildete Krankenschwester mitnehmen sollen?« Auch wenn die Frage nicht so gemeint gewesen sein mag, löste sie bei den Männern, an die sie sich richtete, ungute Erinnerungen an zwei Jahre sexueller Enthaltsamkeit aus. Shackleton erwiderte schließlich diplomatisch, dass seines Wissens bislang noch keine Frau an einer Expedition in die Antarktis beteiligt gewesen war.

Während der Vortragsreihe ging Shackleton durch die Hölle. Er brannte darauf, wieder zur Tat schreiten zu können. Ursprünglich hatte er sich vorgenommen, in die Arktis zu reisen. Doch dann entschied er sich um und nahm sich vor, mit einem speziell ausgerüsteten Schiff die Antarktis zu umrunden. Er kaufte ein Schiff, das er *Quest* taufte, und machte sich daran, seine erfahrenen und bewährten Mitstreiter von der *Endurance* für die neue Expedition anzuwerben.

Besonderen Wert legte er darauf, dass ihn seine beiden zuverlässigen Offiziere Wild und Crean auf der letzten großen Unternehmung begleiteten. Er war so fest davon überzeugt, dass Crean mitmachen würde, dass er seinen Namen ungefragt auf eine vorläufige Crewliste setzte, die er bei der Admiralität einreichte. Neben Crean fanden sich dort auch die Namen Wild, Worsley, Macklin sowie weiterer Männer der *Endurance* wieder.[5]

Shackleton begründete die Auswahl gegenüber der Admiralität damit, dass sie sämtlich erfahrene Männer enthielt, die »bereit sind, mich zu begleiten«. Crean sollte sich um die Instandhaltung des Schiffes kümmern. Shackleton fügte der Liste eine Übersicht über die bisherigen Antarktisreisen Creans bei. Vor lauter Begeisterung führte er fälschlicherweise auch die Reise mit der *Nimrod* auf, die ihn in den Jahren 1907 bis 1909 bis auf 150 Kilometer an den Südpol herangeführt hatte.

Doch als Shackleton ihn fragte, sagte Crean Nein.

Crean, inzwischen Familienvater und angehender Geschäftsmann, formulierte seine Absage ausgesprochen freundlich. Seine zweite Tochter war 1920 zur Welt gekommen, und in einer Mischung aus Selbstironie und Entschiedenheit ließ er Shackleton wissen, dass nun seine Frau und seine Familie an erster Stelle stünden. Die Worte, die er dafür fand, lauteten: »Inzwischen haben meine Kameraden langes Haar.«[6]

Die *Quest* stach im September 1921 in See. Veteranen der *Endurance*-Expedition bildeten das Rückgrat der Besatzung, aber Crean war nicht dabei. Beeindruckend war die Crewliste dennoch, denn neben Shackleton und Wild fanden sich die wohlvertrauten Namen Worsley, Macklin, McIlroy, Hussey, Kerr und Green. Am 5. Januar 1922, drei Monate nach der Abfahrt, erlitt Shackleton einen tödlichen Herzinfarkt. Der Zufall wollte, dass die *Quest* zu dieser Zeit ausgerechnet im Hafen von Grytviken in Südgeorgien lag, der Shackleton zutiefst vertraut war.

Binnen zehn Jahren hatte Crean vor der Zeit die beiden Männer verloren, die den größten Einfluss auf sein Leben gehabt hatten: Scott und Shackleton. Der Verlust löste widerstreitende Gefühle in ihm aus. Scott hatte er, all dessen Schwächen zum Trotz, stets respektiert, Shackleton aber hatte er bewundert und verehrt.

Für sein neues Leben hatte Crean auch die Prioritäten anders gesetzt. Das Wichtigste war nun die Familie, und die bereitete ihm einigen Kummer. Seine zweitgeborene Tochter Katherine war ein schwaches und kränkliches Kind, das viel Aufmerksamkeit und Fürsorge der Eltern benötigte. Bis heute hält sich in der Familie Crean die Überzeugung, dass Katherine ein Opfer des Konfliktes zwischen der Irischen Republik und den Briten wurde.

Als Nell hochschwanger war, wurde sie in einen Zwischenfall mit Anhängern der verhassten »Black and Tans« verwickelt, einer paramilitärischen Organisation, die aufseiten der britischen Besatzer stand. Nell, eine unabhängige Frau mit einer klaren Meinung, hatte an einem Umzug zu Ehren des Märtyrers Thomas Ashe teilgenommen, der Anascaul zeitgleich mit Crean 1893 verlassen hatte. Ein Verwandter von Ashe war zusammen mit Crean zur Navy gegangen.

Ashe hatte zum engsten Kreis um Michael Collins gezählt, einen der Führer des irischen Unabhängigkeitskampfes. 1917 war er in britischer Gefangenschaft gestorben, die Beerdigung geriet zu einer machtvollen Demonstration gegen die britische Besatzung, die viele Iren dazu animierte, den Befreiungskampf zu unterstützen. Ashes anhaltende Beliebtheit war und blieb den Briten ein Dorn im Auge.

Die Black and Tans, die für ihre Brutalität berüchtigt waren, nahmen Nells Teilnahme an dem Umzug zum Anlass, Creans Haus in Anascaul zu durchsuchen, um beweisen zu können, dass die Familie den bewaffneten Kampf der Republikaner unterstützte. Sie fanden aber lediglich einen Union Jack, ein Erinnerungsstück an Creans fast drei Jahrzehnte währenden Dienst bei der Navy.

Gleichwohl war Nell zeitlebens davon überzeugt, dass die schikanöse Behandlung durch die Black and Tans die Ursache für Katherines Gebrechen war.

1924 konnten Tom und Nell es sich leisten, gemeinsam mit Katherine auf Wallfahrt nach Lourdes zu gehen, jene kleine Stadt im Südwesten Frankreichs, wo ein Bauernmädchen namens Babette im Jahr 1858 eine Marienerscheinung hatte. Millionen Katholiken aus aller Welt pilgern seither zu jener Grotte, in der sich das Wunder zugetragen haben soll, um mit dem als wundertätig geltenden Wasser der Quelle, die dort entspringt, Krankheiten und Verletzungen zu heilen. Doch im Dezember 1924, kurz nach der Rückkehr aus Südfrankreich, starb Katherine im Alter von gerade einmal vier Jahren.

Etwa zur selben Zeit waren Creans Pläne, sich mit einer Gaststätte selbstständig zu machen, so weit gereift, dass er damit anfangen konnte, sie in die Tat umzusetzen. Vor mehr als einem Jahrzehnt hatte er das alte reetgedeckte Haus gekauft, das am Rand des Ortes neben einer Schmiede lag, in unmittelbarer Nähe zu der Brücke, die dort den Anascaul River überquert. Nach umfangreichen Umbauarbeiten, bei denen auch die Schmiede abgetragen wurde, eröffnete er dort 1927 einen Pub, dessen Name von der abenteuerlichen Vergangenheit des Betreibers kündete: South Pole Inn.

Der Pub entwickelte sich schnell zum Treffpunkt der Einheimischen, nicht zuletzt wegen des prominenten Wirtes, aber auch, weil Nell und Tom Crean im ganzen Dorf beliebt waren. Für die Menschen in Anascaul waren die beiden schlicht »Tom und Nell vom Pol«.

Zwar hatte sich Crean den Beruf des Gastwirts selbst ausgesucht, aber dazu berufen, Bier zu zapfen und ein Geschäft zu führen, war er eher nicht. Er schätzte die Unabhängigkeit, aber die Arbeit hinterm Tresen behagte ihm nicht, und so übernahm Nell, die in einer Gastwirtschaft aufgewachsen war, bald das Kommando. Sie war eine geborene Gastgeberin, während ihr Mann ein Reisender blieb, ein Seemann, der zu sich fand, wenn er unterwegs war. So wurde das South Pole Inn schon nach kurzer Zeit von Nell fast im Alleingang betrieben.

Die Ehe war vergleichsweise glücklich. Die beiden passten zueinander. Und die Arbeitsteilung im South Pole Inn kam beiden entgegen. Tom erkannte neidlos an, dass Nell die bessere Geschäftsfrau war, und ließ sie gewähren. Während sie den Laden schmiss, traf man ihn häufig im Gespräch mit seinen Freunden an, oder er stand auf der Brücke über den Anascaul River, schmauchte seine Pfeife und unterhielt sich mit Nachbarn und Passanten. Creans schlichter Lebensstil schlug sich auch darin nieder, dass er mit einem Glas Bier, dem Blick in die Tageszeitung und ein wenig Gartenarbeit zufrieden war. Besonders gern ging er zu seinem Geburtshaus, dem Bauernhof in Gurtachrane, wo seine beiden Brüder noch immer lebten. Viel weiter kam der weit gereiste Ire aber nicht mehr.

Was sich über all die Jahre erhalten hatte, war seine Tierliebe. Jeden Tag unternahm er lange Spaziergänge in Beglei-

Eine frühe Aufnahme des South Pole Inn, Tom Creans Pub in Anascaul.

tung seiner beiden Hunde, die auf die Namen Fido und Toby hörten, eine Reminiszenz an zwei der Welpen, die er auf der *Endurance* betreut hatte. Einer der Hunde kam zu Tode, als er bei einem der regelmäßigen Spaziergänge von einer Klippe stürzte. Crean, der in seinem Leben viel Leid erlebt hatte, war untröstlich und weinte dem toten Tier bittere Tränen nach.

Auch Nell sah sich gelegentlich mit den Schatten der Vergangenheit ihres Mannes konfrontiert – manchmal auch auf überraschende Weise. Einmal traf sie ihn in der Küche an, wo er aus Speck, Würstchen und Eiern ein Essen für sich und einige Freunde zubereitete. Es war Freitag, der Tag, an dem Katholiken kein Fleisch anrühren dürfen. Nell begann, ihren

Mann für sein sündiges Tun zu schelten, aber in der für ihn so charakteristischen Mischung aus Direktheit und Schlagfertigkeit fuhr er sie an: »Dort, wo ich war, hätte ich an einem Freitag sogar deinen Hintern gegessen.«

Eines schönen Tages erwarb er ein großes Haus in einem Vorort von Dublin, unweit des berühmten Croke Park gelegen, des wichtigsten Sportplatzes der Stadt. Dort wollten Tom und Nell ihren Lebensabend verbringen. Doch kaum war es gekauft, verwarf der Mann, der die meiste Zeit seines Lebens im Freien verbracht hatte und den Lärm der umtriebigen Großstadt im Grunde verabscheute, die Idee umzuziehen. Und so vermietete er das Haus zunächst, bis er es viele Jahre später wieder verkaufte.

Auch nach seiner aktiven Karriere hielt sich Crean über das Geschehen in der Navy auf dem Laufenden. Jeden Tag bummelte er zum Bahnhof, der, anders als heute, damals noch in Betrieb war, um mit seinem Freund Bob Knightly zu plauschen und eine englische Zeitung zu kaufen, die mit dem Zug aus Tralee kam. Seine bevorzugte Lektüre war die *Daily Mail*, weil, wie seine Freunde meinten, dort nachzulesen war, wer in die Navy eintrat und wer sie wieder verließ. So konnte er aus der Ferne verfolgen, was aus alten Kameraden geworden war. Aber weiter ließ er das alte Leben nicht in das neue vordringen.

Beide Töchter Creans, aber auch viele andere Zeitgenossen berichten einhellig von einer Eigenschaft Tom Creans, die sich ihnen eingebrannt hat. Wenn überhaupt, dann hat er nur sehr selten über seine Heldentaten gesprochen. Sobald jemand, erst recht Fremde, das Thema Polarexpeditionen an-

Das South Pole Inn, Tom Creans Pub in seinem Heimatort Anascaul, Kerry.

schnitt – was im South Pole Inn des Öfteren vorkam –, versuchte er, das Gespräch in eine andere Richtung zu lenken. Mancher Gast reiste eigens an, um Creans Pub zu besuchen und mit dem Betreiber bei einem Glas Bier über dessen Erlebnisse zu sprechen, doch der wusste sich dem zu entziehen.

Wie er auf den drei Expeditionen in die Antarktis mehrfach unter Beweis gestellt hatte, war Crean ein bescheidener Mensch, und das blieb er auch im späteren Leben, in dem er die Gelegenheit, sich ins Rampenlicht zu drängen, regelmäßig ungenutzt ließ. Er wollte sich weder mit Berichten über haarsträubende Abenteuer noch mit dem Verweis auf besondere Leistungen schmücken. Und er wollte weder Bücher schreiben noch Interviews geben. Tatsächlich gibt es keinen Hinweis darauf, dass Crean jemals auch nur ein Interview gegeben hätte, sei es einer Zeitung, sei es dem Autor eines Buches. Sein Ehrgeiz war nach drei Expeditionen zum Südpol befriedigt. In dieser Zeit hatte er mehr erlebt und erlitten, als sich ein Normalsterblicher auch nur vorstellen konnte, und nun beschränkte sich sein Streben darauf, ein Leben in Ruhe und Frieden zu führen.

Es gab aber noch einen Grund, der es ihm angebracht erscheinen ließ, Zurückhaltung zu üben. In den Jahren, die auf Creans Abschied von der Navy folgten, war in seiner irischen Heimat viel passiert. Mit dem Anglo-Irischen Vertrag von 1921 endete die fast achthundertjährige Unterdrückung der Iren durch die Briten. Der Preis dafür war jedoch die Teilung der Insel, was ab 1922 zu einem blutigen Bürgerkrieg führte. Auf der einen Seite standen jene, die die Teilung akzeptierten oder gar begrüßten, auf der anderen jene, die sich die Einheit und Unabhängigkeit Irlands auf die Fahnen geschrieben hatten.

Die Provinz Kerry war eine Hochburg der Nationalisten. Das belegt schon das Maß, in dem hier die irische Sprache und Kultur gepflegt wurden. Bei einem Anschlag auf die britischen Truppen wurden die Polizeibaracken in Anascaul zerstört, und die Dingle-Halbinsel war während des Bürgerkrieges durchgehend republikanisch gesinnt. Michael Collins, einer der Vorkämpfer für die Einheit, wurde im Nachbarcounty Cork ermordet. Auch die Täter waren erbitterte Gegner der Teilung.

Als Crean im März 1920 nach Anascaul zurückkehrte, musste er feststellen, dass sich Irland unter dem Eindruck des

Bürgerkrieges stark verändert hatte und nicht mehr mit dem Land vergleichbar war, dass er siebenundzwanzig Jahre zuvor verlassen hatte. In der aufgeheizten Atmosphäre konnte jeder Kontakt zu Briten gefährlich werden, und Creans langjähriger Dienst in der britischen Marine machte ihn so verdächtig wie jeden anderen Iren, der für die Besatzer gearbeitet hatte.

Wie real die Gefahr war, zeigte sich bereits im ersten Monat nach Creans Rückkehr. Sein älterer Bruder Cornelius, ein neunundvierzigjähriger Sergeant der Royal Irish Constabulary, geriet am 25. April 1920 auf der Straße zwischen Upton und Ballinspittle im County Cork in einen Hinterhalt und wurde erschossen. Der Mord ereignete sich ganz in der Nähe von Béal na Bláth, wo zwei Jahre später Michael Collins ums Leben kam.

Tom Crean, einer von nicht allzu vielen Seeleuten, die lebend aus der Antarktis zurückgekehrt waren, reagierte auf den Tod des Bruders damit, dass er sich vornahm, künftig zu schweigen. Und tatsächlich hat er sich nie öffentlich über seine Erlebnisse mit Scott und Shackleton geäußert. Auch wenn er, wie gesagt, ein zurückhaltender Mensch war, kann kein Zweifel daran bestehen, dass er sich mit seinem Schweigen auch Sicherheit für sich und seine Familie erkaufte. Jeder, der Tom Crean noch selbst erlebt hat, schwört Stein und Bein, von ihm nie ein Wort über seine Abenteuer in der Antarktis gehört zu haben. Wenn man so will, gehörte also auch Tom Crean zu den Opfern des Nordirlandkonfliktes.

Nach seiner Verabschiedung pflegte er auch kaum noch Umgang mit seinen früheren Kameraden, und wenn, dann meist per Post. Nur wenige von ihnen machten sich auf den

Weg zur Westküste Irlands, und Crean kam nur sehr selten über die Grenzen Kerrys hinaus.

Eine der rühmlichen Ausnahmen von dieser Regel war Teddy Evans, der den Kontakt zu dem Mann, der ihm 1912 mit seinem mutigen Einsatz auf dem Schelfeis das Leben gerettet hatte, nie abreißen ließ. Evans hatte bei der Navy rasch Karriere gemacht. 1926 wurde ihm das prestigeträchtige Kommando über das Schlachtschiff *Repulse* übertragen – ein Höhepunkt in Evans' ereignisreichem Leben, den er gebührend feiern wollte. Tom Crean und Bill Lashly wollte er unbedingt dabeihaben.

Kurz nach Evans' Ernennung fand an Bord der *Repulse* in Southampton ein Empfang statt. Unter den Ehrengästen waren auch Crean und Lashly. Trotz der großen Unterschiede hinsichtlich Rang und sozialer Stellung behandelte Evans die beiden kräftigen Männer als Ebenbürtige. Seinem Sohn Broke zufolge wusste Teddy Evans nur Gutes über die beiden zu berichten. »Er nannte sie stets seine Freunde, und er hielt wirklich viel von ihnen.«

Interessanterweise beruhte diese Zuneigung Evans' zu Crean nicht auf Gegenseitigkeit, zumindest nicht seit jener Zeit, in der Evans den Zerstörer *HMS Broke* befehligte. Auf dem Höhepunkt des Ersten Weltkrieges rammte die *Broke* in der Straße von Dover ein deutsches Schiff, doch Evans lehnte es ab, Überlebende an Bord zu nehmen. Stattdessen rief er von der Brücke hinunter: »Denkt an die *Lusitania*!« Das britische Passagierschiff war 1915 von einem deutschen U-Boot versenkt worden, 1198 Menschen verloren ihr Leben. Evans erhielt für seine Entscheidung viel Zuspruch, sein Name blieb mit dem der *Broke* für immer verbunden.

Tom Crean, der Familienmensch. Das Foto entstand in den späten 1920er-Jahren und zeigt Crean mit seiner Frau Nell und den Töchtern Mary (links) und Eileen.

Doch Crean war ein Seemann von altem Schrot und Korn, der die ungeschriebenen Gesetze des Meeres hochhielt, auch dann, wenn der Feind davon profitierte. Freunden gegenüber vertrat er die Auffassung, dass kein Schiff absichtlich ein anderes rammen durfte. Besondere Bauchschmerzen bereitete ihm aber der Umstand, dass Evans die schiffbrüchigen deutschen Seeleute nicht an Bord genommen hatte.

Äußerlich war Crean nicht anzumerken, dass er viele Jahre unter widrigsten Bedingungen in der Antarktis gelebt hatte. Seine Töchter erinnern sich nur, dass seine Ohren nach mehreren Erfrierungen »hölzern« geworden waren. Gelitten hatten aber vor allem seine Füße, die durch endlose Gewaltmärsche in klirrender Kälte und mit untauglichem Schuhwerk arg in Mitleidenschaft gezogen worden waren. Bis ins hohe Alter trug er Schuhe, die für seine malträtierten Füße maßgeschneidert waren.

Zwei ältere Damen aus Anascaul erinnern sich daran, dass sie in ihrer Jugend Tom Crean gelegentlich auf seinen täglichen Spaziergängen begleiteten. Mitunter nutzte er eine Pause, um die Schuhe auszuziehen und die Füße im kühlen Wasser des Anascaul River zu kühlen. Die Füße, so ihre Erinnerung, waren schwarz. Doch wie es seinem Naturell entsprach, rang er den beiden Mädchen das Versprechen ab, das Geheimnis für sich zu behalten.

Das Leben meinte es recht gut mit Tom und Nell. Von den Einnahmen aus dem South Pole Inn und Toms Pensionen konnten sie gut leben, und die beiden Töchter, Mary und Eileen, erlebten eine Kindheit, in der es ihnen an nichts fehlte. Die ländliche Umgebung gab es gratis obendrauf.

Creans Fürsorge für die Familie erstreckte sich aber nicht nur auf Fragen des Lebensstandards. Eines Tages traf er eine vorausschauende, aber ungewöhnliche Entscheidung.

Tom Creans letzte Ruhestätte. Die Gruft wurde vor wenigen Jahren restauriert und mit einer Inschrift versehen, die aus dem Requiem von Robert Louis Stevenson zitiert: »Zurück ist der Seemann, zurück von der See«.

Auf dem Friedhof von Ballynacourty, einem altehrwürdigen Flecken am Ufer des Anascaul River, von Anascaul und Gurtachrane jeweils nur einen Steinwurf entfernt, baute er mit eigenen Händen eine Gruft, in der bereits verstorbene wie noch lebende Familienangehörige dereinst Platz finden sollten. Ballynacourty war einst der Schnittpunkt mehrerer Handelswege, die über die Berge Kerrys führten, und hier soll einst ein »Brehon« getagt haben, eines der legendären altirischen Gerichte.

Der Bau einer Familiengruft in Ballynacourty war mehr als die Rückkehr zu den irischen Wurzeln. Es war ein machtvolles Zeichen, das unterstrich, dass Crean seinen Frieden mit sich und der Welt gemacht hatte und den Tod nicht fürchtete. Der Mann, der während seiner Zeit in der Antarktis dem Tod so oft ins Auge gesehen hatte, sah der letzten Reise, die ihm noch bevorstand, mit Gelassenheit entgegen. Die Familiengruft erfüllt übrigens heute noch ihren Zweck.

Das friedliche, zurückgezogene Leben wurde im Sommer 1938 jäh beendet. In den Tagen rund um seinen Geburtstag am 20. Juli klagte Crean unvermittelt über heftige Bauchschmerzen und behielt kaum noch Nahrung bei sich. Er wurde ins Krankenhaus von Tralee gebracht, knapp dreißig Kilometer von Anascaul entfernt, wo eine akute Blinddarmentzündung diagnostiziert wurde. Doch weil kein Arzt zugegen war, der die erforderliche Operation hätte durchführen können, wurde Crean in das Bon Secours Hospital in Cork verlegt, etwa 120 Kilometer entfernt. Dort wurde der Blinddarm endlich entfernt.

Die Verzögerung erwies sich als fatal, weil es zum Durchbruch des Blinddarms gekommen war, in dessen Folge sich die Bauchhöhle entzündet hatte. Der erwiesenermaßen äußerst widerstandsfähige Crean wurde von einer Krankheit außer Gefecht gesetzt, die heute als eher unproblematisch gilt.

Eine Woche lang quälte er sich, verlor immer wieder das Bewusstsein. Und während er mit dem Tod kämpfte, hielt seine Frau Nell Tag und Nacht Wache an seinem Bett. Tom Crean verlor ein letztes Mal das Bewusstsein, ehe er am 27. Juli 1938, eine Woche nach seinem 61. Geburtstag, starb. Nell war an seiner Seite.

Die Beisetzung fand eine Woche später statt, und sie gehört zu den bedeutendsten Ereignissen, die je in Anascaul stattgefunden haben. Crean hatte den Respekt fast aller seiner Mitbürger genossen, und sie alle gaben ihm das letzte Geleit. Nach einer feierlichen Totenmesse nahmen Freunde

Die letzte bekannte Aufnahme von Tom Crean. Sie entstand in den späten 1930er-Jahren vor dem South Pole Inn. Crean ist das Lächeln nicht vergangen.

und Kameraden der Navy den Sarg auf die Schultern, um ihn, begleitet von einem langen Trauerzug, aus der Kirche von Anascaul quer durch das ganze Dorf bis zu dem auf einer Anhöhe gelegenen Friedhof von Ballynacourty zu tragen, vor dem sich die hügelige Landschaft Kerrys ausbreitete.

Creans sterbliche Überreste wurden zu seiner Tochter Katherine und anderen Familienangehörigen in die Gruft gelegt, die Crean mit eigenen Händen geschaffen hatte. Um seinen Hals hing noch immer das Skapulier, das ihn durch sein Leben begleitet hatte.

Neben vielen anderen hatte auch Admiral Sir E. R. G. R. Evans, besser bekannt als Teddy Evans, Blumen geschickt. Den Wachsblumen, die in einer gläsernen Vase steckten, war eine schlichte, aber anrührende Botschaft beigefügt: »In freundschaftlichem Gedenken von einem Kameraden aus der Antarktis.« Nur wenige Schritte von Creans letzter Ruhestätte entfernt fließt der Anascaul River friedlich die Anhöhe hinunter und unmittelbar am South Pole Inn vorbei.

# ERINNERUNGEN

Die Erinnerung an Tom Crean ist bis heute nicht verblasst, schon gar nicht bei jenen, die sich mit der Geschichte der Polarforschung beschäftigen, aber auch nicht in Kerry, wo man auf die Leistungen des Landsmanns bis heute stolz ist.

Das South Pole Inn hat seinen Teil dazu beigetragen, dass seines Besitzers weiterhin gedacht wird. Der Pub wird auch in Zukunft mit dem Namen Crean verbunden bleiben, und wie der Mann dieses Namens, so hat auch seine Gaststätte eine bewegte Geschichte. Nach Creans Tod betrieb Nell den Pub zunächst weiter, ehe sie ihn 1948, im Alter von siebenundsechzig Jahren, verkaufte.

Ebenfalls im Jahr 1948 hatten Nell und ihre Töchter Gelegenheit, für ein paar Stunden in die Abenteuer einzutauchen, die Crean mit der *Terra Nova* erlebt hatte. Sie reisten nach Cork und besuchten eine Privatvorführung des Films *Scotts letzte Fahrt* von Charles Frend. Tom Crean wurde vom Schauspieler John Gregson dargestellt, und neben den drei Crean-Damen saß während der Vorführung niemand Geringeres als Robert Forde, jener Unteroffizier aus Cork, der zusammen mit Crean vor fast vier Jahrzehnten Scotts letzte Expedition mitgemacht hatte.

Nell wurde sechsundachtzig Jahre alt, und als sie 1968 starb, wurde sie an der Seite ihres Mannes im Familiengrab von Ballynacourty bestattet. Toms Töchter Mary und Eileen heirateten zwei Brüder namens O'Brien, die ein Baugeschäft führten. Nach der Hochzeit zogen sie nach Tralee, wo sie in unmittelbarer Nachbarschaft zueinander wohnten. Das eine Haus wurde *Terra Nova* genannt, das andere *Discovery*. Wenn Katherine nicht so früh gestorben wäre, hätte sie ihr Haus vielleicht *Endurance* genannt.

Nachdem Nell den Pub 1948 verkauft hatte, erlebte er ein ziemliches Auf und Ab. In den späten 1960er-Jahren kam der berühmte Filmregisseur David Lean nach Anascaul, als er gerade den Film *Ryans Tochter* vorbereitete. Er kaufte die Steine, die Teil der Schmiede gewesen waren, die einst neben dem Pub gestanden hatte. Lean brauchte sie, um für den Film ein klassisches irisches Bauernhaus nachzuempfinden.

Der Pub selbst wechselte mehrfach den Besitzer und war schließlich so heruntergekommen, dass er 1987 geschlossen werden musste. Fünf Jahre lang stand das Haus leer, bis der neue Besitzer Tom Kennedy, ein entfernter Verwandter von Creans Mutter, sich der Sache annahm und das Haus wieder in Schuss brachte. Nach umfänglichen Renovierungsarbeiten wurde das South Pole Inn wieder eröffnet und wird bis heute von Einheimischen und Touristen gleichermaßen besucht.

1987 erfuhren Creans Heldentaten eine weitere Anerkennung, als seine Töchter und zahlreiche Verwandte aus aller Welt an einer Feierstunde teilnahmen, in deren Rahmen eine Plakette enthüllt wurde, die noch heute über dem Eingang zum South Pole Inn befestigt ist.

Etwa zur selben Zeit wurde in der Bücherei von Dingle eine kleine Ausstellung mit Exponaten eröffnet, die in dieser oder jener Weise an Crean erinnerten. Zu den ausgestellten Dingen gehörten seine Orden, einige Fotografien, wenige Briefe, eine Marineuniform samt Rapier sowie das silberne Teeservice, das Shackleton dem Iren zu dessen Hochzeit geschenkt hatte.

Ein weiterer, vergleichsweise aufwendiger Versuch, die Erinnerung an Crean wachzuhalten, trug sich 1997 zu, als sich eine Gruppe irischer Bergsteiger und Seeleute aufmachte, um auf den Spuren Creans, Shackletons und Worsleys die 1300 Kilometer von Elephant Island nach Südgeorgien zurückzulegen und anschließend die Insel zu Fuß zu überqueren.

Um die Verdienste ihres Landsmanns gebührend zu würdigen, tauften die Abenteurer – Jarleth Cunnane, Frank Nugent, Mike Barry, Jamie Young, Paddy Barry, John Bourke und Mick O'Rourke – ihr Boot auf den Namen *Tom Crean*. Leider machte ihnen der Südliche Ozean einen Strich durch die Rechnung, und nachdem die *Tom Crean* bei Windstärke zehn drei Mal gekentert war, mussten die Männer aufgeben.

Die wohl anrührendste Anerkennung wird Tom Crean aber im Hause Evans zuteil. Teddy Evans hatte zeitlebens nicht vergessen, wem er sein Leben zu verdanken hatte. Viele Jahre nach seiner Rettung ließ er eines von Pontings Fotos rahmen. Es zeigt einen zufrieden lächelnden Tom Crean. Dieses Bild hängte Evans an prominenter Stelle in seinem Haus auf, um so die Erinnerung an einen außergewöhnlichen Mann wachzuhalten. Heute ziert das Bild noch immer das Haus, in dem mittlerweile Broke Evans, Teddys Sohn, lebt.

Auch in der Antarktis, seiner zweiten Heimat, wird Tom Creans gedacht, und das auf eine Weise, die ohne Verfallsdatum ist. Der gut sechs Kilometer lange Crean-Gletscher an der Nordküste Südgeorgiens sowie der Mount Crean, der sich 2550 Meter über das ostantarktische Viktorialand erhebt, halten die Erinnerung an einen stillen Helden des Goldenen Zeitalters auch in Zukunft wach.

# ANHANG

# DANK

Allen, die am Zustandekommen dieses Buches beteiligt waren, werde ich kaum danken können. Aber bei einigen Menschen stehe ich besonders tief in der Schuld, vor allem jenen, ohne die der Bericht über das bemerkenswerte Leben Tom Creans unvollständig wäre.

Mein aufrichtiger Dank gilt Tom Creans Töchtern Mary Crean O'Brien und Eileen Crean O'Brien, die so freundlich waren, sich von mir über ihren Vater ausfragen zu lassen. Sie waren geduldig, hilfsbereit und auskunftsfreudig. Ein großer Dank gebührt auch Tom Creans Enkelsöhnen Brendan O'Brien und Gerard O'Brien, die mir mit Rat und Dingen aus dem Nachlass ihres Vorfahren zur Seite standen, darunter Creans Wehrpass. Vor allem in der Anfangsphase meiner Recherchen waren mir Dr. Hugh R. Crean und Pat Crean behilflich.

Genannt werden müssen aber auch viele andere, die für meine Arbeit unverzichtbar waren. Judith Lee Hallock, die als Erste über Tom Crean publiziert hat, hat mich selbstlos unterstützt und ermutigt. Dankbar bin ich für den Rat und die Geduld von Broke Evans, dem Sohn von Teddy Evans, später Lord Mountevans, der mir Unterlagen aus dem Nachlass seines Vaters zur Verfügung gestellt und gestattet hat, aus dessen Büchern über die Polarreisen zu zitieren. Auch Alexandra Bergel, die Enkeltochter von Sir Ernest Shackleton, hat zu dem Buch beigetragen.

Tom Kennedy, der heutige Besitzer des South Pole Inn, ist mir über die Arbeit an dem Buch zum Freund geworden und hat mich mit Dokumenten, Ermutigungen und wertvollem Hintergrundwissen über das Leben in Anascaul versorgt. Es gibt wohl keinen geeigneteren Ort, um sich über Tom Crean zu unterhalten, als bei einem Bier im South Pole Inn.

Michael Costello von der Kerry County Library in Tralee war mit Rat und Tat zur Stelle, als ich beides am dringendsten benötigte. Auch seine Kollegin Kathleen Browne war mir eine große Hilfe. Viele Einwohner von Anascaul haben Informationen und Anekdoten über Tom Crean beigesteuert, darunter Dan Courtney, Mona Kennedy und Kathleen McCarthy. Tom Crean, der Pfarrer von Anascaul (die Namensgleichheit ist zufällig), leistete wichtige ideelle Hilfe. Die Anascaul Development Association – auf Irisch Comhlacht Forbartha Phobal Abhainn an Scáil Teoranta –, die sich um die Entwicklung des ländlichen Raumes bemüht, zeigte großes Interesse an meiner Arbeit.

Robert Headland, Archivar und Kurator am Scott Polar Research Institute (SPRI) in Cambridge, war ein steter Quell von Informationen und stellte mir bereitwillig Originaldokumente zur Verfügung. Ihm verdanke ich auch manchen guten Rat. Philippa Smith, ebenfalls vom SPRI, bewies bei der Suche nach Fotografien unendlich viel Geduld und Sachverstand. Ich schulde dem SPRI großen Dank für die Erlaubnis, aus dort lagernden Dokumenten zu zitieren und Fotos zu verwenden.

Jenny Wraight von der Admiralty Library in London gab geduldig Auskunft zur Geschichte der Navy. Gary Gregor, der ein Buch über Edgar Evans verfasst hat, ließ mich an seinem Wissen teilhaben, und Derek Phillips, Kurator am Cyfarthfa Castle Museum and Art Gallery in Merthyr Tydfil, wies mich auf Memorabilia Creans in Südwales hin. Trevor Cornford danke ich für das Foto, das auf S. 293 abgedruckt ist. Michael Murphy vom University College in Cork war mir mit Kartenmaterial behilflich.

Spink & Co. danke ich dafür, dass sie mir die Geschichte der Albert-Medaille nahegebracht haben, Dr. Chris Bates von den Dunn Nutritional Laboratories für Erläuterungen rund um das Thema Skorbut. Einen wertvollen Beitrag zum Buch leistete auch C. Ian Purkis, der mir gestattete, aus dem Briefwechsel zwischen seinem Großvater Captain R. H. Dodds und Tom Crean zu zitieren.

Großen Dank schulde ich all jenen, die mir Verweise auf und Zitate aus Büchern und Archivmaterial genehmigt haben. Das meint vor allem Angela Mathias, die mich aus dem Buch ihres Ehemannes Apsley Cherry-Garrard zitieren ließ, Dr. Andrew Tatham von der Royal Geographic Society für das zur Verfügung gestellte Archivmaterial, Harding Dunnett, Oxford University Press, Random House, C. Hurst & Co., Victor Gollancz, John Murray, Steve MacDonogh, Bluntisham Books, McManus Galleries, Dundee, Alexander Turnbull Library, Neuseeland, the County Archivist, West Glamorgan Archive Service, News International, Roland

Huntford, Sue Limb, Hermann Gran sowie Faber & Faber, die mir großzügigerweise gestattet haben, aus Publikationen zu zitieren, an denen sie die Rechte halten.

Ich habe mich nach Kräften bemüht, alle Rechteinhaber zu kontaktieren, was nicht ganz leicht war, weil ein Großteil des Materials schon vor vielen Jahren publiziert wurde. Sollte ich versehentlich jemanden vergessen haben, möge man es mir nachsehen.

Viele Menschen, denen ich in Bibliotheken und Museen begegnet bin, haben mich mit Rat und Ermutigung versorgt. Ein besonderes Lob gilt den Antiquariaten, die für jeden, der sich für die Geschichte der Polarforschung interessiert, eine wahre Fundgrube sind.

Die Umsicht meines Verlegers Val Shortland war wichtig und willkommen. Meine Agentin Anne Dewe war mir eine wertvolle und kundige Hilfe, wofür ich sehr dankbar bin. Dank gebührt auch Frank Delaney, dem ich manch kritischen Hinweis verdanke. Frank Nugent und Paddy Barry gehörten zu jenen, die sich von Anfang an für ein Buch über Tom Creans Leben starkmachten. Ihnen danke ich ebenso wie den Freunden, die an dieses Buch geglaubt haben.

Am Ende muss der Dank an meine Frau Barbara stehen, ohne deren Zutun es dieses Buch nicht geben würde. Sie hat mich vorbehaltlos unterstützt und nie an mir oder meinem Vorhaben gezweifelt. Wie viel ich ihr verdanke, vermag ich nicht in Worten auszudrücken.

# BIBLIOGRAFIE

## Veröffentlichte Quellen

Über die Geschichte der Polarexpeditionen sind zahlreiche Arbeiten veröffentlicht worden. Die folgende Liste nennt nur jene Titel, die ich in der Vorbereitung des Buches zurate gezogen habe. Die Auswahl ist daher zwangsläufig subjektiv.


Alexander, Caroline: *The Endurance*, Bloomsbury Publishing, 1998

Amundsen, Roald: *My Life as an Explorer*, Wm. Heinemann, 1927

Amundsen, Roald: *Mein Leben als Entdecker*, Wien, E. P. Tal & Co., 1929

Amundsen, Roald: *Der Südpol erreicht*, Wien, Österreichischer Bundesverlag für Unterricht, Wissenschaft und Kunst, 1925

Amundsen, Roald: *The South Pole*, C. Hurst, 1976 (John Murray, 1912)

Armitage, Albert: *Two Years in the Antarctic*, Arnold, 1905

Barry, Denis: *Polar Crean*, Capuchin Journal, 1952

Bernacchi, Louis: *A Very Gallant Gentleman*, Thornton Butterworth, 1933

Bernacchi, Louis: *Saga of the Discovery*, Blackie & Son, 1938

Campbell,Victor: *The Wicked Mate* (Ed. H. G. King), Bluntisham Books, 1988 (nach dem Original-Tagebuch, Memorial University, Newfoundland Library)

Carse, Duncan: *The Times*, 16. März, 1956

Cherry-Garrard, Apsley: *The Worst Journey in the World*, Constable, 1922

Cherry-Garrard, Apsley: *Die schlimmste Reise der Welt. Die Antarktis-Expedition 1910–1913*, Berlin, Semele-Verlag, 2006 / München, Malik, 2013

Debenham, Frank: *Tom Crean: An Appreciation*, Polar Record, 1939

Debenham, Frank: *In the Antarctic*, John Murray, 1952

Debenham, Frank: *The Quiet Land: The Antarctic Diaries of Frank Debenham*, Bluntisham Books / Erskine Press, 1992

Dunnett, Harding: *Shackleton's Boat, The Story of the James Caird*, Neville & Harding, 1996

Evans, Lord Mountevans: *The Last Supporting Party*, 1913

Evans, Lord Mountevans: *South with Scott*, Collins, 1924

Evans, Lord Mountevans: *Adventurous Life*, Hutchinson, 1946

Evans, Lord Mountevans: *The Antarctic Challenged*, Staples Press, 1955

Fisher, Margery & James: *Shackleton*, Barrie, 1957

Gran, Tryggve: *Mitt Liv Himmel og Jord*, Ernest G. Mortensens Forlag, 1979
Gran, Tryggve: *The Norwegian with Scott – Tryggve Gran's Antarctic Diary 1910–13* (Ed. Geoffrey Hattersley-Smith), HM Stationery Office, 1984
Gregor, Gary: *Swansea's Antarctic Explorer – Edgar Evans, 1876–1912*, Swansea City Council, 1995 (heute West Glamorgan Archive Service)
Gwynn, Stephen: *Captain Scott*, The Bodley Head, 1929
Hallock, Judith Lee: *Profile: Tom Crean*, Polar Record, 1984
Hanssen, Helmer: *Voyages of a Modern Viking*, G. Routledge, 1936
Harrowfield, David: *Icy Heritage – Historic Sites of the Ross Sea Region*, Antarctic Heritage Trust, 1995
Headland, Robert: *Place Names in the Antarctic after Thomas Crean of Anascaul*, The Kerry Magazine, No 4, 1992
Huntford, Roland: *Scott & Amundsen*, Hodder & Stoughton, 1979
Huntford, Roland: *Shackleton*, Hodder & Stoughton, 1985
Huntford, Roland: *Scott & Amundsen. Dramatischer Kampf um den Südpol*, München, Heyne, 2000
Hurley, Frank: *Argonauts of the South*, G. P. Putnam's Sons, 1925
Hussey, Leonard: *South With Shackleton*, Sampson Low, 1949
Huxley, Elspeth: *Scott of the Antarctic*, Weidenfeld & Nicolson, 1977
Johnson, Anthony: *Scott of the Antarctic and Cardiff*, University College Cardiff Press, 1984
Jones, A. G. E.: *Polar Portraits*, Caedmon of Whitby, 1992
Jones, Tom C.: *Patagonian Panorama*, Outspoken Press, 1961
Lansing, Alfred: *Endurance: Shackleton's Incredible Voyage*, Hodder & Stoughton, 1959
Lansing, Alfred: *635 Tage im Eis. Die Shackleton-Expedition*, München, Goldmann, 1999
Lashly, William: *Under Scott's Command, Lashly's Antarctic Diaries* (Ed. by A. R. Ellis), Gollancz, 1969
Limb, Sue und Patrick Cordingley: *Captain Oates – Soldier and Explorer*, B. T. Batsford, 1982
MacDonogh, Steve: *The Dingle Peninsula*, Brandon Book Publishers, 1993
Markham, Sir Clements: *Antarctic Obsession – The British National Antarctic Expedition 1901–4*, Bluntisham Books / Erskine Press, 1986 (Original der Aufzeichnungen: SPRI)
Mason, Theodore K.: *The South Pole Ponies*, Dodd, Mead & Co, 1979
Mill, Hugh R.: *Geographic Journal*, Mai 1912
Mill, Hugh R.: *The Life of Sir Ernest Shackleton*, Heinemann, 1923
Mills, Leif: *Frank Wild*, Caedmon of Whitby, 1999
Mountfield, David: *A History of Polar Exploration*, Hamlyn 1974
Mountfield, David: *Die großen Polarexpeditionen*, Wiesbaden, Ebeling, 1978
Ponting, Herbert: *The Great White South*, Duckworth & Co, 1921
Pound, Reginald: *Evans of the Broke*, Oxford University Press, 1963
Pound, Reginald: *Scott of the Antarctic*, Cassell & Co, 1966
Priestley, Raymond: *Antarctic Adventure – Scott's Northern Party*, McLelland and Stewart / C. Hurst & Co, 1974

Ross, Sir James Clark: *A Voyage of Discovery & Research in the Southern and Antarctic Regions, 1839–43*, John Murray, 1847
Ross, Sir James Clark: *Eine Entdeckungsreise in die Südpolarregion 1839–43*, Wiesbaden 2014
Savours, Ann: *The Voyages of the Discovery*, Virgin Books, 1992
Scott, Robert F.: *The Voyage of the Discovery*, Smith Elder & Co, 1905
Scott, Robert F.: *Scott's Last Expedition, The Journals*, Smith Elder & Co, 1913
Scott, Robert F.: *Letzte Fahrt. Scotts Tagebuch*, Leipzig, Brockhaus, 1919
Scott, Robert F.: *The Diaries of Captain Robert Scott* (faksimilierte Ausgabe), University Microfilms Ltd, 1968
Seaver, George: *Edward Wilson of the Antarctic*, John Murray, 1933
Seaver, George: *»Birdie« Bowers of the Antarctic*, John Murray, 1938
Shackleton, Sir Ernest: *South*, Century Ltd, 1991 (William Heinemann, 1919)
Shackleton, Sir Ernest: *Mit der Endurance ins ewige Eis. Meine Antarktis-Expedition 1914–17*, München, 2016
Taylor, Thomas Griffith: *With Scott: The Silver Lining*, Smith, Elder & Co, 1916
Thomson, David: *Scott's Men*, Allen Lane, 1977
Thomson, John: *Shackleton's Captain: A Biography of Frank Worsley*, Hazard Press, 1999
Wild, Frank: *Shackleton's Last Voyage*, Cassell & Co, 1923
Wilson, Edward: *Diary of Discovery Expedition to the Antarctic 1901–1904*, Blandford Press, 1966
Wilson, Edward: *Diary of the »Terra Nova« Expedition to the Antarctic 1910–1912*, Blandford Press, 1972
Worsley, Frank: *Endurance*, Philip Allan, 1931
Worsley, Frank: *The Great Antarctic Rescue*, Times Books, 1977
Worsley, Frank: *Der Untergang der Endurance*, München, Ullstein, 2000
Wright, Charles: *Silas: The Antarctic Diaries and Memoir of Charles S. Wright* (Ed. C. Bull and P. Wright), Ohio State University Press, 1993

### Filme

90 Degrees South, Herbert Ponting, National Film and Television Archive, 1933
Neunzig Grad Süd
Scott of the Antarctic, Ealing Studios, 1948
Scotts letzte Fahrt
The Last Place on Earth, Central Television, 1985

### Archive

Admiralty Library, Ministry of Defence, London, UK (AL)
Bank of England (BoE)
British Library, Newspaper Library (BL)
The Library, Dingle, Kerry, Ireland (DL)
Dundee Heritage Trust, Dundee, UK (DHT)
Kerry County Library, Tralee, Ireland (KCL)

McManus Galleries, Dundee, UK (McMG)
Ministry of Defence, UK (MoD)
Public Record Office, London, UK (PRO)
Royal Geographical Society, London, UK (RGS)
Scott Polar Research Institute, Cambridge, UK (SPRI)
Alexander Turnbull Library, Wellington, New Zealand (ATL/NLNZ)
The Gilbert White / Oates Museum, Selborne, Hampshire, UK (WOM)

## Tageszeitungen, Zeitschriften

Ich habe zahlreiche Zeitungen und Zeitschriften zurate gezogen, darunter die folgenden:

John Bull, Falkland Islands, BL
Cork Examiner, Cork, BL
Daily Express, London, BL
Daily Mirror, London, BL
Daily Sketch, London, BL
Daily Telegraph, London, BL
Kerry Champion, Tralee, BL
Kerry Evening Post, Tralee, BL
Kerry News, Tralee, BL
The Kerryman, Tralee, BL
Magellan Times, Punta Arenas, BL
Reader's Digest, August 1959
The Times, London, BL

## Unveröffentlichte Tagebücher und sonstige Aufzeichnungen

Armitage, Albert: Discovery journals, 1901–4, SPRI
Barne, Michael: Discovery diaries, journals, 1901–4, SPRI
Bernacchi, Louis: Discovery journals, 1901–4, SPRI
Crean, Mary and Eileen: Interviews with author, 1997; family papers
Duncan, James: Discovery diary, 1901–3, McMG
Evans, Lord Mountevans: Antarctic journals, papers, letters, 1910–3, SPRI
Fisher, J and M Papers:, letters re: Shackleton; SPRI
Ford, Charles: Discovery journal, 1901–4, SPRI
Gran, Tryggve: Ontario Educational Communications Authority, transcript of interviews, 1974, SPRI
Hare, Charles: Discovery diary, 1901–3, SPRI
Keohane, Patrick: Antarctic journals, 1910–2, SPRI
Lashly, William: Antarctic diary, 1911–2, SPRI
McNeish, Harry: Endurance diaries, 1914–6, NLNZ
Marston, George: Antarctic papers, letters, 1914–7, SPRI
Oates, Lawrence E. G.: Fragments of diary, 1911–2, letters, WOM

Scott, Robert F.: Letters of Proceedings, No 4; No 5; Discovery expedition, December 1901, RGS
Shackleton, Sir E.: Endurance diaries, letters, papers, 1914–6, SPRI

### Korrespondenz und andere im Zusammenhang mit der für 1920 anberaumten Expedition an die Admiralität gerichtete Schriftstücke

Wild, Frank: Antarctic papers, SPRI
Williamson, Thomas: Antarctic journals, 1901–4; 1910–3, SPRI
Worsley, Frank: Endurance diaries, papers, documents, 1914–6, SPRI
Wright, Charles: Antarctic diaries and papers, SPRI

### Logbücher

RRS Discovery RGS
HMS Fox PRO
HMS Hecla PRO
HMS Inflexible PRO
HMS Ringarooma PRO

### Dokumente

Tom Crean – Unterlagen aus der Dienstzeit bei der Marine
Dienstakte der Royal Navy, 1893–1920. Kopie von A. J. Francis für Navy Departmental Record Officer, Royal Navy, datiert auf den 25. 11. 1975, RN. Für den Autor wurde am 21. 7. 1997 vom Royal Departmental Recorts Office eine Kopie erstellt.

Certificates of appointment Various
Certificate of Service or Conduct Various
Gunnery and Torpedo History Sheet Various
Certificate of qualification for Warrant Officer, 11/8/1917
Certificate for Wounds and Hurts, 28/4/1919

(Ein Gutteil der Tom Crean betreffenden offiziellen Unterlagen befindet sich im Besitz von Creans Enkelsohn Gerard O'Brien. Kopien sind in der Kerry County Library, Tralee, einsehbar.)

### Briefe

Admiralty an Sir Ernest Shackleton, 30/12/1916
Crean, Thomas an Robert Scott, 10 October, 1905, SPRI
Crean, Thomas an (unknown), 26/2/1912
Crean, Thomas an J. P. Kennedy, 18/1/1913
Crean, Thomas an Hazel Marston, 3/7/1916
Crean, Thomas an Apsley Cherry-Garrard, 2/9/17
Crean, Thomas an Capt. R.H. Dodds, (undated); 3/9/1918

Crean, Thomas an Kathleen Scott, 26 August, 1920, SPRI
Paymaster General's Office an Tom Crean, re: Disability Retired Pay
Pensions, Ministry an Tom Crean, re: pension award, 16/3/1922
Perris, Ernest an Tom Crean, 2/1/1917
Scott, Kathleen an Sir Francis Drake, 10 August, 1912, SPRI
Scott, Peter an Tom Crean, 1935
Scott Robert F an Tom Crean, 23/3/1910
Shackleton, Sir Ernest an Tom Crean (Agreement for employment on Imperial Trans-Antarctic Expedition) 1914; 27/6/1917
Shackleton, Emily an Tom Crean, 12/11/1916; 29/3/1917; 23/8/1917
Wilson, Oriana an Tom Crean, 23/2/1913

# BILDQUELLEN

Alles wurde darangesetzt, das Eigentumsrecht des abgebildeten urheberrechtlich geschützten Materials zu bescheinigen. Mögliche noch bestehende Ansprüche werden nach gängigen Maßstäben vergütet.

Michael Smith: Seite 17, 513, 519 (beide)
Familienbesitz: Seite 295, 491, 497, 517
Scott Polar Research Institute, University of Cambridge: Seite 237, 265, 274, 313, 318
Royal Geographical Society via Getty Images: Seite 11, 47, 64, 71, 88, 145, 177, 183, 191, 327, 329, 335, 342, 357, 371, 397, 398, 433, 449, 479
Scott Polar Research Institute, University of Cambridge via Getty Images: Seite 162, 316, 330, 350
Captain Scott/Popperfoto via Getty Images: Seite 190
Print Collector via Getty Images: Seite 277
The Francis Frith Collection: Seite 25
Trevor R. Cornford Antarctic Collection: Seite 293
unbekannt: Seite 511, 521

# ANMERKUNGEN

**Ein Bauernsohn**

1 Steve MacDonogh: The Dingle Peninsula, Dingle 1993, S. 37
2 Personalakte der Royal Navy
3 ebd.
4 ebd.
5 ebd.
6 vgl. Denis Barry: Tom Crean, in: Capuchin Annual Journal, 1952
7 Personalakte der Royal Navy
8 ebd.

**Eine Zufallsbegegnung**

1 Clements Markham: Antarctic Obsession, The British National Antarctic Expedition 1901–4, Bluntisham 1986, S. 1
2 Clements Markham: Antarctic Obsession, The British National Antarctic Expedition 1901–4, Bluntisham 1986, S. 1
3 ebd., S. 66
4 Personalakte der Royal Navy
5 Logbuch der *HMS Ringarooma*, Eintrag vom 29. November 1901, Public Record Office, London (PRO)
6 ebd., 3. Dezember 1901
7 Robert Scott, Brief an die Royal Geographic Society vom 18. Dezember 1901, Royal Geographic Society, London
8 ebd.
9 ebd.
10 Clements Markham: Antarctic Obsession, The British National Antarctic Expedition 1901–4, Bluntisham 1986, S. 90
11 ebd., S. 175
12 Logbuch der *HMS Ringarooma*, Eintrag vom 19. November 1901, Public Record Office, London
13 Robert Scott, Brief an die Royal Geographic Society vom 18. Dezember 1901

### Aufbruch ins Unbekannte

1 Robert Scott: The Voyage of the *'Discovery'*, London 1905, S. 84
2 William Lashly: Under Scott's Command. Lashly's Antarctic Diaries, London 1969, S. 19f.
3 Robert Scott: The Voyage of the *'Discovery'*, London 1905, S. 84
4 William Lashly: Under Scott's Command. Lashly's Antarctic Diaries, London 1969, S. 20
5 James Duncan: Antarctic Journal 1901–03, McManus Galleries, Dundee
6 Robert Scott: The Voyage of the *'Discovery'*, London 1905, S. 86
7 James Duncan: Antarctic Journal 1901–03, McManus Galleries, Dundee
8 Robert Scott: The Voyage of the *'Discovery'*, London 1905, S. 98
9 Louis Bernacchi: Saga of the *»Discovery«*, London 1938, S. 27
10 ebd.
11 Thomas Williamson: Antarctic diary 1901–04, 1910–13, Scott Polar Research Institute, Cambridge (SPRI)
12 Frank Wild: Antarctic Papers, Scott Polar Research Institute, Cambridge
13 William Lashly: Under Scott's Command. Lashly's Antarctic Diaries, London 1969, S. 21
14 Robert Scott: The Voyage of the *'Discovery'*, London 1905
15 Thomas Williamson: Antarctic diary 1901–04, 1910–13, Scott Polar Research Institute, Cambridge (SPRI)

### Auf dem Eis zu Hause

1 British National Antarctic Expedition Records, Royal Geographic Society
2 Robert Scott: The Voyage of the *'Discovery'*, London 1905, S. 170
3 Louis Bernacchi: Saga of the *»Discovery«*, London 1938, S. 40
4 James Duncan: Antarctic Journal 1901–03, McManus Galleries, Dundee, 5. Kapitel

### In die weiße Wüste

1 Michael Barne: Antarctic diaries, journals 1901–04, Scott Polar Research Institute, Cambridge (SPRI)
2 Robert Scott: The Voyage of the *'Discovery'*, London 1905, S. 466
3 ebd.
4 Michael Barne: Antarctic diaries, journals 1901–04, Scott Polar Research Institute, Cambridge (SPRI)
5 ebd.
6 Robert Scott: The Voyage of the *'Discovery'*, London 1905, S. 539
7 Louis Bernacchi: Saga of the *»Discovery«*, London 1938, S. 107
8 William Lashly: Under Scott's Command. Lashly's Antarctic Diaries, London 1969, S. 64
9 Robert Scott: The Voyage of the *'Discovery'*, London 1905, S. 566f.
10 Michael Barne: Antarctic diaries, journals 1901–04, Scott Polar Research Institute, Cambridge (SPRI)

11 Charles Ford: *Discovery* journal 1901–04, Scott Polar Research Institute, Cambridge (SPRI)
12 ebd.
13 Robert Scott: The Voyage of the *'Discovery'*, London 1905, S. 667
14 ebd., S. 672

### Erneuter Aufbruch

1 British National Antarctic Expedition records, Royal Geographic Society, London (RGS)
2 Personalakte der Royal Navy
3 British National Antarctic Expedition records, Royal Geographic Society, London (RGS)
4 ebd.
5 Brief von Tom Crean an Robert Scott vom 10. Oktober 1905, Scott Polar Research Institute, Cambridge (SPRI)
6 Personalakte der Royal Navy
7 Dieses Zitat findet sich in mehreren Quellen.
8 Brief von Robert Scott an Tom Crean vom 23. März 1910
9 Sue Limb, Patrick Cordingley: Catptain Oates. Soldier and Explorer, London 1982. Die Autoren berufen sich auf Oates' Schwester Violet.

### Sturmfahrt nach Süden

1 zitiert nach: Roland Huntford: Scott & Amundsen. Dramatischer Kampf um den Südpol, München 1999, S. 181 f.
2 Victor Campbell: Diary, Eintrag vom 29. November 1910, Memorial University, Newfoundland Library
3 Robert Scott: The Diaries of Captain Robert Scott, Eintrag vom 25. Dezember 1911
4 Apsley Cherry-Garrard: Die schlimmste Reise der Welt, München 2013, S. 165
5 Robert Scott: The Diaries of Captain Robert Scott, Eintrag vom 2. Februar 1911
6 Tryggve Gran: The Norwegian with Scott. Tryggve Gran's Antarctic Diary 1910–13, HM Stationery Office 1984
7 Apsley Cherry-Garrard: Die schlimmste Reise der Welt, München 2013, S. 183
8 ebd., S. 227
9 ebd., S. 227
10 ebd., S. 214 f.
11 ebd., S. 224
12 vgl. Robert Scott: The Diaries of Captain Robert Scott, Eintrag vom 3. März 1911
13 Tryggve Gran: The Norwegian with Scott. Tryggve Gran's Antarctic Diary 1910–13, HM Stationery Office 1984, Eintrag vom 1. März 1911
14 Frank Debenham: Tom Crean. An Appreciation, Polar Record 1939
15 Robert Scott: The Diaries of Captain Robert Scott, Eintrag vom 19. April 1911
16 Apsley Cherry-Garrard: Die schlimmste Reise der Welt, München 2013, S. 245

**Hoffnungen und Pläne**

1 Tryggve Gran: The Norwegian with Scott. Tryggve Gran's Antarctic Diary 1910–13, HM Stationery Office 1984, S. 89
2 Apsley Cherry-Garrard: Die schlimmste Reise der Welt, München 2013, S. 375
3 ebd., S. 351
4 Tryggve Gran: The Norwegian with Scott. Tryggve Gran's Antarctic Diary 1910–13, HM Stationery Office 1984, S. 114
5 Robert Scott: The Diaries of Captain Robert Scott, Eintrag vom Oktober 1911

**Das letzte Ziel, das der Globus zu bieten hat**

1 Edward Wilson: Diary of the Terra Nova Expedition to the Antarctic 1910–1912, London 1972, Eintrag vom 29. Oktober 1911
2 William Lashly: Under Scott's Command. Lashly's Antarctic Diaries, London 1969, Eintrag vom 1. November 1911
3 Robert Scott: The Diaries of Captain Robert Scott, Eintrag vom 1. November 1911
4 ebd., Eintrag vom 31. Oktober 1911
5 E. R. G. Evans, Lord Mountevans: South with Scott, Glasgow 1924, S. 200
6 Edward Wilson: Diary of the Terra Nova Expedition to the Antarctic 1910–1912, London 1972, Eintrag vom 9. Dezember 1911
7 Henry Bowers: Diary, Eintrag vom 14. Dezember 1911
8 Robert Scott: The Diaries of Captain Robert Scott, Eintrag vom 14. Dezember 1911
9 Roald Amundsen: The South Pole, Vol. II, London 1912, S. 121
10 zitiert nach: Roland Huntford: Scott & Amundsen. Dramatischer Kampf um den Südpol, München 1999, S. 420
11 Patrick Keohane: Antarctic journals 1910–12, Scott Polar Research Institute, Cambridge (SPRI), Eintrag vom 21. Dezember 1911
12 Apsley Cherry-Garrard: Die schlimmste Reise der Welt, München 2013, S. 456
13 Robert Scott: The Diaries of Captain Robert Scott, Eintrag vom 21. Dezember 1911
14 ebd., Eintrag vom 22. Dezember 1911
15 Apsley Cherry-Garrard: Die schlimmste Reise der Welt, München 2013, S. 462
16 ebd., S. 464
17 E. R. G. Evans, Lord Mountevans: South with Scott, Glasgow 1924, S. 232
18 Tryggve Gran: Kampen om Sydpolen, Oslo 1961, S. 158
19 ebd
20 ebd., The Norwegian with Scott, S. 200
21 ebd
22 ebd.
23 E. R. G. Evans, Lord Mountevans: South with Scott, Glasgow 1924, S. 235
24 Robert Scott: The Diaries of Captain Robert Scott, Eintrag vom 3. Januar 1912
25 ebd., Eintrag vom 4. Januar 1912

**Wettlauf mit dem Tod**

1 E. R. G. Evans, Lord Mountevans: South with Scott, Glasgow 1924, S. 236
2 ebd.
3 ebd., S. 239
4 ebd.
5 E. R. G. Evans, Lord Mountevans: The Last Supporting Party, 1913, Scott Polar
6 Research Institute, Cambridge (SPRI)
7 William Lashly: Under Scott's Command. Lashly's Antarctic Diaries, London 1969, Eintrag vom 17. Januar 1912
8 E. R. G. Evans, Lord Mountevans: South with Scott, Glasgow 1924, S. 243
9 ebd., S. 246
10 ebd., S. 249
11 William Lashly: Under Scott's Command. Lashly's Antarctic Diaries, London 1969, Eintrag vom 22. Januar 1912
12 E. R. G. Evans, Lord Mountevans: South with Scott, Glasgow 1924, S. 252
13 William Lashly: Under Scott's Command. Lashly's Antarctic Diaries, London 1969, Eintrag vom 3. Februar 1912
14 ebd.
15 ebd., Eintrag vom 7. Februar 1912
16 E. R. G. Evans, Lord Mountevans: South with Scott, Glasgow 1924, S. 253
17 Reginald Pound: Evans of the Broke, Oxford 1963, S. 117
18 William Lashly: Under Scott's Command. Lashly's Antarctic Diaries, London 1969, Eintrag vom 17. Februar 1912
19 ebd., Eintrag vom 18. Februar 1912
20 ebd., Eintrag vom 18. Februar 1912
21 E. R. G. Evans, Lord Mountevans: South with Scott, Glasgow 1924, S. 253
22 ebd.
23 ebd., S. 254
24 William Lashly: Under Scott's Command. Lashly's Antarctic Diaries, London 1969, Eintrag vom 17. Februar 1912
25 E. R. G. Evans, Lord Mountevans: South with Scott, Glasgow 1924, S. 254
26 Apsley Cherry-Garrard: Die schlimmste Reise der Welt, München 2013, S. 496
27 Evans in einem Bericht an die Royal Geographic Society vom Juli 1913
28 Apsley Cherry-Garrard: Die schlimmste Reise der Welt, München 2013, S. 496
29 ebd., S. 504
30 Brief von Tom Crean an einen unbekannten Empfänger, 26. Februar 1912

**Eine vorhersehbare Katastrophe**

1 Robert Scott: The Diaries of Captain Robert Scott, Eintrag vom 5. Januar 1912
2 ebd., Eintrag vom 15. Januar 1912
3 ebd., Eintrag vom 17. Januar 1912
4 ebd., Eintrag vom 18. Januar 1912
5 ebd., Eintrag vom 30. Januar 1912
6 ebd., Eintrag vom 7. Februar 1912
7 ebd., Eintrag vom 16. Februar 1912

8 ebd., Eintrag vom 3. März 1912
9 ebd., Eintrag vom 11. März 1912
10 ebd., Eintrag vom 29. März 1912

### Eine verhängnisvolle Entscheidung

1 Tryggve Gran: Interview mit der Ontario Educational Communications Authority, Transkript 1974, Scott Polar Research Institute, Cambridge
2 Charles Wright: Antarctic diaries and papers, Scott Polar Research Institute, Cambridge

### Eine makabere Suche

1 Apsley Cherry-Garrard: Die schlimmste Reise der Welt, München 2013, S. 510
2 ebd., S. 514
3 Tryggve Gran: The Norwegian with Scott, S. 183
4 Frank Debenham: Polar Record, Vol. 3, S. 78–79, Scott Polar Research Institute, Cambridge (SPRI)
5 vgl. Apsley Cherry-Garrard: Die schlimmste Reise der Welt, München 2013, S. 534
6 Tryggve Gran: The Norwegian with Scott, S. 205
7 Frank Debenham: The Quiet Land. The Antarctic Diaries of Frank Debenham, Harleston 1992, Eintrag vom 5. Mai 1912
8 Tryggve Gran: The Norwegian with Scott, S. 215
9 Tryggve Gran: Interview mit der Ontario Educational Communications Authority, Transkript 1974, Scott Polar Research Institute, Cambridge
10 Thomas Williamson: Antarctic diary 1901–04, 1910–13, Scott Polar Research Institute, Cambridge (SPRI)
11 Brief von Tom Crean an J. Kennedy vom Januar 1913, Scott Polar Research Institute, Cambridge (SPRI)
12 Brief von Tom Crean an Captain R. H. Dodds vom 3. September 1918
13 Tryggve Gran: The Norwegian with Scott, S. 216
14 Robert Scott: The Diaries of Captain Robert Scott, Eintrag vom März 1912
15 Brief von Tom Crean an Captain R. H. Dodds vom 3. September 1918
16 Patrick Keohane: Antarctic journals 1910–12, Scott Polar Research Institute, Cambridge (SPRI), Eintrag vom 13. November 1912
17 E. R. G. Evans, Lord Mountevans: South with Scott, Glasgow 1924, S. 314
18 Apsley Cherry-Garrard: Die schlimmste Reise der Welt, München 2013, S. 664

### Ehrung eines stillen Helden

1 Apsley Cherry-Garrard: Die schlimmste Reise der Welt, München 2013, S. 668
2 ebd., S. 669
3 Brief von Tom Crean an Peter Scott, 1935
4 Brief von Kathleen Scott an Sir Francis Drake vom 12. August 1912, Scott Polar Research Institute, Cambridge (SPRI)

5 Aus der Verleihungsurkunde für die Albert Medal, Juli 1913
6 Hugh R. Mill: Geographic Journal, Mai 1912
7 Brief von Edward R. G. Evans an die Royal Geographic Society vom 21. März 1913
8 Brief von Oriana Wilson an Tom Crean vom 23. Februar 1913

**Das Eis ruft**

1 Personalakte der Royal Navy
2 James und Margery Fisher: Shackleton, London 1957, S. 300
3 Ernest Shackleton: Mit der Endurance ins ewige Eis. Meine Antarktis-Expedition 1914–1917, München 2016, S. 23
4 ebd., S. 26

**Gefangen**

1 Ernest Shackleton: Mit der Endurance ins ewige Eis. Meine Antarktis-Expedition 1914–1917, München 2016, S. 29
2 ebd., S. 40
3 Frank Worsley: *Endurance* diaries, papers, documents, 1914–16, Scott Polar Research Institute, Cambridge (SPRI)
4 ebd.
5 ebd.

**Ausgesetzt**

1 Hiob 38,28–29
2 Frank Worsley: *Endurance* diaries, papers, documents, 1914–16, Scott Polar Research Institute, Cambridge (SPRI)
3 Roland Huntford: Shackleton, London 1985, S. 477
4 Frank Worsley: *Endurance* diaries, papers, documents, 1914–16, Scott Polar Research Institute, Cambridge (SPRI)
5 Ernest Shackleton: *Endurance* diaries, letters, papers, 1914–16, Scott Polar Research Institute (SPRI)
6 Frank Worsley: *Endurance* diaries, papers, documents, 1914–16, Scott Polar Research Institute, Cambridge (SPRI)

**Alle Mann in die Boote!**

1 Frank Hurley: Argonauts of the South, New York 1925
2 ebd.
3 Ernest Shackleton: Mit der Endurance ins ewige Eis. Meine Antarktis-Expedition 1914–1917, München 2016, S. 109
4 ebd., S. 111
5 ebd., S. 114
6 ebd.,S. 115
7 ebd., S. 116

**Am seidenen Faden**

1 Harry McNeish: *Endurance* diaries, 1914–16, Alexander Turnbull Library, Wellington, Neuseeland
2 Harry McNeish: *Endurance* diaries, 1914–16, Alexander Turnbull Library, Wellington, Neuseeland
3 Frank Worsley: *Endurance* diaries, papers, documents, 1914–16, Scott Polar Research Institute, Cambridge (SPRI)
4 Ernest Shackleton: Mit der Endurance ins ewige Eis. Meine Antarktis-Expedition 1914–1917, München 2016, S. 133
5 Frank Worsley: *Endurance* diaries, papers, documents, 1914–16, Scott Polar Research Institute, Cambridge (SPRI)

**Eine heroische Leistung**

1 Frank Worsley: *Endurance* diaries, papers, documents, 1914–16, Scott Polar Research Institute, Cambridge (SPRI)
2 ebd.
3 ebd.
4 ebd.
5 ebd.
6 ebd.
7 ebd.
8 Ernest Shackleton: Mit der Endurance ins ewige Eis. Meine Antarktis-Expedition 1914–1917, München 2016, S. 151
9 ebd., S. 150
10 ebd.
11 ebd., S. 152
12 Frank Worsley: *Endurance* diaries, papers, documents, 1914–16, Scott Polar Research Institute, Cambridge (SPRI)
13 Ernest Shackleton: Mit der Endurance ins ewige Eis. Meine Antarktis-Expedition 1914–1917, München 2016, S. 154
14 Frank Worsley: *Endurance* diaries, papers, documents, 1914–16, Scott Polar Research Institute, Cambridge (SPRI)

**Die Querung Südgeorgiens**

1 Harry McNeish: *Endurance* diaries, 1914–16, Alexander Turnbull Library, Wellington, Neuseeland
2 ebd.
3 Frank Worsley: *Endurance* diaries, papers, documents, 1914–16, Scott Polar Research Institute, Cambridge (SPRI)
4 Frank Worsely: Endurance, London 1931, S. 154
5 ebd., S. 156
6 Ernest Shackleton: Mit der Endurance ins ewige Eis. Meine Antarktis-Expedition 1914–1917, München 2016, S. 177
7 ebd., S. 178

8 Frank Worsley: *Endurance* diaries, papers, documents, 1914–16, Scott Polar Research Institute, Cambridge (SPRI)
9 Ernest Shackleton: Mit der Endurance ins ewige Eis. Meine Antarktis-Expedition 1914–1917, München 2016, S. 182
10 ebd., S. 183
11 ebd., S. 185

#### Eine eigentümliche Erfahrung

1 Duncan Carse, in: *The Times* vom 16. März 1956
2 Frank Worsley: The Great Antarctic Rescue, London 1977, S. 214
3 Frank Worsely: Endurance, London 1931, S. 165
4 Ernest Shackleton: Mit der Endurance ins ewige Eis. Meine Antarktis-Expedition 1914–1917, München 2016, S. 187
5 Hugh R. Mill: The Life of Sir Ernest Shackleton, London 1923, S. 245 f.
6 T. S. Eliot: Das öde Land. Aus dem Englischen von Norbert Hummelt. © Suhrkamp Verlag Frankfurt am Main 2008, S. 37

#### Rückkehr nach Elephant Island

1 Frank Worsley: The Great Antarctic Rescue, London 1977, S. 216
2 ebd.
3 Frank Worsley: Endurance, London 1931, S. 166
4 Ernest Shackleton: Mit der Endurance ins ewige Eis. Meine Antarktis-Expedition 1914–1917, München 2016, S. 193
5 Brief von Ernest Shackleton an seine Frau Emily vom 3. Juni 1916, Scott Polar Research Institute, Cambridge (SPRI)
6 *John Bull* vom 22. Juni 1916
7 ebd.
8 Tom C. Jones: Patagonian Panorama, London 1961, S. 80
9 Brief von Tom Crean an Hazel Marston vom 3. Juli 1916, Scott Polar Research Institute, Cambridge (SPRI)
10 Ernest Shackleton: Mit der Endurance ins ewige Eis. Meine Antarktis-Expedition 1914–1917, München 2016, S. 199

#### Leben und Tod

1 Tom C. Jones: Patagonian Panorama, London 1961
2 *Magellan Times* vom 7. September 1916
3 ebd.

#### Krieg, Ehrungen und Heirat

1 Brief von Tom Crean an Apsley Cherry-Garrard vom 2. September 1917, Scott Polar Research Institute, Cambridge (SPRI)
2 Brief im Besitz der Familie Shackleton

3 Margery und James Fisher: Shackleton, London 1957, S. 414
4 Brief von Ernest Shackleton an seine Frau Emily vom Oktober 1916, Scott Polar Research Institute, Cambridge (SPRI)
5 Prüfungsfragen der Royal Navy
6 Brief von Ernest Shackleton an Tom Crean vom 27. Juni 1917
7 Brief von Emily Shackleton an Tom Crean vom 12. November 1916
8 Ernennungsurkunde vom 17. August 1917
9 Brief von Ernest Shackleton an Tom Crean vom 27. Juni 1917
10 Personalakte der Royal Navy
11 Verwundetennachweis der Admiralität vom 28. April 1919
12 Führungszeugnis der Admiralität vom 31. Oktober 1919
13 Führungszeugnis der Admiralität vom 4. März 1920

**Tom vom Pol**

1 Brief der Pensionskasse an Tom Crean vom 16. März 1922
2 Brief von Tom Crean an Kathleen Scott vom 26. August 1920, Scott Polar Research Institute, Cambridge (SPRI)
3 ebd.
4 Brief von Tom Crean an Captain R. H. Dodds, undatiert
5 Briefwechsel zwischen Sir Ernest Shackleton und der Admiralität, 1920, Public Record Office, London
6 Dieses und die folgenden Zitate stammen aus einem Gespräch mit den Töchtern.

# REGISTER

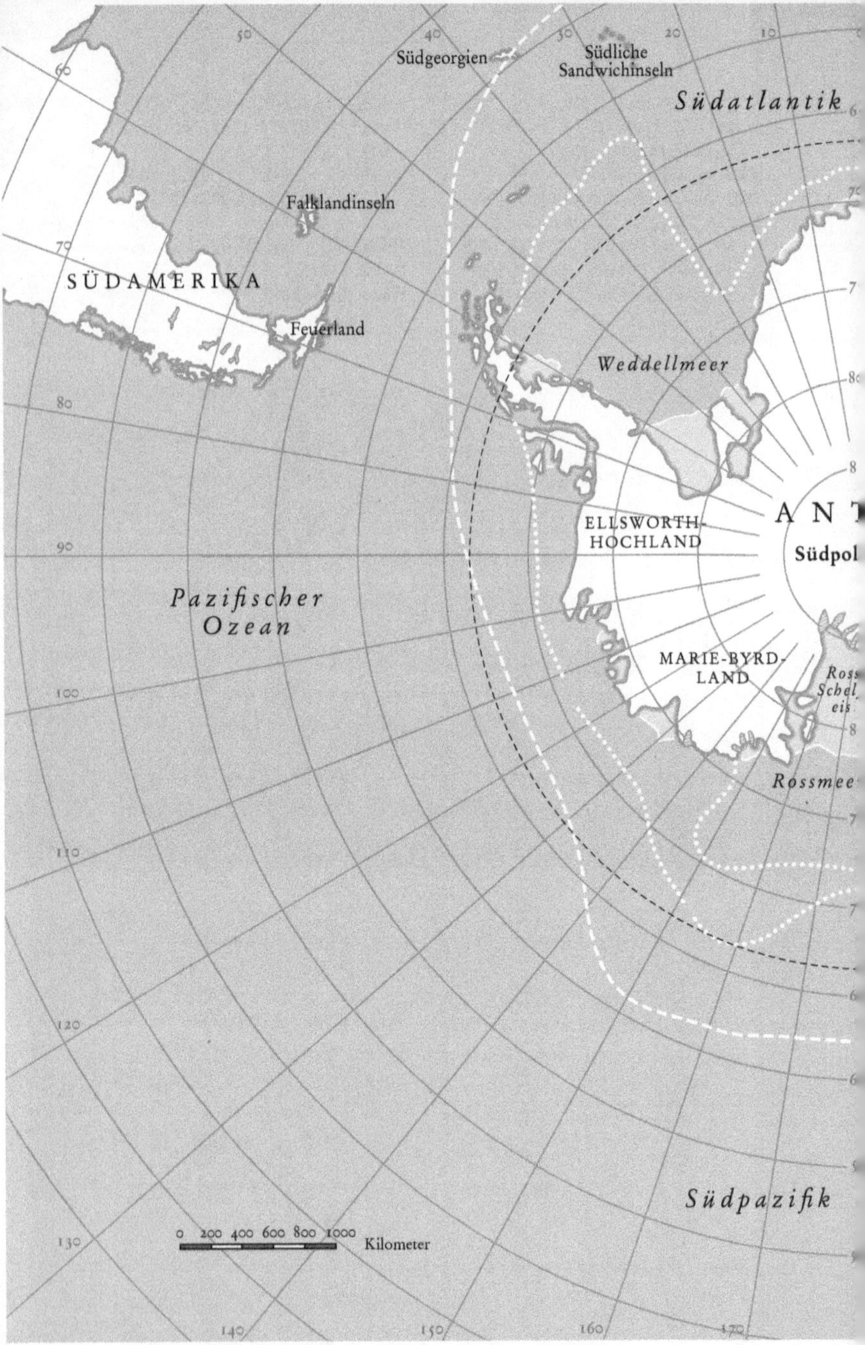
Südgeorgien
Südliche Sandwichinseln
Südatlantik
Falklandinseln
SÜDAMERIKA
Feuerland
Weddellmeer
ELLSWORTH-HOCHLAND
Südpol
Pazifischer Ozean
MARIE-BYRD-LAND
Rossmee
Südpazifik
0 200 400 600 800 1000 Kilometer

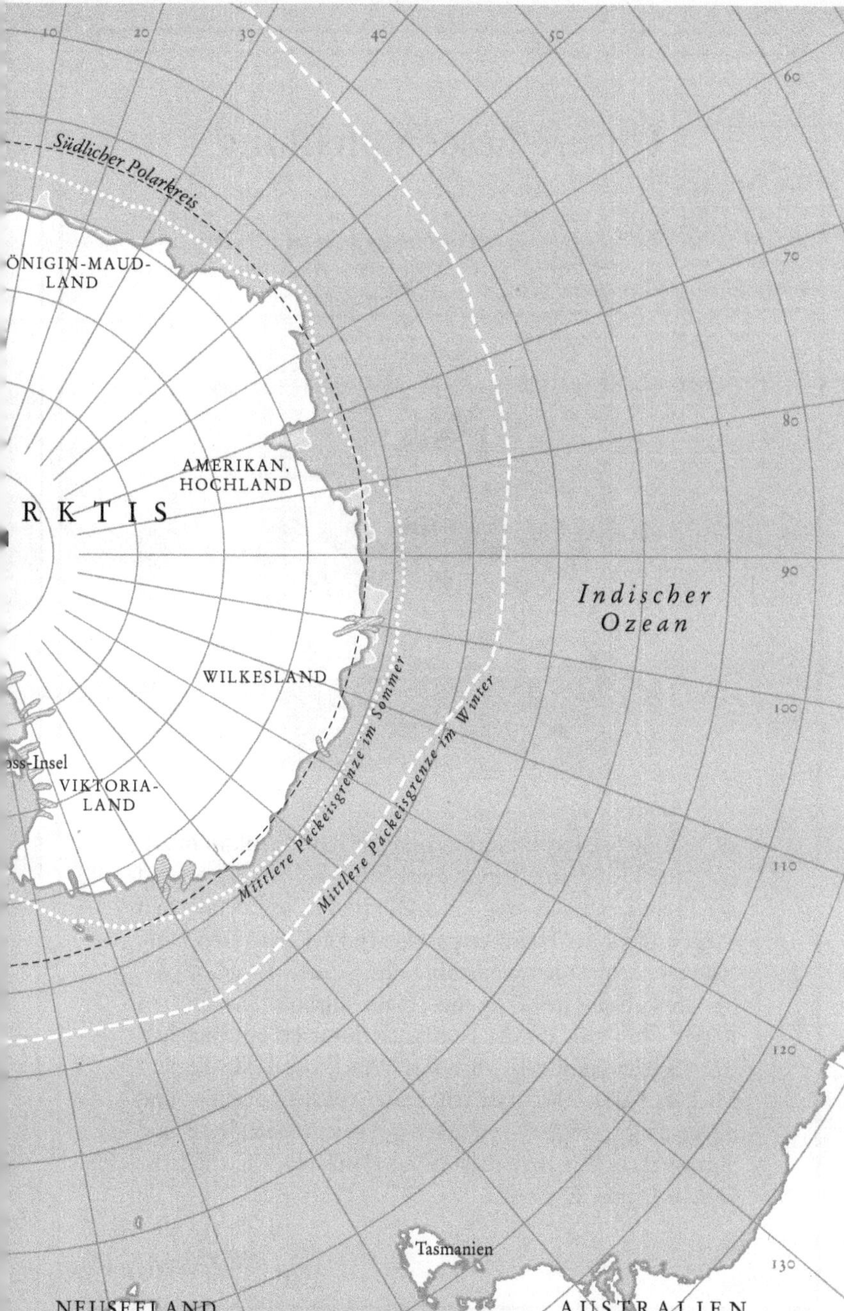

Südlicher Polarkreis
ÖNIGIN-MAUD-LAND
AMERIKAN. HOCHLAND
RKTIS
WILKESLAND
oss-Insel
VIKTORIA-LAND
Indischer Ozean
Mittlere Packeisgrenze im Sommer
Mittlere Packeisgrenze im Winter
Tasmanien
NEUSEELAND
AUSTRALIEN
10
20
30
40
50
60
70
80
90
100
110
120
130
140
150
160
170